Bernadette Collenberg-Plotnikov (Hg.)
Das Museum als Provokation der Philosophie

Edition Museum | Band 27

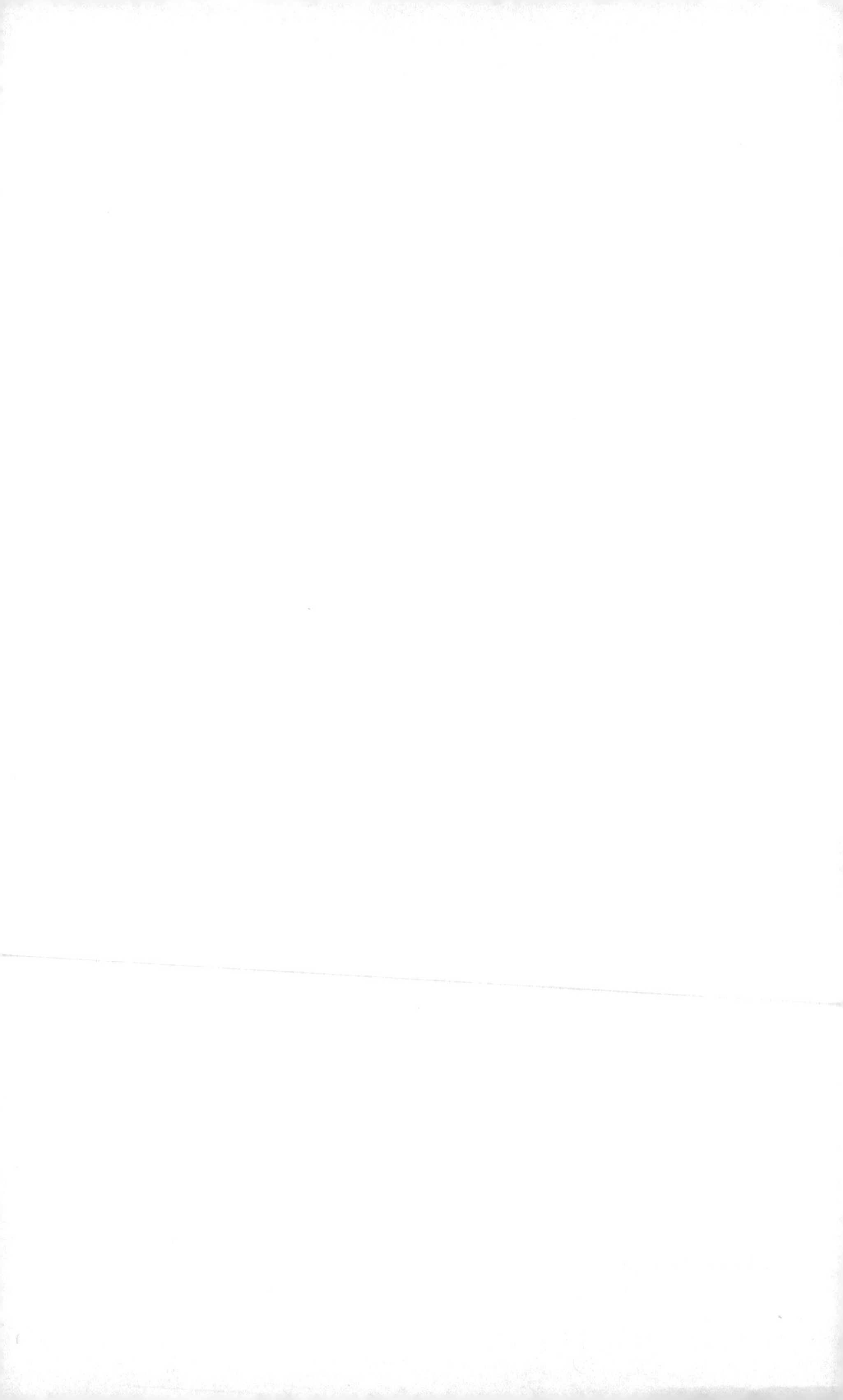

Bernadette Collenberg-Plotnikov (Hg.)

Das Museum als Provokation der Philosophie

Beiträge zu einer aktuellen Debatte

[transcript]

Bibliografische Information der Deutschen Nationalbibliothek
Die Deutsche Nationalbibliothek verzeichnet diese Publikation in der Deutschen Nationalbibliografie; detaillierte bibliografische Daten sind im Internet über http://dnb.d-nb.de abrufbar.

Umschlaggestaltung: Kordula Röckenhaus, Bielefeld
Umschlagabbildung: ruanorosa / photocase.de
Satz: Mark-Sebastian Schneider, Bielefeld
Druck: Majuskel Medienproduktion GmbH, Wetzlar
Print-ISBN 978-3-8376-4060-1
PDF-ISBN 978-3-8394-4060-5

Gedruckt auf alterungsbeständigem Papier mit chlorfrei gebleichtem Zellstoff.
Besuchen Sie uns im Internet: *http://www.transcript-verlag.de*
Bitte fordern Sie unser Gesamtverzeichnis und andere Broschüren an unter: *info@transcript-verlag.de*

Inhalt

Vorwort

Das Museum ist zweifellos eines der zentralen Themen unserer Kultur. Ein Thema der Philosophie ist es bisher allerdings nur in äußerst eingeschränktem Maß. Wenn man die Philosophie als Wissenschaft versteht, die ›ihre Zeit in Gedanken erfaßt‹, wie Hegel es formuliert hat, dann handelt es sich hier um ein irritierendes Missverhältnis. – Diese Diagnose war für mich der Anlass, eine Tagung zur *Philosophie des Museums* zu organisieren, die vom 10. bis 12. November 2016 im Gobelinsaal des Bode-Museums auf der Berliner Museumsinsel stattgefunden hat und der Bestandsaufnahme sowie der Grundlegung einer solchen Philosophie gewidmet war. Auf diese Tagung, eine Veranstaltung des Philosophischen Seminars der Westfälischen Wilhelms-Universität Münster, gehen die hier zusammengestellten Beiträge zurück.

Das Erscheinen des Tagungsbandes bietet mir einen willkommenen Anlass, denen zu danken, die zum Zustandekommen dieser Publikation beigetragen haben.

Es sind dies zunächst die Personen und Institutionen, die die Durchführung einer Münsteraner Tagung im Berliner Bode-Museum möglich gemacht haben: Der Hausherr, Julien Chapuis, und die Staatlichen Museen zu Berlin – Preußischer Kulturbesitz haben der Veranstaltung einen ebenso erlesenen wie gastlichen Rahmen zur Verfügung gestellt. Bernd Rottenburg hat als Mitarbeiter der Generaldirektion der Staatlichen Museen die Vorbereitungen von Anfang an mit großer Kompetenz, Zuverlässigkeit und Freundlichkeit begleitet. Elsa van Wezel und Bernhard Graf vom Institut für Museumsforschung der Staatlichen Museen zu Berlin – Preußischer Kulturbesitz (Dahlem) haben wertvolle Unterstützung bei der Auswahl des Tagungsortes geleistet.

Die Finanzierung der Tagung wurde im Wesentlichen über die Overhead-Mittel zu einem durch die Deutsche Forschungsgemeinschaft geförderten Projekt zur Bewegung ›Allgemeine Kunstwissenschaft‹ zwischen 1906 und 1943 getragen, das ich am Philosophischen Seminar der Universität Münster im Arbeitsbereich von Reinold Schmücker durchführe. Aus diesen Mitteln konnte auch der erforderliche Druckkostenzuschuss erbracht werden. Ich danke Reinold Schmücker dafür, dass er Bedingungen geschaffen hat, die es mir möglich gemacht haben, neben der Projektarbeit die Tagung zu organisieren. Er war ein wichtiger Ansprechpartner, wenn Rat nötig war, und er hat mir Personal an die Seite gestellt, das unverzichtbare Unterstützung geleistet hat: Thomas Kater und Nicolas Kleinschmidt haben mit Engagement und Umsicht das Tagungsbüro, den Transport der Tagungsmaterialien und vieles mehr erledigt; und Claudia Güstrau hat vom Sekretariat aus die gesamte Vor- und Nachbereitungsphase mit großer Kompetenz und Hilfsbereitschaft begleitet. Ich danke des Weiteren der Deutschen Gesellschaft für Ästhetik e.V., die die Veranstaltung mit einem unbürokratisch zur Verfügung gestellten Zuschuss gefördert hat.

Das Publikum hat mit außergewöhnlichem Interesse auf die Veranstaltungsankündigung reagiert und mit zahlreichen Nachfragen die Entscheidung für eine zügige Publikation der Tagungsergebnisse motiviert.

Mein besonderer Dank gilt aber selbstverständlich den Autorinnen und Autoren der Beiträge des Bandes, die sich auf das Projekt einer ›Philosophie des Museums‹ eingelassen haben.

Bernadette Collenberg-Plotnikov *Münster, im November 2017*

Das Museum als Provokation der Philosophie

Zur Einführung

Bernadette Collenberg-Plotnikov

Zum Konzept des Bandes

Der hier vorgelegte Band versammelt Beiträge, die sich dem Thema ›Museum‹ aus philosophischer Perspektive widmen, genauer: das Museum als Herausforderung einer Philosophie des Museums reflektieren. – Das Museum als Provokation der Philosophie? Ein solches Projekt bedarf der Erläuterung.

So haben Museen und das Thema ›Museum‹ zwar bereits seit Jahrzehnten Konjunktur: Museale Ankäufe und Verkäufe, Fragen der Provenienz und der Restitution von Museumsobjekten beschäftigen längst nicht mehr bloß einen engen Zirkel von Fachleuten, und über Sinn, Notwendigkeit und Umfang der staatlichen Subventionierung von Museen wird öffentlich gestritten. Neue museologische Studiengänge haben sich etabliert, museumskundliche Einrichtungen und einschlägige Datenbanken expandieren, und jedes Jahr erscheint eine wachsende Anzahl von Publikationen zum Thema ›Museum‹. Philosophische Fragen, die sich im Zusammenhang mit dem Museum ergeben mögen, bleiben dabei aber meist ausgespart.[1]

---

1 | Zur Vernachlässigung des Museumsthemas in der Philosophie vgl. bes. Ivan Gaskell: »Museums and Philosophy. Of Art, and Many Other Things«, 2 Teile, in: *Philosophy Compass* 7/2 (2012), S. 74-84 und S. 85-102, hier S. 74; Beth Lord: »Philosophy and the Museum: An Introduction to the Special Issue«, in: dies./Matthew Jarron (Hg.): *Thinking about Museums. Philosophical Perspectives*, in: *Museum Management and Curatorship*, special issue 21/2 (2006), S. 79-87, hier S. 79; Victoria S. Harrison/Anna Bergqvist/Gary Kemp: »Introduction«, in: dies. (Hg.): *Philosophy and Museums. Essays on the Philosophy of Museums*, Cambridge 2016 (Royal Institute of Philosophy Supplement 79), S. 1-12, hier S. 2. – Die einzige Philosophin, die das Museum dezidiert zum Mittelpunkt ihrer Forschungen gemacht hat, dürfte bis heute Hilde Hein sein. (Vgl. bes. H.S. Hein: »Institutional Blessing: The Museum as Canon-Maker«, in: *The Monist* 96/4

Die philosophische Tradition gibt ebenfalls wenig Anlass für die These, das Museum sei ein Thema von eigener philosophischer Relevanz: Zwar ist das Museum seit seinen Anfängen in der Zeit um 1800 immer wieder auch zum Gegenstand philosophischer Reflexionen geworden. Einschlägige Beiträge stammen etwa – um nur einige Namen zu nennen – von Georg Wilhelm Friedrich Hegel, Wilhelm von Humboldt, Walter Benjamin, Georges Bataille, John Dewey, André Malraux, Theodor W. Adorno, Michel Foucault, Jean Baudrillard, Nelson Goodman und Krzysztof Pomian. Und es trifft zu, dass das Museum in der ›kontinentaleuropäischen‹ Tradition der Philosophie einschließlich der Kritischen Theorie etwas präsenter ist als in der ›angloamerikanischen‹ Linie.[2] Es wäre allerdings völlig unangemessen, bezüglich dieser Beiträge, selbst im kontinentaleuropäischen Kontext, von einer Museumsphilosophie im Sinne eines selbstständigen philosophischen Diskussionszusammenhangs zu sprechen. Denn bei den Ausführungen der eben exemplarisch genannten Philosophen zum Museum handelt es sich ganz überwiegend um reine Gelegenheitsäußerungen, bloße Nebenprodukte der eigentlichen philosophischen Arbeit, die teilweise – etwa bei Hegel und Foucault – geradezu mikroskopischen Charakter haben und sich auf einzelne Sätze beschränken.

In diesen Beiträgen – den historischen ebenso wie den neueren – wird das Museum also, wenn überhaupt, dann in aller Regel am Rande anderer Fragestellungen und Gegenstandsbereiche mitthematisiert, die in der philosophischen Debatte bereits einen festen Platz haben. Angesichts der bis heute festzustellenden Dominanz des Kunstmuseums in der allgemein geläufigen Vorstellung des Museums sind dies vor allem Fragen der ästhetischen Erfahrung und der Kunst; das Museum wird hier also aus der Perspektive der Ästhetik bzw. der Kunstphilosophie diskutiert. Oder das Museum wird im Zuge der Frage, wie man mit anderen Individuen oder Gemeinschaften umgehen sollte, aus der Perspektive der Ethik aufgegriffen. Aber auch weitere philosophische Disziplinen kommen hier in Frage. So kann das Museums beispielsweise im Zusammenhang des Sammelns und Zeigens als typischen Praktiken des Menschen zum Thema der philosophischen Anthropologie werden; in der Kulturphilosophie kann es im Zuge der Auseinandersetzung mit kulturellen Tendenzen und Vorstellungen reflektiert werden; oder in der Wissenschaftstheorie, der Erkenntnistheorie und der Geschichtsphilosophie, die sich mit den phi-

[1993]: *Canons*, S. 556-573; *The Museum in Transition. A Philosophical Perspective*, Washington/London 2000.)

2 | Vgl. V.S. Harrison/A. Bergqvist/G. Kemp: »Introduction«, S. 4. – Allerdings speist sich die bis *dato* einzige Anthologie zur Philosophie des Museums aus Beiträgen der angloamerikanischen Tradition: Lars Aagaard-Mogensen (Hg.): *The Idea of the Museum. Philosophical, Artistic and Political Questions*, Lewinston/Queenston/Lampeter 1988 (Problems in Contemporary Philosophy 6).

losophischen Aspekten der diversen Wissenschaften, Erkenntnisformen und Geschichtskonzepte befassen, kann das Museum als Ort der Forschung, als Wissensform und als Konstruktion von geschichtlichen Ordnungen in den Blick geraten.[3] Und insofern es in Museumsfragen um individuelle wie kollektive Weltbilder und Gegenstände aus sakralem Kontext gehen kann, sind des Weiteren Metaphysik bzw. Religionsphilosophie involviert.[4] Einen Gegenstand von selbstständiger philosophischer Relevanz, als den die Beiträge des hier vorgelegten Bandes das Museum diskutierten, bildet es hier jedoch nicht. Diese Praxis bildet den Reflex eines kulturellen Bewusstseins, für das das Museum als Teilaspekt übergreifender Interessenlagen präsent ist, wie dies bis in die 1980er Jahre hinein in der Tat ganz überwiegend der Fall gewesen sein dürfte.

Allerdings gibt es starke Indizien für einen Wandel der kulturellen Bedeutung des Museums, die dafür sprechen, dass es nicht länger angemessen ist, das Museum lediglich am Rande anderer Interessenschwerpunkte zu behandeln. Am deutlichsten macht dies sicher die grundlegende Veränderung im Selbstverständnis der Museologie, die im Laufe der letzten Jahrzehnte stattgefunden hat. Demnach hat sich das Museum zu einem nicht nur allgegenwärtigen, sondern zudem derart komplexen und selbstständigen Phänomen entwickelt, dass man ihm sachlich nur dann gerecht werden kann, wenn man es als Gegenstand *sui generis* thematisiert. So wird etwa ästhetische Erfahrung nicht nur *auch* im Museum relevant, sondern sie muss hier *als* museal vermittelte bzw. organisierte, d.h. besondere Art von ästhetischer Erfahrung, diskutiert werden; ethische Fragen sind nicht nur *auch* im Kontext des Museums zu stellen, sondern sie können hier nur *als* spezifische Herausforderungen musealen Handelns beantwortet werden; kulturelle Objekte kommen nicht nur *auch* im Museum vor, sondern sie werden hier *als* Museumsobjekte in besonderer Weise thematisch usw. usw. Dementsprechend hat sich eine Neue Museologie als Wissenschaft etabliert, die sich zwar mit den Arbeitsfeldern anderer Disziplinen wie Kunst- und Geschichtswissenschaft, Soziologie und Pädagogik überschneidet, zugleich aber ein eigenes Selbstverständnis hat, das sich mit keinem dieser Disziplinen deckt, und eigene Funktionen im Kosmos der Wissenschaften ebenso wie im Kulturbetrieb übernimmt.

3 | Vgl. hierzu bes. die Darstellung von Ivan Gaskell (»Museums and Philosophy. Of Art, and Many Other Things«), der die derzeit vorliegenden philosophischen Beiträge zum Museum, vor allem aus dem angloamerikanischen Raum, in Anlehnung an die Einteilung in traditionelle philosophische Arbeitsfelder in sechs Bereiche untergliedert: »cultural variety« (vgl. Kulturphilosophie), »taxonomy« (vgl. Wissenschaftstheorie bzw. Ontologie), »epistemology« (vgl. Erkenntnistheorie), »teleology« (vgl. Geschichtsphilosophie), »ethics« (vgl. Ethik) und »therapeutics and aesthetics« (vgl. Ästhetik).

4 | Vgl. V.S. Harrison/A. Bergqvist/G. Kemp: »Introduction«, S. 1f.

Die veränderte Rolle, die dem Museum so in der museologischen Reflexion zugesprochen wird, hat bisher – wie bereits notiert – nicht zu einer signifikanten Erweiterung der philosophischen Auseinandersetzung mit Museumsfragen geführt: In der Philosophie ist das Museum nach wie vor nur als Randthema präsent. Und in der Museologie können die philosophischen Beiträge zur Bestimmung des Museums zwar im Zuge eigener Theoriebildungen in Form von Begriffen und Theoremen aufgegriffen werden (Michel Foucaults Konzept der ›Heterotopien‹ dürfte dabei zu den am häufigsten aufgerufenen Kandidaten gehören, wenngleich er selbst das ›Museum‹ dabei lediglich mit einem Wort erwähnt[5]). Eine eigene Philosophie des Museums wird hier aber durchaus nicht als Desiderat angesehen; sie kann vielmehr sogar ausdrücklich in Frage gestellt werden[6].

Der hier vorgelegte Sammelband hat demgegenüber zwei Ziele. Zum einen soll gezeigt werden, dass das Museum auch unter philosophischem Gesichtspunkt – ebenso wie in der Neuen Museologie – heute nicht mehr nur ein Randthema, sondern ein Thema von selbstständiger Relevanz ist. Zum anderen soll deutlich werden, dass eine solche Philosophie des Museums auch für die museologische Forschung von Belang ist und durch eine Theorie des Museums nicht ersetzt werden kann: Sicher handelt es sich bei der Grenze zwischen der Theorie des Museums und seiner Philosophie – wie in allen Bereichen der Kultur – um eine ›weiche‹ Grenze. Nichtsdestoweniger gilt hinsichtlich des Museumsthemas, wie überhaupt, dass auch weiche Grenzen Grenzen sind, die unterschiedliche Anliegen und Argumentationsweisen markieren und insofern Beachtung verdienen. So wird eine Philosophie des Museums hier primär als Arbeit an einer systematischen Bestimmung des Museums bzw. konkreter Aspekte des Museums verstanden. Durch diese systematische Perspektive unterscheidet sich die philosophische Reflexion des Museums von einer durch speziellere – etwa institutionelle, kulturelle, gesellschaftliche oder politische – Anliegen motivierten Theorie des Museums, wie sie vor allem im Rahmen der Museologie entwickelt wird.[7] Allerdings werden auch innerhalb der Museologie immer zugleich Fragen, die die eigenen sachlichen Grundlagen betreffen, relevant (ebenso wie in der Philosophie des Museums die Anliegen und

5 | Vgl. Michel Foucault: »Andere Räume« [»Des espaces autres«, 1967], übers. von Walter Seitter, in: Karlheinz Barck/Peter Gente/Heidi Paris et al. (Hg.): *Aisthesis. Wahrnehmung heute oder Perspektiven einer anderen Ästhetik*, Leipzig 1991, S. 34-46, hier S. 43.

6 | Vgl. Joachim Baur: »Museumsanalyse. Zur Einführung«, in: ders. (Hg.): *Museumsanalyse. Methoden und Konturen eines neuen Forschungsfeldes*, Bielefeld 2010, S. 7-14, hier S. 8.

7 | Einen Überblick über Theorien des Museums vom 16. Jahrhundert bis zur Gegenwart bietet Anke te Heesen: *Theorien des Museums zur Einführung*, Hamburg 2012.

Tendenzen der Museologie relevant sind, wenn sie nicht leerlaufen soll). Eine Philosophie des Museums bildet daher keine Konkurrenz oder gar Alternative zur Museologie, sondern eine Ergänzung: Sie kann mit ihrer systematischen Perspektive zur Selbstverständigung der Museologie beitragen.

Mit diesem doppelten Ziel kann dieser Band namentlich bei Initiativen aus dem angelsächsischen Raum anschließen, die sich in den letzten Jahren bereits für eine Philosophie des Museums starkgemacht haben.[8] Und wie in diesen Vorstößen wird auch hier eine Philosophie des Museums nicht als eine Reflexionsform verstanden, die nur von Fachphilosophinnen und Fachphilosophen ausgeübt werden könnte. Sie wird vielmehr ebenso als Herausforderung an die Vertreterinnen und Vertreter der Einzelwissenschaften begriffen, sich museumsphilosophischen Fragen zu stellen, d.h. als interdisziplinäres Projekt: Neben der Philosophie selbst bilden so des Weiteren die Kunstgeschichte, die Geschichts- sowie die Kulturwissenschaft, die Museologie und die Jurisprudenz den fachlichen Hintergrund der Beiträge.

Ein Sammelband kann *per se* kein integrierender Theorieversuch sein. Auch mit dem hier vorgelegten Band als Ganzem ist so keineswegs der Anspruch verbunden, eine erschöpfende und konsistente philosophische Bestimmung des Museums vorzulegen. Er versteht sich vielmehr als Initiative zur Auslotung eines neuen Forschungsfeldes. In diesem Sinne wenden sich die hier versammelten Studien zwar auch dem in der öffentlichen Wahrnehmung oft dominierenden Kunstmuseum zu, darüber hinaus werden aber grundsätzlich alle Arten von Museen miteinbezogen. Und in diesem Sinne repräsentieren die Texte des Weiteren nicht nur unterschiedliche philosophische Positionen, sondern sie kommen auch zu unterschiedlichen, teilweise gegensätzlichen Ergebnissen.

Einer Philosophie des Museums, wie sie hier konzipiert wird, liegt die These zugrunde, dass es Gegenstände gibt, die außerordentliche Präsenz und Bedeutung für das menschliche Selbstverständnis haben, aber nicht einmal ansatzweise in das überkommene Raster philosophischer Klassifizierungen passen und insofern neue philosophische Ansätze herausfordern. Es soll ge-

8 | Hier ist zum einen die von den Philosophen Victoria S. Harrison, Anna Bergqvist und Gary Kemp 2013 organisierte Jahrestagung des Royal Institute of Philosophy in Glasgow, Großbritannien, zum Thema *Philosophy and Museums. Ethics, Aesthetics and Ontology* zu nennen. (Vgl. V.S. Harrison/A. Bergqvist/G. Kemp [Hg.]: *Philosophy and Museums.*) Diese Tagung greift dabei als dezidiert philosophisch akzentuierte Veranstaltung einen Impuls auf, den bereits 2005 die von der Philosophin Beth Lord gemeinsam mit dem Museumskurator Matthew Jarron an der Universität von Dundee, ebenfalls Großbritannien, organisierte interdisziplinäre Tagung *Thinking about Museums: Objects of Desire and the Concept of Collecting* gesetzt hatte. (Vgl. B. Lord/M. Jarron [Hg.]: *Thinking about Museums*, S. 79-170.)

zeigt werden, dass das Museum ein solcher Gegenstand ist: eine Provokation der Philosophie.

Zum Inhalt des Bandes

Die Beiträge des Bandes konzentrieren sich auf drei sachliche Themenfelder einer Philosophie des Museums: (I.) ihre eigenen wissenschaftstheoretischen Grundlagen, (II.) sozialphilosophische und ethische Aspekte des Museums und (III.) die philosophische Bestimmung des Museumsobjekts.

I. Wozu Museen? Zur Relevanz einer Philosophie des Museums

Den Kern einer Philosophie des Museums bildet die Frage, was ›das Museum‹ eigentlich ist bzw. was es sein sollte: Worin besteht seine Bedeutung, und was ist seine ›wesentliche‹ Funktion? Allerdings: Sind Fragen wie diese so allgemein, wie sie hier gestellt sind, überhaupt sinnvoll zu beantworten? Hat nicht vielmehr (fast) jedes Museum seine je eigene Bedeutung und Funktion, und ist es nicht eine unzulässige und irreführende Vereinfachung, von ›dem Museum‹ zu sprechen? Was aber macht – wenn man dementsprechend Museen in ihrer Verschiedenheit in den Blick nimmt – dasjenige aus, was uns die vielen unterschiedlichen Museen mit einem gemeinsamen Begriff bezeichnen lässt, was vielfach Gegenstand staatlicher und privater Förderung, öffentlicher Auseinandersetzung und institutioneller Ausgestaltung ist?

Reinold Schmücker treibt museumsphilosophische Grundlagenforschung, indem er in seinem Beitrag den Fragen nachgeht: *Wozu Museen und warum so viele?* Für die Beantwortung dieser Fragen wählt Schmücker einen funktionstheoretischen Zugang.

Dabei unterscheidet er zunächst mit Blick auf das ›Wozu‹ sechs ›elementare‹ Funktionen, die Museen heute typischerweise erfüllen: (1) Die *Dingasyl-Funktion* des Museums besteht darin, dass es materiellen Gegenständen Schutz vor Verfall und Zerstörung bietet. (2) Im Sinne seiner *Tempel-Funktion* wird Artefakten im Museum – durchaus ohne Ansehen ihres moralischen Werts – eine Aura verliehen, oder sie werden hier zum Fetisch gemacht. Dem Museum gelingt es so, sich als Heimstatt von Unmöglichem zu etablieren: von säkularer Sakralisierung. Es fördert und sichert damit jene kontemplative Vergegenwärtigung von Wahrnehmungsdingen, die unter dem Titel ›ästhetische Erfahrung‹ zur paradigmatischen Form der Kunstrezeption geworden ist. (3) Das Museum übernimmt *identitätskonsolidierende Funktion*, indem es durch die Anordnung der Dinge Geschichten erzählt, die gegenwärtiges Leben in Traditionszusammenhänge einordnet. Indem Individuen und Kollektive sich so als Teil eines größeren historischen Zusammenhangs erfahren können, der für ihr Selbstverständnis wesentlich ist, wird Identität zwar in der Regel nicht konstituiert, aber eben konsolidiert. (4) Museen sind Orte der Erinnerung von Vergangenem, indem sie Konstellationen von physischen Artefakten präsentieren, die auf historisch frühere Zeitspannen und Zeitpunkte zurückverweisen. Schmücker bezeichnet diesen Aspekt als die *Memento-Funktion* des Museums. Diese manifestiert sich zudem darin, dass das Museums uns näherhin an Leistungen der Vergangenheit erinnert, denen wir uns selbst mitverdanken. Durch die museumsgestiftete Gedächtniskultur sollen diese Leistungen für die Lebensformen der Gegenwart und Zukunft bedeutsam bleiben, zumindest aber soll ihre Wertschätzung gefördert werden. (5) Museen sind nicht nur Manifestationen öffentlichen oder privaten Reichtums, sondern sie demonstrieren überdies die Überzeugung von der Bedeutsamkeit der kollektiv erbrachten Kulturleistung, die sich in den gesammelten Gegenständen in konzentrierter Weise manifestiert. In dieser Hinsicht übernimmt das Museum eine *Leistungsschau-Funktion.* (6) Die *Erkenntnis- und Bildungsfunktion*, die dem Museum geläufiger Weise zugesprochen wird, ist dahingehend zu präzisieren, dass hier erstens Erkenntnis auf nichtdiskursive Weise gewonnen wird, und dass zweitens Erkenntnis- und Bildungsfunktion auf das Engste miteinander verzahnt sind: Was im Museum erkannt wird, ist immer das Resultat eines kuratorischen Handelns, das insofern auf Bildung abzielt, als es Erkenntnis nicht nur ermöglicht, sondern zugleich steuert und lenkt. Das Museum ist daher ein Ort heteronomer Erkenntnis.

Bezüglich der zweiten im Titel des Beitrags aufgeworfenen Frage, ob bzw. warum wir so viele Museen, wie es heute gibt, eigentlich brauchen, gibt Schmücker eine dreifache Antwort: Wir brauchen diese Vielfalt erstens, weil ohne sie eine Gesellschaft auf eine bestimmte Auswahl und Form sakralisierter und auratisierter Objekte festgelegt wäre und so ihre Offenheit in Gefahr geriete. Wir brauchen sie zweitens, weil so im Sinne der im Museum nahegelegten Relevanz vergangener Lebensformen für Gegenwart und Zukunft nicht einer einzigen der Vorrang zugesprochen wird, sondern wir aus einer Pluralität von Lebensformen gleichsam wählen können. Und drittens lässt die Heteronomie der Museums-Episteme es wünschenswert erscheinen, dass solche Erkenntnisprozesse nicht nur in wenigen, sondern in möglichst vielen Museen, und also gelenkt von möglichst vielen unterschiedlichen kuratorischen Entscheidungen, vollzogen werden, damit die Erkenntnis- und Bildungsfunktion des Museums nicht zum Einfallstor für eine manipulative Erkenntnissteuerung werden.

Eine Philosophie des Museums in Form eines eigenen philosophischen Diskussionszusammenhangs gibt es bis heute nicht. Dies spricht natürlich nicht grundsätzlich dagegen, dass es zumindest in Zukunft eine Philosophie des Museums geben könnte. Aber hätte diese auch Sinn? Was wäre von einer solchen Philosophie zu erwarten? So wägt Karlheinz Lüdeking in seinem Beitrag *Nutzen und Nachteil einer Philosophie des Museums* gegeneinander ab.

Die zentrale Aufgabe einer Philosophie des Museums wäre es zu verdeutlichen, was eigentlich gemeint ist, wenn vom Museum die Rede ist. Dabei könnte sie sich nicht auf irgendwelche äußeren Merkmale beziehen, die das Museum als Gegenstand *sui generis* auszuzeichnen vermöchten. Sie müsste vielmehr die (nicht mit den Mitteln der Empirie zu klärende) Funktion des Museums in den Blick nehmen. Dies scheint zunächst einmal für die Kompetenz der Philosophie in Sachen ›Museum‹ zu sprechen. Allerdings ist diese Funktion des Museums, so Lüdeking, weder besonders schwer zu erkennen noch Gegenstand unüberwindbarer Kontroversen. Außer gewöhnlicher Intelligenz führen hier Kenntnisse etwa in Betriebswirtschaftslehre, Lernpsychologie, Geschichtsschreibung und Soziologie sachlich weiter. Für die theoretische Zurüstung, derer das Museum wie jede andere Institution bedarf, genügt daher eine mehr oder weniger ausgearbeitete Museologie und es ist nur die Frage, ob zur Museologie auch eine ›Philosophie des Museums‹ gehört oder nicht.

Ganz offenbar gibt es Phänomene, die sich für eine philosophische Reflexion besser eignen als andere. Dies hat, wie Lüdeking unter Berufung auf Arthur C. Danto erklärt, damit zu tun, dass die Philosophie sich nicht direkt mit der faktischen Realität befasst, sondern mit der Sphäre der Verständigung über die Welt, in der Kategorien wie ›Sinn‹ und ›Bedeutung‹ eine fundamentale Rolle spielen. Auch dies scheint zunächst einmal für eine Philosophie des Museums zu sprechen. Denn schließlich treten die musealisierten Gegenstände in Distanz zur Realität, aus der sie entfernt wurden, damit sie etwas über die Realität aussagen können. Allerdings bedürfen die philosophischen Probleme, die sich hieraus ergeben, nach Lüdeking ebenfalls durchaus nicht einer speziellen Philosophie des Museums; sie können vielmehr einer Lösung nähergebracht werden, indem man philosophische Prinzipien aus anderen, bereits ausgearbeiteten Gebieten wie Ethik, Erkenntnistheorie oder Kulturphilosophie übernimmt.

Der Nutzen einer Philosophie des Museums, wie ihn das vorliegende Buch (und die Tagung, aus der es hervorging) vertritt, ist nach Lüdekings Auffassung daher ebenso überschaubar wie durchschaubar. Die eigentliche Motivation der Entwicklung einer solchen Philosophie bildet nämlich die – menschlich vielleicht verständliche, wissenschaftlich aber irrelevante – Überlebensstrategie von Philosophinnen und Philosophen angesichts prekärer Beschäftigungsverhältnisse und fortschreitender gesellschaftlicher Marginalisierung der Philosophie: Man will am Museums-Boom partizipieren, indem man Propaganda für mehr ›Philosophie im Museum‹ macht. Zur museologischen Praxis haben derlei Reflexionen aber nichts beizutragen – es sei denn, den Do-It-Yourself-›Philosophien‹, mit denen Museen gern für die eigenen Handlungsmaximen und Überzeugungen werben (heutzutage präsentiert beinahe jedes Museum – ebenso wie jeder Klempner und jede Kaffeerösterei – auf seiner Website die hauseigene ›Philosophie‹), ein wenig mehr professionellen Schliff zu verleihen. Von philosophischem Interesse sind, so Lüdeking, nicht die Museen, sondern die Dinge, die man dort sieht – z.B. die Kunst. Und die wird schon von der Philosophie der Kunst philosophisch betreut. Immerhin korrespondiert dieser Nutzlosigkeit einer Philosophie des Museums auf der anderen Seite Begrenztheit der Nachteile, die von ihr zu erwarten sein dürften.

Im Gegensatz dazu plädiert BERNADETTE COLLENBERG-PLOTNIKOV dezidiert *FÜR EINE PHILOSOPHIE DES MUSEUMS*. Dieses Plädoyer muss nicht allein gegen die Behauptung der Überflüssigkeit argumentieren, wie Lüdeking sie einer Philosophie des Museums attestiert. Sie muss vielmehr auch und vor allem gegen die Behauptung von deren Schädlichkeit argumentieren, wie sie zum Credo der Neuen Museologie gehört: Es gibt demnach nicht *das* Museum, wie die Philosophie es in den Blick nehmen will, sondern nur jeweils einzelne, konkrete Museen mit jeweils unterschiedlichen Sammlungsschwerpunkten, museologischen Konzepten, Zielgruppen, wissenschaftlichen Fragestellungen, Genesen usw.

Diese Vielfalt und Heterogenität spricht allerdings nicht dagegen, eine Philosophie des Museums zu entwickeln. Denn Philosophie ist nicht notwendig Wesensschau des Absoluten. Ihre zentrale Aufgabe in Bezug auf das Museum ist vielmehr in der Gegenwart die Beantwortung der Frage, was die heutigen Aktivitäten und Diskussionen um das Museum eigentlich zusammenhält, was also ihr Gegenstand ist. Schließlich ist es eine Tatsache, dass das Wort ›Museum‹ nach wie vor, ja sogar mehr denn je, benutzt wird. Es kann aber als ausgeschlossen gelten, dass ein Wort, das semantisch leer ist, über längere Dauer und in breiten Kreisen in Gebrauch bleibt. Und Lüdekings Ansicht, dass die Bestimmung des Museums unkontrovers sei, kann man mit guten Gründen bestreiten. Denn vieles spricht dafür, dass es, bei aller Betriebsamkeit, längst keine Selbstverständlichkeit mehr ist, was gemeint ist, wenn vom ›Museum‹ die Rede ist. So bleibt bei den derzeit florierenden empirischen Fallstudien außer Acht, dass keiner der dort behandelten Einzelaspekte als solcher deutlich machen könnte, warum dabei eigentlich vom ›Museum‹ die Rede ist, inwiefern also dieser konkrete Aspekt überhaupt hinsichtlich des Museumsthemas relevant ist.

Eine Philosophie des Museums kann sich dabei sinnvollerweise weder auf bloße ›Familienähnlichkeiten‹ zwischen den vielfältigen Weisen, wie vom Museum die Rede ist, beziehen, noch sich im Sinne eines Institutionalismus auf die Autorität der Institutionen bzw. ihrer Akteurinnen und Akteure berufen. Vielmehr geht es um die Angabe von Gründen. Und diese Gründe können – wie auch Lüdeking notiert – allein durch die Bestimmung der gesellschaftlichen Funktion des Museums identifiziert werden. Eine solche Bestimmung fällt gerade nicht in den Kompetenzbereich der Museologie. Diese liefert der Philosophie hierbei aber wichtige Anknüpfungspunkte, indem sie die klassischen Kernaufgaben des Museums benennt: Sammeln, Bewahren, Forschen und Dokumentieren sowie Ausstellen und Vermitteln. Alle diese Tätigkeiten finden selbstverständlich auch außerhalb des Museumskontextes statt. Allerdings ist erstens die Verbindung dieser Kernaufgaben spezifisch für das Museum. Und zweites ist es spezifisch für das Museum, dass diese Verbindung prinzipiell immer für die Öffentlichkeit bestimmt ist.

Nach Collenberg-Plotnikov kommt dieser Verbindung von Handlungen für die Öffentlichkeit im Museum die Funktion der Repräsentation von Identität zu. Zwar findet eine solche auch jenseits von Museen statt. Spezifisch ist die Weise, wie Identität im Museum repräsentiert wird, aber, insofern hierbei sämtliche Kernaufgaben, die im Museum übernommen werden, in konstitutiver Weise involviert sind: Der Mensch wird hier als geschichtliches, reflektierendes und sinnliches Wesen gleichermaßen angesprochen. Diese Funktion der Selbstvergewisserung wird im Museum der Gegenwart dezidiert als aktiver und unabschließbarer Prozess thematisiert. Es sagt uns zwar nicht, wer wir sind. Aber vom Museum können wir erwarten, dass es uns Motive und Schematisierungspläne an die Hand gibt, die wir bei der Beantwortung dieser Frage in Betracht ziehen können, indem hier alle zentralen Dimensionen, die in der Moderne Identität ausmachen, involviert sind.

II. Sozialphilosophische und ethische Aspekte des Museums

Können bzw. sollen Repräsentation und Stiftung gesellschaftlicher und kultureller Identität heute noch Aufgaben von Museen sein? Dient das Museum insbesondere dem kulturellen Gedächtnis einer Gesellschaft? Oder hat das Museum primär den Zweck der kultur- und kunstpädagogischen Vermittlung? Oder ist das Museum vor allem ein Ort der Dokumentation, der Gewinnung und Zirkulation wissenschaftlicher Erkenntnis? Wandelt sich die Erkenntnisfunktion des Museums? Ist die Erkenntnisfunktion gefährdet, wenn Museen zunehmend einem Bedürfnis nach Unterhaltung zu entsprechen suchen? Inwieweit lassen sich kommerzielle Interessen mit den Zwecken der Institution Museum vereinbaren? Gibt es ethisch begründete Grenzen dessen, was zu sammeln und zu zeigen zulässig ist? An welchen Prinzipien könnte sich eine

Ethik des Museums orientieren, die auch darüber nachdenkt, was in einem Museum gesammelt und gezeigt werden darf und wie dies geschehen soll?

Bereits seit den 1970er Jahren macht HERMANN LÜBBE einen Zusammenhang zwischen der fortschreitenden Dynamisierung unserer Lebensverhältnisse einerseits und der Entwicklung des historischen Bewusstseins andererseits zum Gegenstand seiner philosophischen Analysen. Dabei kommt sowohl der Institution Museum als auch einem von Lübbe diagnostizierten allgemeinen kulturellen Prozess der ›Musealisierung‹ eine zentrale Rolle zu. Lübbe ist damit einer der Philosophen, die das Museum bis *dato* am konsequentesten thematisiert haben.

Nicht allein wächst die Zahl an Museen weltweit, auch der Spartenreichtum der Museen nimmt ständig zu, und das Konzept ›Museum‹ hat die Grenzen des Gebäudes längst hinter sich gelassen: Heute sind ganze Lebensbereiche musealisiert. Dieser Vergangenheitsvergegenwärtigungseifer ist mit einer bloß wohlstandsbedingten Steigerung der alten menschlichen Neigung zum Sammeln und Bewahren nicht hinreichend zu erklären. Vielmehr verringert sich in einer rasant sich verändernden Umwelt die Dauer der Fristen, für die wir mit einiger Konstanz unserer zivilisatorischen Lebensvoraussetzungen und Lebensformen rechnen können.

Dieser ›Gegenwartsschrumpfung‹ korrespondiert eine wachsende Irritation durch das fortschreitende Fremdwerden des Vertrauten. Aus diesem Grund wächst nicht nur die Anzahl aus dem alltäglichen Gebrauch genommener Gegenstände exponentiell, sondern auch das Bewusstsein für den historischen Wert der Relikte, das zugleich die beispiellose Präsenz der Museen in der Gegenwart erklärt: Das Museum als Rettungsanstalt für das Vergangene kompensiert die durch den fortschreitenden technischen Wandel der Lebenswelt bedingte Orientierungslosigkeit, indem es die eigene, aber auch fremde Herkunft dokumentiert. Insofern gilt für Lübbe, dass *MODERNISIERUNG VERGANGENHEITSVERGEGENWÄRTIGUNG ERZWINGT.*

Die zentrale kulturelle Funktion des Museums ist damit die der Präsentation von Identität anhand konservierter historisierter Zeugnisse. So ist es auch bereits die entscheidende Leistung von Museumsgründungen des 19. Jahrhunderts wie dem Berliner Alten Museum, dass die Exponate hier nach historischen Gesichtspunkten geordnet und der Öffentlichkeit präsentiert werden.

Als ein solcher Spezialort der Veranschaulichung von Historisierungsprozessen wird das Museum durch analog gewichtige Vergangenheitsvergegenwärtigungspraktiken flankiert. Lübbe verweist hier auf die fortschreitende Bedeutung das Archivwesen einerseits und des Denkmalschutzes andererseits. *MUSEEN, ARCHIVE, DENKMÄLER* bilden dementsprechend für Lübbe einen Dreiklang von Institutionen, die auf den änderungsbedingten kulturellen Vertrautheitsschwund mit der Konservierung von Zeugnissen des Vergangenen antworten.

Längst ist so die von Dehio zu Beginn des 20. Jahrhunderts ausgegebene Devise ›Konservierung statt Restauration‹ im Zeichen eines postmodernen Historismus geradezu in ihr Gegenteil verkehrt worden – mit breiter Zustimmung der Bevölkerung. Denn der Historismus ist eben nicht, wie Nietzsche kritisiert hatte, das ›chaotische Durcheinander aller Stile‹, sondern vielmehr gerade jene Unterscheidbarkeit stiftende Kraft, die kompensatorisch gegen eine die historischen Differenzen tilgende Gegenwart aufgebracht wird.

Die Dynamisierung der Lebensverhältnisse fördert zwar auf der einen Seite, im Bereich der Kunst, die Bedeutung des Klassischen als einer Sphäre, wo die Wandlungszwänge, denen wir in der dynamischen modernen Zivilisation unterliegen, ausgesetzt sind. Andererseits ist historisches Bewusstsein nicht mit Zukunftsscheu zu verwechseln. Denn es ist gerade unsere Herkunftsprägung, die über unsere Potentiale der Wahrnehmung und produktiven Reaktion auf die Herausforderungen der Zukunft entscheidet. Nur wer von seiner Geschichte weiß, kann auch sagen, wo er hin will. Mit Jean-Paul Sartre: »Je suis mon passé«.

Im Gegensatz zu Lübbe, der die Archivfunktion des Museums hervorhebt, es also als Ort der Bewahrung bestimmt, ist das Museum für Wolfgang Ullrich maßgeblich ein Ort der Verwandlung. Diese Logik der Verwandlung betrifft dabei zwar das Museum im Allgemeinen; sie wird aber besonders virulent hinsichtlich des Kunstmuseums. So wird die Verwandlung, die die aus ihrem ursprünglichen Kontext gerissenen Objekte im Museum erfahren, gerade bezüglich des Kunstmuseums von den Besuchern in der Anfangszeit um 1800 mit Irritation zur Kenntnis genommen.

Auf eben diese Verwandlungserfahrung ist auch der Topos vom Museum als Friedhof oder Mausoleum gemünzt: Die Gegenstände, die ursprünglich jeweils bestimmten lebensweltlichen Zwecken dienten, werden im Museum in ›Kunst‹ verwandelt. Auf diese Weise werden sie einerseits unendlich reduziert: Ihre ursprünglichen außerkünstlerischen Funktionen sind dahin, sie illustrieren nun bloß noch als Untote eine akademisch generierte Idee von Kunstgeschichte. Andererseits werden sie aber zugleich unendlich überhöht: Im Sinne einer Kunstreligion dienen sie nun gerade dank ihrer Zweckfreiheit der Erbauung, Läuterung, Welterkenntnis, Sinnstiftung.

In der Anfangsphase des Museums im 19. Jahrhundert wird die Kunst so als autonome Instanz bestimmt, die dem Individuum wie der Gesellschaft spirituelle Kräfte zuführen soll. Dieser Anspruch züchtet einen Rezipientenkreis von Eingeweihten, die sich ganz der sakralen Wirkung der Kunst verschreiben. Allerdings ist eine solche Eingeweihtheit am besten spürbar, wenn die Werke auf irgendeine Weise geheimnisvoll sind, wenn sie die adventistische

Hoffnung schüren, die eigentliche Offenbarung ihrer Wahrheit liege noch vor uns. Dieser hermetische Zug ist daher auch in der ›Museumskunst‹, die nun entsteht, verbreitet. Und so sieht sich das Museum im 20. Jahrhundert dem Vorwurf ausgesetzt, die breite Besucherschaft zu entfremden und allein ein bildungsbürgerlich-kunstreligiöses Spartenpublikum zufriedenzustellen.

Im Gefolge von 1968 wird daher versucht, das Museum konsequent als Institution zu denken, in der jegliche Entfremdungserfahrung *für alle* aufgehoben wird. Das Instrument der Wahl ist die ›Vermittlung‹ von Kunst: *Verwandeln und vermitteln* sollen nun im Zeichen von *Sozialpolitik im Museum* stehen.

Im Zuge der Entfaltung dieses Vermittlungspathos tritt das Bewahren als Funktion des Museums immer weiter in den Hintergrund und es wird nun als ein offener, flexibler, dynamischer Ort gedacht, an dem das Publikum selbst zum Schöpfer werden kann. Die Verwandlungsfunktion, die das Museum seit seinen Anfängen übernimmt, kommt so in der Gegenwart, im Zeichen einer kunstreligiös-sozialdemokratisch motivierten Vermittlungsarbeit, zu ihrer maximalen Entfaltung. Die Kunstvermittlung wird total – durchaus auch auf Kosten der Werke.

Im Gegenzug dazu entsteht nun allerdings zunehmend Kunst, die nicht mehr genuin für das Museum bestimmt ist, sondern sich wieder an private Sammler richtet. Diese Kunst dient hier erneut als Mittel statussymbolischer Distanzierung und ist so in aller Regel extrem hermetisch. Wo sie ins Museum gelangt, ist sie daher umso mehr auf Vermittlung angewiesen. Das Museum leistet diese nun in doppelter Weise. Es reißt die Kunst nicht mehr nur, wie früher, aus ihren ursprünglichen Kontexten. Vielmehr stiftet es durch die geballten Vermittlungsbemühungen auch neue Kontexte, indem es Wege findet, auf denen die Verlierer der Gesellschaft sich an solcher ›Siegerkunst‹ ein wenig aufbauen und in ihrem Selbstvertrauen gestärkt fühlen können. Damit entsteht die historisch neue Situation, dass ein und dieselben Werke exklusive Statussymbole und integrative Motivationsbilder gleichermaßen sein können. Paradoxerweise dient so eine Kunst, mit denen die Sieger der Gesellschaft ihre Macht demonstrieren, zugleich – im Museum – als Instrument einer befriedenden Sozialpolitik.

Julia Voss bestimmt die Frage nach dem Verhältnis von *Gemeinsinn und Eigennutz* als Grundfrage einer *Philosophie des öffentlichen Museums* in der Gegenwart. Denn sowohl private als auch öffentliche Museen befinden sich heute in einem Kräftefeld, in dem Eigennutz und Gemeinsinn so heftig wie nie zuvor in der Geschichte aufeinandertreffen können.

Bei einer näheren Bestimmung des aktuellen Museumsbegriffs sind insbesondere zwei große Entwicklungen zu berücksichtigen, die nach dem Zweiten Weltkrieg einsetzen und sich exemplarisch an zwei Ereignissen erzählen lassen.

So steht die Münchner Blaue-Reiter-Schau von 1949, die mit überwältigender Resonanz die von den Nationalsozialisten verfemte Moderne feiert, exemplarisch für die politische Heilserwartung, die in den Jahren nach dem Zweiten Weltkrieg an das Museum geknüpft wird: Das öffentliche Museum wird nun als zentraler Ort der Gegenkultur verstanden, als eine Institution, die Totalitarismen trotzt und zur Offenheit, Toleranz und Neugier anleiten soll, indem sie vor allem auf Bildungsarbeit und Kulturaustausch setzt.

Demgegenüber kann von der Biennale in Venedig her rekonstruiert werden, welche Verwertungsstrategien sich aus der politischen Heilserwartung, die nach dem Zweiten Weltkrieg an das Museum geknüpft worden ist, entwickelt haben. Zentrale Bedeutung kommt dabei der Tatsache zu, dass viele der hier ausgestellten Werke als Serien auftreten. Die Serialität ist aber ebenso ein Charakteristikum der Werke, mit denen das Ausstellungssystem der öffentlichen Museen in den vergangenen Jahren geradezu überrollt worden sind. Dieses Moment der Serialität ist nun von erstrangiger ökonomischer Relevanz. Serien erzeugen auf dem Kunstmarkt nämlich den Effekt, dass der einzelne Verkauf sich auf die Preisentwicklung der gesamten Serie auswirkt und zwar, im Zuge eines globalisierten Kunsthandels, gleich weltweit. Die Serienproduktion sichert so die internationale Vergleichbarkeit der Werke und Preise. Sie schafft damit die Grundlage für Spekulation und Investition, für die Verwandlung von Kunstwerken in Wertpapiere. Im Gegensatz zu früheren Praktiken in der Kunstgeschichte übernimmt die Serialität bei der Mehrzahl zeitgenössischer Werke, so Voss, also keinerlei künstlerische, sondern nur noch ökonomische Funktion, und je größer der Markt ist, auf dem die Werke zirkulieren sollen, desto weniger darf sich die Kunst festlegen, um goutierbar zu sein. Wenn so, im Zuge der weltweiten digitalen Vernetzung, diese mehr oder weniger beliebigen, unverbindlichen seriellen Kunstwerke vom Handel nun auch durch die öffentlichen Museen gespült werden, handelt es sich hierbei weniger um eine gemeinnützige Maßnahme als um dem festen Bestandteil einer Anlagestrategie.

Zwar beginnt die Geschichte der Kunstspekulation nicht mit serieller Kunst und Digitalisierung. Sie gewinnt aber eine neue Qualität durch die zahlreichen steuerlichen Vorzüge, mit denen der Erwerb, Besitz, Verkauf und das Schenken von Kunst staatlich gefördert wird. Hier erweisen sich vor allem die absetzbaren Schenkungen an Museen als kapitalbildendes Prinzip sondergleichen, wobei wiederum die Serie Vorteile anbietet: Ein hoher Auktionspreis kann als Richtwert für alle Glieder der Kette gelten und bei Schenkungen, vor allem an gemeinnützige Stiftungen, dem Stifter angesichts der hohen Steuervorteile sogar Gewinne bescheren. Im formalen Gewand der Moderne beerbt diese Kunst so gesellschaftlich und ökonomisch den Feudalstil.

Aus der Perspektive einer kritischen Kunstgeschichte, die die Philosophie des öffentlichen Museums ebenso vehement verteidigt wie einst die moderne

Kunst, stellen solche Praktiken eben diese Philosophie auf den Kopf: Private Reichtümer werden hier nicht mehr in öffentliche verwandelt, sondern die Kunst und das Museum dienen inzwischen immer mehr dazu, aus öffentlichen Geldern private zu machen.

Zwar ist die Auseinandersetzung mit den ethisch-moralischen Dimensionen der Museums- und Ausstellungsarbeit inzwischen längst auch in den Kunstmuseen angekommen. In ihrem Beitrag geht Rosmarie Beier-de Haan aber der Frage nach, was diese Dimensionen für jenen Museumstypus sind bzw. sein könnten und sollten, von dem diese Entwicklung ihren Ausgangspunkt genommen hat: das Geschichtsmuseum.

Der moralische Anspruch und Selbst-Anspruch an die Museen ist seit den 1980er/1990er Jahren immens gestiegen. Hatte Schiller das Theater als eine ›moralische Anstalt‹ bestimmt, die den Menschen durch die Einübung richtiger Verhaltensweisen transformiert, so kann daher nun auch das *Museum als eine »moralische Anstalt«* verstanden werden, wo die Prinzipien *Vielfalt – Gleichheit – Individualität* zur Grundlage für Bewusstseins- und Veränderungsprozesse werden können.

Ein zentrales Merkmal dieser ›verstärkten moralischen Kraft‹ des Museums ist die Forderung, im Museum gerade nicht nur das Eindeutige, den Erfolg, das Gelungene darzustellen, sondern auch die dunklen Seiten etwa einer Nation, die Schuld, die belastete Vergangenheit. Über das häufig propagierte *empowerment* benachteiligter Gruppen hinaus übernimmt das Museum damit therapeutische Funktion, wird zu einem Instrument der Rehabilitierung und Wiedergutmachung.

Eine wichtige Rolle kommt hierbei nicht allein der im öffentlichen Raum vorgenommenen Valorisierung des ehemals Unterdrückten und Verachteten durch spezielle Ausstellungen und vor allem auch spezielle Museumsgründungen zu. Vielmehr spielt ebenfalls die Architektursprache, die bei diesen Museumsgründungen zu Einsatz kommt, auch in symbolpolitischem Sinne eine überaus wichtige Rolle.

Das Museum genießt grundsätzlich überdurchschnittlich hohe Glaubwürdigkeit und Akzeptanz seitens der Öffentlichkeit. Dies hat maßgeblich damit zu tun, dass diese Institution vor dem Hintergrund massiv gewachsener Unsicherheiten und Ungewissheiten im Zuge der radikalen Transformationen der Gegenwart eine wichtige Funktion als Ort der Erinnerung und Besinnung übernimmt. Dabei wird das Museum – ebenso wie das Theater – insbesondere auch als Ort geschätzt, wo Eindrücke und Erfahrungen nicht oder nicht überwiegend medial und virtuell vermittelt sind, sondern an denen die Besucher die Objekte und thematischen Arrangements physisch erleben können. Es antwortet damit auf das nachdrückliche Bedürfnis, Erinnerung individuell und ganzheitlich – und dies heißt insbesondere auch: emotional – zu vollziehen.

Dieses Bedürfnis nach individueller emotionaler Ansprache im Museum gilt es, mit dem Auftrag der sachlichen Information und Vertiefung von Erkenntnis zu vermitteln.

Dabei liegt die kuratorische Verantwortung in moralischer Hinsicht maßgeblich darin, jeweils zu entscheiden, wer bei der Erinnerungskultur einer Ausstellung eingeschlossen, wer ausgeschlossen wird und welche Kriterien dabei zum Tragen kommen. Auch im Sinne einer solchen kuratorischen Reflexion der Grundlagen von Partizipation und Teilhabe ist das Museum eine ›moralische Anstalt‹. Es ist damit Teil und Ausdruck umfassenderer Entwicklungen. Denn selbst wo sich – etwa auf der Basis der neuen Medien – alternative Wissensgemeinschaften konstituieren, die ohne kuratorische Instanz auskommen, lässt sich das Dilemma, auf welcher Legitimationsgrundlage die Personen eigentlich sprechen, nicht überwinden. Grund dafür ist die Tatsache, dass Repräsentation als stellvertretende Vergegenwärtigung zwangsläufig eine Verletzung der demokratischen Gebote der Gleichheit bildet und insofern ein Quantum an Ungerechtigkeit, des Nichteinlösens des demokratischen Gleichheitsgebots, in sich trägt. Auch insofern kann man das Museum, hierin immer noch Schillers Uridee folgend, als eine Einübung in die richtige Verhaltensweise und Aufklärung darüber, was es mit unserer Welt und unserer Zukunft auf sich hat, verstehen.

III. Präsentieren und Repräsentieren. Bedeutung und Status der Dinge im Museum

In welchem Verhältnis stehen die musealen Aufgaben ›Sammeln‹, ›Zeigen‹ und ›Bewahren‹ zueinander? In welchem Verhältnis stehen öffentliche und private Interessen in Bezug auf Museumsobjekte und wie sind diese Interessen zu gewichten? Hat das Museum Bedeutung für eine spezifisch sinnliche Erkenntnis und wie kann diese Bedeutung bestimmt werden? Welche Bedeutung hat dabei das Museum als physischer Ort bzw. Raum? Welchen Status hat ein Museumsobjekt? Ist es Repräsentant eines Typus oder Gegenstand *sui generis*? In welchem Verhältnis stehen ästhetische Valenz und historische Relevanz von Museumsstücken zueinander?

Für Andreas Urs Sommer ist es die Sammlung als Sammlung physisch verfügbarer Dinge, die den einzig wirklich harten Kern des Museums bildet. Eine Philosophie des Museums muss daher im Wesentlichen eine *Philosophie musealen Sammelns* sein. Anders als für Lübbe steht für Sommer dabei aber nicht das konservatorische Moment des Sammelns, die Bewahrungskultur und das kollektive Identitätsinteresse, im Mittelpunkt. Vielmehr geht es beim Sammeln, so Sommer, maßgeblich darum, Dinge in die Hand zu bekommen und durch die eigentümliche Zusammenstellung dieser Dinge neue Welten zu erzeugen, in denen wir uns selbst wiederfinden – uns selbst sammeln – können.

Jahrtausende lang bestand menschliche Entwicklung vor allem darin, die Dinge mit eigener Hand zu gestalten. Komplizierte Apparaturen, wie sie uns allseits umgeben, bilden eine Hochstilisierung dieses anthropologischen Spezifikums. Allerdings nimmt der Mensch, wo er sich solcher Prothesen bedient, um seine Welt optimaler in den Griff zu bekommen, zugleich in Kauf, dass sie sich seinem unmittelbaren, direkten Zugriff immer mehr entzieht. Dem In-die-Hand-bekommen-Wollen haftet daher das Paradox an, dass der Mensch, je mehr er in die Hand bekommen wollte, umso mehr er aus der Hand geben musste. So identifiziert Sommer eine große Sehnsucht nach dem In-der-Hand-Behalten, einen ›Unmittelbarkeitsfetischismus‹, als den Hintergrund der allgegenwärtigen Klage über die ›Entfremdung‹ in der gegenwärtigen Kultur.

Diese Geschichte vom Menschen und seinem Bedürfnis, die Dinge in den Griff zu bekommen, und von der Unvermeidlichkeit, zu diesem Zweck die Dinge wieder aus der Hand zu geben, hängt nun für Sommer unmittelbar mit der Frage zusammen, warum es Sammlungen, und näherhin Museumssammlungen, noch gibt oder auch noch geben soll: Museen sind das große Versprechen auf Realpräsenz, auf physische Gegenwärtigkeit jener Dinge, die sich uns gemeinhin entziehen. Die Tatsache, dass die Dinge im Museum nach wie vor in der Regel gerade nicht in die Hand genommen werden dürfen, unterstreicht durch die museal inszenierte Griffnähe dieses Versprechen nur umso nachdrücklicher. Aus diesem Grund können auch technische Reproduktionen, etwa digitaler Art, nicht an die Stelle des Museums treten. Und aus diesem Grund es ist des Weiteren ein verbreitetes Missverständnis, die museal gesammelten Gegenstände mit Pomian primär als ›Semiophoren‹ zu verstehen, die auf Unsichtbares verweisen. Denn die gesammelten Dinge stehen zunächst ganz für sich und für nichts anderes. Museen sind also die Orte, die im Zeitalter der Ding-Verflüchtigung nicht nur den Dingen ein Asyl bieten, sich nicht in funktionalen Zusammenhängen – im Gebrauch – verschleißen zu müssen, sondern auch den Menschen, die den Dingen wieder näherkommen wollen.

Eine zentrale Rolle kommt dabei dem Verhältnis von privatem und musealem Sammeln zu: Historisch aus den privaten Sammlungen erwachsen, können Museen heute die Kreativität und Selbstbestimmung der Menschen fördern, nicht indem sie sich anschicken – im Sinne des von Ullrich diskutierten Vermittlungspathos – alle zu kleinen Schöpfern zu machen, sondern indem sie alle dazu einladen, selbst Sammler zu sein. Was im Museum in aller Regel nicht möglich ist, nämlich die physisch anwesenden Dinge in die Hand zu nehmen und zusammenzustellen, erlaubt das private Sammeln: Privates Sammeln ist, so Sommer, individuell in die Hand genommene Identitätskonstitution. Denn die Sammlung hilft mir, ich selbst zu werden, indem ich die Dinge in die Hand nehme und in Zusammenhang setze. Sammeln ist eine Kunst, Dinge in die Hand zu nehmen. Dabei beugt die Sammlung *per se* Monopolisierungs- und Endgültigkeitsansprüchen vor, indem sie das Einzigartig-Auratische des einzelnen Objekts ins Verhältnis zu variierenden anderen Objekten setzt. Sammelnde Museen sind daher ideale Sachwalter einer Relativierungskultur.

Brigitte Hilmer geht in ihrem Beitrag über *Weltbildende Dinge und die philosophische Kritik des Fetischismus* einer der Wurzeln des Vorwurfs der ›Musealisierung‹ und der Kritik am Museum als Ort des Todes und Bedrohung des Lebens nach: der Verdinglichungskritik der Lebensphilosophie. Hilmer vertritt die These, dass die Argumente, die hier *gegen* das Museum ins Feld geführt werden, treffender *für* das Museum geltend gemacht werden können: Die von Georg Simmel diagnostizierte ›Tragödie der Kultur‹ – das kulturelle Leben, das Dinge hervorbringt, untergräbt genau durch diese Produktion auf tragische Weise sich selbst – ist in der Tat von zentraler Bedeutung für das Verständnis des Museums. Dass Dinge in einer Weise das Leben überwältigen, wie die lebensphilosophische Musealisierungskritik sie in den Blick nimmt, erfordert aber letztlich eine Erklärung, die einsichtig macht, was den Dingen denn eigentlich eine solche Macht über unser Leben verleiht. Dies leisten, so Hilmer, Theorien des Fetischismus, die allerdings zugleich zeigen, dass das Museum den Fetischismus gewissermaßen von innen zu durchbrechen vermag. Was dies für das Verständnis von Zeitlichkeit und Räumlichkeit der Museumserfahrung bedeutet, weist sie anhand einiger Motive der Philosophie und Dichtung des 20. Jahrhunderts – *Knochen, Krug und Käferstein* – auf.

Neuere religionswissenschaftliche und ethnologische Studien, insbesondere von Karl-Heinz Kohl, sind zu dem Ergebnis gekommen, dass es sich bei den fetischistischen Praktiken der ›Naturvölker‹ um Adaptionen des Reliquienkults der Kolonisatoren handelt. Bei dieser Verehrung von Dingen scheint die Einrichtung des Museums in der Moderne nahtlos anzuschließen. Der Gegensatz heilig/profan setzt sich fort in der Unterscheidung museal/alltäglich. Der angesichts dieser Genealogie in der Tat naheliegende Fetischismusvorwurf kann daher sinnvollerweise nur entkräftet werden, wenn man das Museum als Ort des Gedenkens an die Opfer der Vergangenheit und als Ort des solidarischen Protestes gegen die Vergänglichkeit begreift.

Der fossile Status der Museumsdinge, ihre Erinnerungs- und Abschiedsfunktion, die die Verbindung des Museums zu Orten des Gedächtnisses durch Bestattung verdeutlicht, weist auf die dem Museum eigene Zeitlichkeit und Räumlichkeit hin. Hartmut Böhme erkennt dementsprechend die Leistung der Museen darin, einen Raum der Ruhe und Zeitlosigkeit zu bieten. Diese Stille geht aber nicht von leeren Räumen aus, sondern von Dingen, die nicht nur Raum einnehmen, sondern ihn auch in sich aufnehmen bzw. ihn auf sich ausrichten und insofern Orte bilden. Eine solche Transformation der Dinge zu Orten kann insbesondere am Krug als dem literarischen und philosophischen Topos des kulturellen Dinges im frühen 20. Jahrhundert dargestellt werden. Anhand von Rilkes Gedicht über den ›Käferstein‹, einen musealisierten ägyptischen Skarabäus also, kann das Museum als Realisierung des Parsifal-Prinzips gelesen werden: Die Zeit wird an ihm – mit Rilke – zum Raum.

Das Museum bietet also keinesfalls eine Auflösung der Tragik der Verdinglichung, und es sollte diese auch nicht leisten. Denn im Museum unterbrechen die Dinge nicht mehr die Zeiten und Räume, um einen Handlungszusammenhang einzurichten und zu begründen, sondern es zeigt sich vielmehr gerade, dass sie dem Vergessenwerden und Veralten ausgesetzt sind und davor mit ungewisser Frist geschützt werden. Dieses Ausgesetztsein können wir aufsuchen und für eine Weile teilen, darin besteht die intime Erfahrung der Ruhe und der ›Zeitstille‹ des Museums. Diese Erfahrung hat eine gewisse Verwandtschaft mit der von Orten, an denen wir der Toten gedenken, aber sie unterscheidet sich auch grundlegend davon. Vielleicht erlernen wir im Museum, so Hilmer, den Abschied von einer menschlichen Behaustheit bei den Dingen, und es sind die Dinge selbst, die uns diesen Abschied ermöglichen und erleichtern.

Für Karl-Heinz Lembeck ist ein Museum weniger ein Ort der Sammlungen als ein Ort des Zeigens. Dabei geht es nicht nur um das wiederholte Zeigen des längst Bekannten oder des ästhetisch Vertrauten, sondern es geht vielmehr um das Zeigen von Welt in ihrer dinglichen Gestalt. Thema seiner Ausführungen ist näherhin die *Selbstdarstellung der Dinge im Museum*.

Während man von einem ›Gegenstand‹ spricht, wenn ein benennbares Etwas als Gegenüber erscheint, wird als ›Ding‹ etwas bezeichnet, das man noch nicht kennt. Aus diesem Grund kann man auch nicht sagen, was ein Ding ist. Allerdings kann man es, so Lembeck, zeigen. Genauer gesagt: Man kann es so einrichten, dass sich das Ding selber zeigt. Und das Museum ist, so Lembecks Ausgangshypothese, ein Ort für solche Einrichtung.

Damit stellt er sich allerdings gegen die verbreitete Auffassung, dass die Dinge durch ihre distanzierende museale Präsentation zu Gegenständen mit objektivem Anspruch geadelt werden. Auf diesem Umweg ihrer Vergegenständlichung erschlössen sich dann auch die Dinge neu.

Dieses Modell mag zwar auf den ersten Blick überzeugen, es widerspricht aber zugleich dem selbst fokussierten Dingbegriff. Die Leistung des Museums besteht in diesem Verständnis nämlich darin, aus Dingen durch Neu-Arrangements Gegenstände theoretischen Interesses zu machen. Eine solche Theoretisierung der Welt wird für gewöhnlich allerdings nicht als originäres Anliegen der Museen angesehen, sondern der Wissenschaften. Zudem werden die Dinge hier ein weiteres Mal funktional. Denn ihre vermeintliche Entfunktionalisierung verschafft ihnen in Wahrheit nur eine neue Funktion: die Funktion von Erkenntnis- und Erinnerungsveranlassungsdingen. Als sie selbst werden die Dinge jedoch gerade nicht gezeigt. Dieses Modell verfehlt aber nicht allein den Dingbegriff, sondern zugleich die eigentliche Leistung des Museums.

Demgegenüber wird die Frage, was es denn eigentlich ist, das sich im Museum zeigt, nach Lembeck also die Frage nach dem Ding, vor allem in der Philosophie hermeneutisch-phänomenologischer Provenienz unter dem Aspekt einer Selbstdarstellung der Dinge in einer der Sache angemessenen Weise diskutiert. Lembeck geht hier insbesondere auf zwei Positionen vom Anfang des 20. Jahrhunderts ein: Wilhelm Schapps These, dass man das, was etwas an sich selbst ist, nicht wissen, sondern nur sehen kann, und Hans Lipps' These, dass die Frage nach dem, was etwas eigentlich ist, erst im Hantieren mit ihm entstehen kann, wobei das Sehen als die elementarste Form solchen Hantierens verstanden wird.

Zwar beziehen beide Autoren diese Thesen selbst nicht auf das Museum, sondern allgemeiner auf eine Einstellungsveränderung des Subjekts, die es erlauben soll, das Ding vorurteilslos so zu sehen, wie es an ihm selber ist. Allerdings kann, so Lembeck, das von Schapp empfohlene ungewohnte Arrangement der Dinge, das den Blick für diese selbst öffnet, ohne dass unser Vorwissen um sie dabei zu Hilfe genommen wird, ebenso auf die Ausstellungssituation im Museum bezogen werden, wie Lipps' Aufforderung, die Dinge so zu arrangieren, dass sie, in Ruhe gelassen, als sie selbst erscheinen können, indem man ihnen sehend gegenübertritt. Denn auch im Museum geht es nicht um einen zufälligen Aufmerksamkeitswechsel, sondern dieser wird gezielt provoziert durch den Verzicht auf den theoretischen Zugriff.

Dabei findet eine Darstellung der Dinge statt, insofern ein Ding darstellen heißt, es sowohl aus seinem pragmatischen Wozu herauszulösen, als auch den theoretischen Zugriff auf es als einen Gegenstand, mit dem es etwas auf sich hat, zu inhibieren. Und es handelt sich näherhin zugleich um eine Selbstdarstellung, weil Darstellung nicht Abbildung meint: Das in der Darstellung, im musealen Arrangement gegebene Ding steht nicht wie ein Abbild neben sich selbst als wirklichem Ding, sondern es ist genau dieses selbst in vollendeter Präsenz.

Auch Katharina Hoins und Felicitas von Mallinckrodt gehen von der These aus, dass die Dinge erst dann als das, was sie wirklich für uns sind, gesehen werden können, wenn sie nicht mehr in ihrer alltäglichen Nutzung aufgehen und somit quasi widerständig werden. Mit ihrer philosophischen Ausdeutung dieser These knüpfen sie allerdings nicht bei der hermeneutisch-phänomenologischen Tradition, sondern bei dem Neuen Materialismus an. Ausgangspunkt der Beiträge des Neuen Materialismus ist – bei aller Heterogenität der Positionen im Einzelnen – stets die Feststellung, dass linguistische und (sozial-)konstruktivistische Ansätze nicht ausreichen, um die Wirklichkeit adäquat zu beschreiben. An der Materialität der Dinge lassen sich nämlich Bedeutungszusammenhänge ausmachen, die in den gewöhnlichen lebensweltlichen Zusammenhängen und störungsfreien Abläufen in der Regel übersehen werden, die aber nichtsdestoweniger Einfluss auf unser Leben nehmen. Es gilt daher im Sinne eines umfassenderen Verständnisses des Potenzials der Realität, Unterstützung bei der Identifikation dieser Potenz des Materiellen als Träger von Bedeutungen zu leisten.

Die bereits seit geraumer Zeit auf zahlreichen Forschungsfeldern erprobte Fruchtbarkeit dieses Ansatzes kann nun auch hinsichtlich des Museums geltend gemacht werden. So bildet die im Sinne des Neuen Materialismus fällige Unterstützung bei der Identifikation der Potenz des Materiellen geradezu den Kern der Institution Museum: Es bietet seit jeher einen Raum für die bewusste Erfahrung jener Wirksamkeit der Dinge, die im Alltag unreflektiert bleibt, sofern sie nicht durch unvorhergesehene Störungen und Fehlfunktionen evoziert wird. Denn im Museum kann das Ding durch seine spezielle Präsentation, die seine Widerständigkeit gegenüber alltäglichem Gebrauch und einseitigen Indienstnahmen demonstriert, neu wahrgenommen werden – als Zusammenspiel von materieller Präsenz und einem historische oder sonstige Fixierungen radikal sprengenden Spektrum von Bedeutungen. Das Museum agiert damit immer schon im Spannungsfeld zwischen den spezifischen (z.B. historischen) Sinnfeldern der Dinge und ihrem Eigensinn. Dies qualifiziert das Museum als neumaterialistische ›Leitinstitution *avant la lettre*‹.

Den zentralen argumentativen Bezugspunkt bilden dabei für Hoins und von Mallinckrodt die Ausführungen von Graham Harman, der die neumaterialistische Annahme einer im Alltag übersehenen Wirkmacht der Dinge exemplarisch an den verschiedenen möglichen Aspekten eines Tisches erläutert: Zwischen dem Tisch in seiner evidenten physischen Materialität und seiner ebenso evidenten alltäglichen Funktionalität existiert demnach noch ein anderer, dritter Tisch, der weder eindeutig der einen noch der anderen Seite zugeordnet werden kann. Dieser ›dritte Tisch‹ steht bei Harman für die unbewusst wirksamen Ambivalenzen und Beziehungsgeflechte, die im scheinbar Selbstverständlichen schlummern und sich weder allein durch die Untersuchung seiner materiellen Beschaffenheit noch rein durch die Interpretation seiner kulturellen Bedeutungen erfassen lassen. Der Titel des Beitrags – *Der dritte Ort. Neuer Materialismus und Museum* – greift so auf Harmans Bild auf und überträgt es auf den Museumskontext. Denn das Museum tut nach Auffassung der Autorinnen ganz selbstverständlich, was durch die Neuen Materialisten stärker auch für andere Institutionen gefordert wird: Es macht sich zum Forum, auf dem die Dinge ihre verborgene ›dritte‹ Bedeutungsdimension dezidiert zur Wirkung bringen können, indem ihre Materialität in neuer, gegenüber dem Alltagsgebrauch verfremdender Weise inszeniert wird. Diesen

Leistungssinn der Institution Museum gilt es, durch theoretische wie museumspraktische Arbeit, die den Zwischenraum zwischen materiellem Ding und Bedeutungszuschreibung auslotet, gezielt weiter zu erschließen.

Angela Rapp greift in ihrem Beitrag *The Zebra is Present* einen Aspekt eines solchen Objektverständnisses auf, der in der Neuen Museologie zentral wird: Die Vorstellung von einer eigenen Handlungsmacht der Exponate, ihrer ›agency‹. Der Titel des Beitrags spielt vor diesem Hintergrund auf die Performance von Marina Abramović *The Artist is Present* an, in der die lebendige Künstlerin sich selbst zum Kunstobjekt machte, zugleich aber dezidiert als Subjekt agierte, indem sie den Blick der sie Betrachtenden offensiv erwiderte: Ist das ausgestopfte Zebra im Naturkundemuseum, das Museumsexponat, tatsächlich in gleicher Weise präsent und aktiv wie die performende Künstlerin?

Der Begriff des musealen ›Exponats‹ weist darauf hin, dass Museen weder (reine) Archive noch (rein) wissenschaftlich forschende Institutionen sind: Sie sammeln, erforschen und bewahren Dinge nämlich, um sie irgendwann physisch wahrnehmbar zu präsentieren. Der einflussreichen Definition von Pomian entsprechend sind diese musealen Exponate ›Semiophoren‹, d.h. Zeichenträger, die eine materielle Seite und einen semiotischen Gehalt haben. In der Alltagswelt werden die Dinge abgenutzt, verbraucht oder irgendwann als Abfall weggeworfen. Wo man dieselben Dinge dagegen in eine museale Sammlung überführt, wird dieser ›natürliche‹ Kreislauf unterbrochen, indem sie eine Bedeutung erhalten und so ›das Unsichtbare‹ präsentieren: Als Semiophor hat ein Ding die Aufgabe, die sichtbare materielle Welt der Gegenwart mit der unsichtbaren immateriellen Welt der Vergangenheit zu verbinden; es ermöglicht eine Kommunikation zwischen beiden Welten.

Der Neue Materialismus, dem in der aktuellen Museologie eine bestimmende Rolle zukommt, knüpft bei dieser Vorstellung einer Kommunikation zwischen Materiellem und Immateriellem an. Entscheidend ist allerdings, dass die Materie – im Museumskontext also: das physische Exponat – nun eben dezidiert als Akteur bzw. ›Aktant‹ verstanden wird, der von seinen immanenten selbstorganisierenden Potenzialen her gedacht werden muss. Das Museum belebt die Dinge demnach nicht etwa dadurch, dass es neue Zusammenhänge, ›neue Körper‹, schafft. Es sind vielmehr die Museumsdinge selbst, die jetzt die Rolle der ›belebten‹ Objekte übernehmen sollen und zwar nicht, weil sie ursprünglich – wie das ausgestopfte Zebra – einst lebendig waren, sondern weil sie das sind, was sie sind: Dinge. Aber auch bereits ein Semiophor ist nicht lediglich ein symbolischer Stellvertreter des Unsichtbaren; als ›Träger‹ enthält es vielmehr einen Teil desselben. Bei Semiophoren handelt es sich daher, ebenso wie bei den als Akteuren verstandenen Exponaten im Sinne des Neuen Materialismus, um eine Art moderner Reliquien bzw. Fetische, in denen Immaterielles ›präsent‹ ist. Ein solches Verständnis der Exponate als quasi-sakralen, selbsttätigen Objekten ist mit dem Verständnis des Museums als einem Raum, der einen offenen Gedankenaustausch aus Anlass der Exponate bietet, allerdings nicht zu vermitteln.

Die Diskussion des Neuen Materialismus kann jedoch den Blick für ein in der Tat zentrales Charakteristikum eines Museumsgegenstandes schärfen: seinen Status als ›Zeugnis‹. Dieser Begriff zeigt nämlich an, dass es hier um Dinge geht, die das Museum nicht hergestellt, sondern vorgefunden hat, die also immer schon Bedeutung haben, die sie ›bezeugen‹: Denn Zeugnisse, wie sie etwa vor Gericht abgelegt werden, dienen der Erforschung dessen, was tatsächlich geschehen ist, und zwar in einem Verfahren, in dem ein Sachverhalt relevant ist, an dem die Personen, die darüber zu urteilen haben, selbst nicht beteiligt waren, sondern den sie vorgefunden haben. Die Museumsexponate sind daher weder autonome Akteure noch reine Projektionsflächen. Im Museum werden nicht nur Welten konstruiert, sondern es werden dort zugleich die Grenzen jeglicher Konstruktion anhand vorgefundener Dinge deutlich.

Auch im Beitrag von CONSTANZE PERES, der aus analytischer Perspektive argumentiert, kommt der erwähnten Performance von Abramović eine zentrale Rolle zu, nun allerdings – in einem allgemeineren und zugleich spezielleren Sinn – bezüglich der *ROLLE DES MUSEUMS IN DER ONTOLOGIE DES KUNSTWERKS*: Hat das Museum eine konstitutive Funktion für den ontologischen Status des Kunstwerks oder bildet es lediglich dessen äußeren Wirkungsrahmen?

Peres vertritt keinen essentiellen, sondern einen funktionalen Begriff des Kunstwerks. Demnach können von künstlerischen Subjekten erzeugte Dinge, Ereignisse und Prozesse unter bestimmten Umständen als Kunstwerke fungieren oder auch nicht. Sie bestimmt das Kunstwerk daher als eine relationale Entität, und zwar mit drei Relata: erstens der erzeugenden oder konstitutiven Instanz, d.h. dem künstlerischen Subjekt; zweitens der erzeugten oder konstituierten Instanz, d.h. dem Werk, das auch als Kunstwerk-Kandidat oder Kunstwerk-Schema X bezeichnet werden kann, insofern es unvollständig bestimmt ist und dies so lange bleibt, wie es nicht von einer ästhetisch perzipierenden Instanz als Kunstwerk realisiert wird; und drittens also der mit-erzeugenden oder ko-konstitutitven Instanz, dem ästhetischen Subjekt, durch dessen perzipierend-interpretierende Akte das erzeugte Werk zum Kunstwerk $X_{1\text{-}n}$ wird.

Kunstmuseen schaffen nun spezifische Kontexte, die für die ontologische Verfasstheit des Kunstwerks existentiell sind, z.B. ein konservatorisch einwandfreies Umfeld, das Voraussetzung für eine adäquate Hängung ist etc. Hierbei handelt es sich indes um zwar notwendige, aber keinesfalls hinreichende Bedingungen dafür, dass etwas als Kunstwerk realisiert werden kann. In Bezug auf die existentiellen Voraussetzungen des Kunstwerks spielt das Museum daher eine nur extrinsisch-circumstantive Rolle.

Das Kunstmuseum übernimmt aber zudem intrinsische Funktionen für das Kunstwerk-Sein, bei denen die allgemeine ontologische Bestimmung des Kunstwerk-Schemas als ein seiendes ›Ding‹ eine spezifische, nämlich statusverändernde semantische Dimension hinzugewinnt. Dabei wird etwa eine mit Farben bedeckte Leinwand zu Fragonards *Schaukel* oder ein Flaschentrockner aus dem Kaufhaus zu Duchamps *Porte-bouteilles*, d.h. der materielle Kunstwerk-Kandidat wird als Kunstwerk – als etwas, das auf etwas referiert – realisiert.

Diese ›ontosemantische‹ Struktur kann Kunstwerken zwar grundsätzlich auch unabhängig von ihrer Musealisierung zukommen. Allerdings ist die Weise, wie Kunstmuseen ihre Kernaufgaben wahrnehmen, nicht nur generell förderlich für die rezeptive Realisierung von etwas als Kunstwerk, sondern sie wirken etwa durch bestimmte Sammlungsschwerpunkte oder Hängungen zudem perzeptionslenkend. Außerdem bergen große Sammlungsbestände die Möglichkeit, historische Entwicklungslinien formaler oder thematischer Art vor Augen zu führen oder mit immer wieder neuen Kombinationen anderer Werke (aus ihren Depots) neue Sichtweisen zu schaffen und zu evozieren.

Es ist müßig, zu spekulieren, ob Abramovićs Performance auch außerhalb eines Kunstmuseums funktioniert hätte. Es steht aber außer Zweifel, dass die Performance dadurch, dass in einem Kunstmuseum stattfand, anders zur Existenz kam und auf andere Weise als bedeutsam vorgeführt wurde als etwa in einem naturkundlichen Museum. Das Kunstmuseum schuf nicht nur die institutionellen und extrinsisch-circumstantiven Bedingungen, ohne die das Kunstwerk nicht stattgefunden hätte. Vielmehr wurden einfache Lebensphänomene wie Sitzen-an-einem-Tisch und Blickkontakt dadurch, dass sie ›während der Öffnungszeiten‹ in diesem Museum stattfanden, mit einer neuen, ästhetischen Bedeutsamkeit aufgeladen, die dazu aufrief, ihre semantische Dimension wahrzunehmen. Dies bestätigt Peres' These, dass das Museum auch eine intrinsisch-konstitutive Rolle für den ontosemantischen Status von Kunstwerken übernimmt.

Die Beiträge des Bandes decken zwar ein breites Spektrum an Fragen der Museumsphilosophie ab. Die Antworten, die sie auf diese Fragen geben, erfüllen aber erst dann die ihnen zugedachte Funktion, wenn sie nicht als Schlussworte, sondern als Diskussionsbeiträge verstanden werden. Und wichtige Aspekte einer aktuellen Museumsphilosophie werden hier nur am Rande erwähnt – etwa: Welche Bedeutung hat das Original im Museumskontext und welche Bedeutung kann substitutionellen Kopien wie Repliken und Simulationen hier zukommen? Ist das Museum maßgeblich als europäisches Phänomen zu verstehen und (wie) ist ein Museum im globalen Kontext denkbar? Kann bzw. soll es heute noch einen Museumsbegriff geben, der sich nicht auf die Institution

Museum bezieht? – Es geht um nicht mehr, aber auch nicht um weniger als die Eröffnung des Diskussionszusammenhangs einer ›Museumsphilosophie‹.

Literatur

Aagaard-Mogensen, Lars (Hg.): *The Idea of the Museum. Philosophical, Artistic and Political Questions*, Lewinston/Queenston/Lampeter 1988 (Problems in Contemporary Philosophy 6).

Baur, Joachim: »Museumsanalyse. Zur Einführung«, in: ders. (Hg.): *Museumsanalyse. Methoden und Konturen eines neuen Forschungsfeldes*, Bielefeld 2010, S. 7-14.

Foucault, Michel: »Andere Räume« [»Des espaces autres«, 1967], übers. von Walter Seitter, in: Karlheinz Barck/Peter Gente/Heidi Paris et al. (Hg.): *Aisthesis. Wahrnehmung heute oder Perspektiven einer anderen Ästhetik*, Leipzig 1991, S. 34-46.

Gaskell, Ivan: »Museums and Philosophy. Of Art, and Many Other Things«, 2 Teile, in: *Philosophy Compass* 7/2 (2012), S. 74-84 und S. 85-102.

Harrison, Victoria S./Bergqvist, Anna/Kemp, Gary: *Philosophy and Museums. Essays on the Philosophy of Museums*, Cambridge 2016 (Royal Institute of Philosophy Supplement 79).

—: »Introduction«, in: dies. (Hg.): *Philosophy and Museums*, S. 1-12.

Hein, Hilde S.: *The Museum in Transition. A Philosophical Perspective*, Washington/London 2000.

—: »Institutional Blessing: The Museum as Canon-Maker«, in: *The Monist* 96/4 (1993): *Canons*, S. 556-573.

Lord, Beth/Jarron, Matthew (Hg.): *Thinking about Museums. Philosophical Perspectives*, in: *Museum Management and Curatorship*, special issue 21/2 (2006), S. 79-170.

Lord, Beth: »Philosophy and the Museum: An Introduction to the Special Issue«, in: dies./Matthew Jarron (Hg.): *Thinking about Museums*, S. 79-87.

te Heesen, Anke: *Theorien des Museums zur Einführung*, Hamburg 2012.

I. Wozu Museen? Zur Relevanz einer Philosophie des Museums

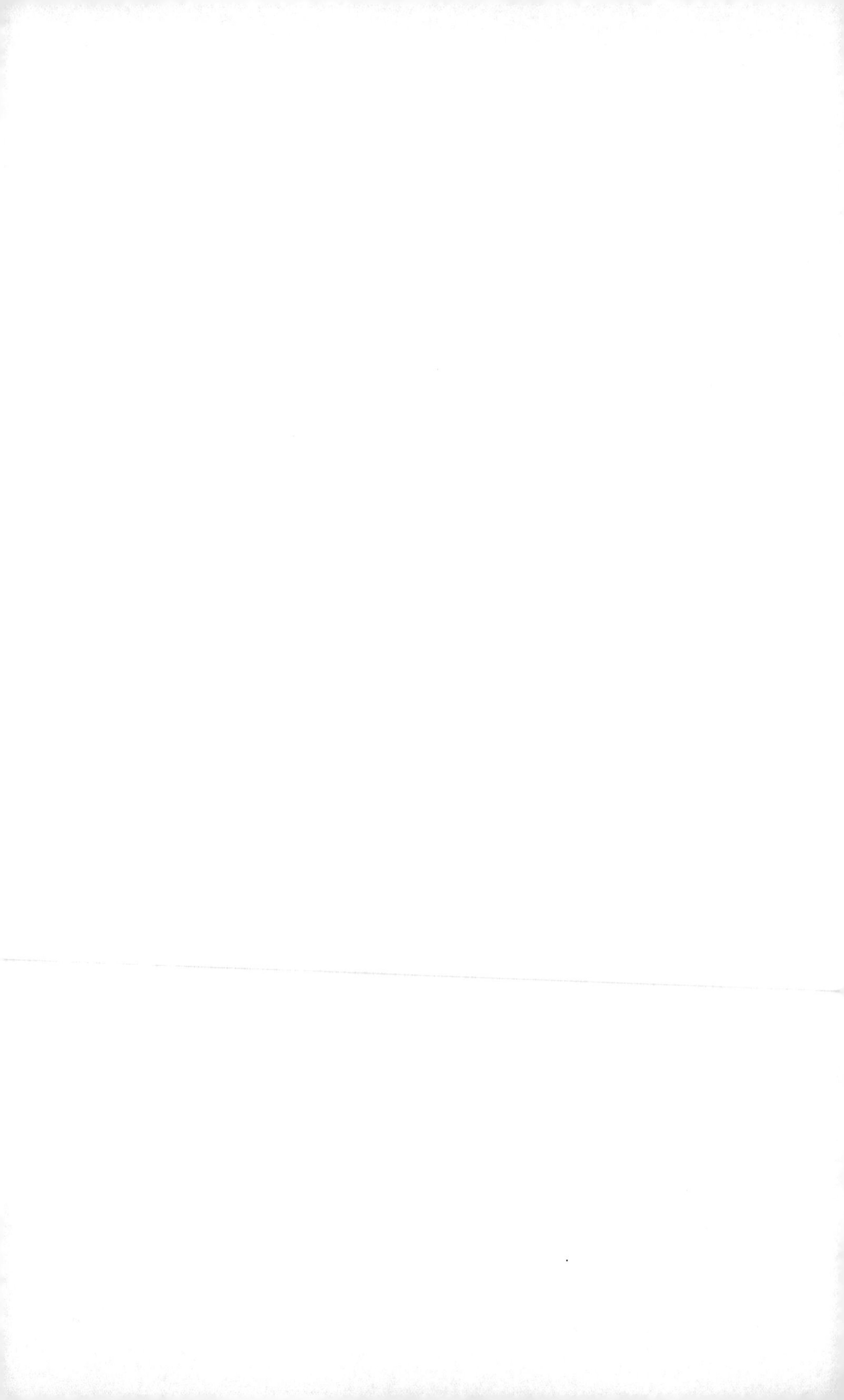

Wozu Museen und warum so viele?

Reinold Schmücker

Wozu Museen? Es wäre naiv und irreführend, *dem* Museum, wie die Institution Museum als solche hier einmal heißen soll, einen einzigen Zweck zu unterstellen, mit wie vielen Unterzwecken auch immer. Als eine Institution öffentlichen Lebens ist das Museum historisch entstanden und hat sich im Laufe seiner Geschichte vielfach gewandelt.[1] Das Museum hat dabei immer wieder neue Funktionen hinzugewonnen (und nur selten Funktionen eingebüßt) und sich bis heute in einer solchen Vielgestaltigkeit ausgeprägt, dass sich die Vielfalt seiner Aufgaben, wie man heute gern im Vokabular der preußischen Verwaltungssprache sagt, nur um den Preis der Ignoranz gegenüber der Vielfalt dessen, was heute Museum heißen kann, auf einen einzigen Zweck oder eine einzige Funktion reduzieren ließe.

Ich rufe deshalb zunächst sechs elementare Funktionen des Museums in Erinnerung. Ich tue das im Sinne einer Bestandsaufnahme museumsphilosophischer Reflexion, erhebe also diesbezüglich keinen Anspruch auf besondere Originalität. Auch einen Anspruch auf Vollständigkeit verbinde ich damit nicht: Es gibt zahlreiche Funktionen von Museen, die ich unberücksichtigt lasse. Ich gehe allerdings davon aus, dass es sich bei den von mir genannten Funktionen um Funktionen handelt, die Museen heute typischerweise erfüllen und von denen eine Einrichtung jedenfalls einige erfüllen muss, damit sie als ein Museum gelten kann. Deshalb nenne ich die von mir erörterten Funktionen *elementar*.

---

1 | Vgl. dazu für den europäischen und insbesondere den deutschen Kulturraum statt vieler (oft vornehmlich auf die Institution des Kunstmuseums fokussierter) Studien: Hildegard Vieregg: *Geschichte des Museums. Eine Einführung*, München 2008; Olaf Hartung: *Kleine deutsche Museumsgeschichte. Von der Aufklärung bis zum frühen 20. Jahrhundert*, Köln/Weimar/Wien 2010. Wichtige Quellentexte zum Funktionswandel des neuzeitlichen europäischen Museums enthält der von Kristina Kratz-Kessemeier, Andrea Meyer und Bénédicte Savoy herausgegebene Band *Museumsgeschichte. Kommentierte Quellentexte 1750-1950*, Berlin 2010.

Im zweiten Teil meiner Überlegungen ziehe ich einige Schlussfolgerungen aus dem zuvor Gesagten und versuche auch auf die zweite Frage, die der Titel intoniert, eine Antwort zu geben: Brauchen wir so viele Museen, wie es jedenfalls in Europa und einigen anderen Weltregionen heute gibt? Und wenn ja: Warum?

Als Museum apostrophiere ich im Folgenden nicht nur staatliche und von substaatlichen Institutionen getragene Museen. Im Vordergrund stehen aber Museen, an denen ein öffentliches Interesse reklamiert wird und die, wie indirekt auch immer, zumindest teilweise aus öffentlichen Mitteln finanziert werden. Denn sie können als besonders paradigmatische Manifestationen der neuzeitlichen Institution des Museums gelten.

I

Wozu Museen? Viele Museumsgebäude prägen durch ihre markante Architektur das Gesicht einer Stadt. Museen sichern zudem nicht selten der Allgemeinheit die Möglichkeit des Zugangs zu Stadtraum, der zum teuersten Grund und Boden in besten Großstadtlagen zählt: Stünde dort kein Museum, befände sich dort ein privates Gebäude, zu dem in den meisten Fällen nicht jeder Bürger Zutritt hätte. Andere Museen – man denke nur an die zahlreichen Burg- und Schlossmuseen, die es vor allem in Europa gibt – dienen nicht nur der Beherbergung und Zurschaustellung einer Sammlung, sondern auch der Erhaltung desjenigen Baudenkmals, in dem Sammlungs- oder Schauräume untergebracht sind. Manche Museen machen der Öffentlichkeit Privateigentum zugänglich, das, wie zum Beispiel bedeutende Kunst, für Teile der Öffentlichkeit von hohem Interesse ist. Einige Museen wiederum gäbe es gewiss gar nicht, wenn sie nicht auch ein probates Mittel wären, Aufwendungen für die Erhaltung materiellen Privateigentums der öffentlichen Hand aufzubürden, ohne sich deshalb breiter öffentlicher Kritik auszusetzen.[2] Obwohl viele Museen – manche vielleicht sogar in erster Linie – solchen Zwecken dienen, haben wir jedoch andere Zwecke im Sinn, wenn wir nach dem Wozu des Museums fragen. Denn dies alles sind – ebenso wie die in ihrer Bedeutung für museumspolitische Entscheidungen kaum zu überschätzende touristisch-ökonomische Funktion des Museums – nicht nur Zwecke, die ebenso gut mit Hilfe anderer

2 | Vgl. hierzu den Beitrag von Julia Voss in diesem Band. – Es ist erstaunlich, dass Museumsfunktionen wie diese auch kultursoziologischen Studien allenfalls am Rande in den Blick geraten, obwohl sie für den Museumsboom des ausgehenden 20. Jahrhunderts durchaus mitverantwortlich sein dürften; vgl. etwa Volker Kirchberg: *Gesellschaftliche Funktionen von Museen. Makro-, meso- und mikrosoziologische Perspektiven*, Wiesbaden 2005.

Mittel erreicht werden könnten, sondern offenbar auch solche, deren Erfüllung eine Institution nicht unbedingt zu einem Museum macht.

Beschränken wir unseren Blick deshalb auf *elementare* Funktionen von Museen: solche, die uns museumstypisch zu sein scheinen und für die jedenfalls gilt, dass das Vorliegen dieser Funktionen es plausibel erscheinen lässt, dass eine Einrichtung den Namen ›Museum‹ verdient. Das schließt nicht aus, dass manche Museen nicht alle dieser Funktionen erfüllen. Eine Institution aber, die von den im Folgenden erörterten sechs Funktionen mindestens vier erfüllt, darf, so scheint mir, als Paradigma eines Museums gelten.[3]

Erstens. Museen gewähren Dingen Asyl.[4] In ihnen finden materielle Gegenstände Schutz vor Verfall und Zerstörung. Zu dem besonderen Schutz, den das Museum verfalls- oder zerstörungsgefährdeten materiellen Dingen gewährt, gehört zunächst einmal natürlich das buchstäbliche Dach über dem Kopf, das sie dem ungemilderten Einfluss der Naturgewalten entzieht. Man wird aber auch besonders temperierte oder klimatisierte Sammlungs- und Schauräume, Wachpersonal und Alarmanlagen dazu rechnen dürfen, nicht zu schweigen von den diversen Verfahren der Konservierung und Restauration, die das Museum zu einem der effektivsten Schutzräume für materielle Artefakte machen, die man sich denken kann. Deshalb dürfte die Konjunktur des Museums als Dingasyl auch der Tatsache geschuldet sein, dass jeder Fortschritt in der Entwicklung konservatorischer Techniken und Technologien die Anzahl der Asylsuchenden erhöht.

Das Museum ist freilich ein Zufluchtsort, der nur materiellen, physischen Dingen eine neue Heimat gibt: Abstrakte Gegenstände, Sachverhalte und Gedanken zum Beispiel, aber auch Romane und Gedichte können im Museum nur mittelbar, nur insoweit nämlich Zuflucht finden, als es sich eines ihrer Exemplare erbarmt (also etwa ein Exemplar eines Romans in die Sammlung aufnimmt) – oder es sich um Entitäten handelt, die sich durch materielle Dinge darstellen oder repräsentieren lassen, wie es für manche historischen Sachverhalte gelten mag.

Wie zentral die *Dingasyl-Funktion* für das Museum ist, ist leicht ersichtlich. Denn sowenig Abstrakta als solche in einem Museum Zuflucht finden

3 | Da zu den paradigmatischen Museen auch naturkundliche Museen gehören, die möglicherweise weder eine identitätskonsolidierende Funktion noch eine Memento-Funktion erfüllen, und andererseits etwa auch die geeignet behauste Dauerausstellung von Dingen, die bloße, ungezügelte Sammelleidenschaft zusammengetragen hat, ›Museum‹ heißen kann, ohne dass sich ihr eine Erkenntnis- und Bildungsfunktion zuschreiben ließe, dürfte die Erfüllung von wenigstens vier der genannten Funktionen für den Status eines Museums hinreichend sein.

4 | Darauf hat nicht zuletzt Hans Belting hingewiesen: »Das Museum. Ein Ort der Reflexion, nicht der Sensation«, in: *Merkur* 56/8 (2002), S. 649-662, hier S. 652 und S. 654.

können, so wenig bietet das Museum Lebewesen Asyl. Dass ein Tierpark als Zoologischer *Garten*, nicht aber als Zoologisches *Museum* bezeichnet werden kann, zeigt diesen Umstand an.[5] Im Übrigen stelle man sich einmal ein Museum vor, das seine Kernaufgabe darin erblickte, Dinge der Zerstörung preiszugeben, sie verfallen zu lassen: Ein solches Museum wäre keins. Denn eine solche Einrichtung, Schrottplätzen und Autofriedhöfen ähnlich, schiene uns den Museumsgedanken zu verraten, wäre nicht Depot, sondern Deponie.[6]

Zweitens. Asyl gewährt das Museum Artefakten auf eine besonders noble Weise: indem es sich als *Wohn*statt für materielle Dinge begreift. Materielle Dinge werden so in den Rang von Quasi-Personen erhoben, und der Schutzraum des Museums verheißt denen, die es dorthin geschafft haben, Unvergänglichkeit: gewissermaßen ewiges Leben auf Erden. In solcher Deprofanierung und Nobilitierung von Artefakten manifestiert sich das, was hier abgekürzt die *Tempel-Funktion* des Museums heißen soll. Artefakten wird so im Museum eine Aura verliehen, oder sie werden sogar zum Fetisch gemacht. Im Schreibmaschinenmuseum in Partschins – um mich auf ein besonders entlegenes Beispiel zu beschränken – kann man, wie in tausenden ähnlicher Museen, die Auratisierung eines Alltagsdings erleben. Im Fall von Kunstmuseen ist es oft die Fetischisierung des tatsächlichen oder vermeintlichen Originals, die die Auratisierung befördert und verstärkt; in anderen Fällen genügen dazu aber auch Rara und Raritäten. In solchen Fällen greifen Dingasyl-Funktion und Tempelfunktion des Museums unmittelbar ineinander. Denn die Fetischisierung des Originals lässt diesem immer auch einen besonderen Schutz angedeihen. James Simpson hat daraus sogar die Entstehung des modernen Kunstmuseums herzuleiten versucht: Nach seiner Auffassung entstand es als

5 | In einem Zoologischen *Museum* werden typischerweise nur tote Lebewesen präsentiert, die durch Präparation oder andere konservatorische Verfahren der Vergänglichkeit entzogen und insofern verdinglicht wurden. Auf diese Weise lässt sich Vergängliches jedoch nur bewahren, indem man es ein Anderes werden lässt. Siehe dazu Vf.: »›Verdinglichung des einst Lebendigen‹ und ›Revolte gegen den Tod‹: Anmerkungen zur ästhetischen Faszinationskraft der Mumie«, in: Achim Lichtenberger/Angelika Lohwasser/H.-Helge Nieswandt (Hg.): *Tod und Ewigkeit. Die Münster-Mumie im Fokus der Forschung*, Münster 2016, S. 32-34.

6 | Dass Museen nicht der Entsorgung, sondern der Versorgung von Dingen dienen, ist längst ein etablierter Topos der Museumstheorie. Zu Recht macht jedoch Michael Fehr geltend, dass auch die Aufnahme ins Museum eine Form der Entsorgung von in Alltagskontexten unbrauchbar Gewordenem darstellen kann und ein Objekt »durch seine Musealisierung […] in der Regel ein für alle Mal dem gesellschaftlichen Verkehr entzogen« wird (»Müllhalde oder Museum: Endstationen in der Industriegesellschaft«, in: Michael Fehr/Stefan Grohé (Hg.): *Geschichte. Bild. Museum. Zur Darstellung von Geschichte im Museum*, Köln 1989, S. 182-196, hier S. 184).

Rettungsort für die von dem durch Reformation und Aufklärung motivierten Bildersturm bedrohten Kunstwerke, die im Kunstmuseum vor der Zerstörung geschützt waren und zugleich revalorisiert werden konnten.[7]

Geadelt werden im Museum dessen Exponate ohne Ansehen ihres moralischen Werts: Selbst grausamste Waffen und kritikwürdige, ja, selbst eigens als kritikwürdig zur Anschauung gebrachte historische Ereignisse oder Epochen kommen in den Genuss musealer Nobilitierung. Denn auch sie werden als jener Aufmerksamkeitsfokussierung würdig herausgestellt, auf die anderen Dingen und Ereignissen kein Anspruch zuerkannt wird. Trifft Odo Marquards unvergessliches Wort, dass die Museen »Verehrungsdeponien«[8] seien, deshalb mit Sicherheit auf die meisten Museen zu, wird man andererseits nicht übersehen dürfen, dass immer mehr Museen nicht nur Dingasyle, sondern zugleich Dingarsenale sind, die von Kaufhäusern und Einkaufszentren allerdings der eigentümliche Umstand trennt, dass man die lagernden Waren nicht käuflich erwerben kann. Dies nämlich ist entscheidend dafür, dass es dem Museum gelingt, sich als Heimstatt von Unmöglichem zu etablieren: säkularer Sakralisierung. Es ist deshalb nur folgerichtig und kein bloßes Resultat kontingenter museumspolitischer Entscheidung, dass Museen, die öffentliche Fördermittel erhalten, im Hinblick auf die Veräußerung von Exponaten zumeist äußerst strengen Beschränkungen unterliegen und auch private Eigner von Museen vielfach nur in Notlagen eine Veräußerung ihrer Bestände in Betracht ziehen. Nur ein schmaler Grat, so kann man überspitzt konstatieren, trennt das Museum von Auktionshaus und Galerie. Die *differentia specifica*, die hier den Unterschied macht, lässt sich zwar nicht auf den kategorischen Mangel an Verkaufsbereitschaft reduzieren, der das Museum auszeichnet. Dessen Reputation wäre jedoch ohne die darin zum Ausdruck kommende Verwandtschaft mit dem Archiv, das nicht auf Gewinnerzielung aus ist, sondern allein im Dienst der verlässlichen Überlieferung von Wichtigem steht, kaum zu erklären. Für das Museum, so scheint es, ist geradezu konstitutiv, dass es Asyl nicht lediglich für eine begrenzte Frist, sondern verlässlich auf Dauer gewährt. Daran nämlich hängt seine Glaubwürdigkeit: Müssten wir davon ausgehen,

---

7 | James Simpson: *Under the Hammer. Iconoclasm in the Anglo-American Tradition*, Oxford 2010, S. 10.

8 | Odo Marquard: »Kleine Anthropologie der Zeit«, in: ders.: *Individuum und Gewaltenteilung. Philosophische Studien*, Stuttgart 2004, S. 9-12, hier S. 11. Dass Museen Verwahr- und nicht Entsorgungsanstalten sind, erkennt Marquard, wie der Zitatkontext zeigt, übrigens ausdrücklich an: Zwar werde »heute […] mehr vergessen und weggeworfen als je zuvor; aber es wird heute auch mehr erinnert und respektvoll aufbewahrt als je zuvor: Das Zeitalter der Entsorgungsdeponien ist zugleich das Zeitalter der Verehrungsdeponien: der Museen, der Naturschutzgebiete, der Kulturschutzmaßnahmen, der Denkmalpflege, der Ökologie […].«

im Museum nur eine Auswahl von Dingen präsentiert zu bekommen, für die noch niemand ein attraktives Kaufangebot unterbreitet hat, könnten Museen wohl keine ihrer Funktionen erfüllen. Warum sollten wir gerade eine solche Auswahl von Dingen bewundern und verehren, und inwiefern sollte die Zurschaustellung von Exponaten, die ihr Beisammensein derartigem Zufall verdanken, Erkenntnis ermöglichen?[9]

Dass das Museum Hort von Unverkäuflichem ist, dürfte im Übrigen, ironischerweise, einer der Gründe dafür sein, dass gut geführte Museumsshops solide Erträge abwerfen. Denn im Museumsshop lässt sich nicht nur der durch das Proprium des Museums oktroyierte Konsumverzicht an Ort und Stelle durch den Kauf von Katalogen, Postkarten und Reproduktionen kompensieren. Vielmehr kann man auch die Quadratur des Kreises, die dem Museum als solchem gelingt, gewissermaßen individuell nachvollziehen, indem man etwas tut, was eigentlich gar nicht möglich ist, und im Museum etwas kauft.

Die Tempel-Funktion des Museums hat indes noch eine andere, publikumsbezogene Seite. Das Museum stellt nämlich – anders als jede bloße Sammlung – zugleich die Voraussetzungen dafür bereit, dass die Anbetung der im Dingasyl versammelten Objekte gelingen kann. Seine Mauern schützen nicht nur die Objekte, die innerhalb ihrer Zuflucht gefunden haben, vor Siechtum und Tod, sondern nötigen auch Besucherin und Besucher, ihren jeweiligen Alltag hinter sich zu lassen. Dass uns das im Urlaub und in der Fremde in der Regel leichter und besser gelingt als zu Hause, dürfte einer der Gründe dafür sein, dass Menschen, die kein professionelles Interesse ins Museum führt, im Urlaub und auf Reisen häufiger Museen besuchen als daheim. Indem aber das Museum seine Besucher von ihrem Alltag distanziert – ein *Hideaway avant-la-lettre* –, schafft und sichert es die Bedingungen der Möglichkeit jener kontemplativen Vergegenwärtigung von Wahrnehmungsdingen um der Gewahrung von deren Eigenheit willen, die heute unter dem Titel ›ästhetische Erfahrung‹ zur paradigmatischen Form der Kunstrezeption geworden ist.[10] Solange wir dies als eine wesentliche Funktion des Museums begreifen, wird

9 | Diese Einschätzung bestätigt beispielsweise die Darstellung des amerikanischen Ausstellungsmachers Jens Hoffmann, der Deakzession als ein der Mission der Museen eigentlich zuwiderlaufendes und deshalb möglichst im Verborgenen betriebenes Geschäft charakterisiert. Ihm zufolge gilt, dass Museen »have a vested stake in their collections and the market value of each object they acquire. And despite their missions to protect artworks and artifacts, museums have been known on occassion to deaccession works to raise extra funds, a particularly touchy process kept largely under wraps to avoid censure from both other institutions and the broader public they intend to serve.« (Jens Hoffmann: *(Curating) From A to Z*, Zürich 2017, S. 39).

10 | Siehe dazu Vf., *Was ist Kunst? Eine Grundlegung*, Neuausgabe, Frankfurt a.M. 2014 (zuerst: München 1998), S. 52-63.

ein bloß ›virtuelles‹ oder digitales Museum nur als ein defizitäres Äquivalent buchstäblich behauster Museen erscheinen.

Drittens. Eine dritte Funktion des Museums ist nicht minder oft beschworen worden; sie mag die *identitätskonsolidierende Funktion* des Museums heißen. Indem Museen Dinge so anordnen, dass ihre Konstellationen Geschichten erzählen, die stets Vorgeschichten heutigen Lebens, Vorgeschichten heute lebender Individuen und Kollektive, Vorgeschichten heutiger Leistungen und heutiger gesellschaftlicher Formationen sind, ordnen sie gegenwärtiges Leben in Traditionszusammenhänge ein, in deren Licht Heutiges als deren Teil erscheint. Museen tragen so dazu bei, dass Individuen und Kollektive sich als Teil eines größeren historischen Zusammenhangs erfahren, der für ihr Selbstverständnis wesentlich ist: als Nachfahren und Erben von Menschen und Gruppen, die vor ihnen da waren und ihnen Kultur, d.h. Artefakte und Fertigkeiten, hinterlassen haben, oder auch als gegenwärtig lebende Mitglieder eines Kollektivs, das seit einem in der Vergangenheit liegenden Zeitpunkt existiert. Wenn man an Nationalmuseen denkt, deren Konjunktur unübersehbar ist[11], lässt sich vermuten, dass es nicht zuletzt Museen sind, die derartige kollektive Identität allererst ermöglichen und ihre Herausbildung stimulieren und anleiten. Mir scheint allerdings, dass Museen kollektive Identitäten in der Regel nicht konstituieren. Meistens leisten sie eher einen Beitrag zur Stärkung oder Modifizierung von Identitäten, die sich außermuseal – durch eine gemeinsame Sprache, gemeinsame Üblichkeiten und Sitten, ein gemeinsames politisches Schicksal oder anderes mehr – bereits herausgebildet haben. Deshalb lasse ich begriffspolitische Vorsicht walten und spreche nur davon, dass Museen Identitäten *konsolidieren.*

Viertens. Als *Memento-Funktion* ist ein weiteres Wozu des Museums vielleicht besser benannt als durch den Hinweis auf die »Archivfunktion des Museums«.[12] Denn Museen sind, eben weil sie keine bloßen Sammlungen sind[13], nicht nur *Lager*stätten historischer Artefakte, sondern *vergegenwärtigen* Vergangenheit, indem sie ihre Besucher mit Konstellationen materieller Artefakte konfrontieren, die aufgrund ihres in der Vergangenheit liegenden Ursprungs auf historisch frühere Zeitspannen und Zeitpunkte zurückverweisen. Das impliziert, dass Museen Orte der Erinnerung *von Vergangenem* sind.

---

11 | Vgl. den Beitrag von Hermann Lübbe in diesem Band.

12 | Anke te Heesen, *Theorien des Museums zur Einführung*, Hamburg 2012, S. 172.

13 | Dies stellt Anke te Heesen (ebd., S. 19) sehr deutlich heraus. Weil sich Museen von Sammlungen kategorial unterscheiden, lassen sich ihre Geschichte und ihre Funktionen aus einer primär dem Sammeln verpflichteten Perspektive nur bedingt charakterisieren (für eine solche Perspektive auf das Museum vgl. etwa Krysztof Pomian: *Der Ursprung des Museums. Vom Sammeln [Collectionneurs, amateurs et curieux. Paris-Venise, XVI.-XVIII. siècle*, 1987], übers. von Gustav Roßler, Berlin ^{4}2013 [^{1}1988]).

Diese Feststellung mag trivial erscheinen; der Umstand, den sie konstatiert, ist dem Museum jedoch wesentlich. Denn Zukünftiges, das noch gar nicht zur Existenz gekommen ist, lässt sich als solches nicht (ver-)sammeln. Auch ein Zukunftsmuseum kann deshalb nur Exponate enthalten, die aufgrund ihres für den Museumsbesucher immer schon in der Vergangenheit liegenden Ursprungs auf historisch frühere Zeitspannen und Zeitpunkte zurückverweisen. Und auch da, wo ein Museum den Artenreichtum der Pflanzen- oder Tierwelt ordnend und strukturierend vor Augen zu führen sucht, kann es dazu nur auf totes Material zurückgreifen – wohlweislich versteht sich deshalb beispielsweise das Botanische Museum in Berlin ausdrücklich als eine Ergänzung der Lebendsammlung des benachbarten Botanischen Gartens.[14]

Memento-Funktion besitzen Museen aber auch in einer anderen Hinsicht. Denn sie erinnern auch permanent daran, dass wir als jetzt und hier, in einer bestimmten Epoche in einer bestimmten Kultur Lebende nicht voraussetzungslos sind, sondern uns, unsere Existenz, unsere Umweltbedingungen, aber auch unsere Fähigkeiten immer auch Früheren und Früherem verdanken. Es ist, als raunten die Mauern eines Museums uns ununterbrochen ein Memento, ein ›Gedenke derer, auf deren Schultern Du stehst!‹ zu. Man hat oft betont, dass das Museum, indem es derart den Historismus geradezu institutionalisiert, die Innovationsdynamik der Moderne erträglicher macht.[15] Seltener wird, soweit ich sehe, jedoch einem anderen Aspekt der Memento-Funktion des Museums Beachtung geschenkt: Im Museum manifestiert sich immer auch das Bestreben, den Nachlebenden die eigene Lebensform mitzugeben, sie eben dadurch vor dem Ableben zu bewahren und lebendig zu erhalten, dass sie im Gedächtnis der künftig Lebenden möglichst fest verankert wird. Insofern ist das Museum immer auch eine Form des Widerstands gegen die eigene Vergänglichkeit und den eigenen Tod. Charakteristisch ist für diese Form allerdings, dass sie auf die Lebensform künftig Lebender Einfluss zu nehmen und sie mindestens auf eine Haltung der Ehrfurcht vor dem von Früheren Geschaffenen festzulegen sucht.

Fünftens. Museen sind Manifestationen öffentlichen oder privaten Reichtums. Aber sie dienen auch in einer anderen Hinsicht dem Zweck der Repräsentation. In der Entscheidung, ein Artefakt ins Museum aufzunehmen, drückt sich nämlich jedenfalls dann, wenn es sich nicht um einen zu diesem Zeitpunkt bereits historischen Gegenstand handelt, die Überzeugung aus,

---

14 | Siehe https://www.bgbm.org/de/willkommen-im-botanischen-museum-berlin (14. 9.2017): »Unser Botanisches Museum ist das einzige seiner Art in Mitteleuropa und ergänzt mit seinen Exponaten die Lebendsammlung des Gartens.«

15 | Vgl. statt vieler Hermann Lübbe: »Der Fortschritt und das Museum«, in: ders.: *Die Aufdringlichkeit der Geschichte. Herausforderungen der Moderne vom Historismus bis zum Nationalsozialismus*, Graz/Wien/Köln 1989, S. 13-29.

dass ebenjenes Objekt, dem man den besonderen Schutz des Museums angedeihen lässt, dieser Bevorzugung würdig ist. Ankaufs- und Sammlungspolitik stehen insofern immer auch im Zeichen einer Leistungsschau der jeweiligen Gegenwart. Sie bringen, indem sie bestimmten Resultaten der zeitgenössischen Artefaktproduktion Museabilität attestieren, den Stolz der Gegenwart auf das von ihr Hervorgebrachte zum Ausdruck. Und sie artikulieren die Gewissheit, dass zukünftigen Generationen dessen Erhaltung und Verehrung zuzumuten, ja aufzuerlegen sind. Ob diese *Leistungsschau-Funktion des Museums* einen Aspekt seiner Memento-Funktion bildet oder auf einen Museumszweck *sui generis* verweist, kann hier offenbleiben. Richtig zu sein scheint mir jedenfalls, dass sich die besonders hohe Museumsdichte wohlhabender Staaten auch durch die Leistungsschau-Funktion des Museums erklärt – und nicht etwa nur dem Umstand geschuldet ist, dass Bau und Unterhaltung eines Museums ein teures Vergnügen sind, das sich weniger Wohlhabende nicht leisten können. Denn auch für die Aufgabe, gesellschaftlichen Reichtum durch die Zurschaustellung kollektiv erbrachter Leistungen zu legitimieren, ist das Museum ein naheliegendes Mittel der Wahl.

Sechstens. Museen machen Kenntnisse und Ordnungsprinzipien publik: Das erklärt, warum sie ihren Siegeszug in gesellschaftlichen Kontexten antreten konnten, in denen Bildung und Wissenschaft als öffentliche Aufgabe begriffen wurden und es nicht mehr darauf ankam, Kenntnisse bestimmten Gruppen – Familien oder Ständen etwa – vorzuenthalten. Museen sind Orte des Rearrangierens und Neukombinierens von Vorfindlichem – und ebendies kann Erkenntnis stimulieren. Museen sind paradigmatische Orte der Ermöglichung von Vergleichen – und ebendies ist eines der ältesten Verfahren der Erkenntnisgewinnung. Dass das Museum eine *Erkenntnis- und Bildungsfunktion* besitzt, wird deshalb, soweit ich sehe, nirgends bestritten. Charakteristisch für das Museum scheint es mir aber zu sein, dass es erstens ein paradigmatischer Ort der nichtdiskursiven Gewinnung von Erkenntnis ist[16] und dass zweitens

16 | Nichtdiskursiv darf hier jede Form der Erkenntnisgewinnung heißen, die nicht im Wege des logischen Fortschreitens von einem Argument zum nächsten erfolgt. – Im deutschen Sprachraum hat vor allem Gottfried Gabriel für die Möglichkeit einer Erkenntnis argumentiert, die er »nichtpropositional« nennt: *Zwischen Logik und Literatur. Erkenntnisformen von Dichtung, Philosophie und Wissenschaft*, Stuttgart 1991. Wenn Gabriel nichtpropositionale Erkenntnis als eine solche Erkenntnis charakterisiert, die sich nicht in einer propositionalen Information manifestiert, sondern in »vergegenwärtigender Darstellung« der »conditio humana« bzw. in »anschaulich-ästhetische[r] Welterschließung« (ebd., S. 215f.), wird meines Erachtens der Akzent allerdings nicht auf die Differenz von Formen der Erkenntnis*gewinnung* gelegt, sondern der Eindruck erweckt, als könne es Erkenntnis geben, die prinzipiell durch Propositionen nicht angemessen repräsentiert werden kann. Das indes scheint mir eine zweifelhafte Annahme

Erkenntnis- und Bildungsfunktion im Fall des Museums so eng miteinander verzahnt sind, dass man sie in einem Atemzug nicht nur nennen kann, sondern nennen sollte. Das Letztere wird deutlich, wenn wir uns vergegenwärtigen, wie das Museum Erkenntnis ermöglicht: indem es Sinnesdinge auswählt und präsentiert, womöglich sogar kanonisiert; indem es Sinnesdinge ordnet und anordnet; indem es Vergleiche ermöglicht und das diskriminierende Wahrnehmen schult; indem es Zusammenhänge herstellt und nahelegt. Was so erkannt wird, ist allerdings immer das Resultat eines kuratorischen Handelns, das insofern auf Bildung abzielt, als es Erkenntnis nicht nur ermöglicht, sondern zugleich steuert und lenkt. Das Museum ist daher ein Ort der *heteronomen* Erkenntnis und der *Vermittlung* von Wissen. Darauf wird noch zurückzukommen sein.

II

Wozu Museen? Und warum so viele? Halten wir als Ergebnis unserer kleinen Bestandsaufnahme der museumsphilosophischen Reflexion einige Punkte fest, von denen mir scheint, dass sie über das von der Museumsphilosophie bereits ziemlich zuverlässig kartographierte Gebiet hinausweisen können – wobei ich das Wort ›Museumsphilosophie‹ zur Bezeichnung der Beschäftigung mit bestimmten, allgemein Museen aller Art betreffenden Fragestellungen benutze, die natürlich nicht nur approbierten Philosophen vorbehalten ist. Es sind sechs Punkte, die ich zusammenfassend hervorheben möchte:

1. Das Museum ist ein Asyl und Tempel der Dinge.
2. Das Museum ist Asyl und Tempel sinnlicher Dinge.
3. Das Museum dient (unter anderem) der Sakralisierung und Auratisierung sinnlicher Dinge.
4. Das Museum ist ein Ort der Vergangenheitsfokussierung.
5. Im Museum kann sich das Bestreben manifestieren, zukünftigen Generationen die eigene Lebensform oder zumindest den Respekt vor ihr aufzuerlegen.
6. Das Museum ist ein Ort heteronomer, gelenkter Erkenntnis.

---

zu sein; denn im Hinblick auf eine solche Erkenntnis stellten sich die Fragen, wie wir um eine solche Erkenntnis wissen und wie wir sie weitergeben könnten, wenn sie sich nicht durch Aussagesätze repräsentieren lässt, und inwiefern es sich bei etwas, das sich nicht durch Aussagesätze repräsentieren lässt, überhaupt um eine *bestimmte* Erkenntnis handeln kann. Ich ziehe deshalb die Rede von nichtdiskursiver Erkenntnis vor, die auf die Möglichkeit unterschiedlicher Formen der Erkenntnis*gewinnung* aufmerksam macht.

Mir scheint, dass diese Feststellungen mindestens drei Schlussfolgerungen erlauben, die die zweite Titelfrage – Warum so viele? – betreffen.

1. Eine offene Gesellschaft muss die Sakralisierung, die Auratisierung und natürlich auch die Fetischisierung von Dingen zulassen. Vielleicht sollte sie sie sogar fördern. Sie wird sich aber ihre Offenheit leichter bewahren können, wenn es eine Vielfalt sakralisierter und auratisierter Objekte und eine Vielfalt von Modi der Sakralisierung und Auratisierung gibt. Insofern erscheint die Existenz einer großen Zahl von Museen eher als Vorzug denn als ein Problem oder Mangel.
2. Wenn die Institution des Museums dem Bestreben dienen kann, zukünftige Generationen auf eine bestimmte heutige (oder historisch frühere) Lebensform festzulegen oder sie darauf festzulegen, einer bestimmten heutigen (oder historisch früheren) Lebensform besondere Wertschätzung entgegenzubringen, dann ist die Möglichkeit zukünftiger Generationen, sich einer solchen Festlegung zu entziehen und aus einer Pluralität von Lebensformen gleichsam wählen zu können, durch die Existenz einer größeren Anzahl von Museen besser gewährleistet als durch eine nur geringe Anzahl von Museen.
3. Etwas Ähnliches scheint mir auch in Bezug auf die Erkenntnis- und Bildungsfunktion des Museums zu gelten. Es bedarf aber einiger zusätzlicher Hinweise, damit diese These plausibel erscheinen kann.

   Vermutlich ist die offenkundige Attraktivität der Museums-Episteme – wie ich diejenige Form der Erkenntnis nennen will, die das Museum ermöglicht – nicht allein auf Besonderheiten dieser Erkenntnisform zurückzuführen. Denn zu rechnen ist auch hier mit der Wirksamkeit höchst profaner Unterschiede: Ein Museum ist in der Regel schneller durchschritten als ein Buch gelesen. Und es mag in Kulturen, in denen Sitzberufe die Regel sind, größeren Genuss und bessere Rückenverträglichkeit bedeuten, dass man sich im Museum im Raum bewegen kann und muss, während man aufnimmt und Einsichten gewinnt. Es liegt aber nahe, anzunehmen, dass es nichtsdestotrotz auch der spezifische Charakter der durch das Museum ermöglichten Erkenntnis ist, der deren Attraktivität bedingt. Dazu mag auch der suggestiv sich gleichsam aufdrängende Charakter einer Einsicht gehören, die ich mir im Museum nicht erst mit abstrakten Begriffen erschließen muss, weil eine Konstellation von Artefakten sie mir unmittelbar ins Auge fallen lässt. Denn Erkenntnis kann sich im Museum in einer sinnlichen Anschaulichkeit ergeben, die diskursiver Erkenntnis fehlt. Aber sie kann wohl auch in einem sehr viel anspruchsvolleren Sinn besonders sein. Denn Erkenntnis kann sich offenbar auch, wie es schon Baumgartens und Adornos Hoffnung war, nicht diskursiv in einer Weise ergeben, die auf die höchst individuellen Eigenheiten einzelner Sinnesdinge aufmerksam ist, die sich mit begrifflich-diskursiven Mitteln bestenfalls sehr mühsam durch die Verknüpfung komplexer Beschreibungen erschließen lassen – wenn überhaupt.

Trifft es aber zu, dass das Museum aus diesen oder anderen Gründen in besonderer Weise Erkenntnis ermöglicht, dann gilt es auch an die Grenzen der Museums-Episteme zu erinnern. Sie ist nämlich von Haus aus vergangenheitsfokussiert und nicht auf das Erfassen künftiger Möglichkeiten bezogen. Ihr entgeht zudem die Bedeutung solcher Gegenstände und Sachverhalte, die weder selbst sinnlicher Natur sind noch sich durch Sinnesdinge symbolisch hinreichend komplex repräsentieren lassen. Man muss nicht an Gesetze der Mathematik denken, um sich Gegenstände vor Augen zu halten, für die das gilt. Auch die Geltung von Rechtsnormen lässt sich meines Erachtens nur dann plausibel erläutern, wenn man sie ontologisch als abstrakte Entitäten begreift. Überdies ist die durch das Museum ermöglichte Erkenntnis in der Regel auch nicht konditionalitätssensibel. Sie führt uns nämlich Entwicklungen als gegeben vor Augen, ohne uns dafür zu sensibilisieren, dass sich unter anderen Bedingungen andere Entwicklungen hätten ergeben können. Vor allem aber, und das ist im Hinblick auf die zweite im Titel enthaltene Frage wohl der entscheidende Punkt, bleibt sie von den Entscheidungen derjenigen abhängig, die auswählen, was im Asyl der Dinge überhaupt Aufnahme finden soll, und festlegen, was davon wann, in welcher Weise und in welcher Konstellation im Museum präsentiert wird. Die durch das Museum ermöglichte Erkenntnis bleibt so stets an Entscheidungen gebunden, die dem Erkenntnisprozess vorausliegen und dem, der im Museum Erkenntnis gewinnt, oft nicht transparent sind. Mir scheint, dass diese Heteronomie der Museums-Episteme es wünschenswert erscheinen lässt, dass solche Erkenntnisprozesse nicht nur in wenigen, sondern in möglichst vielen Museen, und also gelenkt von möglichst vielen unterschiedlichen kuratorischen Entscheidungen, vollzogen werden, damit die Erkenntnis- und Bildungsfunktion des Museums nicht zum Einfallstor für eine manipulative Erkenntnissteuerung werden.

Damit liegen die Gründe auf dem Tisch, die mir die große Zahl von Museen zu legitimieren scheinen, die es in Europa und in wachsendem Maß auch in anderen Ländern heute gibt. Sie lassen sich, in die Sprache der Manifeste transponiert, denen ins Stammbuch schreiben, die das Museum in die Lage versetzen, gesellschaftlich wichtige Funktionen zu erfüllen:

Kuratoren, macht sichtbar, dass Ihr nicht Sachverhalte, sondern Sichtweisen und Sichtweisen auf Sachverhalte vor Augen führt!

Museumskritiker, werdet nicht müde, auf die Entscheidungen aufmerksam zu machen, die das Gewinnen von Einsichten im Museum steuern!

Museumsbesucher, misstraut dem Museum!

Literatur

Belting, Hans: »Das Museum. Ein Ort der Reflexion, nicht der Sensation«, in: *Merkur* 56/8 (2002), S. 649-662.

Fehr, Michael: »Müllhalde oder Museum: Endstationen in der Industriegesellschaft«, in: ders./Stefan Grohé (Hg.): *Geschichte. Bild. Museum. Zur Darstellung von Geschichte im Museum*, Köln 1989, S. 182-196.

Gabriel, Gottfried: *Zwischen Logik und Literatur. Erkenntnisformen von Dichtung, Philosophie und Wissenschaft*, Stuttgart 1991.

Hartung, Olaf: *Kleine deutsche Museumsgeschichte. Von der Aufklärung bis zum frühen 20. Jahrhundert*, Köln/Weimar/Wien 2010.

Hoffmann, Jens: *(Curating) From A to Z*, Zürich 2017.

Kirchberg, Volker: *Gesellschaftliche Funktionen von Museen. Makro-, meso- und mikrosoziologische Perspektiven*, Wiesbaden 2005.

Kratz-Kessemeier, Kristina/Meyer, Andrea/Savoy, Bénédicte (Hg.): *Museumsgeschichte. Kommentierte Quellentexte 1750-1950*, Berlin 2010.

Lübbe, Hermann: »Der Fortschritt und das Museum«, in: ders.: *Die Aufdringlichkeit der Geschichte. Herausforderungen der Moderne vom Historismus bis zum Nationalsozialismus*, Graz/Wien/Köln 1989, S. 13-29.

Marquard, Odo: »Kleine Anthropologie der Zeit«, in: ders.: *Individuum und Gewaltenteilung. Philosophische Studien*, Stuttgart 2004, S. 9-12.

Pomian, Krysztof: *Der Ursprung des Museums. Vom Sammeln* [*Collectionneurs, amateurs et curieux. Paris-Venise, XVI.-XVIII. siècle*, 1987], übers. von Gustav Roßler, Berlin [4]2013 ([1]1988).

Schmücker, Reinold: *Was ist Kunst? Eine Grundlegung*, Neuausgabe, Frankfurt a.M. 2014 (zuerst: München 1998).

—: »›Verdinglichung des einst Lebendigen‹ und ›Revolte gegen den Tod‹: Anmerkungen zur ästhetischen Faszinationskraft der Mumie«, in: Achim Lichtenberger/Angelika Lohwasser/H.-Helge Nieswandt (Hg.): *Tod und Ewigkeit. Die Münster-Mumie im Fokus der Forschung*, Münster 2016, S. 32-34.

Simpson, James: *Under the Hammer. Iconoclasm in the Anglo-American Tradition*, Oxford 2010.

te Heesen, Anke: *Theorien des Museums zur Einführung*, Hamburg 2012.

Vieregg, Hildegard: *Geschichte des Museums. Eine Einführung*, München 2008.

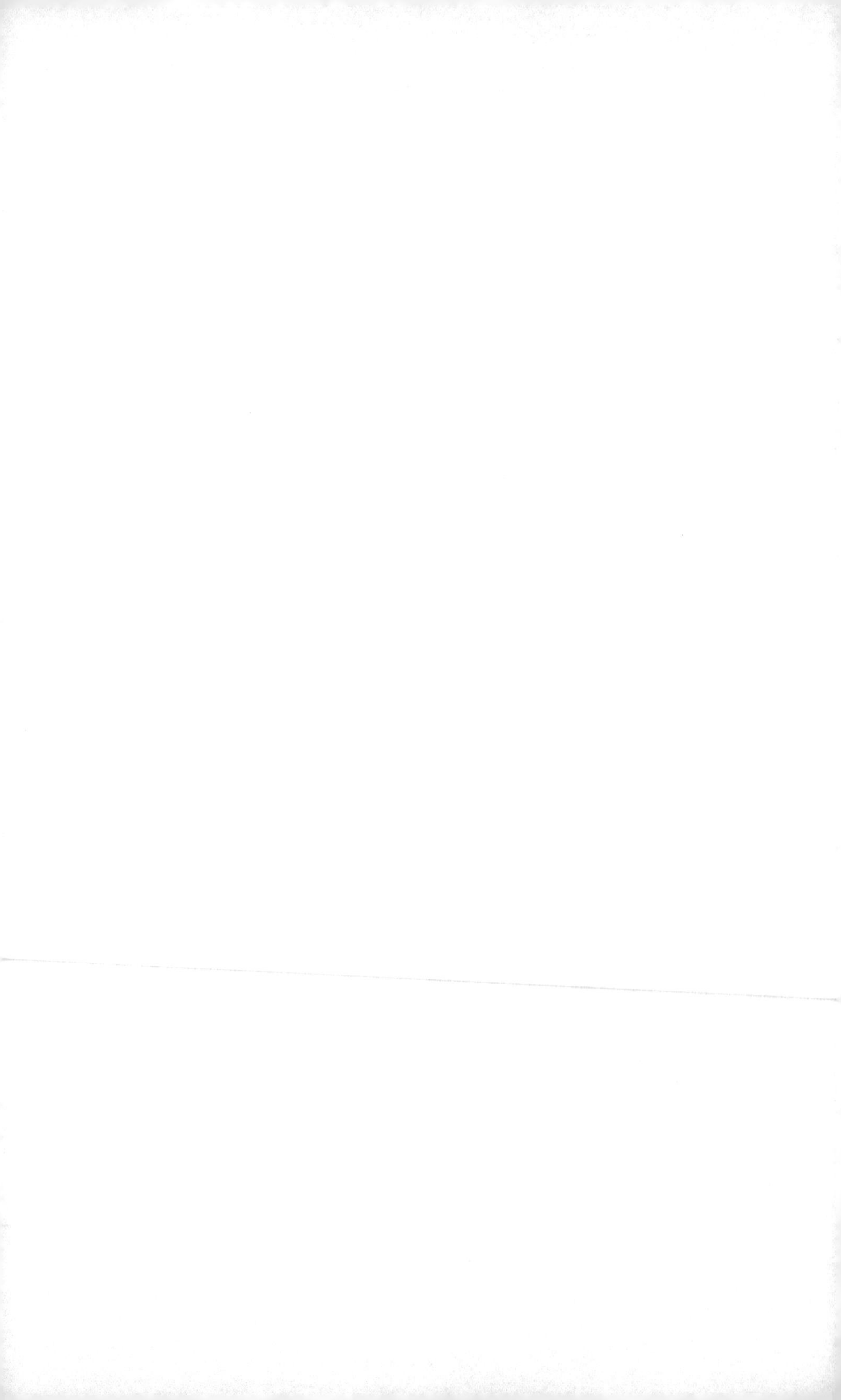

Vom Nutzen und Nachteil einer Philosophie des Museums

Karlheinz Lüdeking

Wenn man danach fragt, welchen ›Nutzen‹ und welchen ›Nachteil‹ eine Philosophie des Museums haben könnte, dann schlägt man von vornherein einen weniger optimistischen Ton an als Bernadette Collenberg-Plotnikov es tat, als sie schon bei der Ankündigung der Tagung, der die hier formulierten Gedanken ihre Entstehung verdanken, die unmissverständliche Devise ›Für eine Philosophie des Museums‹ ausgab.[1] Einigen, die sich für das Thema interessieren, wird es vermutlich auch gegen den Strich gehen, wenn ich meine Überlegungen nun auch noch mit dem Hinweis darauf beginne, dass aus dem Umstand, dass man den Ausdruck ›Philosophie des Museums‹ bilden kann, nicht folgt, dass es auch etwas gibt, was er bezeichnet. Möglicherweise ist der vorliegende Sammelband also einem Phantom gewidmet. Man kann ja, zum Beispiel, ohne Weiteres auch von der ›Gattin des Papstes‹ sprechen, obwohl die damit gemeinte Person gar nicht existiert und *per se* auch nicht existieren kann. Anders als in diesem Fall – so könnte man sich nun wieder beruhigen – spricht von vornherein zumindest nichts dagegen, dass es eine Philosophie des Museums geben kann und dass sie, wenn es sie noch nicht gibt, zumindest in Zukunft entstehen könnte. Dafür spricht *a priori* allerdings auch nichts.

Soviel lässt sich fürs Erste allein schon aufgrund unseres intuitiven – also noch völlig unartikulierten – Verständnisses der Sprache feststellen. Wenn man sich dann jedoch weiter fragt, was der Ausdruck ›Philosophie des Museums‹ genau bedeutet, wird man sehr schnell bemerken, dass die Antwort – anders als bei der Bezeichnung ›die Gattin des Papstes‹ – nicht ganz so einfach ist. Zwar dürften wohl alle, die diese Zeilen lesen, imstande sein, sowohl das Wort ›Philosophie‹ als auch das Wort ›Museum‹ im Gespräch, beim Vortrag oder bei einer Diskussion an geeigneten Stellen ohne Zögern oder Stocken oder andere Anzeichen von Unsicherheit auszusprechen, aber das setzt be-

1 | Bei dem vorliegenden Text handelt es sich um eine vor allem stilistisch revidierte Wiedergabe des Vortrags vom 10. November 2016 im Bode-Museum.

kanntlich nicht voraus, dass man auch imstande sein muss, die Kriterien, nach denen diese Ausdrücke verwenden werden, klar und deutlich zu benennen

Unternehmen wir einfach einmal einen Versuch und fragen, welche Kriterien erfüllt sein müssen, um den Begriff ›Museum‹ anwenden zu können. Im Alltag meint man, wenn man vom Museum spricht, zunächst einmal ein Gebäude: ein Gebäude, das sich von anderen dadurch unterscheidet, dass man bei Spaziergängen oder Autofahrten durch Hinweisschilder sowie durch spezielle Piktogramme in Stadtplänen darauf aufmerksam gemacht wird. Museen gehören zur Klasse der ›Sehenswürdigkeiten‹. Deshalb macht sich, besonders in den letzten Jahrzehnten, eine starke Tendenz bemerkbar, Museumsgebäude schon als bloße Bauwerke möglichst sehenswürdig, eindrucksvoll, am besten sogar spektakulär erscheinen zu lassen.

In den Texten des vorliegenden Bandes meint das Wort ›Museum‹ in der Regel aber nicht eine spezielle Sorte von Bauwerken, sondern die Institution, die darin beheimatet ist. Was für eine Institution das ist, erweist sich an ihren Funktionen, und diese sind nicht schwer zu erkennen. Sie sind zudem auch kein Gegenstand unüberwindbarer Kontroversen. Man könnte sie beispielsweise dadurch charakterisieren, dass man das Museum als eine Einrichtung beschreibt, die sich mit der Beschaffung, der Bewahrung, der Erforschung und der öffentlichen Zurschaustellung von (mehr oder weniger) wertvollen Dingen aus (mehr oder weniger lange) vergangenen Zeiten befasst. Solche – oder ähnlich lautende – Definitionen finden sich heute in fast jedem Lexikon.

In konkreten Situationen stellt sich möglicherweise die Frage, wie man ein Museum bezeichnet, das den soeben aufgezählten vier Aufgaben nur zum Teil nachgeht. Ist ein Museum noch ein Museum, wenn es keine neuen Objekte mehr akquiriert? Muss man es aus der Menge der Museen ausschließen, wenn es keine Mittel hat, seinen Besitz zu erforschen? Solche Fragen sind offenkundig nicht einfach aufgrund der Kenntnis empirischer Tatsachen zu beantworten. Sie erfordern Entscheidungen, und diese sind schon deshalb nicht durch die Fakten determiniert, weil es ohnehin gar nicht um diese Fakten als solche geht, sondern um die Art und Weise des Umgangs mit diesen Fakten.

An dieser Stelle wird bereits deutlich, dass ein Museum, wie auch jede andere Institution, einer theoretischen Zurüstung bedarf. Museen verlangen nach einer mehr oder weniger ausgearbeiteten Museologie. Dass es sich so verhält, ist banal, doch das bedeutet natürlich nicht, dass es falsch ist. Die Frage, die in diesem Zusammenhang interessiert, ist jedoch nicht die, ob die Museologie von Nutzen oder Nachteil ist, sondern die, ob zur Museologie auch eine ›Philosophie des Museums‹ gehört oder nicht. Um einer Antwort auf diese Frage näher zu kommen, beginnen wir abermals mit ganz einfachen Beobachtungen.

Als Erstes sollte man sich klarmachen, dass bei Weitem nicht alles, was sich Philosophie nennt, auch wirklich Philosophie ist. In Italien gibt es zum

Beispiel eine Firma, die sich auf die Produktion von Damenoberbekleidung verlegt hat und ihre Jäckchen, Kleidchen und Mäntelchen unter dem Markenzeichen ›Philosophy‹ anbietet, wodurch sich diese anscheinend ganz gut verkaufen lassen. Es gibt auch ein Parfum mit demselben Namen, und der gläserne Flakon, auf dem wir diesen Namen lesen, liefert den schlagenden Beweis, dass da, wo ›Philosophie‹ draufsteht, nicht unbedingt auch Philosophie drin ist. Dennoch ist es erfreulich, diese beiden Fälle erwähnen zu können, denn sie zeigen ja immerhin, dass der Begriff der Philosophie sogar in der glamourösen Welt der erotischen Erscheinungskonkurrenz einen guten Klang hat, und das könnte manchen Philosophinnen und Philosophen womöglich eine Steigerung ihres Selbstwertgefühls verschaffen oder wenigstens einen Trost angesichts der viel zu vielen ohne jeglichen Glamour verbrachten Stunden am Schreibtisch.

Aber wir wollen uns hier nicht mit Betrachtungen zur Philosophie im Allgemeinen aufhalten, sondern zielstrebig zur Beantwortung der eingangs gestellten Frage schreiten, ob es eine spezielle Philosophie des Museums überhaupt gibt. Ein erstes Indiz ergibt sich, wenn wir die drei Worte ›Philosophie‹, ›des‹ und ›Museums‹ bei einem Internet-Lexikon eintippen und mit zwei Anführungsstrichen verklammern. Das Suchergebnis ist enttäuschend: Ein Artikel über die ›Philosophie des Museums‹ existiert nicht. Daraus darf man aber nicht voreilig ableiten, dass es auch das zu erläuternde Phänomen nicht gibt. Man wird sogar ausdrücklich aufgefordert, den noch nicht existierenden Artikel zu verfassen, und diese Aufgabe ist mittlerweile vielleicht auch schon in Angriff genommen worden.

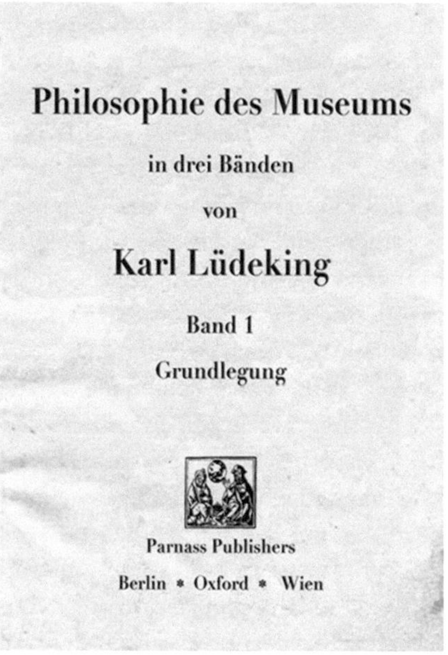
Philosophie des Museums

in drei Bänden

von

Karl Lüdeking

Band 1

Grundlegung

Parnass Publishers

Berlin • Oxford • Wien

Für einen zweiten Versuch bietet sich der Katalog der Deutschen Nationalbibliothek an. Auch hier erhalten wir eine Fehlanzeige. In der gesamten Geschichte des deutschen Buchwesens ist noch nie eine Abhandlung über die Philosophie des Museums publiziert worden. Ein Buch mit einem Titelblatt wie dem hier dokumentierten hat es nie gegeben. Das gibt dann doch ein wenig zu denken.

Für den dritten Versuch inspizieren wir das Lehrangebot renommierter Universitäten, und da haben wir, wie es scheint, mehr Glück. An einer teuren Privathochschule in Baltimore wird im Herbst 2016 ein

Seminar unter dem Titel *History and Philosophy of Museums* angeboten und dazu gibt es auch einen kurzen, aber aufschlussreichen Kommentar. Daraus geht jedoch hervor, dass der Titel anscheinend zu viel versprochen hat, denn erklärtermaßen besteht das Ziel des Seminars vor allem darin, sich einen Überblick über den historischen Wandel der Funktionen des Museum zu verschaffen.

Vermutlich lernte man in diesem Seminar alles über die komplexe Entwicklung vom antiken Musentempel und dem *museion* von Alexandria über die Sammlungen der Medici, die barocken Kunst- und Wunderkammern, den Louvre und Schinkels Museum in Berlin bis hin zum Guggenheim Bilbao und zum Humboldt-Forum. Dabei wird man unter anderem erkannt haben, wie sich die Funktionen des Museum durch die Erfindung neuer Techniken verändert haben (wie etwa die der verschiedenen Druckverfahren, der Fotografie sowie der digitalen Bildbearbeitung und Bildspeicherung), aber auch durch die Entstehung alternativer Ausstellungsformen (wie etwa die der Weltausstellungen oder die der Art Basel). Dieser historische Wandel lässt sich dann entweder als ein Nacheinander von unterschiedlichen und miteinander unvereinbaren Paradigmen rekonstruieren, oder aber – wozu die Museen ihrerseits wohl eher neigen – als eine Vorgeschichte zu sich selbst, eine Evolution, bei der sich die gegenwärtige Konzeption des Museums immer deutlicher herausgebildet und in der Konkurrenz zu andern Institutionen konturiert hat.

Was nun aber die Philosophie betrifft, so spielt sie in der erwähnten Ankündigung des Seminars nur insofern eine Rolle, als der Einfluss verschiedener ›philosophischer Trends‹ auf das Selbstverständnis des Museums, seine Arbeitsweisen, seine Einstellung gegenüber dem Publikum und dergleichen untersucht werden sollte. Wer sich mit Fragen wie diesen befasst, betreibt jedoch keine Philosophie, sondern Philosophiegeschichte. Es geht dabei nicht um die Frage, was aus philosophischer Sicht über das Museum zu sagen wäre, sondern nur darum, Hypothesen über die faktischen Auswirkungen verschiedener philosophischer Konzeptionen zu entwickeln.

Angesichts der bislang vorgelegten Indizien muss sich der Verdacht aufdrängen, das Museum sei vielleicht gar kein angemessener Gegenstand für die Philosophie. Es muss ja schließlich nicht von allem und jedem eine Philosophie geben, und faktisch es gibt auch nicht von allem und jedem eine Philosophie. Nach meiner begrenzten Kenntnis hat noch niemand eine Philosophie des Hustens erarbeitet, auch keine der Intimchirurgie, von einer Philosophie der päpstlichen Eheverpflichtungen erst gar nicht zu reden. Gibt es womöglich Phänomene, die sich für eine philosophische Reflexion besser eignen und einer solchen Reflexion in höherem Maße würdig sind als andere?

Der einzige mir bekannte Philosoph, der diese Frage ausdrücklich aufgeworfen hat, ist Arthur Danto. Zu Beginn des dritten Kapitels seines kunstphilosophischen Hauptwerks mit dem Titel *The Transfiguration of the Common-*

place weist er auf die bemerkenswerte Tatsache hin, dass die Kunst zu den wenigen Phänomenen gehört, die von allen bedeutenden Philosophen seit der Antike untersucht wurden. Zu diesen Phänomenen zählen außerdem die Wissenschaft und die Sprache und noch einiges mehr, nicht jedoch Mode, Handwerk, Kochkunst und Hundezucht. Woran liegt das?

Nach Dantos Überzeugung liegt es daran, dass es nicht die Aufgabe der Philosophie sein kann, sich direkt mit der faktischen Realität zu befassen. Philosophie will – wie Wittgenstein sich im ersten Satz des *Tractatus* so trocken ausdrückt – nicht einfach nur sagen, ›was der Fall ist‹. Sie will vielmehr die Bedingungen erhellen, die es überhaupt erst möglich machen zu sagen, was der Fall ist. Philosophie beschäftigt sich also nicht mit der Welt der kontingenten Sachverhalte. Ihr Interesse richtet sich auf die Sphäre der Verständigung über die Welt. Über die Welt verständigt man sich nicht mit Dingen, sondern mit Zeichen, und diese können einerseits zwar der Gesamtheit der materiellen Dinge und Prozesse zugerechnet werden, andererseits haben sie aber auch an einer vollkommen anderen Dimension teil, in der Kategorien wie ›Sinn‹ und ›Bedeutung‹ eine fundamentale Rolle spielen. Nur auf der zweiten Ebene, der Ebene der Zeichen, findet die Philosophie – Danto zufolge – diejenigen Phänomene, die ihrer Reflexion würdig und angemessen sind.

Danto verdeutlicht dies anhand eines Gedankenexperiments, das er mit den folgenden drei Sätzen skizziert: ›Wir können uns einen kleinen Jungen vorstellen, der gern mit einer weißen Murmel spielt und der, nachdem er sie irgendwo verlorenen hat, in tiefe Schwermut versinkt, bis seine Mutter eine weiße Murmel findet, welche die andere zwar nicht ersetzt, aber an sie erinnert. Sie liegt in einer Vitrine, wie eine Reliquie, und dient dem Gedenken an den verlorenen Schatz. (Möglicherweise ist sie sogar genau jene Murmel, die verschwunden war.)‹[2]

Obwohl dieses Szenario ursprünglich zu einem etwas anderen Zweck ersonnen wurde, zeigt es sehr anschaulich, was einem Ding widerfährt, das ins Museum kommt. In der Regel wird dieses Ding zunächst einmal hermetisch aus seiner Umgebung abgekapselt. So wie die Murmel werden auch Geigen und Bratschen in einem Musikinstrumentenmuseum in Vitrinen eingeschlossen, wodurch sie – wiederum wie die Murmel – nicht länger zum Spielen verwandt werden können. Gegenstände, die in der kontingenten Wirklichkeit zu Hause waren, verwandeln sich in Zeichen, die nur noch auf die Welt verweisen, an der sie selbst nicht mehr aktiv teilhaben. Dinge wie die Murmel oder die Bratsche treten in eine Distanz zur Realität, die es ihnen erlaubt, etwas über die Realität auszusagen. Dinge, die in ein Museum überführt werden,

2 | Vgl. Arthur C. Danto: *The Transfiguration of the Commonplace*, Cambridge, Mass./ London 1981, S. 80. (Die Übersetzung der zitierten Passage stammt vom Verfasser des vorliegenden Aufsatzes.)

dienen fortan nur noch einer Aufgabe: Sie sagen etwas über eine Wirklichkeit, zu der sie selbst nicht mehr gehören.

Diese Aufgabe können die Dinge nur unter der Bedingung erfüllen, dass sie nicht länger sie selbst sind. Sie müssen gewissermaßen ›irreal‹ werden, geisterhafte, körperlose Erscheinungen, anwesend, aber unberührbar. Wenn kleine Jungen mit einer Murmel spielen, kommt es auf deren physische Eigenschaften an, zum Beispiel ihr Gewicht und die Beschaffenheit ihrer Oberfläche. Ebenso wichtig ist die Geschicklichkeit der Kinder, ihrer Hände, ihrer Arme, ihrer Augen. Materialität und Leibhaftigkeit bestimmen den konkreten Umgang mit den Dingen, der unvermeidlich endet, wenn eines dieser Dinge seinem lebensweltlichen Zusammenhang entnommen und in die künstlich erschaffene Enklave des Museums eingewiesen wird. Dort ist es in einem gläsernen Sarg eingeschlossen, der jeden physischen Kontakt von vornherein ausschließt. Man kann das Objekt, sobald es ausgestellt wird, nur noch visuell wahrnehmen, und mit dem Auge werden auch keine Dispositionen des Leibes mehr angesprochen, sondern nur noch Kompetenzen des Geistes. Das Ding wird zu einem Katalysator für mentale Operationen.

Diese knappen Ausführungen enthalten offenkundig nichts Neues oder Originelles. Das soeben Dargelegte sollte ohnehin nicht so sehr als Kundgabe meiner eigenen Überzeugungen verstanden werden, sondern als Beispiel für eine typisch philosophische Überlegung zu Problemen des Museums. Eine fundamentale ontologische Differenz aufzuzeigen (zwischen der realen Murmel und der Murmel, die jene erste Murmel nur noch darstellt), obwohl dabei empirisch nicht der geringste Unterschied auszumachen ist, darf man doch wohl als eine philosophische Leistung *par excellence* ansehen. Philosophie beginnt bekanntlich dort, wo man mit der Empirie nicht weiter kommt.

Der funktionale *salto mortale* vom gewöhnlichen Ding zum Bedeutungsträger, der von Danto mit obsessiver Beharrlichkeit auch in anderen Zusammenhängen immer wieder erörtert wird, war für ihn selbst allerdings nur im Hinblick auf seine Philosophie der Kunst von Interesse. Eine Philosophie des Museums hat er nie entwickelt.[3] Und eine solche Philosophie zu entwickeln, scheint auch schon insofern nicht übermäßig dringlich zu sein, weil viele der ›philosophischen‹ Probleme, mit denen sich das Museum konfrontiert sieht, einer Lösung näher gebracht werden können, indem man philosophische Prinzipien aus anderen Gebieten übernimmt. Wer entscheiden muss, was mit

3 | Danto hat zwar mehrfach zu Fragen des Museums Stellung genommen, dabei aber stets nur die Konsequenzen verdeutlicht, die sich ohnehin aus seiner Philosophie der Kunst ergeben. Vgl. »Masterpiece and the Museum« in: *Grand Street* 9/2 (1990), S. 108-127, »The Museum of Museums« in: *Beyond the Brillo Box*, New York 1992, S. 199-214 und »Museums and the Thirsting Millions« in: *After the End of Art*, Princeton 1997, S. 175-190.

Objekten geschehen soll, die ursprünglich durch Unrechtsakte wie Raub oder Beschlagnahme ins Museum gekommen sind, kann die allgemeine Ethik zu Rate ziehen. Wer an der Schwierigkeit verzweifelt, Dinge aus fremden Kulturen zu verstehen, studiert Aufsätze von Derrida oder Quine. Eine spezielle, nur auf das Museum ausgerichtete Philosophie ist in diesen und in den meisten anderen Fällen gar nicht vonnöten.

Es lohnt sich daher zu fragen, wie der Bedarf nach einer derartigen Philosophie überhaupt entstehen kann. Und um gleich ganz hoch zu greifen, stellen wir uns vor, das Museum quäle sich mit den folgenden vier – von Kant inspirierten – philosophischen ›Grundfragen‹, die da lauten: ›Was kann ich (als Museum) wissen?‹, ›Was soll ich (als Museum) tun?‹, ›Was darf ich (als Museum) hoffen?‹, und ›Was ist das Museum?‹

Wie kann die Philosophie auf diese Fragen antworten? Hierzu kann man, weil es eine spezielle Museumsphilosophie, wie gezeigt wurde, gegenwärtig nicht gibt, nur Spekulationen anstellen. Zum Glück gibt es zumindest einzelne Bemerkungen namhafter Denker, die man, wenn man wollte, gewissermaßen als Stammzellen einer Philosophie des Museums betrachten könnte. Hierzu eignet sich besonders ein kurzer Text von Martin Heidegger, der von einer jungen Kunsthistorikerin in einem 1955 erschienenen Buch über eineinhalb Seiten zitiert wurde, ergänzt durch Heideggers pseudo-bescheidenen Kommentar, es handele sich nur um »beiläufige Gedanken eines Unzuständigen«. Das Buch beschäftigt sich mit der *Sixtinischen Madonna*, die von dem sächsischen König August dem Dritten einer norditalienischen Kirche abgekauft und 1754 in die Dresdner Gemäldegalerie gebracht wurde. Diese Ortsveränderung war, Heidegger zufolge, jedoch nicht einfach nur eine bloße Veränderung des Ortes, sondern ein Ortsverlust: »Wo immer künftig dieses Bild noch ›aufgestellt‹ sein mag«, so konstatiert der Philosoph,

> »dort hat es seinen Ort verloren. Es bleibt ihm versagt, sein eigenes Wesen anfänglich zu entfalten, d.h. diesen Ort selbst zu bestimmen. Das Bild irrt, verwandelt in seinem Wesen als Kunstwerk, in der Fremde. Dem musealen Vorstellen, das seine eigene geschichtliche Notwendigkeit und sein Recht behält, bleibt dieses Fremde unbekannt. Das museale Vorstellen ebnet alles ein in das Gleichförmige der ›Ausstellung‹. In dieser gibt es nur Stellen, keine Orte. Die *Sixtina* gehört in die eine Kirche zu Piacenza, nicht in einem historisch-antiquarischen Sinne, sondern ihrem Bildwesen nach. Ihm gemäß wird das Bild stets dorthin verlangen.«[4]

4 | Marielene Putscher: *Raphaels Sixtinische Madonna – Das Werk und seine Wirkung*, Tübingen 1955, zitiert die Ausführungen von Martin Heidegger ohne besondere Hervorhebung im fortlaufenden Haupttext, S. 174f. In einer Fußnote erklärt sie, Heideggers Bemerkungen seien einem Brief an die Verfasserin entnommen. Seltsamerweise (und bisher von der Forschung anscheinend unbeachtet) ist der von Putscher wiedergegebe-

Ginge es nach Heidegger, müsste man das Gemälde also schnellstens aus seiner Gefangenschaft befreien und in die Benediktinerkirche San Sisto zurückbringen, auf dass es dort – nicht länger zum bloßen Ausstellungsstück degradiert – wieder seiner ursprünglichen kultischen Funktion dienen kann. Doch dieses Happy End bleibt der Bildtafel bis heute verwehrt, und so erleidet die *Sixtina* weiterhin das Schicksal einer entwurzelten Migrantin aus dem Süden, die es in die fremde und feindliche Umgebung der sächsischen Hauptstadt verschlagen hat.

Gegenüber den weisen Worten des Philosophen, der dem Museum zu verstehen gibt, was es (als Museum) eigentlich tun sollte, bleibt dieses, sofern es derartige Einlassungen überhaupt zur Kenntnis nimmt, jedoch vollständig taub. Und vermutlich dürfte eine solche Resistenz gegenüber philosophischen Belehrungen in Museumskreisen – so mein (empirisch nicht eigens erhärteter) Verdacht – viel weiter verbreitet sein als die Protagonistinnen und Protagonisten einer Philosophie des Museums zu glauben geneigt sind. Auch aus diesem Grund sollte man nicht ohne weiteres unterstellen, eine solche Philosophie sei in jedem Fall etwas Erstrebenswertes und Nützliches.

Kritische Beobachter werden das vorliegende Buch und die Tagung, aus der es hervorging, ohnehin eher als ein Ergebnis (und als ein Dokument) der Aktivität von Lobbyisten auffassen, die – nach der Maxime ›Auch wir wollen vom Museums-Boom profitieren‹ – Propaganda für mehr Philosophie im Museum machen, um letzten Endes zu erreichen, dass in diesem Bereich neue Arbeitsplätze eingerichtet werden. Das ist zwar nicht verwerflich, doch müssten diejenigen, die für eine Ausweitung der philosophischen Kompetenz-Zone und die entsprechende Erschließung neuer Beschäftigungsmöglichkeiten eintreten, plausibel machen, warum das auch im Interesse des Museums selbst liegt, und nicht nur im Interesse der sich gerade erst herausbildenden Spezies der Museumsphilosophen.

Es scheint mir jedoch, wie gesagt, sehr unwahrscheinlich, dass sich das Museum der Beratungsofferte von Philosophen mit Begeisterung öffnen wird. Museumsleute werden vielmehr auf ihre eigene Kompetenzen pochen und darauf beharren, dass nur sie selbst über die erforderlichen Fachkenntnisse verfügen, um eine realistische ›Philosophie‹ des Museums formulieren zu können. Viele Museen veröffentlichen im Internet ohnehin schon kurze Charakterisierungen ihres Selbstverständnisses unter der Überschrift ›Philosophie‹, wobei sich, wie zu erwarten, häufig Beispiele von freiwilliger, aber nicht wirklich beabsichtigter Komik ergeben.

---

ne Text nicht mit der Version identisch, die ohne nähere Angaben zur Herkunft und zur nachträglichen Bearbeitung des Textes unter dem Titel »Über die Sixtina« in der *Gesamtausgabe*, 1. Abteilung, Band 13, Frankfurt a.M. 1983, S. 199-121, erschien.

In diesen Zusammenhängen bezeichnet der Ausdruck ›Philosophie‹ in der Regel nicht mehr als eine grundsätzliche Proklamation der eigenen Zielsetzungen oder einfach nur eine Überzeugung, die einem besonders wichtig ist. In diesem Sinn hat heute jeder Klempner und jede Kaffeerösterei eine ›Philosophie‹ – so wie auch jedes Museum. Das Musée Jurassien im Schweizer Städtchen Delémont verspricht zum Beispiel, es könne ›im Handumdrehen den Blick und die Epoche wechseln‹ und ›Verbindungen zwischen Objekten schaffen, wo es scheinbar keine gibt‹, wohingegen eine Dienstleistungsfirma in New York, die Führungen durch alle möglichen Kunstsammlungen anbietet, zunächst einmal die unbeschränkte Souveränität ihrer Kunden feiert und dementsprechend jegliche Formen einer Partizipation seitens des Publikums euphorisch begrüßt, was zudem noch durch einen Rückgriff auf den antiken Mythos der neun Musen prestigeträchtig gerechtfertigt wird.

Aus der Sicht der akademischen Philosophie ist so etwas selbstverständlich nur seichter Dilettantismus von Leuten, die den berühmten Ratschlag, man solle wagen, sich seines eigenen Verstandes zu bedienen, ein wenig zu wörtlich genommen haben. Allerdings zeugt ein solches Verdikt seinerseits nur von grundloser Überheblichkeit, so lange es sich nicht mit einleuchtenden Vorschlägen verbindet, wie der gegenwärtigen Konjunktur selbstgebastelter Do-it-Yourself-Philosophien etwas Seriöseres entgegenzusetzen wäre.

Was könnte das sein? Wenig hilfreich wäre es, modischen Glaubensbekundungen, wie den derzeit obligatorischen und politisch garantiert korrekten Bekenntnissen zum ›partizipativen Museum‹ lediglich mit anderen Dogmen zu begegnen. Da nützt es auch nichts, diese dadurch aufzuwerten, dass man sie im elaborierten Vokabular der gerade aktuellen ›philosophischen Trends‹ vorträgt. Ebenso nutzlos sind die immer noch gern vorgetragenen angeblichen Wesensbestimmungen, die mit dem Anspruch auftreten, die tiefsten Wahrheiten über das Museum zu offenbaren und ihr eigentliches Sein zu enthüllen, ein Sein, das sich nur der Philosophie mit ihrem besonderen Sinn für das Essentielle offenbart. Wenn eine Theorie es nötig hat, mit solchem Pomp aufzutreten, dann verbirgt sich dahinter zumeist nur die Absicht, dem Museum eine bestimmte Aufgabe vorzuschreiben, wobei diese Vorschrift aber nicht offen ausgesprochen, sondern in getarnter Form zum Ausdruck gebracht wird, indem man die Aufgabe, auf die man das Museum verpflichten möchte, als dessen ureigene Bestimmung und als Verwirklichung seines wahren Wesen hinstellt.

Mit diesen Überlegungen streifen wir bereits die Frage nach den Möglichkeiten und Grenzen der Philosophie im Allgemeinen. Und was diese Frage betrifft, so kann ich mich in diesem Zusammenhang nur auf zwei oft zitierte Sätzen von Ludwig Wittgenstein berufen, die in seiner *Logisch-Philosophischen Abhandlung* unter der Gliederungsnummer 4.112 zu finden sind.

Der erste Satz lautet: »Der Zweck der Philosophie ist die logische Klärung der Gedanken.« Dann kommt ein weiterer Satz, der nicht nur *auf* den ersten, sondern auch *aus* dem ersten folgt: »Die Philosophie ist keine Lehre, sondern eine Tätigkeit.«[5]

Diese lakonischen Verlautbarungen lassen meines Erachtens an Deutlichkeit nichts zu wünschen übrig. Zudem setzen sie der Philosophie erfreulich klare Grenzen. Sie sagen nicht nur rundheraus und ohne jedes Pathos, wozu die Philosophie gut ist, sie deuten damit zugleich auch an, was sie besser unterlassen sollte. Sie sollte sich vor allem nicht dazu hinreißen lassen, besondere Weltanschauungen oder normative Grundsätze – zum Beispiel im Hinblick auf die Funktionen des Museums – zu propagieren. Leute, die ein abgeschlossenes Studium der Philosophie nachweisen können, sind aufgrund dessen gewiss nicht besser als andere befähigt, eine Entscheidung darüber zu treffen, ob das Museum wie eine strenge Gouvernante auftreten sollte oder eher wie die Vortänzerin in einem Feriendorf. Das sollten sich diejenigen Philosophen zu Herzen nehmen, die sich heutzutage gern als ›Spezialisten fürs Allgemeine‹ ausgeben und dabei fälschlicherweise annehmen, sie seien im Besitz eines Freibriefes, der es ihnen (als legitimen Erben der Theologen) erlaubt, sich ungebeten in alles und jedes einzumischen.

Würdevoller wäre es, wenn sich die Philosophie darauf beschränkte, unserem Denken und unserem Sprechen so viel Klarheit zu verschaffen, dass wir uns ein eigenes Bild der jeweiligen Situation machen und ein eigenständiges Urteile fällen können. Doch selbst eine so neutrale und unverfängliche Dienstleistung wie diese kann die Philosophie niemandem aufzwingen. Wer ihre aufklärerische Hilfestellung verschmäht, kann durch nichts genötigt werden, sie auch gegen den eigenen Willen anzunehmen.

Damit kann ich zum Schluss einen Versuch unternehmen, die bereits im Titel gestellte Frage nach dem Nutzen und dem Nachteil einer Philosophie des Museums zu beantworten. Meines Erachtens bestehen nach wie vor berechtigte Zweifel, ob es eine solche Philosophie wirklich geben muss. Um herauszufinden, was es mit dem Museum auf sich hat, reichen außer dem generell erforderlichen Minimum an Intelligenz und praktischer Erfahrung vermutlich Kenntnisse aus verschiedenen, eher empirisch orientierten Disziplinen wie Betriebswirtschaftslehre, Lernpsychologie, Geschichtsschreibung und Soziologie. Ich sehe jedenfalls keinen Grund für die Annahme, dass diejenigen, die an Museen arbeiten, fundamentale Aspekte ihres Tuns übersehen, solange es keine spezielle Philosophie des Museums gibt. Und auch das Publikum verpasst vermutlich nichts Wichtiges, wenn es ein Museum besucht, ohne sich

5 | Ludwig Wittgenstein: »Logisch-Philosophische Abhandlung«, in: *Annalen der Naturphilosophie*, hg. von Wilhelm Ostwald, Bd. 14, Leipzig 1921, S. 185-262, hier S. 217.

zu fragen, was an einer solchen Einrichtung philosophisch von Interesse sein könnte.

Weitaus näher liegt da doch die Frage, was an den Dingen, die man im Museum sieht, von philosophischem Interesse sein könnte. Es ist daher auch kaum verwunderlich, dass die Philosophie der Kunst nach wie vor wichtiger genommen wird als eine Philosophie der Institution, in deren Rahmen sie gezeigt wird. Die Feststellung, dass die Philosophie der Kunst wie auch die Philosophie ganz generell weiterhin eine eindeutige Priorität gegenüber der bisher nur postulierten Philosophie des Museums in Anspruch nehmen kann, hindert allerdings nicht daran, auch deren Potential mit einer gesunden Skepsis zu betrachten. Wenn man, wie Heidegger, überzeugt ist, Einblick in die tiefsten Wahrheiten des Seins zu haben, dann führt das in der Regel zu Behauptungen und Vorschriften, die für andere naturgemäß oft völlig uneinsichtig bleiben müssen. Aber auch eine weniger anmaßende Philosophie, eine Philosophie, die sich im Sinne Wittgensteins lediglich um die »logische Klärung der Gedanken« bemüht, wird im Hinblick auf die Probleme des Museums kaum etwas Neues ergeben. Noch weniger ist deshalb von einer speziellen Philosophie des Museums zu erwarten. Falls es diese überhaupt jemals geben wird, dürfte ihr Nutzen, so wage ich zu befürchten, vergleichsweise gering bleiben. Genau deshalb wären von ihren Aktivitäten aber glücklicherweise auch keine nennenswerten Nachteile zu erwarten.

Literatur

Danto, Arthur C.: *The Transfiguration of the Commonplace*, Cambridge, Mass./London 1981.

Heidegger, Martin: Brief an Marielene Putscher, zit. in: dies.: *Raphaels Sixtinische Madonna – Das Werk und seine Wirkung*, Tübingen 1955, S. 174-175.

Wittgenstein, Ludwig: »Logisch-Philosophische Abhandlung«, in: *Annalen der Naturphilosophie*, hg. von Wilhelm Ostwald, Bd. 14, Leipzig 1921, S. 185-262.

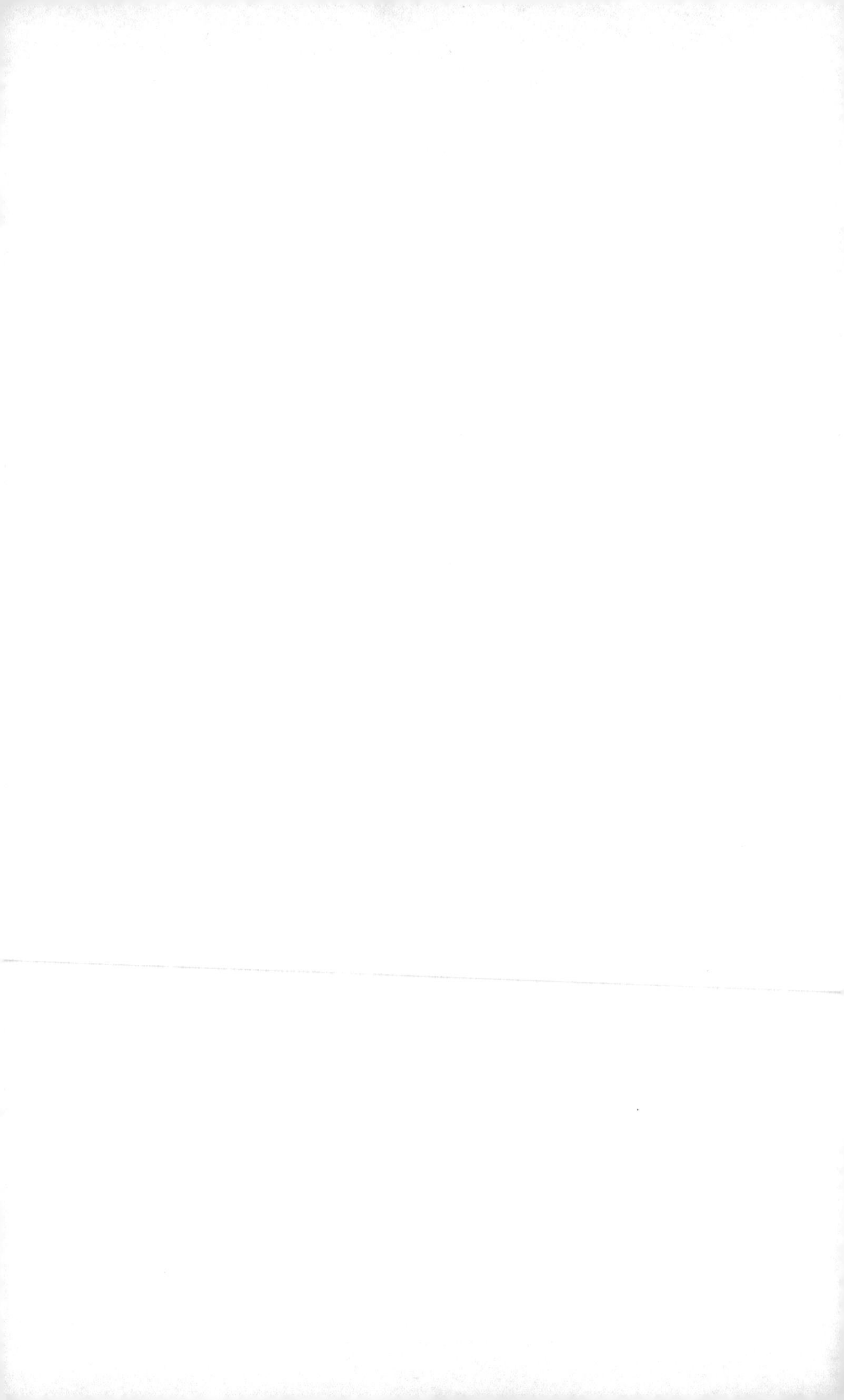

Für eine Philosophie des Museums

Bernadette Collenberg-Plotnikov

1. Philosophie des Museums?

Bereits 1987 hatte der Kunsthistoriker Wolfgang Kemp diagnostiziert, das Museum sei –neben den Massenmedien – die »Leitinstanz und Prägestätte unserer Kultur«, wir lebten in einer »musealen Kultur«.[1] Aus heutiger Perspektive kann man allerdings sagen, dass die eigentliche Konjunktur des Themas ›Museum‹ in diesem Zeitraum erst einsetzt. So gibt es gerade in den letzten drei Jahrzehnten weltweit spektakuläre Museumsneubauten, -umbauten und Ausstellungen, aber auch regional machen Museen nahezu täglich von sich reden. Vor allem seit der Jahrtausendwende konnten sich zudem in vielen Ländern, darunter der Bundesrepublik, neue museologische Studiengänge etablieren, museumskundliche Institutionen, einschlägige Datenbanken und Blogs wurden ausgebaut oder neu eingerichtet.[2] Und schließlich haben auch die Publikationen, die das Themenfeld ›Museum‹ insbesondere aus historischer, pädagogischer, soziologischer, psychologischer, ethnologischer oder etwa betriebswirtschaftlicher Perspektive erkunden, seither völlig unbekannte Dimensionen angenommen.[3] Dementsprechend verwundert es nicht, dass be-

---

1 | Wolfgang Kemp: »Kunst kommt ins Museum«, in: Werner Busch (Hg.): *Funkkolleg Kunst. Eine Geschichte der Kunst im Wandel ihrer Funktionen*, 2 Bde., München/Zürich 1987, Bd. 2, S. 205-229, hier S. 208.

2 | Angesichts des Booms der neuen museologischen Studiengänge sahen sich etwa die Verantwortlichen des 1979 unter dem Namen *Institut für Museumskunde* gegründeten Instituts der Staatlichen Museen zu Berlin 2006 dazu genötigt, um ihrer Erkennbarkeit als Forschungseinrichtung willen die Umbenennung in *Institut für Museumsforschung* zu beschließen.

3 | In Deutschland hat in verlegerischer Hinsicht namentlich der transcript Verlag (Bielefeld) auf diesen Boom reagiert, indem er in seinem Programm einen Schwerpunkt *Kulturmanagement und Museum* eingerichtet hat, der gleich vier Buchreihen zu Fragen des Museums beherbergt. Es sind dies die Buchreihen: *Dresdner Schriften zu Kultur und*

reits ein *museal turn* als ein die heutige Kultur übergreifendes Paradigma ausgerufen wurde.[4] – Was unter diesen ebenso zahlreichen wie vielfältigen Aktivitäten allerdings nahezu vollständig fehlt, ist eine Philosophie des Museums.

Zwar ist die ›Philosophie‹ nominell durchaus präsent, wenn heute vom ›Museum‹ die Rede ist. So ist das Museum zum einen ein beliebter Ort zur Veranstaltung philosophischer Vorträge und Debatten, die dann etwa unter dem Label ›Philosophie im Museum‹ firmieren. Und inzwischen gibt es den in Deutschland vorerst nur in Form von Pilot-Ausstellungen realisierten Plan, ein Museum für Philosophie einzurichten.[5] In beiden Fällen ist aber nicht das Museum selbst Gegenstand der Philosophie, sondern das Museum bietet hier der Philosophie einen äußeren Rahmen. Zum anderen und vor allem gehört es zur Selbstdarstellung zahlreicher Museen, die ›Philosophie‹ des jeweiligen Hauses zu benennen.[6] Hier firmieren dann unter der Bezeichnung ›Philosophie‹ nicht philosophische Reflexionen im engeren Sinn, sondern die Leitgedanken, Zielsetzungen und Motivationen der jeweils Verantwortlichen. Auf dieser Linie ist auch in vielen gerade der neueren Publikationen zum Museum von ›Philosophie‹ und philosophisch geprägten Arbeitsfeldern wie insbesondere der ›Ethik‹ die Rede.[7] Allerdings geht es hier bei näherem Hinsehen ebenfalls weniger um philosophische Reflexionen in einem spezifischen Sinn. Vielmehr geht es ins-

---

Wissen (www.transcript-verlag.de/reihen/kulturmanagement-und-museum/museum/dresdner-schriften-zu-kultur-und-wissen/?f=79385 [18.5.2017]), *Edition Museumsakademie Johanneum* (www.transcript-verlag.de/reihen/kulturmanagement-und-museum/museum/edition-museumsakademie-joanneum/?f=79385 [18.5.2017]), *Kultur*- und Museumsmanagement (www.transcript-verlag.de/reihen/kulturmanagement-und-museum/kulturmanagement/kultur-und-museumsmanagement/?f=79385 [18.5.2017]) und *Edition Museum* (www.transcript-verlag.de/reihen/kulturmanagement-und-museum/museum/edition-museum/?f=79385 [18.5.2017]), in der auch der hier vorgelegte Band erschienen ist.

4 | Vgl. bes. Sabine Coelsch-Foisner/Douglas Brown (Hg.): *The Museal Turn*, Heidelberg 2012 (Wissenschaft und Kunst 22).

5 | Vgl. die Initiativen des in Jena ansässigen Vereins *Denkwelten e.V.* (www.denkwelten.net/kontakt.html [18.5.2017]).

6 | Vgl. z.B. das Kunstmuseum Bochum (www.kunstmuseumbochum.de/kunstmuseum-bochum/geschichte-philosophie-blaue-blume/[18.5.2017]), das Ginkgomuseum Weimar (www.ginkgomuseum.de/content/ginkgomuseum/philosophie/index.html [18.5.2017]), das Eisenbahnmuseum Jünkerath (www.eisenbahnmuseum-juenkerath.de/museum/philosophie/[18.5.2017]) oder das Science Museum of Minnesota in den USA (https://www.smm.org/exhibitservices/exhibit-philosophy [18.5.2017]).

7 | Vgl. z.B. Gary Edson (Hg.): *Museum Ethics. Theory and Practice*, New York 1997; Janet Marstine (Hg.): *The Routledge Companion to Museum Ethics. Redefining Ethics for the Twenty-First Century Museum*, New York 2011.

besondere um das Anliegen, sich von der früheren, primär auf die praktischen Belange des Museumswesens hin orientierten ›Museumskunde‹ abzusetzen und stattdessen eine ›Neue Museologie‹ als eigene Forschungsrichtung mit eigenen theoretischen Ansprüchen zu etablieren. So gibt etwa Hugh H. Genoways in dem 2006 erschienenen Sammelband *Museum Philosophy for the Twenty-First Century* als Ziel dieser Publikation an, die ›Philosophie bzw. Mission‹ (»philosophy/mission«) zu benennen, die Museen verfolgen sollten, um auf der Höhe der Zeit zu sein.[8] D.h. auch hier geht es im Namen der ›Philosophie‹ in erster Linie um die Artikulation von persönlichen bzw. professionellen Haltungen, Werten und Maximen in Angelegenheiten des Museums.

Zentraler Gegenstand einer Philosophie des Museums im engeren Sinn ist dagegen das Museum in universaler Hinsicht bzw. – traditionell gesprochen – die Frage, was das Museum eigentlich *ist*. Einzelne, darunter sehr bedeutende Beiträge zu einer solchen Philosophie des Museums gibt es sowohl in der kontinentaleuropäischen als auch in der angloamerikanischen Tradition der Philosophie.[9] Eine Philosophie des Museums im Sinne eines dezidiert auf dieses Themenfeld hin orientierten philosophischen Diskussionszusammenhangs gibt es bisher aber nicht. Im Folgenden soll für die Entwicklung eines solchen Diskussionszusammenhangs, für eine Philosophie des Museums, plädiert werden.

Einem solchen Plädoyer muss es gelingen, *den* zentralen Einwand gegen eine Philosophie des Museums zu entkräften, nämlich ihre Überflüssigkeit, mehr noch: ihre Schädlichkeit. So richtet sich etwa Joachim Baur in dem 2010 erschienenen Sammelband *Museumsanalyse* dezidiert und programmatisch gegen eine im engeren Sinne philosophische Bestimmung des Museums. Das neue Forschungsfeld ›Museumsanalyse‹, so heißt es hier, soll ein »kritisches Verstehen« der Institution ›Museum‹ jenseits von »philosophisch-totalisierenden Herangehensweisen« ermöglichen:[10] »Statt für *das* Museum«, so wird hier

8 | Hugh H. Genoways: »Introduction«, in: ders. (Hg.): *Museum Philosophy for the Twenty-First Century*, Oxford 2006, S. VII-X, hier S. VIII.

9 | Die bisher vorliegenden Anthologien fokussieren die angloamerikanische Debatte. Vgl. zuletzt Victoria S. Harrison/Anna Bergqvist/Gary Kemp (Hg.): *Philosophy and Museums. Essays on the Philosophy of Museums*, Cambridge 2016 (Royal Institute of Philosophy Supplement 79); s.a. Lars Aagaard-Mogensen (Hg.): *The Idea of the Museum. Philosophical, Artistic and Political Questions*, Lewinston/Queenston/Lampeter 1988 (Problems in Contemporary Philosophy 6). Einen Überblick in den neueren Stand der Debatte im angloamerikanischen Raum bietet Ivan Gaskell: »Museums and Philosophy. Of Art, and Many Other Things«, 2 Teile, in: *Philosophy Compass* 7/2 (2012), S. 74-84 und S. 85-102.

10 | Joachim Baur: »Museumsanalyse. Zur Einführung«, in: ders. (Hg.): *Museumsanalyse. Methoden und Konturen eines neuen Forschungsfeldes*, Bielefeld 2010, S. 7-14, hier S. 8.

weiter erläutert, »interessiert sich die Museumsanalyse für Museen, statt der abstrakten Idee nimmt sie konkrete Ausprägungen in den Blick«.[11] Am Einzelfall geschulte museologische Untersuchung und kritisches Bewusstsein statt phänomenferner philosophischer Theorie und Herrschaftsdiskurs, heißt hier die Devise.

Zwar kann man sich fragen, was eine solche Distanzierung eigentlich genau im Blick hat. Denn so bedeutend die bisher vorliegenden Beiträge zu einer Philosophie des Museums im Einzelnen auch sein mögen – gegenüber der Masse an Forschungen zur Empirie und Geschichte des Museums, die seit den 1990er Jahren erschienen sind, bleiben sie marginal. Des Weiteren kann man sich fragen, ob hier nicht ein verzerrtes, zumindest aber extrem verengtes Bild philosophischer Bestrebungen gezeichnet wird. – Nichtsdestoweniger trifft diese Darstellung in ihrer Holzschnittartigkeit zugleich doch ein in der Tat entscheidendes Charakteristikum der Philosophie und so auch der Philosophie des Museums: Die Philosophie ist die Wissenschaft, die die universale Dimension kultureller Phänomene zum Gegenstand hat. Bezogen auf das Museum bedeutet dies, dass die Philosophie der Frage nachgeht, was das Museum als kulturelles Phänomen auszeichnet. D.h. der unmittelbare Anwendungsbezug, die konkrete Handlungsanleitung, ist in der Philosophie nicht Ziel, sondern, wenn überhaupt, dann Gegenstand der Reflexion. Ziel der Philosophie ist vielmehr das Verstehen von Gründen, hier also: die Beantwortung der Frage, inwiefern das Museum als kulturelles Phänomen grundsätzlich für die Erkenntnis und das Handeln relevant ist. Mit der Lösung der vielfältigen konkreten Herausforderungen, die Museumsleute in ihrem Berufsalltag zu bewältigen haben, hat die Philosophie daher zunächst einmal nicht viel zu tun.

Bevor erläutert werden kann, welche Auskünfte von der Philosophie über das Museum zu erwarten sind und welche Bedeutung diese Auskünfte für die museologische Praxis haben können, muss daher zunächst die Frage beantwortet werden, warum die ohnehin schon kaum noch überschaubare aktuelle Debatte um das Museum nun auch noch um eine Philosophie des Museums ergänzt werden sollte: Warum könnte es überhaupt nötig sein, die Auseinandersetzung mit den ›konkreten Ausprägungen‹ des Museums durch eine Erkundung seiner ›abstrakten Idee‹ zu flankieren?

11 | Ebd.

2. Die Pluralisierung des Museums als Provokation einer Philosophie des Museums

Es trifft zwar zu, dass es bisher keine Philosophie des Museums im Sinne eines eigenen philosophischen Diskussionszusammenhangs gibt. Dies bedeutet allerdings, wie gesagt, nicht, dass es nicht einzelne philosophische Beiträge zur Bestimmung des Museums gäbe. Und es bedeutet ebenfalls nicht, dass philosophische Thesen nicht von jeher auch bei außerphilosophischen Bestimmungen des Museums präsent gewesen wären.

So erweist sich auch die Polemik gegen *das* Museum, wie sie in Baurs Thesen zur Museumsanalyse zum Ausdruck kommt, bei näherem Hinsehen weniger als Polemik gegen die Philosophie überhaupt als gegen ein bestimmtes Museumsverständnis, das mit einer bestimmten Philosophie identifiziert wird. Die philosophische Frage nach *dem* Museum wird dabei der Gründungsepoche der Museen im 19. Jahrhundert mit ihrem Impuls zu einer rationalen Durchdringung und Differenzen nivellierenden Systematisierung der Welt zugeordnet, als dessen Inbegriff und Symbol das ›klassische‹ Museum angesehen wird; als Hauptvertreter einer solchen Museumskonzeption muss vor allem immer wieder Georg Wilhelm Friedrich Hegel herhalten. Zwar ist von Hegel nur ein einziger Satz überliefert, der explizit zur Konzeption und Bedeutung des Museums Stellung nimmt, nämlich ein Plädoyer für eine historische Ordnung der Exponate im Rahmen des Streits um die Einrichtung des von Karl Friedrich Schinkel entworfenen Berliner Museums.[12] Nichtsdestoweniger gilt Hegel weithin als *der* Theoretiker des klassischen Museums. Der Grund hierfür ist seine Leitvorstellung von einer systematischen und dezidiert historisch orientierten Ordnung allen Wissens, das Hegel als Ziel philosophischer Selbstverständigung bestimmt, das aber mit einigem Recht in der Tat auch als Ziel der großen Museumsprojekte des 19. Jahrhunderts identifiziert werden kann.

Ein solches heute gern als ›logozentrisch‹ bzw. ›eurozentrisch‹ gebrandmarktes Museumsverständnis gilt nun als Gegenstand einer anachronistischen ›alten‹ Museologie, gegen die kontrastierend eine Neue Museologie ins Feld geführt wird. In diesem ›neuen‹ Verständnis gilt das Museum nicht länger als quasi interesseloses Medium der Wissenschaft, das die mehr oder weniger chaotischen empirischen Daten und Fakten vernünftigen Prinzipien unterwirft, um so der Kunst-, Natur- oder Technikgeschichte westlichen Zuschnitts ihr Material zu bewahren, ihre Erträge zu dokumentieren und diese

12 | »Die Galerie ist [eine] sinnlose Sammlung, wenn sie nicht nach Zeiten, Schulen geordnet ist. Das Geschichtliche ist das Interessante.« (Georg Wilhelm Friedrich Hegel: *Aesthetik nach Prof. Hegel im Winter Semester 1828/29* [Mitschrift Karol Libelt], unveröffentlichtes Manuskript, Krakau: Jagiellonische Bibliothek, Ms. 130a.)

für die Öffentlichkeit – genauer: das ›Bildungsbürgertum‹ als die zentrale Zielgruppe – zu präsentieren. Das Museum erscheint nun vielmehr – im Zeichen von Postkolonialismus, Gendertheorie und Ideologiekritik – als ein Komplex von vielfältigen, durchaus heterogenen Interessen, die es aufzudecken, und von diskontinuierlichen Geschichten, die es für ein heterogenes Publikum zu erzählen gilt: Was im Museum gezeigt wird, wird nicht mehr als Objektivierung *der* Wahrheit bzw. *der* Geschichte, sondern als ›Konstrukt‹ aus multiplen Wahrheiten und Geschichten angesehen. Es geht nicht mehr um die Stiftung von Identität, sondern, wenn überhaupt, dann um die Repräsentation von Identität*en*.

Die immer wieder angeführte Referenz dieser alternativen Museumskonzeption, die auch bei Baurs Philosophiekritik Pate gestanden haben dürfte, ist der Philosoph Michel Foucault, dem – ähnlich wie Hegel – das eigentümliche Schicksal zuteil geworden ist, zu einem der prominentesten Museumsphilosophen der Gegenwart zu werden, obwohl er kaum je über das Museum, geschweige denn über das Museum als Phänomen *sui generis* gesprochen hat. Dabei geht Foucault selbst allein auf das klassische Museum des 19. Jahrhunderts ein. Dieses Museum ist bei Foucault eine Institution neben vielen anderen – etwa Kasernen, psychiatrischen Kliniken, Friedhöfen oder Gefängnissen –, die dadurch gekennzeichnet sind, dass sie als Orte gleichsam aus dem alltäglichen Raum herausgenommen sind und stattdessen Enklaven bilden, in denen ganz eigene Gesetzmäßigkeiten gelten. Foucault spricht daher auch von ›anderen Orten‹ – ›Heterotopien‹. Das klassische Museum ist dabei für Foucault neben der Bibliothek die paradigmatische Heterotopie der Moderne, insofern beide Institutionen in der charakteristischen Gestalt, die sie im 19. Jahrhundert gewinnen, die Idee verkörpern, »alles zu akkumulieren, die Idee, eine Art Generalarchiv zusammenzutragen«.[13]

13 | »Es gibt einmal die Heterotopien der sich endlos akkumulierenden Ziele, z.B. die Museen, die Bibliotheken. Museen und Bibliotheken sind Heterotopien, in denen die Zeit nicht aufhört, sich auf den Gipfel ihrer selber zu stapeln und zu drängen, während im 17. und noch bis zum Ende des 18. Jahrhundert die Museen und die Bibliotheken Ausdruck einer individuellen Wahl waren. Doch die Idee, alles zu akkumulieren, die Idee, eine Art Generalarchiv zusammenzutragen, der Wille, an einem Ort alle Zeiten, alle Epochen, alle Formen, alle Geschmäcker einzuschließen, die Idee, einen Ort aller Zeiten zu installieren, der selber außer der Zeit und sicher vor ihrem Zahn sein soll, das Projekt, solchermaßen eine fortwährende und unbegrenzte Anhäufung der Zeit an einem unerschütterlichen Ort zu organisieren – all das gehört unserer Modernität an. Das Museum und die Bibliothek sind Heterotopien, die der abendländischen Kultur des 19. Jahrhunderts eigen sind.« (Michel Foucault: »Andere Räume« [»Des espaces autres«, 1967], übers. von Walter Seitter, in: Karlheinz Barck/Peter Gente/Heidi Paris

Diese Diagnose ist nun im Rahmen der Neuen Museologie auf breiter Linie aufgegriffen und mit Foucaults Analyse der Macht verknüpft worden. Das klassische Museum wird dabei als Institution gebrandmarkt, die die musealisierten Dinge von den vielfältigen emotionalen, pragmatischen oder kreativen Zusammenhängen, mit denen sie im alltäglichen Leben verflochten sind, isoliert: Anstelle ihres Platzes im Leben mit allen seinen Kontingenzen und Vernetzungen werden sie hier einer totalen Ordnung unterworfen, die den Betrachtenden mithilfe disziplinierender Präsentationstechnologien als Ordnung der Welt weisgemacht wird.[14]

Philosophischer Gewährsmann für diese Museumskritik ist dabei neben Foucault vor allem Theodor W. Adorno, der bereits 1953 seinen ebenso kurzen wie einflussreichen Essay *Valéry Proust Museum* mit der Parallelisierung von ›Museum‹ und ›Mausoleum‹ eröffnet hatte, die seiner Ansicht nach mehr als »bloß die phonetische Assoziation« verbindet: »Museen sind wie Erbbegräbnisse von Kunstwerken. Sie bezeugen die Neutralisierung der Kultur.«[15] Adorno knüpft damit bei den museumsstürmerischen Thesen der Avantgarde vom Beginn des 20. Jahrhunderts an. Aber bereits 1825 hatte der französische Kunsthistoriker Quatremère de Quincy angesichts der Musealisierungsschübe seiner Zeit beklagt, dass man hier »die Kunst tötet, um sie zu Geschichte zu machen«.[16] Und in diesen Kontext gehört schließlich auch die sogenannte

et al. [Hg.]: *Aisthesis. Wahrnehmung heute oder Perspektiven einer anderen Ästhetik*, Leipzig 1991, S. 34-46, hier S. 43.)

14 | Vgl. bes. Douglas Crimp: *On the Museum's Ruins*, Cambridge, Mass./London 1993, S. 45-64; s.a. ders.: »On the Museum's Ruins«, in: *October* 13 (1980), S. 41-57. – S.a. bes. Timothy W. Luke: *Museum Politics. Power Plays at the Exhibition*, Minneapolis 2002.

15 | »Der Ausdruck ›museal‹ hat im Deutschen unfreundliche Farbe. Er bezeichnet Gegenstände, zu denen der Betrachter nicht mehr lebendig sich verhält und die selber absterben. Sie werden mehr aus historischer Rücksicht aufbewahrt als aus gegenwärtigem Bedürfnis. Museum und Mausoleum verbindet nicht bloß die phonetische Assoziation. Museen sind wie Erbbegräbnisse von Kunstwerken. Sie bezeugen die Neutralisierung der Kultur. Kunstschätze sind in ihnen angehortet: der Marktwert verdrängt das Glück der Betrachtung.« (Theodor W. Adorno: »Valéry Proust Museum« [1953], in: ders.: *Kulturkritik und Gesellschaft I: Prismen*, Frankfurt a.M. 1977 [*Gesammelte Schriften*, Bd. 10.1], S. 181-194, hier S. 181.)

16 | »Déplacer tous les monumens, en recueillir ainsi les fragmens décomposés, en classer méthodiquement les débris, et faire d'une telle réunion un cours pratique de chronologie moderne; c'est pour une nation existante, se constituer en état de nation morte; c'est de son vivant assister à ses funérailles; c'est tuer l'Art pour en faire l'histoire; ce n'est point en faire l'histoire, mais l'épitaphe.« (Antoine Chrysostôme Quatremère de Quincy: *Considérations morales sur la destination des ouvrages de l'art, ou De*

These vom ›Ende der Kunst‹, die der vielgeschmähte Hegel seit 1820 in seinen Berliner Ästhetikvorlesungen vertritt und dabei dieses ›Ende‹ als Preis der Verwissenschaftlichung unseres Umgangs mit den Werken begreift, zu deren zentralen Manifestationsformen eben die Musealisierung gehört.

Allerdings gewinnt diese Diagnose vom Tod der Dinge im Museum im Kontext von Adorno und Foucault eben eine dezidiert ideologiekritische Wendung. Die Ersetzung der vielfältigen Zusammenhänge des Lebens durch einen einseitigen monopolisierten Blickwinkel auf die Dinge, die als Charakteristikum des traditionellen Museums erkannt wird, gilt es nun als Strategie der Macht zu identifizieren: Die museale Freisetzung der Gegenstände von ihren Zwecken verkörpert demnach das Wesen des Kapitals und verschleiert zugleich dessen Herrschaft durch Ästhetisierung und Sakralisierung.[17] Der korrespondierende Impuls einer kritischen Neuen Museologie ist dementsprechend das Anliegen, die im Museum zum Einsatz gebrachten Verfahren zu ›entlarven‹.[18] Das klassische Museum erscheint in dieser Perspektive als Instrument der Macht, das Herrschaftsstrategien verbrämt, um sie eingängiger zu machen. Mehr noch: Indem dieses Museums als eine Art säkularer Tempel konzipiert ist, werden sie quasi unangreifbar gemacht. Dieses Museum wird so auch als »Identitätsfabrik«[19] gebrandmarkt – erfunden zur Reproduktion starrer kultu-

l'influence de leur emploi sur le génie et le goût de ceux qui les produisent et les jugent, et sur le sentiment de ceux qui en jouissent et en reçoivent les impressions, Paris 1815, S. 57f.)

17 | Daniel J. Sherman differenziert dementsprechend zwei Momente in Adornos Museumskritik: »First, museums deprive objects of the life proper to them [...] Second, museums, in their pervasiveness and inevitability, monopolize certain fields of vision, and thus constitute a strategy of power linked to hegemonic capitalism«. (Daniel J. Sherman: »Quatremère/Benjamin/Marx. Art Museums, Aura, and Commodity Fetishism«, in: ders./Irit Rogoff [Hg.]: *Museum Culture. Histories, Discourses, Spectacles*, Minneapolis 1994, S. 123-143, hier S. 123.) Zum Bezug auf Foucaults Analysen der Macht vgl. bes. Douglas Crimp: »We needed, it seemed to me, an archeology of the museum on the model of Foucault's analyses of the asylum, the clinic, and the prison.« (D. Crimp: *On the Museum's Ruins*, S. 287.)

18 | Vgl. z.B. »Over the past twenty years a broad range of critical analyses have converged on the museum, unmasking thestructures, rituals, and procedures by which the relations between objects, bodies of knowledge, and processes of ideological persuasion are enacted. This process of unmasking, which continues to evolve and unfold around us, provides the basis for our inquiry.« (Daniel J. Sherman/Irit Rogoff: »Introduction: Frameworks for Critical Analysis«, in: dies. [Hg.]: *Museum Culture*, S. IX-XX, hier S. X.)

19 | Vgl. Gottfried Korff/Martin Roth (Hg.): *Das historische Museum. Labor, Schaubühne, Identitätsfabrik*, Frankfurt a.M. 1990.

reller Schablonen vermittels aus dem lebendigen Gebrauch genommener und mit neuer, gleichgeschalteter Bedeutung aufgeladener Gegenstände.[20]

Die Neue Museologie bleibt allerdings bei solcher Museumskritik nicht stehen, sondern entwickelt antithetisch das Konzept eines Museums der Differenz, das in den Museen der Gegenwart alle Totalitätsphantasien zurückweisen will. Dabei soll paradoxerweise im Museum selbst Ideologiekritik in Gestalt von Museumskritik geübt werden.[21] Zugleich werden aber auch die historischen Formen des Sammelns und Zeigens in Museen als Folge unterschiedlicher Erkenntniskonzepte rekonstruiert, die sich weder auf einen Nenner noch in eine teleologische Ordnung bringen lassen.[22] So wurden als Vorläufer und Inspirationsquellen des modernen Museums neben den Kunst- und Wunderkammern der Renaissance und des Barock etwa Jahrmärkte, die großen Weltausstellungen, Verkaufsmessen und Warenhäuser identifiziert. Die lange kultivierte Vorstellung vom Museum als ›Erfindung‹ der Aufklärung – d.h. als Antwort auf ein Orientierungs- und Transzendenzbedürfnis, das in einer säkularisierten Welt ins Leere läuft, und als Entäußerung eines interesselosen bürgerlichen Bildungsstrebens – wurde so mit alternativen Genealogien versetzt, die in die Sphären des Kommerzes, der Unterhaltung oder der Politik reichen.

Museen haben demnach in der Perspektive der Neuen Museologie vielfältige Genealogien, die gerade dank ihrer Diskontinuität und Inkohärenz geeignet sind, das einheitliche Geschichtsbild, das sich in den Dienst übergreifender Machtstrukturen stellt und im Museum des 19. Jahrhunderts seine paradig-

20 | In allgemeiner Hinsicht gilt dies für jeden traditionellen Museumstypus, insofern hier anhand einer Differenzen nivellierenden Sammlungs- und Präsentationspraxis etwa die Idee der einer teleologischen Entwicklung der Kunst, der Natur oder der Technik plausibilisiert werden soll. Es gilt aber auch in konkreter Hinsicht, beispielsweise für die Einrichtung des Louvre unter Napoleon, der aus herrschaftskritischer Perspektive als mit kunsthistorischem Wissen und ausstellungspraktischem Können veredelte Räuberhöhle erscheinen muss – als eine Art Charmeoffensive zur Untermauerung der eigenen Machtansprüche. Ähnliches gilt aber beispielsweise auch für alle Museen, die – womöglich noch anhand von Sammlungsstücken von entrechteten Vorbesitzern und ohne Rücksicht auf die ursprüngliche Bedeutung dieser Stücke – einseitig die Perspektive der eigenen Kultur mit ihren spezifischen Standards des Wissens, der Realität oder der Schönheit zum Maß aller Dinge erheben. Solche Diagnosen sind Ausdruck des Protests und der Enttäuschung gleichermaßen.

21 | Vgl. bes. Beth Lord: »Foucault's Museum: Difference, Representation, and Genealogy«, in: *Museum and Society* 4/1 (2006), S. 1-14.

22 | Vgl. bes. Eilean Hooper-Greenhill: *Museums and the Shaping of Knowledge*, London/New York 1992; Sharon Macdonald: *The Politics of Display. Museums, Science, and Culture*, London/New York 1998.

matische Gestalt erhält, zu durchkreuzen: Museen entfalten in der Perspektive der Neuen Museologie ihr kritisches Potential, wenn sie nicht als Instrument Repräsentation von Sinn und historischer Kontinuität in Dienst genommen werden, wie dies im klassischen Museum der Fall sei. Sie sollen vielmehr als Orte kultiviert und historisch rekonstruiert werden, wo in Form von sich wandelnden und heterogenen Museumskonzepten als inkommensurablen Weisen, die Welt in Gestalt der gesammelten Dinge zu ordnen, Differenzen, Wandlungen und Brüche in der Präsenz von Wissen und Macht erfahrbar werden.[23]

Diese Auffassung findet in der gegenwärtigen Museumspraxis ihren Reflex in einer kaum noch zu überblickenden Anzahl und Vielfalt von Museen: Seit dem 19. Jahrhundert und verstärkt im Zuge der gegenwärtigen Globalisierung hat das Museum von Europa aus die ganze Welt erreicht. Kaum ein Ort auf dem Erdball, der ohne Museum geblieben wäre. Diese Expansion kann dabei – je nach Standpunkt – entweder als erstrangige Manifestation der Herrschaftsansprüche der westlichen Industrienationen kritisiert oder umgekehrt als Zeugnis des Bewusstseins von alternativen lokalen Identitäten gefeiert werden. So hat die heutige Museumslandschaft die ›klassische‹ Palette von Museumstypen längst durch vielfältigste Sammlungsschwerpunkte ergänzt – inzwischen scheint schlechterdings kein Bereich des Lebens und Wissens mehr von einer potentiellen Musealisierung ausgeschlossen zu sein. Und ebenso vielfältig wie die Sammlungsschwerpunkte sind auch die museologischen Konzepte, nach denen das Gesammelte für die unterschiedlichsten Zielgruppen aufbereitet, und die Fragestellungen, unter denen das Museum wissenschaftlich reflektiert wird. Bei dem so verstandenen ›Museum‹ handelt es sich daher um einen sachlichen Komplex, der weder durch gemeinsame Praktiken noch durch eine gemeinsame Genese zusammengehalten zu sein scheint. Die Vorstellung einer Ontologie des Museums, die alle konkreten Museumsmanifestationen miteinander verbindet, gilt daher als Phantasie des 19. Jahrhunderts, die jeder sachlichen Substanz entbehrt.[24] Die Frage, was die in der alltäglichen Sprache

---

23 | Vgl. bes. E. Hooper-Greenhill: *Museums and the Shaping of Knowledge*, S. 9f. – Zum Folgenden vgl. bes. Randolph Starn: »A Historian's Brief Guide to New Museum Studies«, in: *American Historical Review* 110/1 (2005), S. 68-98, bes. S. 72-76.

24 | Genauer: Die Rede von ›dem‹ Museum dient, so die ideologiekritische These, der Maskierung solcher Differenzen im Zeichen eines herrschaftsaffinen Essentialismus. So erklärt etwa die Museologin Eilean Hooper-Greenhill: »There is no essential museum. The museum is not a pre-constituted entity that is produced in the same way at all times. No ›direct ancestors‹ [...] or ›fundamental role‹ [...] can be identified.« (E. Hooper-Greenhill: *Museums and the Shaping of Knowledge*, S. 191.) Und der erklärte ›Anti-Museologe‹ Kenneth Hudson, der sich – nicht ohne eine gewisse Paradoxie – ein ganzes Berufsleben lang für die Museumsarbeit aufgerieben hat, hat die vom Internationalen Museumsrat (International Council of Museums/ICOM) unternommenen Versuche, das

so geläufige Rede von ›dem‹ Museum eigentlich bedeutet, wenn man sie von ihren ideologischen Vorzeichen befreit, kann demnach nur beantwortet werden, wenn man sie dezidiert auf Konkretes, Singuläres bezieht.

Dieser im Rahmen der Neuen Museologie favorisierte Ansatz, die Aussagen über das Museum, in kritischem Bruch mit der idealistischen Tradition, programmatisch nur noch auf Konkretes zu beziehen, also einzelne Aspekte des Museumsphänomens etwa in Fallstudien zu analysieren, hat der Forschung ganze Felder neu eröffnet und das Wissen über das Museum erheblich vorangetrieben: Wir wissen heute mehr denn je über bestimmte museale Sammlungen, Ausstellungen, Museumsgebäude, -konzepte und ihre Geschichte, aber auch über die Rollen von Museumsbesuchern, -kuratoren, -konservatoren, über Museen als Orte der Forschung, der Bildung, der Freizeitgestaltung, als Standortfaktoren usw.

Allerdings bleibt bei diesen Studien außer Acht, dass keiner dieser einzelnen Aspekte, so umfangreich und vielfältig die Daten und Fakten auch sein mögen, die dazu jeweils zusammengetragen werden, als solcher deutlich machen könnte, warum dabei eigentlich vom ›Museum‹ die Rede ist, inwiefern also dieser konkrete Aspekt überhaupt hinsichtlich des Museumsthemas relevant ist. Schließlich gibt es Sammlungen, Ausstellungen, Gebäude, Konzepte, Besucher, Standortfaktoren usw. auch unabhängig vom Museumsthema. Und so tendieren solche Forschungen dazu, die Frage nach dem Museum in eine Vielzahl von Teilaspekten aufzulösen. Dies schlägt sich dann nicht zuletzt in unterschiedlichen Paradigmen nieder, die jeweils einen bestimmten Aspekt des Museums in den Vordergrund stellen: War dies seit den 1980er Jahren vor allem der Aspekt der ›Erfahrung‹ gewesen, der »die Gestaltungswünsche der Veranstalter und die Unterhaltungswünsche des Publikums«[25] bereitwillig mit immer spektakuläreren Inszenierungen zu befriedigen suchte und die Grenze zwischen temporärer Ausstellung und permanenter Sammlung verschwimmen ließ, so ist es seit der Jahrtausendwende das musealisierte ›Objekt‹. Das Objekt klagt nun – im Spektrum zwischen semiotisch aufgeladenem, durch die Manipulationen eines autoritären Kurators auf Eindeutigkeit reduziertem Sinnträger einerseits und vieldeutigem »authentisch-auratische[m]« Ding, das

Museum zu definieren, einer scharfsinnigen Kritik unterzogen und als Symptom der durchgreifenden Varianz der Museen gedeutet. (Vgl. Kenneth Hudson: »Attempts to Define ›Museum‹«, in: ders.: *Museums for the 1980s. A Survey of World Trends*, London 1977, S. 1-7.) Und so verwundert es auch nicht, dass ›Museum‹ in Deutschland bis heute eine ungeschützte Bezeichnung ist. (Vgl. z.B. Hildegard Katharina Vieregg: *Museumswissenschaften. Eine Einführung*, Paderborn 2006, S. 22.)

25 | Hans Belting: *Das Ende der Kunstgeschichte. Eine Revision nach zehn Jahren*, München 1995, S. 105.

seine Vieldeutigkeit dem eigenen über den »Dokumentationswert« hinausgehenden »Reizwert« verdankt, andererseits[26] – sein Recht ein.

Das Museum steht damit im Zeichen jener Bedeutungsdiffusion, die seit den 1960er Jahren schrittweise alle Bereiche der Kultur gleichermaßen erfasst hat. Der Museumsboom der letzten Jahrzehnte geht so paradoxerweise einher mit einem Krisenbewusstsein und einer tiefen Verunsicherung in Sachen ›Museum‹: Vermutlich war es noch nie so unklar wie heute, was eigentlich gemeint ist, wenn vom ›Museum‹ die Rede ist.

Es ist daher, bei aller Betriebsamkeit, längst keine Selbstverständlichkeit mehr, dass vom ›Museum‹ überhaupt sinnvoll die Rede sein kann, sondern diese Annahme ist inzwischen begründungsbedürftig geworden.[27] Die Neue Museologie rückt dieses Problem zwar in den Blick, sie löst es aber nicht. Eben eine solche Begründung ist vielmehr die Aufgabe einer Philosophie des Museums. D.h. eine solche Philosophie muss nicht allein einen schlüssigen Beitrag zur Antwort auf die Frage geben, was das Museum war, sondern auch auf die Frage, was die heutigen Aktivitäten und Diskussionen um das Museum eigentlich zusammenhält, was also ihr Gegenstand ist. Schließlich ist es eine Tatsache, dass das Wort ›Museum‹ nach wie vor, ja sogar mehr denn je, benutzt wird. Und es kann als ausgeschlossen gelten, dass ein Wort, das semantisch leer ist, über längere Dauer und in breiten Kreisen in Gebrauch bleibt.

Der zentrale Beitrag der Philosophie ist somit auch in der Debatte um das Museum eine Versachlichung der Diskussionsbeiträge. Hierzu gehört nicht zuletzt die Frage, ob die Entlarvungsstrategien der Neuen Museologie, so berechtigt sie im Einzelfall auch sein mögen, in der alternativen Museumspraxis tatsächlich zur Stiftung interesseloser, vollständig transparenter Institutionen führen, oder ob man nicht – bei allen berechtigten Korrekturen und Fortschritten museologischer Theorie und Praxis – mit guten Gründen diagnostizieren muss, dass hier lediglich ein Perspektivismus durch einen anderen ersetzt wird.

Zwar kann die Philosophie legitimerweise keine Handlungsanweisungen erteilen. Sie kann aber Argumente beisteuern, die die Funktion des Museums in den gegenwärtigen Gesellschaften nicht nur erläutern, sondern auch rechtfertigen und insofern zur Orientierung museologischen Handels dienen können. Die Forderung nach der Entwicklung einer eigenen Philosophie des

26 | Gottfried Korff: »Paradigmenwechsel im Museum? Überlegungen aus Anlass des 20jährigen Bestehens des Werkbund-Archivs, vorgetragen am 27. Mai 1993 im Martin-Gropius-Bau«, www.museumderdinge.de/institution/texte-zum-museum/paradigmen wechsel-im-museum (18.5.2017).

27 | Vgl. zu dieser Grundlegungsproblematik in Bezug auf die Kunst Reinold Schmücker: *Was ist Kunst? Eine Grundlegung*, Neuausgabe, Frankfurt a.M. 2014 (zuerst: München 1998), S. 18f.

Museums impliziert nämlich zugleich die Annahme, dass eine Beantwortung der Frage nach der universalen Dimension des Museums für die Erkenntnis und das Handeln nicht nur möglich, sondern auch nötig ist. Anders gesagt: Sie hat die Annahme zu ihrer Voraussetzung, dass es sich lohnt, an der Idee und Praxis des Museums festzuhalten. Diese Annahme gilt es allerdings zu begründen.

3. Für eine Philosophie des Museums

Eine mögliche Antwort der Philosophie auf die Frage nach der grundsätzlichen Relevanz des Museums ist die These, dass die heute so verbreitete Vorstellung, ›das‹ Museum sei eine leere platonisierende Fiktion, die Situation nach dem Abschied von der klassischen Museumsidee in der Tat exakt erfasst. So vertritt beispielsweise die US-amerikanische Philosophin Hilde Hein in der Tradition der analytischen Philosophie die Position, dass nicht nur etwa der Begriff ›Kunst‹ nicht (mehr) definierbar ist; auch was ›das Museum‹ ist, scheint allenfalls noch in Form der von Ludwig Wittgenstein angeführten ›Familienähnlichkeiten‹ beschreibbar zu sein.[28]

Wittgensteins Auffassung nach gibt es nämlich in der natürlichen Sprache Begriffe, die verschwommene, unscharfe Grenzen haben und daher mit einer taxononomischen Klassifikation nicht hinreichend erfasst werden können. Für diese Unschärfe prägt Wittgenstein den Begriff ›Familienähnlichkeiten‹. Er erläutert diese u.a. am Wort ›Spiel‹. So gibt es nach Wittgenstein keine allgemein beschreibbaren Merkmale oder Gesetzmäßigkeiten, die für sämtliche Spiele gelten würden. Einige Spiele hätten zwar mit gewissen anderen Gemeinsamkeiten, aber mit wiederum anderen überhaupt keine. Solche Begriffe kommen, so Wittgenstein, nicht aufgrund von in Definitionen erfassbaren gemeinsamen identischen Eigenschaften, sondern aufgrund von ›Ähnlichkeiten‹ zustande. Die vielfältigen Phänomene, die solche Begriffe bezeichnen, sind nämlich nicht durch eine wesentliche gemeinsame Eigenschaft, sondern ›genealogisch‹ miteinander verbunden. Spiele bilden demnach eine ›Familie‹, deren Mitglieder eben über sogenannte ›Familienähnlichkeiten‹ miteinander verwandt sind. Diese ungenauen, nicht streng definierten Begriffe funktionieren, wie Wittgenstein weiter erklärt, dennoch in der Regel reibungslos, weil ihre sprachliche Verwendung an eine bestimmte Lebensform geknüpft ist.

28 | Vgl. »Those institutions now called museums have family resemblances to one another, but they share neither a common history nor a common cause, notwithstanding the emerging professionalism of museum work and the homogenizing discipline of museum studies.« (Hilde S. Hein: *The Museum in Transition. A Philosophical Perspective*, Washington/London 2000, S. 18.)

D.h. wir verstehen etwas trotz seiner Ungenauigkeiten im logischen Sinne, weil wir es in einer bestimmten lebensweltlichen Situation verstehen, die seine Bedeutung für uns (meist) eindeutig macht. Wichtig ist dabei für Wittgenstein, dass in diesen Fällen strikte logische Präzision nicht nur unmöglich ist, sondern zudem unzweckmäßig wäre: Sie würde durch Überkompliziertheit und Lebensferne gerade nicht für mehr Klarheit sorgen, sondern im Gegenteil dazu führen, dass sich »der Verstand [...] Beulen« holt.[29]

Dieses Argument scheint auch in Bezug auf das Museum zunächst schon allein insofern erhebliche Plausibilität zu haben, als es mit der Diagnose der Neuen Museologie von der Inkommensurabilität der Museen bestens kompatibel ist: Auch Museen scheinen in ihrer gegenwärtigen Vielfalt ebenso wie im Wandel ihrer Geschichte keine gemeinsamen charakteristischen Eigenschaften zu haben, sondern sich lediglich in bestimmten, jeweils variierenden Hinsichten untereinander zu ähneln. Wenn wir etwas als ›Museum‹ identifizieren, beziehen wir uns demnach auf seine Ähnlichkeit mit etwas, das bereits als Museum anerkannt ist.

Allerdings überzeugt diese Position letztlich nicht. Die zentralen Argumente gegen eine solche Auffassung sind bereits in den 1960er Jahren von sogenannten ›Neo-Essentialisten‹ in Bezug auf den Begriff der Kunst, der lange als paradigmatischer Fall der Wittgensteinschen Familienähnlichkeiten gegolten hatte, entwickelt worden. Ein Problem des Familienähnlichkeitsarguments besteht nämlich unter logischem Aspekt in der Tatsache, dass in irgendeiner Hinsicht alles allem ähnelt. Bezogen auf das Museum müsste dies letztlich zu der unplausiblen Schlussfolgerung führen, dass alles Museum ist. Noch bedeutsamer ist allerdings der Einwand, dass aus einer solchen Argumentation keinerlei Rechtfertigung des Museums zu gewinnen ist: Die auch aus museologischer Perspektive entscheidende Frage, warum es überhaupt Museen gibt oder geben soll – und warum etwa nicht Archive und Bibliotheken genügen – muss auf dieser Argumentationslinie unbeantwortet bleiben. Denn Familienähnlichkeiten sind keine Gründe, sondern Symptome.

Man könnte nun einen anderen Weg versuchen und im Sinne eines radikalen Institutionalismus argumentieren, dass schlicht und einfach das ein Museum ist, was von Fachleuten als Museum bestimmt und anerkannt wird. Dieser Ansatz hat den Vorteil, dass er ebenfalls mit dem im Rahmen der Neuen Museologie favorisierten Ansatz, ›das‹ Museum programmatisch nur noch auf Konkretes zu beziehen, bestens kompatibel ist. So verlässt man sich auch in diesen Studien letztlich auf die institutionalistische These, dass etwa ein

29 | Ludwig Wittgenstein: »Philosophische Untersuchungen« [1953], in: ders.: *Tractatus logico-philosophicus. Tagebücher 1914-1916. Philosophische Untersuchungen*, Frankfurt a.M. 1984 (*Werkausgabe in acht Bänden*, Bd. 1), S. 225-580, hier S. 301 (§ 119).

bestimmtes Museum ein Museum ist, weil es von Personen, die als sachlich kompetent gelten, als Museum angesehen wird.

Zwar ist es aus soziologischer oder etwa auch historischer Perspektive betrachtet gar nicht zu bestreiten, dass solche Zuschreibungen, auf einzelne konkrete Projekte bezogen, in der Tat stattgefunden haben und stattfinden. Aber auch ein so verstandener Institutionalismus überzeugt letztlich nicht, weil er ebenfalls die zentrale Frage, warum es überhaupt Museen gibt oder geben soll, offen lässt. Diese Frage nach den Gründen ist aber eben entscheidend. Ein solcher Institutionalismus impliziert nämlich letztlich, dass allein die Macht, die ein Individuum dank seiner beruflichen Position innehat, oder die Macht eines Verbandes genügt, um etwas den Status, Museum zu sein, zu- oder abzusprechen. In einer aufgeklärten Gesellschaft besteht aber immer zugleich die berechtigte Forderung, zumindest prinzipiell auch die sachlichen Gründe für eine solche Entscheidung zu erfahren. Ein derartiger Institutionalismus kann also zwar sehr wohl erklären, wann etwas in einer bestimmten Gesellschaft als Museum *gilt*. Die philosophische Frage, was das Museum als kulturelles Phänomen *ist*, beantwortet er dagegen nicht. Ohne eine Antwort auf diese Frage können aber letztlich auch keine sachlichen Gründe für museologisches Handeln gegeben werden.

Beide Ansätze, der sprachanalytische und der institutionalistische, müssen daher um eine Philosophie des Museums ergänzt werden, die sich zugleich als Rechtfertigungsdiskurs versteht und die Gründe angibt, warum es Museen gibt bzw. geben soll. Was das Museum als kulturelles Phänomen ist, kann in der Tat nicht unter Bezug auf bestimmte Merkmale, die für alle einzelnen Museen zutreffen, beantwortet werden. Vielmehr führt an diesem Punkt, ebenso wie übrigens auch in Bezug auf die Kunst, allein die Frage nach der *Funktion* – hier: der Funktion des Museums – in einem gesellschaftlichen Kontext sachlich weiter.

Einen wichtigen Anknüpfungspunkt bei der Identifikation dieser Funktion bilden die klassischen »Kernaufgaben«, die dem Museum zugewiesen werden. Es sind dies nach allgemeiner Übereinkunft – wie etwa auch der *Deutsche Museumsbund* notiert – Sammeln, Bewahren, Forschen und Dokumentieren sowie Ausstellen und Vermitteln.[30] Hierbei handelt es sich nun allerdings nicht um eine, sondern um viele und durchaus heterogene Aufgaben, die das Museum von seinen Anfängen an übernimmt. Man muss daher zunächst einmal sagen, dass es sich bei der in der Neuen Museologie geläufigen Absetzung von einer ›alten‹ Museologie, die noch zu wissen meinte, was die Funktion des Museum ist, um eine massive Vereinfachung handelt. So ist sehr zu Recht darauf hin-

30 | Vgl. Deutscher Museumsbund/ICOM-Deutschland (Hg.): *Standards für Museen*. Kassel/Berlin 2006, www.museumsbund.de/wp-content/uploads/2017/03/standards-fuer-museen-2006-1.pdf (18.5.2017), Zit. S. 4.

gewiesen worden, dass selbst bei Paradigmen des klassischen Museums wie beispielsweise dem von Schinkel in den 1820er Jahren entworfenen Berliner Museum die Zeitgenossen völlig uneins über dessen zentralen Zweck waren – je nachdem, welche dieser ›Kernaufgaben‹ dabei jeweils in den Mittelpunkt gerückt wurde.[31] Und es bleibt festzuhalten, dass auch bereits das antike Museion, dem die moderne Institution ihren Namen verdankt, nicht nur Tempel aller Musen – nicht etwa bloß einer Bestimmten – gewesen ist, sondern zugleich Bibliothek, Schatzhaus, Archiv, Forschungszentrum, Bildungsstätte, Bühne, Begegnungsort und anderes mehr. Diese Diagnose scheint die Heterogenitätsthese der Neuen Museologie also nicht nur zu stützen, sondern sogar noch weiter zu dramatisieren. Und alle diese Tätigkeiten finden auch außerhalb des Museumskontextes statt.

Allerdings ist erstens die *Verbindung* der verschiedenen ›Kernaufgaben‹ in der Tat spezifisch für das Museum. So wird man zwar zeigen können, dass in bestimmten Typen von Museen, zu bestimmten Zeiten oder in bestimmten kulturellen Kontexten jeweils bestimmte dieser Aufgaben gegenüber anderen dominieren mögen. Aber immer sind grundsätzlich *alle* diese Aufgaben in konstitutiver Weise präsent, wo von einem Museum die Rede ist. Und so verwundert es auch nicht, dass man sich weder im Rahmen der Neuen Museologie noch im Rahmen der klassischen Museumstheorie auf eine einzelne dieser Aufgaben als die zentrale einigen konnte. Und zweitens ist es spezifisch für das Museum, dass diese Verbindung prinzipiell immer für die Öffentlichkeit bestimmt ist. Aus diesem öffentlichen Charakter des Museums folgt auch, dass die Art und Weise dieser Verbindung immer wieder vor dem diskutierenden Publikum gerechtfertigt werden muss.

Die entscheidende Frage ist nun natürlich im Sinne des fälligen Rechtfertigungsdiskurses, welche Funktion dieser Verbindung von Handlungen für die Öffentlichkeit zukommt. Die etwa in der abschätzigen Rede vom Museum als ›Identitätsfabrik‹ zum Ausdruck gebrachte Intuition, dass das Museum etwas mit der Präsenz von Identität zu tun hat, bietet dabei einen entscheidenden Hinweis. Aber anders als in lebendigen Traditionen, Sitten und Gebräuchen wird Identität hier nicht quasi natürlich praktiziert bzw. gestiftet, sondern repräsentiert, d.h. stellvertretend vergegenwärtigt. Hermann Lübbe hat in Bezug auf historische Narrative von deren »Identitätspräsentationsfunktion« gesprochen.[32] In Anlehnung daran kann man daher von der ›Identitäts*re*präsentationsfunktion‹ des Museums sprechen. Allerdings muss diese Funktion noch näher spezifiziert werden. Denn auch Repräsentation von Identität findet

31 | Vgl. D. Crimp: *On the Museum's Ruins*, S. 282-325, bes. S. 294.

32 | Vgl. Hermann Lübbe: »Zur Identitätspräsentationsfunktion der Historie«, in: Odo Marquard/Karlheinz Stierle (Hg.): *Identität*, München 1979 (Poetik und Hermeneutik 8), S. 277-292.

selbstverständlich jenseits von Museen statt, etwa in Gestalt von Flaggen, Abzeichen, Paraden, medialen Großereignissen oder anderen sichtbaren Zeichen der politischen, kulturellen oder sonstigen Identität.

Spezifisch ist die Weise, wie Identität im Museum repräsentiert wird, eben insofern hierbei sämtliche ›Kernaufgaben‹, die im Museum übernommen werden, in konstitutiver Weise involviert sind. Es handelt sich nämlich um eine Repräsentation von Identität, die den Menschen *erstens* – über die Tätigkeiten des Sammelns und Bewahrens – als geschichtliches Wesen anspricht, das sich und die Wirklichkeit als etwas historisch Gewordenes begreift. Anders als etwa im Rahmen lebendiger Traditionen bleibt der Identitätsvollzug im Museum aber nicht bei dem reinen Vollzug von Geschichtlichkeit stehen, sondern dieser Vollzug wird *zweitens* – über die Tätigkeiten des Forschens und Dokumentierens – reflexiv gebrochen. Die Repräsentation von Identität wird hier nämlich als ein Konstruiertes, Gesetztes vorgeführt, das aber nicht willkürlich, sondern auf wissenschaftlicher Basis generiert wird, d.h. als etwas, das grundsätzlich immer auf seine sachlichen Motive hin befragt werden können muss. Denn das Museum richtet sich eben – auch als privates Museum – nie nur an ein einzelnes Individuum oder einen geschlossenen Kreis von Menschen, sondern immer zugleich an die Öffentlichkeit. Und diese reflexive Brechung wird im Museum, anders als in der reinen Wissenschaft, nicht in Bezug auf ihr abstraktes systematisches Substrat hin analysiert, sondern Geschichtlichkeit und Rationalität sind hier *drittens* – über die Tätigkeiten des Ausstellens und Vermittelns – an die sinnliche Erscheinung von Gegenständen gebunden, die eben weder auf ihre Funktion als historisches Zeichen noch auf ihre abstrakte wissenschaftliche Bedeutung reduziert werden können.

Nun ist es aber ebenfalls ein Charakteristikum des modernen Menschen, dass er nicht rein in Traditionen verhaftet lebt, sondern alle natürlichen oder kultürlichen Bedingungen seiner Existenz im Rahmen einer Gemeinschaft auf ihre rationalen Strukturen hin befragen kann, ohne dabei seine Sinnlichkeit aufzugeben. Vielmehr ist menschliches Leben gerade dadurch ausgezeichnet, dass sich diese unterschiedlichen Perspektiven nur zu speziellen heuristischen Zwecken voneinander trennen lassen, dass sie im Lebensvollzug dagegen unauflöslich miteinander verbunden sind. Und es ist ein weiteres Charakteristikum des modernen Menschen, dass er gerade aufgrund seines Heraustretens aus vorreflexiv gültigen Traditionen nach Weisen der reflexiven Vergewisserung der eigenen Identität verlangt.

Das Interesse an Gelegenheiten der reflexiven Selbstvergewisserung anhand von aus dem alltäglichen Zusammenhang herausgenommenen Gegenständen ist also – paradox formuliert – das, was bereits die ›Interesselosigkeit‹ des klassischen Museumsbesuchers motiviert. Dies meint auch die geläufige Bestimmung des Museums als Antwort der Aufklärung auf das Orientierungsdefizit, das die Säkularisierung hinterlassen hatte. Der Charakter dieses

Orientierungsdefizits mag sich seit der Zeit um 1800 zwar im Einzelnen verändert haben. Im Zeichen der vielfältigen durchgreifenden Transformationen der Lebenswelt, die das gegenwärtige Bewusstsein prägen, dürfte es allerdings keinesfalls geringer geworden sein. Die der Museumskritik zugrundeliegende Grundvorstellung einer ursprünglichen und unentfremdeten Einheit mit den Dingen, wie sie vielleicht am deutlichsten im avantgardistischen Ideal einer Einheit von Kunst und Leben zum Ausdruck kommt, verkennt daher, wie Lübbe betont hat, die grundlegendsten Bedingungen menschlichen Lebens im Zeichen der Moderne. Mehr noch: Sie kann, nicht nur bezogen auf die Kunst, totalitäre Züge annehmen, insofern diese vorgebliche Einheit zwangsläufig immer nur eine Perspektive sein kann, die als absolut gesetzt wird.[33]

Grundsätzlich sind alle kulturellen Praktiken Formen einer solchen Vergewisserung der eigenen Identität. Es gibt aber keine andere kulturelle Praxis als das Museum, die die Identität des Menschen eigens in ihrer Verknüpfung von Geschichtlichkeit, Rationalität, Sinnlichkeit und Sozialität thematisiert. Das Museum ist damit die ganzheitliche Antwort auf das Bedürfnis des modernen Menschen nach Selbstvergewisserung. Diese Funktion, menschliche Identität in allen ihren charakteristischen Dimensionen zu repräsentieren, betrifft jedes Museum, insofern es Museum ist.

Die Identitätsrepräsentationsfunktion des Museums lässt sich näher bestimmen, wenn man die verschiedenen Museumstypen in Betracht zieht. So wird in der Fülle der Sammlungsschwerpunkte und Präsentationsweisen, die die gegenwärtige Museumslandschaft kennzeichnet, das ganze mögliche Spektrum moderner Identität vom Menschen als Natur- oder Kulturwesen über den Menschen als Technik erzeugendes und mit Technik arbeitendes Wesen bis zum Menschen als Teil einer speziellen Gruppe angesprochen. Die immer wieder diagnostizierten gegenläufigen Tendenzen einer wachsenden Homogenisierung der Museen einerseits, nach der die Museen der ganzen Welt sich immer stärker ähneln, und einer wachsenden Differenzierung der Museen anderseits, die sich den Spezifitäten etwa von besonderen Regionen, Gemeinschaften oder Kreisen widmen, erweisen sich damit als zwei Seiten einer Medaille. Zudem bietet jedes Museum unterschiedliche Stufen der Identitätsrepräsentation – von einem auf Oberflächenreize fixierten Schnelldurchgang über das Bedürfnis nach Wiedererkennen von Vertrautem bis hin zur wissenschaftlichen Durchdringung des eingehend Betrachteten – die für sich alle ihre Berechtigung haben. So ist etwa die Forschungsperspektive, was die Identitätsrepräsentationsfunktion des Museums angeht, der Tourismusperspektive nicht grundsätzlich überlegen, sondern es handelt sich vielmehr um

33 | Vgl. bes. Hermann Lübbe: »Das Avantgarde-Paradox: Die Vergangenheit rückt der Gegenwart näher«, in: ders.: *Im Zug der Zeit. Verkürzter Aufenthalt in der Gegenwart*, Berlin/Heidelberg/New York u.a. 1992, S. 91-106.

unterschiedliche Weisen der Realisierung dieser Funktion. Die Grenze ist hier erreicht, wo das Museum zum reinen »Geschehensort«[34] einer Eventkultur wird, an dem die Erlebnisse und Selbstdarstellungsrituale des Subjekts den Horizont bilden. Denn das Museum ist dann nicht mehr Ort »kollektiver Selbstverständigung«[35], sondern es wird zur Kulisse für Selbstvollzüge, denen die charakteristische reflexive Brechung, die die Identitätsrepräsentationsfunktion des Museums ausmacht, abgeht.

Der museumsstürmerische Impuls verkennt nicht nur die Bedeutung ganzheitlicher Selbstvergewisserung für das moderne Individuum, sondern ebenfalls für die modernen Gesellschaften. Und eben diese leisten Museen als öffentliche Institutionen. Der vorreflexive Umgang mit den Dingen im alltäglichen Leben wird hier ersetzt durch ihr neues Leben als Teil eines kollektiven Selbstverständigungshandelns, zu dem die Kontextualisierung und Relativierung der eigenen Identität unveräußerlich dazugehört.[36] Denn zur Identität moderner Gesellschaften gehört nicht allein die Grunderfahrung des Bruchs mit der Kontinuität gültiger Traditionen im Zeichen eines ›Bedürfnisses der Vernunft‹, wie Hegel es identifiziert hat. Vielmehr gehört zu dieser Identität ebenso unveräußerlich der Verzicht auf die Universalisierbarkeit einer bestimmten Identität. So wird zugleich deutlich, dass ›Identität‹ auch in Bezug auf das Museum sinnvollerweise nicht im reduktionistischen Sinne des ›Identitären‹, wie es derzeit diskutiert wird, verstanden werden kann. Das Wissen um die Verschiedenheit der Herkunftsgeschichten, wie sie im Museum erzählt werden, ist vielmehr, wie Lübbe betont hat, immer Verpflichtung zur wechselseitigen Anerkennung unterschiedlicher Identitäten.[37]

Das Museum bietet also einen institutionell gesicherten Rahmen, in dem die vielfältigen Dimensionen menschlichen Lebens, die im Alltag allenfalls unter der Hand mitvollzogen werden, in ihrer Bedeutung für uns thematisch werden können. Dies bedeutet natürlich nicht, dass das Museum zugleich eine erschöpfende Antwort auf die Frage geben könnte, wer wir sind oder was unsere Wirklichkeit ausmacht. Selbst das auf Universalität angelegte klassische

34 | Rüdiger Bubner: »Ästhetische Erfahrung und die neue Rolle der Museen«, in: Joachim Küpper/Christoph Menke (Hg.): *Dimensionen ästhetischer Erfahrung*, Frankfurt a.M. 2003, S. 37-48, hier S. 44.

35 | Ebd., S. 47.

36 | Vgl. Ivan Gaskell: [Rezension zu] Douglas Crimp: On the Museum's Ruins (1993), John Elsner/Roger Cardinal (Hg.): The Cultures of Collecting (1994), Daniel J. Sherman/Irit Rogoff (Hg.): Museum Culture (1994), in: *The Art Bulletin* 97/1 (1995), S. 673-675, hier S. 674.

37 | Vgl. Ulrich Dierse: »Hermann Lübbe«, in: Anton Hügli/Poul Lübcke (Hg.): *Philosophie im 20. Jahrhundert*, Bd. 1: *Phänomenologie, Hermeneutik, Existenzphilosophie und Kritische Theorie*, Reinbek bei Hamburg 1992, S. 256-262, hier S. 257-259.

Museum, das die intendierte Eindeutigkeit seiner Darstellung um den Preis der Ausblendung alternativer Perspektiven und Gegenstandskomplexe zu erringen sucht, gibt nämlich keine solche erschöpfende Antwort: Zwar wird hier in der Tat die absolut gesetzte Perspektive des in der Institution ›Museum‹ verkörperten Geistes eingenommen. Allerdings findet die intendierte Absolutheit dieser Perspektive bereits hier ihre Grenze in einem Bedeutungsüberschuss der musealisierten Objekte, der sich gegen ihre Vereindeutigung behauptet, und in der Partialität der individuellen Rezeption durch das bürgerliche Publikum. Identität ist daher auch in Bezug auf das klassische Museum nicht, wie die kritische Rede vom Museum als ›Identitätsfabrik‹ suggeriert, einfach uniformes Massenprodukt, sondern individuelle Leistung – mit keinesfalls sicher prognostizierbarem Ausgang.[38] Im Museum der Gegenwart bleibt die Funktion der Selbstvergewisserung nicht nur erhalten, sie wird vielmehr in bestimmtem Sinn sogar gesteigert. Denn die Selbstvergewisserung findet sich hier nicht mehr einfach auf den in der Institution verkörperten Geist verwiesen. Sie wird vielmehr dezidiert als aktiver und unabschließbarer Prozess thematisiert, der sich gegen die reduktionistischen Vereindeutigungstendenzen des klassischen Museums verwahrt. Allerdings hat der Kulturwissenschaftler und Museumstheoretiker Ivan Gaskell zu Recht betont, dass *kein* Museum das vollständig transparente Medium einer neutralen Präsentation von Gegenständen sein kann: Nicht nur das Zeigen, sondern auch das Verbergen ist Teil seiner Struktur.[39] Eine solche Perspektivität gilt nun aber nicht allein für das Museum. Denn unter den Bedingungen der Moderne gibt es schlechterdings keine allgemein verbindliche Weltdeutung, auf die das Bedürfnis nach Selbstvergewisserung sich beziehen könnte: Jede Aussage führt vielmehr das, was sie nicht aussagt, als ihre Kehrseite mit sich, jede Erkenntnis das, was sie nicht erkennt, jede Handlung das, was sie nicht tut. Die Lösung des Problems kann auch in Museumsangelegenheiten daher nicht darin bestehen, die Perspektivität aufzugeben, sondern vielmehr darin, sie als solche sichtbar zu machen und die Gründe für ihre Auswahl der jeweiligen Ordnungs- und Erzählstrukturen offenzulegen.

Das Museum ist die Institution, die auf das Bedürfnis des modernen Menschen nach Vergewisserung der geschichtlichen, rationalen und sinnlichen Dimensionen seiner Identität als Teil einer kulturellen Gemeinschaft in ganzheitlicher Weise antwortet. Es gibt dabei keine universelle Antwort auf die Frage, wer wir sind oder sein sollen: Diese Frage müssen wir uns selbst beantworten. Aber vom Museum können wir erwarten, dass es uns Motive und Schematisierungspläne an die Hand gibt, die wir dabei in Betracht ziehen

38 | R. Starn: »A Historian's Brief Guide to New Museum Studies«, S. 86; s.a. I. Gaskell: [Rezension zu] Douglas Crimp et al., S. 673.

39 | Vgl. ebd., S. 674.

können, indem hier alle zentralen Dimensionen, die in der Moderne Identität ausmachen, involviert sind. Dies leistet keine andere Institution. Darum muss es Museen geben. Und darum muss es eine Philosophie des Museums geben, die seine Funktion der Repräsentation von Identität in der ganzen Vielfalt ihrer Aspekte erörtert.

LITERATUR

Aagaard-Mogensen, Lars (Hg.): *The Idea of the Museum. Philosophical, Artistic and Political Questions,* Lewinston/Queenston/Lampeter 1988 (Problems in Contemporary Philosophy 6).

Adorno, Theodor W.: »Valéry Proust Museum« [1953], in: ders.: *Kulturkritik und Gesellschaft I: Prismen,* Frankfurt a.M. 1977 (*Gesammelte Schriften,* Bd. 10.1), S. 181-194.

Baur, Joachim: »Museumsanalyse. Zur Einführung«, in: ders. (Hg.): *Museumsanalyse. Methoden und Konturen eines neuen Forschungsfeldes,* Bielefeld 2010, S. 7-14.

Belting, Hans: *Das Ende der Kunstgeschichte. Eine Revision nach zehn Jahren,* München 1995.

Bubner, Rüdiger: »Ästhetische Erfahrung und die neue Rolle der Museen«, in: Joachim Küpper/Christoph Menke (Hg.): *Dimensionen ästhetischer Erfahrung,* Frankfurt a.M. 2003, S. 37-48.

Coelsch-Foisner, Sabine/Brown, Douglas (Hg.): *The Museal Turn,* Heidelberg 2012 (Wissenschaft und Kunst 22).

Crimp, Douglas: *On the Museum's Ruins,* Cambridge, Mass./London 1993.

—: »On the Museum's Ruins«, in: *October* 13 (1980), S. 41-57.

Deutscher Museumsbund/ICOM-Deutschland (Hg.): *Standards für Museen.* Kassel/Berlin 2006, www.museumsbund.de/wp-content/uploads/2017/03/standards-fuer-museen-2006-1.pdf (18.5.2017).

Dierse, Ulrich: »Hermann Lübbe«, in: Anton Hügli/Poul Lübcke (Hg.): *Philosophie im 20. Jahrhundert,* Bd. 1: *Phänomenologie, Hermeneutik, Existenzphilosophie und Kritische Theorie,* Reinbek bei Hamburg 1992, S. 256-262.

Edson, Gary (Hg.): *Museum Ethics. Theory and Practice,* New York 1997.

Foucault, Michel: »Andere Räume« [»Des espaces autres«, 1967], übers. von Walter Seitter, in: Karlheinz Barck/Peter Gente/Heidi Paris et al. (Hg.): *Aisthesis. Wahrnehmung heute oder Perspektiven einer anderen Ästhetik,* Leipzig 1991, S. 34-46.

Gaskell, Ivan: »Museums and Philosophy. Of Art, and Many Other Things«, 2 Teile, in: *Philosophy Compass* 7/2 (2012), S. 74-84 und S. 85-102.

—: [Rezension zu] Douglas Crimp: On the Museum's Ruins (1993), John Elsner/Roger Cardinal (Hg.): The Cultures of Collecting (1994), Daniel J. Sherman/Irit Rogoff (Hg.): Museum Culture (1994), in: *The Art Bulletin* 97/1 (1995), S. 673-675.

Genoways, Hugh H.: »Introduction«, in: ders. (Hg.): *Museum Philosophy for the Twenty-First Century*, Oxford 2006, S. VII-X.

Harrison, Victoria S./Bergqvist, Anna/Kemp, Gary (Hg.): *Philosophy and Museums. Essays on the Philosophy of Museums*, Cambridge 2016 (Royal Institute of Philosophy Supplement 79).

Hegel, Georg Wilhelm Friedrich: *Aesthetik nach Prof. Hegel im Winter Semester 1828/29* [Mitschrift Karol Libelt], unveröffentlichtes Manuskript, Krakau: Jagiellonische Bibliothek.

Hein, Hilde S.: *The Museum in Transition. A Philosophical Perspective*, Washington/London 2000.

Hooper-Greenhill, Eilean: *Museums and the Shaping of Knowledge*, London/New York 1992.

Hudson, Kenneth: »Attempts to Define ›Museum‹«, in: ders.: *Museums for the 1980s. A Survey of World Trends*, London 1977, S. 1-7.

Kemp, Wolfgang: »Kunst kommt ins Museum«, in: Werner Busch (Hg.): *Funkkolleg Kunst. Eine Geschichte der Kunst im Wandel ihrer Funktionen*, 2 Bde., München/Zürich 1987, Bd. 2, S. 205-229.

Korff, Gottfried/Roth, Martin (Hg.): *Das historische Museum. Labor, Schaubühne, Identitätsfabrik*, Frankfurt a.M. 1990.

Korff, Gottfried: »Paradigmenwechsel im Museum? Überlegungen aus Anlass des 20jährigen Bestehens des Werkbund-Archivs, vorgetragen am 27. Mai 1993 im Martin-Gropius-Bau«, www.museumderdinge.de/institution/texte-zum-museum/paradigmenwechsel-im-museum (18.5.2017).

Lord, Beth: »Foucault's Museum: Difference, Representation, and Genealogy«, in: *Museum and Society* 4/1 (2006), S. 1-14.

Lübbe, Hermann: »Das Avantgarde-Paradox: Die Vergangenheit rückt der Gegenwart näher«, in: ders.: *Im Zug der Zeit. Verkürzter Aufenthalt in der Gegenwart*, Berlin/Heidelberg/New York u.a. 1992, S. 91-106.

—: »Zur Identitätspräsentationsfunktion der Historie«, in: Odo Marquard/Karlheinz Stierle (Hg.): *Identität*, München 1979 (Poetik und Hermeneutik 8), S. 277-292.

Luke, Timothy W.: *Museum Politics. Power Plays at the Exhibition*, Minneapolis 2002.

Macdonald, Sharon: *The Politics of Display. Museums, Science, and Culture*, London/New York 1998.

Marstine, Janet (Hg.): *The Routledge Companion to Museum Ethics. Redefining Ethics for the Twenty-First Century Museum*, New York 2011.

Quatremère de Quincy, Antoine Chrysostôme: *Considérations morales sur la destination des ouvrages de l'art, ou De l'influence de leur emploi sur le génie et le goût de ceux qui les produisent et les jugent, et sur le sentiment de ceux qui en jouissent et en reçoivent les impressions,* Paris 1815.

Schmücker, Reinold: *Was ist Kunst? Eine Grundlegung,* Neuausgabe, Frankfurt a.M. 2014 (zuerst: München 1998).

Sherman, Daniel J./Rogoff, Irit (Hg.): *Museum Culture. Histories, Discourses, Spectacles,* Minneapolis 1994.

—: »Introduction: Frameworks for Critical Analysis«, in: dies. (Hg.): *Museum Culture,* S. IX-XX.

Sherman, Daniel J.: »Quatremère/Benjamin/Marx. Art Museums, Aura, and Commodity Fetishism«, in: ders./I. Rogoff (Hg.): *Museum Culture,* S. 123-143.

Starn, Randolph: »A Historian's Brief Guide to New Museum Studies«, in: *American Historical Review* 110/1 (2005), S. 68-98.

Vieregg, Hildegard Katharina: *Museumswissenschaften. Eine Einführung,* Paderborn 2006.

Wittgenstein, Ludwig: »Philosophische Untersuchungen« [1953], in: ders.: *Tractatus logico-philosophicus. Tagebücher 1914-1916. Philosophische Untersuchungen,* Frankfurt a.M. 1984 (*Werkausgabe in acht Bänden,* Bd. 1), S. 225-580.

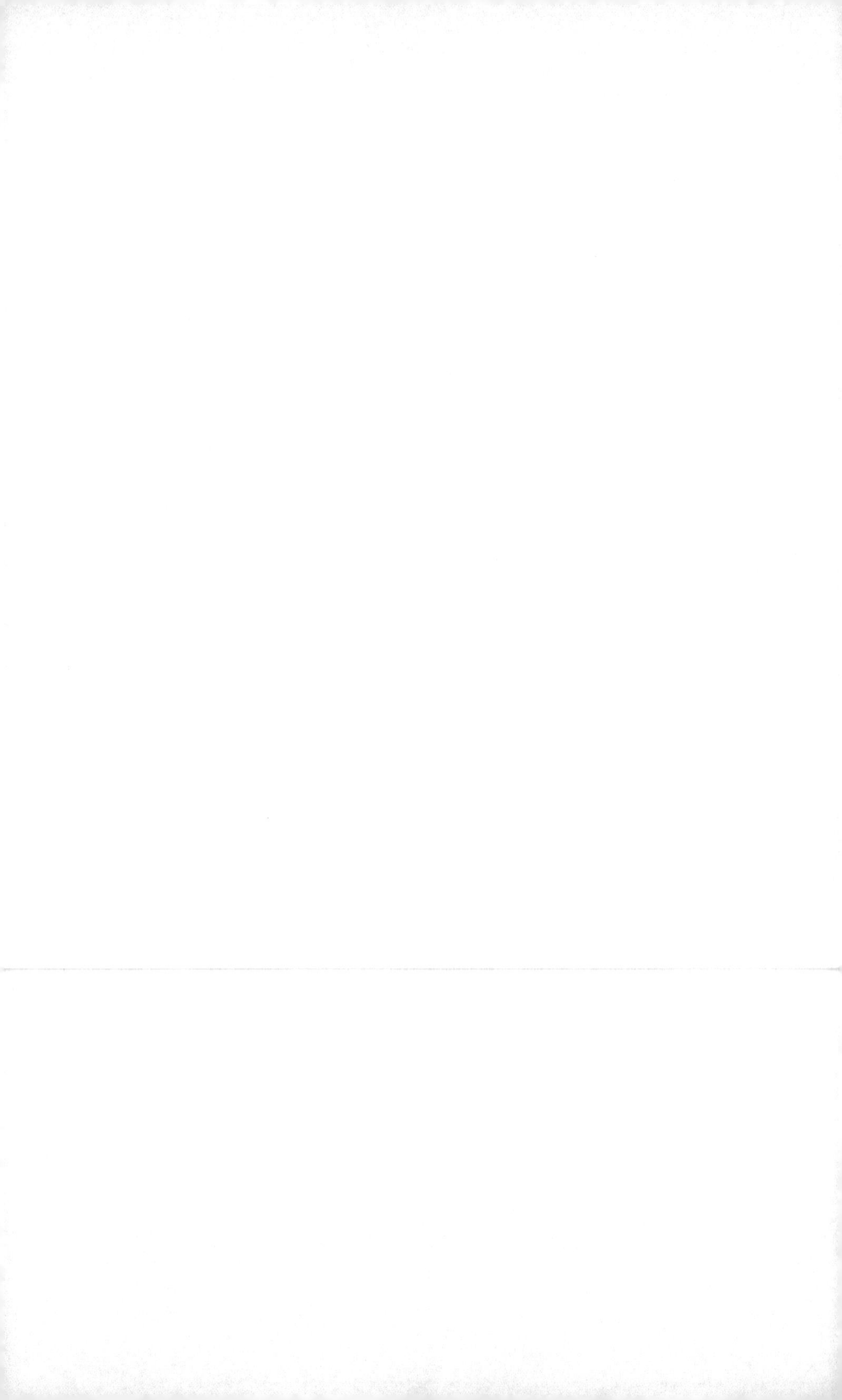

II. Sozialphilosophische und ethische Aspekte des Museums

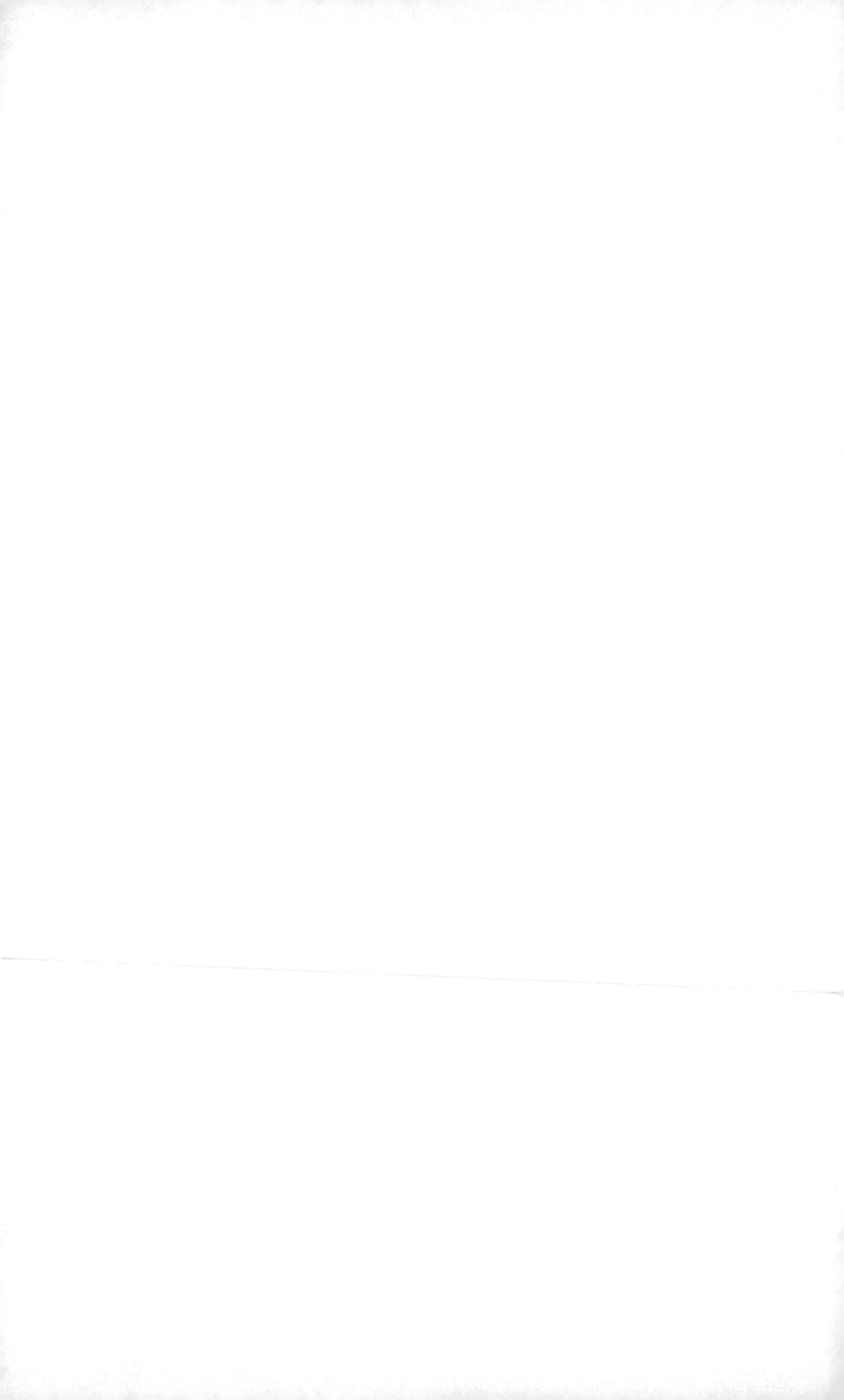

Museen, Archive, Denkmäler

Wieso Modernisierung Vergangenheitsvergegenwärtigung erzwingt

Hermann Lübbe

Die Dynamik der modernen Zivilisation manifestiert sich auch im Musealisierungsprozess. Zahlen, die in unserer Museumsstatistik wohldokumentiert sind, machen das anschaulich. Sachverständigen sind diese Zahlen selbstverständlich geläufig[1], und ich zitiere exemplarisch einige wenige Zahlen, denen man vielleicht noch nicht begegnet ist – zunächst China betreffend. Zu Maos Zeiten, 1976, wurden in diesem riesigen Land lediglich 250 Museen gezählt. Gewaltherrscher betätigen sich ja in modernen politischen Lebenswelten regelmäßig auch als Museumsstürmer, und das erklärt wohl die verblüffend geringe Zahl der Museen im China der großen Kulturrevolution. Heute favorisiert die Kommunistische Einheitspartei daselbst den Kapitalismus, und komplementär zu dessen Dynamik ist auch die Zahl der Museen nahezu um das Sechzehnfache angestiegen – inzwischen auf etwa 4.000.[2]

Ebenso unbekannt wie die Museumsstatistik Chinas dürften auch bei uns selbst Zahlen aus entlegener Provinz sein. In meinem Herkunftsland Ostfriesland wurde das erste Museum im Jahre 1851 gegründet. Inzwischen könnte ihre Anzahl weit über Einhundert betragen – vom bedeutenden Kunstmuseum zu Emden, das in seinem Kern aus der Sammlung des Expressionismusfreun-

1 | Zum Beispiel mit Rekurs auf das fortgeführte Handbuch *Museums of the World. A Directory of 1250 Museums in 150 Countries* – so schon nach dem statistischen Sachstand von 1975.

2 | Vgl. dazu den aktuellen Bericht von Jürgen Tietz: »Museumsboom in China. Orte kultureller Identität«, in: *Neue Zürcher Zeitung. Internationale Ausgabe*, 24.9.2016, S. 27, s.a. https://www.nzz.ch/feuilleton/kunst_architektur/museumsboom-in-china-orte-kultureller-identitaet-ld.118168 (27.6.2017).

des Henri Nannen hervorgegangen ist, bis zu einem Tee-Museum in Norden.[3] Im Vergleich mit China fällt uns spontan die bei uns inzwischen erreichte Museumsdichte auf, d.h. die Relation von Museums- und Einwohnerzahlen. Im einschlägigen Vergleich mit Ostfriesland hätte alsdann China noch einen Nachholbedarf um das Vieldutzendfache – vorausgesetzt, die herangezogenen Statistiken wären methodisch analog gefertigt. Der Tee als museumswürdiges Gut ist natürlich nicht zufällig erwähnt. Er steht in seiner Beliebigkeit für den Spartenreichtum des modernen Museumswesens, das vom Bergbau bis zu den obligaten Automobilen in allen Pkw-Produktionsstätten reicht, und von einem Knopf-Museum in Lüdenscheid bis zu wenigstens zwei Museen in Deutschland für Haarpflegemittel und generell für das Schönheitswesen.

Über Fertigkeiten und ihre Produkte hinaus sind heute ganze Lebensbereiche musealisiert – vom Sport über die Religion bis zum Tod[4], und mit der dramatischen Zunahme der Zahl souveräner Nationalstaaten[5], wie sie politisch für Modernisierungsprozesse charakteristisch ist, wächst zugleich die Zahl der klassischen historischen Museen, postkolonial in Afrika wie in Südostasien, post-sozialistisch vom Baltikum bis zum Kaukasus und in den Territorien der Ex-Tschechoslowakei oder des ehemals großjugoslawischen Staatskunstgebildes überdies.

Über den skizzierten Prozess, der die Musealisierbarkeit von Zivilisationsgütern universalisiert hat, ist die Herkunft des Begriffsnamens ›Museum‹ nahezu unhörbar geworden. Stattdessen hat sich das Museum generell in einen Spezialort der Veranschaulichung von Historisierungsprozessen verwandelt, die weit über das Museum hinaus analog gewichtige Vergangenheitsvergegenwärtigungspraktiken verlangen – das Archivwesen zum Beispiel. Archive – das waren einmal Stätten der Verwahrung rechtserheblicher Dokumente, die Ansprüche und Verpflichtungen, Rechte also, nachweisbar hielten. Inzwischen

3 | Vgl. dazu den Bericht »Museen, Sammlungen, historische Windmühlen«, in: *Ostfreesland. Kalender für Jedermann* 82 (1999), S. 68-72. Zur exemplarischen Nutzung musealisierten Kulturguts vgl. den Bericht »Museumspädagogik«, in: *Ostfriesische Landschaft. Jahresbericht 2007*, Aurich 2007, S. 71-73.

4 | Vgl. dazu das Kapitel »Die Gegenwart der Toten. Historisierte Friedhöfe und anonyme Bestattung«, in: Hermann Lübbe: *Im Zug der Zeit. Verkürzter Aufenthalt in der Gegenwart*, 3., um ein Nachwort erweiterte Auflage, Berlin/Heidelberg/New York 2003 ([1]1992), S. 37-54.

5 | Zum Prozess der Pluralisierung der Staatenwelt vgl. meinen Aufsatz »Die Europäische Union zwischen Globalisierung und Regionalisierung«, in: Bernhard Vogel/Dietmar Herz/Marianne Kneuer (Hg.): *Politik, Kommunikation, Kultur. Festschrift für Wolfgang Bergsdorf*, Paderborn/München/Wien u.a. 2007, S. 154-163, sowie die Abhandlung »Politische Organisation in Modernisierungsprozessen«, in: Hermann Lübbe: *Politik nach der Aufklärung*, München 2001, S. 75-99.

haben sich dic Archive nahezu exklusiv in Stätten der Sicherung von Schriftgut verwandelt, auf das wir unser historisches Wissen stützen müssen.[6]

Der Schauwert beschriebener Blätter ist im Vergleich mit typischen Museumsgütern natürlich geringer. Kostbare sogenannte Flachware liegt archivarisch museal in Vitrinen aus. Gelehrte sind mit Akten beschäftigt. Gemeines Publikum jedoch ermüdet in der Anschauung von beschriebenem Papier rasch, so dass man es zu ermuntern hat – mit der Präsentation weißer Kniehosenstrümpfe Schillers zum Beispiel komplementär zu seinen Briefen, wie sie in Marbach gezeigt werden. So oder so: Wie nie zuvor blüht das Archivwesen, und als Beleg für diese starke Behauptung eignet sich das Faktum, dass der Präsident Frankreichs, François Mitterand, die Gelegenheit des 11. Internationalen Archivarskongresses in Paris 1988 nutzte, als seinen eigenen Beitrag zur zusätzlichen architektonischen Erhebung der einzigartigen Stadt die großen neuen Archiv- und Bibliotheksbauten daselbst zu eröffnen.[7]

Auch auf den politischen Aspekt des Archivwesens sei noch aufmerksam gemacht. Die alte, traditionsreiche Literaturgattung der Utopie tritt ja seit der Mitte des jüngst vergangenen Jahrhunderts nahezu ausschließlich als Schreckensutopie auf. Das nahm bekanntlich seinen modernen Anfang 1948 mit Orwells berühmtem Roman *1984*, und nicht zufällig war der Held dieses Romans ausgerechnet ein Archivar – Angehöriger eines Berufsstandes also, der, beschäftigt mit verstaubten Akten, denkbar politikfern zu existieren scheint. Orwell belehrte uns stattdessen: Die Tyrannis des ›Großen Bruders‹ vollendet sich als Herrschaft über unsere Vergangenheit durch verfügte Umschrift der Aktenbasis des Wissens von ihr – bis hin zur Löschung der Akten unserer Existenz komplementär zu deren physischer Liquidation, so dass man auf ein versteckt gebliebenes Briefchen von uns als allfälligen Beleg unseres Gewesenseins hoffen müsste.[8]

Ungleich wuchtiger als das Archivwesen bringt sich optisch als weitere moderne Vergangenheitsvergegenwärtigungspraxis der Denkmalschutz zur Geltung. Schon der ebenso bedeutende wie berühmte Georg Dehio bekundete 1901 bei Gelegenheit der öffentlichen Erörterungen von Plänen der Restaura-

6 | Vgl. dazu exemplarisch den »Beiband 6« zu *Der Archivar. Mitteilungsblatt für das deutsche Archivwesen: Die Archive am Beginn des 3. Jahrtausends. Archivarbeit zwischen Rationalisierungsdruck und Serviceerwartung. Refcrate des 71. Deutschen Archivtages 2000 in Nürnberg*, Siegburg 2002.

7 | Vgl. den Zeitungsbericht von Emmanuel de Roux: »Le Onzième Congrès International des Archives. La mémoire du futur«, in: *Le Monde*, 26.8.1988, S. 1 und S. 17.

8 | Die politische Quintessenz der Archivarsrolle in Orwells Utopie *1984* findet sich im Kapitel »George Orwells Welt: Der Archivar als politisch beauftragter Vergangenheitsdisponent« in meinem Buch: *Zivilisationsdynamik. Ernüchterter Fortschritt politisch und kulturell*, Basel 2014, S. 299-301.

tion des Heidelberger Schlosses seine strikte Ablehnung der sich ausbreitenden Praxis, unsere Lebensambientes restaurativ neu alt zu machen.[9] Einzig als bescheidenere Konservierung historisch sprechender Relikte sei der Denkmalschutz akzeptabel. Es hat seine Evidenz: Diese gern als ›Kopernikanische Wende des Denkmalschutzes‹ apostrophierte Mahnung – ›Konservierung‹ statt ›Restauration‹ – blieb in wohlbestimmter Hinsicht gänzlich unerhört. Heute gibt es in unserem großräumig zerstört gewesenen Land ganze Städte, die, nutzungstechnisch modern rekonstruiert, architektonisch über einige wenige Replikatbauten hinaus vollständig neu entstandene Altstadtensembles mit der fassadengesicherten restaurativen Anmutungsqualität ihrer Vergangenheit bieten – Münster zum Beispiel oder auch der Dresdener Altmarkt, und die Massenzustimmung der Stadtbewohner wie der Touristen[10] schlägt alle eventuelle Bedenklichkeit nieder.

Mit der Erwähnung weiterer Groß-Exempel modernen Vergangenheitsvergegenwärtigungseifers ließe sich lange fortfahren – vom Dampflokzugverkehr auf musealisierten Eisenbahnstrecken über die Wertschätzung historischer Paradeuniformen in unseren zahlreichen ihrerseits restauriert fortdauernden Monarchien bis hin zu Versuchen mit naturhistorischem Neuwachstum von Mooren, deren Altreste erst siebzig Jahre zuvor in der Absicht ihrer energetischen Verwertung als Brenntorf maschinell abgegraben worden waren.

Was erklärt diese ausgeprägten Selbsthistorisierungsinteressen, die just in der modernen Zivilisation sich entfalten, der alten Welt jedoch unbekannt waren?[11] Das ist die Frage, ohne deren Beantwortung auch das moderne Museum sich nicht verstehen ließe. Die fällige Antwort lässt sich einem prominenten Irrtum in dieser Sache entnehmen. Der Autor dieses Irrtums ist immerhin Friedrich Nietzsche, und man verlangt nach einer Erklärung, wieso just unbeschadet des Irrtumscharakters seiner einschlägigen Meinung diese unverdrossen bis heute immer wieder einmal als eine Zustimmungsbedürftigkeit von Gewicht zitiert wird. Ich lasse hier diese Erklärung auf sich beruhen und zitiere den fraglichen Irrtum. Man findet ihn in Nietzsches unzeitgemäßer Betrachtung über *Nutzen und Nachteil der Historie für das Leben* aus den frühen

9 | Georg Dehio: »Was wird aus dem Heidelberger Schloss werden?« [1901], in: Norbert Huse (Hg.): *Denkmalpflege. Deutsche Texte aus drei Jahrhunderten*, München 1984, S. 108-113.

10 | Das wird seit langem in seinen erfreulichen und weniger erfreulichen Aspekten beschrieben – so im Band *Denkmalpflege und Tourismus. Interdiziplinäre Tagung in Davos: 16.-18. IX 1992/Beni culturali e turismo: Convegno interdisciplinare a Davos* der *Schriftenreihe der Arbeitsgemeinschaft Alpenländer* (n.F. 9), Bozen 1997.

11 | Eine ultrakurze Erklärung unseres modernisierungsbedingten kulturellen Historismus habe ich in dem kleinen Kapitel »Wieso uns interessiert, was sich einzig historisch erklären lässt« riskiert (in: H. Lübbe: *Zivilisationsdynamik*, S. 293-298).

70er Jahren des 19. Jahrhunderts. Nietzsche fand, wir litten alle »an einem verzehrenden historischen Fieber«, seien Opfer einer »durch Historie gestörte[n] Gesundheit«, schauten eben zurück, wo man sich doch stattdessen durch die Zukunft herausgefordert finden sollte, selber etwas zu sein, und das in der »Einheit« eines »künstlerischen Stiles« statt im »chaotischen Durcheinander aller Stile«, wie es Nietzsche in den Anfängen des architektonischen Historismus vor Augen stand.[12] – Würde Nietzsche heute leben, so müsste er sich wundern, welcher Grad der Vergangenheitsvergegenwärtigungslust mit gleichzeitig ungebrochen sich sogar steigernder Zivilisationsdynamik verbindbar ist. Kurz: Nietzsche sah nicht, dass die wachsende Präsenz der Vergangenheit nichts anderes als die Rückseite ungebrochener Innovationsdynamik darstellt.

Richtig sah Nietzsche also, dass Stildominanz, die er als Indikator lebenskräftiger Kulturen missverstand, modernisierungsabhängig schwindet. Unleugbar ist leider, dass in modernen Kulturen verbindliche Stile in den Künsten von Machthabern sich politisch durchsetzen wollten.[13] Aber soweit das im 20. Jahrhundert tatsächlich geschah, hatte man es doch mit Indikatoren unwidersprechlich gewordener totalitärer Herrschaft zu tun – schon im Internationalsozialismus, dann im Faschismus und im Nationalsozialismus überdies. Allein das schon macht Nietzsches Definition von »Cultur« als »Einheit des künstlerischen Stiles in allen Lebensäusserungen«[14] prekär, und der Sache nach repräsentiert diese Definition Mangel an Einsicht in die Zwangsläufigkeit, mit der sich steigernde Innovationstempi Unterschiede des Gebrauchs oder auch Nichtgebrauchs dieser Innovationen freisetzen – in freien Gesellschaften nämlich, wo der Gebrauch der Freiheit, die durch gewährleistete gleiche Rechte gesichert ist, in allen Lebensbereichen wie nie zuvor Ungleichheit durch unterschiedliche Nutzung dieser Freiheit hervorbringt.

Man kann dieselbe Argumentation, die gegen Nietzsches Kulturbegriff aufzubieten ist, auch gegen Karl Marx wenden. Marx hatte ja angenommen, dass die ›Kultur‹, als ›Überbau‹ der materiellen Produktionsverhältnisse, sich in eins und im Ganzen mit der ›materiellen Basis‹ umwälzt. Was stattdessen

12 | Friedrich Nietzsche: »Unzeitgemäße Betrachtungen II: Vom Nutzen und Nachteil der Historie für das Leben« [1873/74], in: ders.: *Die Geburt der Tragödie, Unzeitgemäße Betrachtungen I-III (1872-1874)*, Berlin/New York 1972 (*Nietzsche Werke. Kritische Gesamtausgabe*, hg. von Giorgio Colli/Mazzino Montinari, 3. Abt., Bd. 1), S. 239-330, hier S. 242, S. 271 und S. 159.

13 | Vgl. dazu das Kapitel »Architektur und Ideologie« bei Vittorio Magnano Lampugnani: *Architektur als Kultur. Die Idee und Form. Aufsätze 1970-1985*, Köln 1986, S. 214-260.

14 | F. Nietzsche: »Unzeitgemäße Betrachtungen II: Vom Nutzen und Nachteil der Historie für das Leben«, S. 270.

tatsächlich stattfand und fortdauernd stattfindet, ist Ausdifferenzierung der Entwicklungstempi aller Sektoren im Kontext moderner Zivilisationsdynamik.

Diese Dynamik ist ja messbar und tatsächlich auch längst vermessen. Jede beliebige Technikgeschichte rückt uns mit ihren Erfindungschronologien den Vorgang der temporalen Innovationsverdichtung vor Augen, und das verändert die Temporalstruktur unserer Zivilisation. Ich erläutere das mit drei Hinweisen. Erstens rückt mit der wachsenden Menge des Neuen die Vergangenheit, die dieses Neue noch gar nicht kannte, als Vergangenheit der Gegenwart näher.[15] Genau komplementär dazu wird zugleich der temporale Abstand der Gegenwart von derjenigen Zukunft geringer, für die wir in wichtigen Hinsichten mit anderen Arbeits- und Lebensverhältnissen rechnen müssen, und in einer sogenannten wissenschaftlichen Zivilisation stößt deren Zukunftsvoraussicht sogar auf Grenzen prinzipieller Art. Das ist eine anspruchsvolle Behauptung, deren Grund zuerst der Wiener Philosoph Karl Popper, Freund Ernst Gombrichs, benannt hat. Manches lässt sich auch in einer dynamischen Zivilisation tatsächlich über die Zukunft sagen – jedoch trivialerweise nicht, was wir künftig wissen werden und somit auch nicht, was künftig in Nutzung dieses Wissens uns zugutekommen oder auch schaden wird. Eben das bedeutet in der Zusammenfassung: Die Dauer der Fristen, für die wir mit einiger Konstanz unserer zivilisatorischen Lebensvoraussetzungen und Lebensformen rechnen können, verringert sich. Die Gegenwart schrumpft. So viel zur Erläuterung des ungewohnten Begriffsnamens »Gegenwartsschrumpfung«[16].

Vielleicht wird man erwidern, für die Technik, auch für die Wissenschaften und für die von ihnen geprägten Arbeits- und Lebenswelten möge das gelten, aber doch nicht für die Kunst. Die professionalisierte Kunsthistoriographie belehrt uns eines Anderen. Mir ging das auf, als bei Gelegenheit einer Konferenz der Arbeitsgruppe ›Poetik und Hermeneutik‹[17] in Bad Homburg vor der Höhe der Konstanzer Romanist Hans Robert Jauß ein Arbeitspapier seiner Schüler mit den Ergebnissen der Vermessung kunsthistorischer Epochenbegriffe zugänglich machte. Diesem Papier war zu entnehmen, dass in einem einzigen Jahrzehnt des jüngst vergangenen Jahrhunderts, nämlich zwischen 1960 und 1970, die Anzahl benötigter und üblicher Begriffe zur Beschreibung und Epochalisierung künstlerischer Innovationen bereits um das Zehnfache

15 | Zur differenzierten Analyse einschlägiger Zeit-Erfahrungen vgl. das Kapitel »Das Avantgarde-Paradox: Die Vergangenheit rückt der Gegenwart näher«, in: H. Lübbe: *Im Zug der Zeit*, S. 91-106.

16 | Ausführlicher ebd., S. 399-404: »Gegenwartsschrumpfung. Ein neuer Begriff weckt Interesse«.

17 | Zur Tätigkeit dieser inzwischen ihrerseits historisierten Gruppe vgl. Petra Boden/ Rüdiger Zill (Hg.): *Poetik und Hermeneutik im Rückblick. Interviews mit Beteiligten*, Paderborn 2017.

größer gewesen sei als in dem Halbjahrhundert zwischen 1850 und 1900 – damals vom Realismus bis zum Impressionismus, ein halbes Jahrhundert später dann vom Magischen Realismus bis zum Environment.

In der Zusammenfassung bedeutet das: Auffällig gewordene Innovationsdynamik provoziert, ja erzwingt Historisierungsprozesse und plausibilisiert somit, wieso just in Fortschrittswelten zugleich deren Musealisierungsgrad ansteigt.

Abermals lässt sich das am Exempel eines prominenten Irrtums anschaulich und unwidersprechlich machen – in diesem Falle mit dem Kulturprogramm eines herausragenden Avantgardisten, mit Marinettis futuristischem Manifest von 1909 nämlich. »Wir leben bereits im Absoluten«, schrieb Marinetti bekanntlich, weil wir »die ewige, allgegenwärtige Geschwindigkeit geschaffen« hätten. Entsprechend rief er dazu auf, Italien endlich von seinen zahllosen Museen zu befreien, die es bedeckten wie zahllose Friedhöfe. Ein Rennwagen, fand er schließlich, sei »schöner als die Nike von Samothrake«.[18]

Ein Rennwagen des Jahres 1909 – das wäre heute in der Tat ein unbezahlbares Rarissimum in jedem Automobilmuseum. Bei der *Nike von Samothrake* hingegen, die bekanntlich dem zweiten vorchristlichen Jahrhundert entstammt, ist zeittheoretisch ein ganz anderer Bestand auffällig – ihre Alterungsresistenz nämlich. Im Unterschied zum Rennwagen von 1909 ist sie seither zusätzlich kaum gealtert, und wir gewinnen damit zugleich Einsicht in die Temporalitätsstruktur kultureller Bestände, die wir in der jüngeren Bedeutung des Wortes der sogenannten ›Klassik‹ zuschreiben – größere Geltungsdauer eben.[19] Die Avantgarde dementiert dabei die Klassik keineswegs. Sie macht lediglich die Erwartung und Hoffnung, mit dem jeweils neuesten Avantgardismus eine Innovation von Dauergeltung zustande gebracht zu haben, in eins intensiver und riskanter.

Unerfüllbar ist dabei diese Hoffnung keineswegs. Eben deswegen konnte im New York der frühen 30er Jahre des jüngst vergangenen Jahrhunderts ein ›Museum of Modern Art‹ gegründet werden – eine Einrichtung künstlerischer Vergangenheitsvergegenwärtigung also unter einem Namen, der noch dem 18. Jahrhundert gänzlich unverfügbar gewesen wäre. Noch 1925 fand Hans Tietze, der Lehrer Gombrichs, die ihm auffällig gewordene Kennzeichnung »Museumskunst« sei ein »Oxymoron«.[20] Aber zugleich beschrieb er plastisch die Beschleunigungswirkungen des Avantgardismus. Die Werke moderner

18 | Neudruck bei Walter Hess: *Dokumente zum Verständnis der modernen Malerei*, durchgesehene Neuausgabe, Reinbek bei Hamburg 1986 ([1]1956), S. 71f.

19 | Zum Begriff der Klassik vgl. den Band *Über das Klassische*, hg. von Rudolf Bockholdt, Frankfurt a.M. 1987.

20 | Hans Tietze: *Lebendige Kunstwissenschaft. Zur Krise der Kunst und der Kunstgeschichte*, Wien 1925, S. 60.

Künstler veralteten, fand er, ehe ihre Farbe trockne, und sie gelangten im Glücksfall unmittelbar von der Staffelei ins Museum. Eben darüber wird das Museum seinerseits zum Ort der Erprobung der Dauerhaftigkeit seiner Schätze. Zwangsläufig muss darüber der Anteil, der dieser Probe nicht Stand hält, seinerseits wachsen. Die Veralterungsdynamik, die die Gegenwart der Avantgarde prägt, erhöht in den Museen für moderne Kunst entsprechend den Magazinierungsbedarf.

So oder so: Die Kunst unterliegt in unserer dynamisierten Zivilisation wie alle anderen Bereiche menschlicher Lebenskultur dem Historisierungszwang, und die Naivität könnte fragen, wieso man eigentlich definitiv veraltetes Kulturgut nicht wegwirft, sobald es die Anmutung seines Vergangenseins angenommen hat. Diese Frage hat es in sich und verlangt nichts Geringeres als eine plausible Antithese zur zitierten These Nietzsches vom Historismus als einem Indikator des Vitalitätsverfalls moderner Kultur. Im Versuch einer Beantwortung dieser Frage halte ich mich hier, statt an analytische Kompetenz und Gelehrsamkeit, an große Worte eines Publikumsphilosophen – in diesem Falle an ein Diktum von Jean-Paul Sartre. »Je suis mon passé« – so fasste der ja auch phänomenologisch geschulte Sartre die Antwort auf die gestellte Frage zusammen, nämlich in seinem philosophischen Hauptwerk *L'être et le néant.*[21] Unsere Herkunftsprägung entscheidet über unsere Potentiale der Wahrnehmung und produktiven Reaktion auf die Herausforderungen der Zukunft. Das verlangt Vergangenheitsvergegenwärtigung, die ihrerseits in Lagen aufdringlich gewordener Innovationsdynamik anspruchsvoller wird.

Im Versuch einer zusammenfassenden Wiederholung bedeutet das: Die Selbsthistorisierungstendenzen der modernen Zivilisation einschließlich des wie nie zuvor expandierten Museumswesens sind nicht ein Luxus kraft Zukunftsscheu, vielmehr das Medium der Selbstvergewisserung, deren Nötigkeit mit der gegenwartsschrumpfungsabhängig wachsenden Nähe einer zugleich fortschreitend prognostizierungsunfähigen Zukunft zunimmt. Dabei wächst zugleich der Pluralismus der den Handlungsobjekten individuell wie kollektiv abverlangten Antworten auf die Frage ›Was tun?‹, die Lenin noch politisch verbindlich geben zu können glaubte. Die Chancen der Ausrufung einer Neuen Zeit, die uns zum Gleichschritt verpflichtet, werden aber fortschrittsabhängig geringer, und das gilt selbstverständlich auch für künstlerische Avantgardismen. Jürgen Habermas irrte sich entsprechend in seinem vielzitierten Architekturaufsatz, in welchem er 1985 den Bauhausstil zum ›einzig verbindlichen‹, auch den Alltag prägenden Stil seit den Tagen des Klassizismus erklärte – gelegen auf der »Traditionslinie des okzidentalen Rationalismus«.[22] Längst hat ja

21 | Paris 1943, S. 159.

22 | Jürgen Habermas: »Moderne und postmoderne Architektur«, in: ders.: *Die neue Unübersichtlichkeit*, Frankfurt a.M. 1985, S. 11-29, hier S. 15.

die sogenannte Postmoderne auch das Bauhaus überholt, und das von Richard Meier in Old Westbury 1971 errichtete Haus im Stil der Weißen Moderne erfüllt keineswegs deren ›verbindlich‹ gewordenen Geltungsansprüche. Es verhält sich vielmehr zum Bauhaus historistisch – wie in Wien die neogotische Votivkirche zur originären Gotik der Stephanskathedrale. Heinrich Klotz hat das gesehen und einleuchtend beschrieben.[23]

Dazu passt, dass ja nicht zuletzt und gerade die moderne Museumsarchitektur sich keinerlei verbindlichen Stilrichtung unterworfen weiß – von James Stirling über Frank Gehry bis zu Herzog und de Meuron.

Gelegenheit zu einer zusammenfassenden Vergegenwärtigung moderner musealer Selbsthistorisierung der Kunst aus der Frühzeit dieses Vorgangs bietet die Beschäftigung mit der Geschichte des später sogenannten ›Alten Museums‹ am Nordrand des Berliner Lustgartens, das Schinkel erbaute. Wilhelm von Humboldt war 1829 und 1830 für fünfzehn Monate als Vorsitzender der Einrichtungskommission dieses Museums tätig.[24] Gegen vielerlei Widerstände verfügte Humboldt, unterstützt vom trefflichen Gustav Friedrich Waagen, ebenso überraschend wie modernisierungskonsequent, dass die Aufstellung der hier zu versammelnden und der Öffentlichkeit zugänglich zu machenden königlichen Kunstschätze, statt nach Rangklassen dargestellter Götter, Heroen oder auch Kaiser, in historischer Reihung erfolgen solle. Exklusiv wurde zugleich die Eigenschaft ihrer Musealisierbarkeit originalen Kunstwerken zugesprochen und nicht mehr, wie zuvor üblich, dem Gips, der an anderer Stelle selbstverständlich Kunstschülern verfügbar gemacht werden musste. Das Museum war damit als öffentliche Stätte der Zuwendung des Publikums zum klassischen älteren wie jüngeren Schönen erhoben – analog zu seiner Zuwendung zum Guten im querab benachbarten Dom und der Zuwendung zum Wahren ein paar Schritte weiter in der neuen Universität, die postmonarchisch zur Humboldt-Universität wurde – in gleichgewichtiger, sich in zwei bedeutenden Denkmälern manifestierenden Ehrung des Naturhistorikers Alexander wie des Kulturhistorikers Wilhelm am Portal.

Wahr ist, dass Wilhelm von Humboldt die Musealisierungstauglichkeit der Kunstwerke klassizistisch begrenzt hielt, und Canova war der Jüngste unter den Modernen, die ihm berücksichtigungsfähig schienen. Aber eine humboldtsche Missachtung der postklassizistischen Avantgarde war das keineswegs. Der Förderung dieser Avantgarde widmete Humboldt sich an anderer

23 | Heinrich Klotz: *Moderne und Postmoderne. Architektur der Gegenwart 1960-1980*, Braunschweig/Wiesbaden [3]1987 ([1]1984), S. 318.

24 | Vgl. dazu meine Abhandlung »Veröffentlichung und Historisierung der Kunst. Wilhelm von Humboldt als Museumseinrichter«, zuletzt in: Hermann Lübbe: *Philosophie in Geschichten. Über intellektuelle Affirmationen und Negation in Deutschland*, München 2006, S. 11-30.

Stelle gleichfalls – nämlich als Vorsitzender des Vereins der Kunstfreunde, der Aufträge an freie Künstler vergab, alsbald aber auch Ankäufe frei geschaffener Werke tätigte, was den Kunstmarkt öffnete und belebte, auf dem die Käufer, die Bürger also, ihr Kunsturteil zu sprechen hatten und über spätere Museumsfähigkeit neuer Kunst faktisch mitzuentscheiden. – Die Beiträge, die für die Finanzierung dieser Kunstpolitik den Mitgliedern des Vereins der Freunde abverlangt wurden, waren sehr beträchtlich. Sie lagen in der erstaunlichen Höhe von etwa einem Prozent des Jahresgehalts der Bekannteren unter den Universitätsprofessoren der ja zuvor schon in Berlin gemäß humboldtschen Plänen neu errichteten Friedrich-Wilhelms-Universität zu Berlin.

Literatur

Bockholdt, Rudolf (Hg.): *Über das Klassische,* Frankfurt a.M. 1987.

Boden, Petra/Zill, Rüdiger (Hg.): *Poetik und Hermeneutik im Rückblick. Interviews mit Beteiligten,* Paderborn 2017.

de Roux, Emmanuel: »Le Onzième Congrès International des Archives. La mémoire du futur«, in: *Le Monde,* 26.8.1988, S. 1 und S. 17.

Dehio, Georg: »Was wird aus dem Heidelberger Schloss werden?« [1901], in: Norbert Huse (Hg.): *Denkmalpflege. Deutsche Texte aus drei Jahrhunderten,* München 1984, S. 108-113.

Denkmalpflege und Tourismus. Interdiziplinäre Tagung in Davos: 16.-18. IX 1992/ Beni culturali e turismo: Convegno interdisciplinare a Davos, Bozen 1997 (Schriftenreihe der Arbeitsgemeinschaft Alpenländer, n.F. 9).

Die Archive am Beginn des 3. Jahrtausends. Archivarbeit zwischen Rationalisierungsdruck und Serviceerwartungen, Referate des 71. Deutschen Archivtags 2000 in Nürnberg. Siegburg 2002 (*Der Archivar. Mitteilungsblatt für das deutsche Archivwesen,* Beiband 6).

Habermas, Jürgen: »Moderne und postmoderne Architektur«, in: ders.: *Die neue Unübersichtlichkeit,* Frankfurt a.M. 1985, S. 11-29.

Klotz, Heinrich: *Moderne und Postmoderne. Architektur der Gegenwart 1960-1980,* Braunschweig/Wiesbaden [3]1987 ([1]1984).

Lampugnani, Vittorio Magnano: »Architektur und Ideologie«, in: ders.: *Architektur als Kultur. Die Idee und Form. Aufsätze 1970-1985,* Köln 1986, S. 214-260.

Lübbe, Hermann: *Im Zug der Zeit. Verkürzter Aufenthalt in der Gegenwart,* 3., um ein Nachwort erweiterte Auflage, Berlin/Heidelberg/New York 2003 ([1]1992).

—: *Zivilisationsdynamik. Ernüchterter Fortschritt politisch und kulturell,* Basel 2014.

—: »Das Avantgarde-Paradox: Die Vergangenheit rückt der Gegenwart näher«, in: ders.: *Im Zug der Zeit*, S. 91-106.

—: »Die Europäische Union zwischen Globalisierung und Regionalisierung«, in: Bernhard Vogel/Dietmar Herz/Marianne Kneuer (Hg.): *Politik, Kommunikation, Kultur. Festschrift für Wolfgang Bergsdorf*, Paderborn/München/Wien u.a. 2007, S. 154-163.

—: »Die Gegenwart der Toten. Historisierte Friedhöfe und anonyme Bestattung«, in: ders.: *Im Zug der Zeit*, S. 37-54.

—: »Gegenwartsschrumpfung. Ein neuer Begriff weckt Interesse«, in: ders.: *Im Zug der Zeit*, S. 399-404.

—: »George Orwells Welt: Der Archivar als politisch beauftragter Vergangenheitsdisponent«, in: ders.: *Zivilisationsdynamik*, S. 299-301.

—: »Politische Organisation in Modernisierungsprozessen«, in: ders.: *Politik nach der Aufklärung*, München 2001, S. 75-99.

—: »Veröffentlichung und Historisierung der Kunst. Wilhelm von Humboldt als Museumseinrichter«, in: ders.: *Philosophie in Geschichten. Über intellektuelle Affirmationen und Negation in Deutschland*, München 2006, S. 11-30.

—: »Wieso uns interessiert, was sich einzig historisch erklären lässt«, in: ders.: *Zivilisationsdynamik*, S. 293-298.

Marinetti, Filippo Tommaso: »Erstes Manifest des Futurismus« [»Manifeste du Futurisme«, 1909], in: Walter Hess: *Dokumente zum Verständnis der modernen Malerei*, durchgesehene Neuausgabe, Reinbek bei Hamburg 1986 ([1]1956), S. 71f.

»Museen, Sammlungen, historische Windmühlen«, in: *Ostfreesland. Kalender für Jedermann* 82 (1999), S. 68-72.

»Museumspädagogik«, in: *Ostfriesische Landschaft. Jahresbericht 2007*, Aurich 2007, S. 71-73.

Nietzsche, Friedrich: »Unzeitgemäße Betrachtungen II: Vom Nutzen und Nachteil der Historie für das Leben« [1873/74], in: ders: *Die Geburt der Tragödie, Unzeitgemäße Betrachtungen I-III (1872-1874)*, Berlin/New York 1972 (*Nietzsche Werke. Kritische Gesamtausgabe*, hg. von Giorgio Colli/Mazzino Montinari, 3. Abt., Bd. 1), S. 239-330.

Sartre, Jean-Paul: *L'être et le néant*, Paris 1943.

Tietz, Jürgen: »Museumsboom in China. Orte kultureller Identität«, in: *Neue Zürcher Zeitung. Internationale Ausgabe*, 24.9.2016, S. 27, s.a. https://www.nzz.ch/feuilleton/kunst_architektur/museumsboom-in-china-orte-kultureller-identitaet-ld.118168 (27.6.2017).

Tietze, Hans: *Lebendige Kunstwissenschaft. Zur Krise der Kunst und der Kunstgeschichte*, Wien 1925.

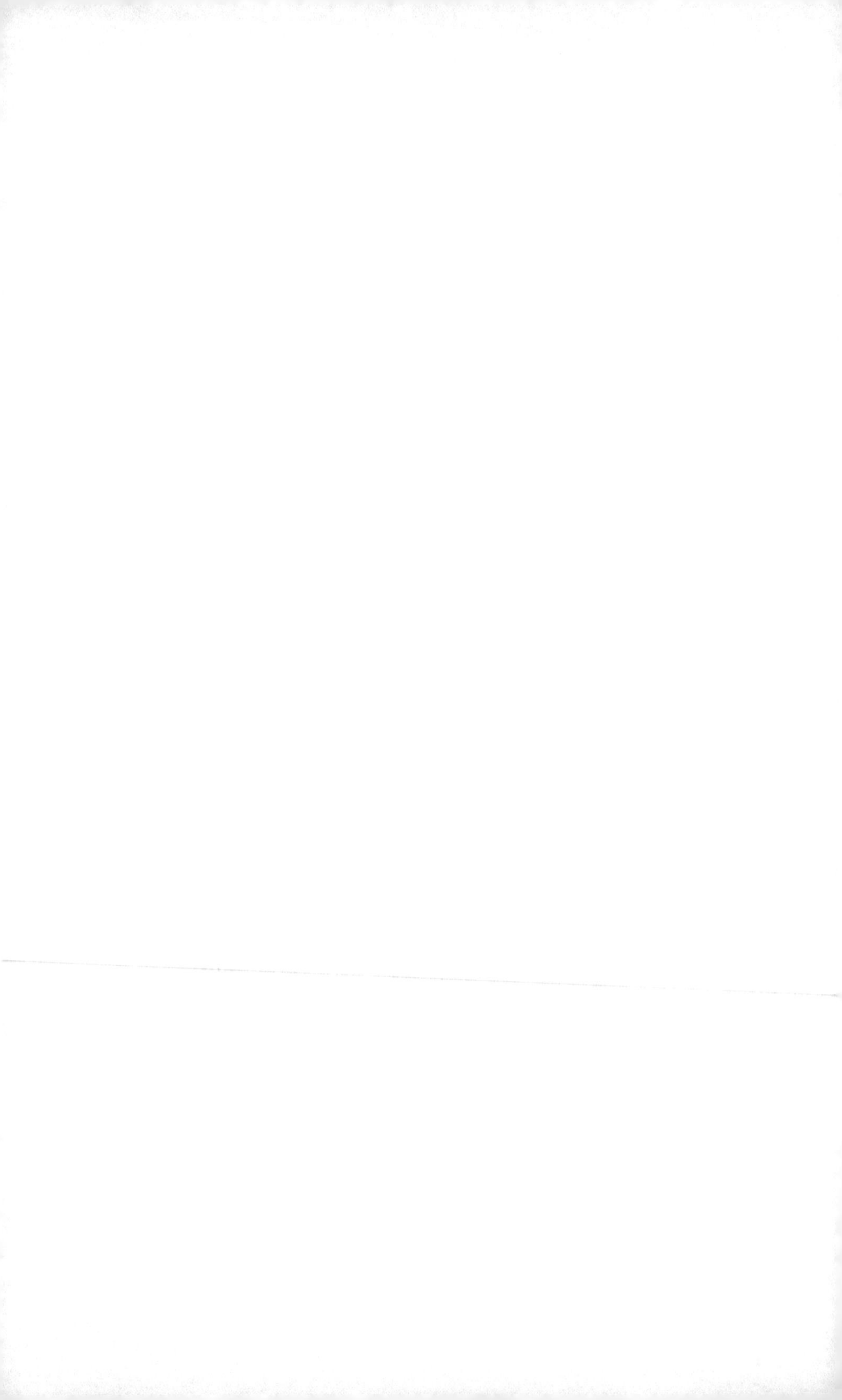

Verwandeln und vermitteln

Sozialpolitik im Museum

Wolfgang Ullrich

1. Entfremdungserfahrungen im Museum (Teil 1)

So selbstverständlich das Museum als Ort der Bewahrung gilt, so gute Gründe gibt es auch, in ihm einen Ort der Veränderung und Verwandlung zu sehen. Das war zwar lange Zeit nicht die Absicht, schon gar nicht sein Programm, war ihm jedoch von Beginn an so stark eingeschrieben, dass sich davon sprechen ließe, es sei erst allmählich zu sich selbst gekommen – in dem Maße, in dem das Verwandeln und Vermitteln immer mehr zu seiner offiziellen Agenda geworden ist. Es dauerte somit rund zwei Jahrhunderte, bis das Museum die ihm eigene Logik akzeptiert hat.

Wie lange und heftig das Museum – insbesondere das Kunstmuseum – Startschwierigkeiten hatte, lässt sich an einem Topos erkennen, der schon im 19. Jahrhundert entstand und in dem sich bis weit in das 20. Jahrhundert hinein ein weit verbreitetes Unbehagen und Misstrauen dieser Institution gegenüber artikulierte. Es ist dies der Topos vom Museum als Friedhof oder Mausoleum: als einem Ort, an dem die Werke zu Toten oder Untoten, entwurzelt und ihres Wesens beraubt, würden. Am berühmtesten ist das futuristische Manifest von 1909, in dem das Museum mit Leichengift und Fäulnis assoziiert wird. Ähnlich bekannt ist Martin Heideggers Verdikt aus dem Jahr 1936, im Museum seien die Werke »aus ihrem eigenen Wesensraum herausgerissen«, sie begegneten daher nur noch als »die Gewesenen«.[1]

Schon mehrere Generationen zuvor – 1874 – hatte der Kulturwissenschaftler Karl Hillebrand den Museen den Vorwurf gemacht, die Exponate würden in ihnen »um ihre Jugendfrische gebracht«. Er spricht auch ausführlich davon, dass es zu dieser Empfindung nur kommen konnte, weil viele Werke in Mu-

---

1 | Martin Heidegger: »Der Ursprung des Kunstwerkes« [1935/36], in: ders.: *Holzwege* [1950], hg. von Friedrich-Wilhelm von Herrmann, Frankfurt a.M. 1977 (*Gesamtausgabe*, Bd. 5), S. 1-74, hier S. 26f.

seen einer Verwandlung unterliegen: »Ein Künstler, der diesen Namen verdient, malt ein Bild für eine gewisse Umgebung, eine gegebene Beleuchtung und Architektur, zu einem bestimmten Zwecke, oder doch wenigstens in Voraussetzung gewisser Stimmungen. Er malt anders für den vergoldeten Speisesaal eines Fürsten als für das schmucklose Refectorium eines Klosters [...] – kurz, er denkt sich seine Werke in den Rahmen einer gewissen Oertlichkeit, wobei er den Charakter derselben ebensosehr im Auge hat, als deren äußere zufällige Form und Beleuchtung.«[2]

Es sei also »Vandalismus«, die Werke aus ihren Zusammenhängen herauszureißen und in ein Museum zu transferieren: »wer Correggio, Giulio Romano, Perugino, Sodoma ganz verstehen will, soll sie in Parma, Mantua, Perugia und Siena sehen; ihre armen Bilder scheinen ja zu frieren im nordischen Tage einer Londoner oder Berliner Galerie. Das haben die Größten unter den Großen auch wohl geahnt: die gaben sich ganz nur in der Freske, die man ihnen nicht so ohneweiteres demenagiren konnte.«[3]

Das Museum wird hier als Entfremdungsanstalt wahrgenommen; in ihm – so der kulturpessimistische Vorwurf – stranden Werke, die ursprünglich jeweils zu bestimmten Zwecken und mit spezifischen Interessen angefertigt wurden. In vielen Fällen waren es Auftragsarbeiten, die ihrer Bestimmung beraubt werden, wenn sie im Museum auf einmal als reine Kunst betrachtet werden sollen. In ihm repräsentieren sie nicht mehr den Überlegenheitsanspruch eines Fürsten, sind nicht mehr dazu da, dass man besser in eine religiöse Gebetsstimmung gelangt, fungieren nicht mehr als Instrumente im Zuge familiärer Identitätspolitik, sind nicht länger Medium der Diplomatie, haben keine Bedeutung mehr als Staatsgeschenke, Erbmasse oder Geldanlage. Das Museum reduziert sie vielmehr darauf, eine Idee von Kunstgeschichte zu illustrieren und als Exempel von Kunst das zu leisten, was man von dieser erwartet: Erbauung, Läuterung, Welterkenntnis, Sinnstiftung.

Solche kunstreligiösen Erwartungen sind kaum älter als das Museum; sie brachten es vielleicht sogar erst auf den Weg. So liegt ihm die Idee zugrunde, dass Kunst über eine Heilssubstanz verfügt und daher zu wichtig sei, um nur einer kleinen Elite exklusiv zur Verfügung zu stehen. Vielmehr wurde die Kunst als öffentliches Gut propagiert und das Museum zu dem Ort überhöht, an dem jeder Besucher, der »lange Treue und Liebe« unter Beweis stelle, in einem Kunstwerk »eine Geliebte und einen Freund, ein Vaterland und einen Gott« finden könne. So formuliert es Novalis, erklärt das Museum zwar zugleich zu einer »Schlafkammer«, die für ihn jedoch gerade nichts Friedhöfliches an sich hat, sondern in der sich die Werke, im Gegenteil, in einem

---

2 | Karl Hillebrand: *Zwölf Briefe eines ästhetischen Ketzer's*, Berlin ^{2}1874 (^{1}1873), S. 8, S. 28.

3 | Ebd., S. 28f.

»weissagenden, vielbedeutenden Schlummer« befinden, bis sie einst, infolge unbedingter Verehrung, »mit der Glorie einer höhern Morgenröte erwachen« und Stifter »der zukünftigen Welt« sein werden.[4]

So wenig die Protagonisten der Kunstreligion sich also um die Herkunft und ursprüngliche Zweckbestimmung von Kunstwerken scherten, so sehr bedeutete deren Musealisierung eine tiefgreifende Umfunktionalisierung. Oft überstanden die Werke den Transfer nicht unbeschadet, sondern wirkten auf einmal ungelenk oder belanglos. Sie büßten dann ihre bisherige Geltung ein, taugten aber auch nicht für starke Kunsterfahrungen. Daher kam es zu dem Eindruck, das Museum sei ein Ort weniger der Bewahrung als der Deformation, in ihm schlummerten die Werke nicht einer besseren Zukunft entgegen, sondern seien abgestorbene Relikte einer untergegangenen, gar zerstörten Vergangenheit.

Genauso konnte es befremden, wenn heilsbedürftige Rezipienten in ihrem Wunsch, Werke im Museum als große Kunst zu erleben, ganz vergaßen, zu welchen Zwecken und unter welchen Umständen sie ursprünglich geschaffen worden waren. Die Schriftstellerin Fanny Lewald berichtet 1847 eindrucksvoll, sie sei »manchmal ganz verstimmt geworden«, wenn sie, wie in den Uffizien, beobachten musste, dass Besucher Gemälde mit grausamsten Darstellungen von Märtyrern voll Begeisterung als schön oder erhaben bejubelten, »von denen ein gesundes Gemüt sich mit Widerwillen abwendet« und »welche große Künstler, [...] gezwungen durch die Macht des Geldes, erschufen«.[5] Sie empfand es also gleich doppelt als »barbarisch«, »einen Kunstgenuß durch diese Bilder zu gewinnen«[6] – und versuchte im Kontrast, wie Walter Grasskamp herausgestellt hat, die »einstmalige politische Programmatik [der Kunstwerke] gegen die spätere kunstreligiöse Verklärung freizulegen«[7].

Da es in den Museen aber gar nicht möglich wäre, originale Werkfunktionen zu bewahren, hatten sie so lange mit dem Vorwurf der Zweckentfremdung zu kämpfen, bis nach und nach mehr Kunst Eingang in sie fand, die von vornherein für sie geschaffen wurde. Diese Kunst war genau auf jene kunstreligiösen Erwartungen hin angelegt und definierte sich selbst als autonom: unbeeinflusst von Instrumentalisierungen. Mit ihr sollte der Betrachter zu sich selbst finden können, sollten Einseitigkeiten in der Lebensführung kompensiert, All-

4 | Novalis: *Schriften*, Bd. 2, hg. von Ludwig Tieck/Friedrich Schlegel, Berlin 1837, S. 173f.

5 | Fanny Lewald: »Italienisches Bilderbuch« [1847], in: Walter Grasskamp (Hg.): *Sonderbare Museumsbesuche. Von Goethe bis Gernhardt*, München 2006, S. 99-105, hier S. 101-103.

6 | Ebd., S. 102.

7 | W. Grasskamp: [Kommentar], in: ders. (Hg.): *Sonderbare Museumsbesuche*, S. 106-109, hier S. 108.

täglichkeiten überhöht und neue Sichtweisen durchgesetzt werden. Dem Individuum wie der Gesellschaft sollte sie spirituelle Kräfte zuführen, dies aber gerade dadurch, dass sie nicht auf einen solchen Zweck verpflichtet wurde und nicht als Auftragsarbeit entstand.

2. Entfremdungserfahrungen im Museum (Teil 2)

Museumskunst gehörte, historisch erstmalig, nicht einem oder wenigen Einzelnen, sondern war eine öffentliche Angelegenheit. Statt um materiellen Besitz ging es bei ihr um Aneignung mit Herz und Kopf. Dabei bereitete es kunstreligiös gesinnten Rezipienten den größten Genuss, wenn sie sich als Eingeweihte fühlen konnten. Sie hatten dann eine Intensitäts- und Exklusivitätserfahrung, wie sie vergleichbar bis dahin Auftraggeber oder Besitzer hatten, durften sich aber zugleich diesen überlegen fühlen, da sie sich die Werke nicht bloß materiell, sondern geistig aneigneten.

Eingeweihtheit ist aber am besten spürbar, wenn die Werke verrätselt, anspielungsreich, auf irgendeine Weise geheimnisvoll sind. Viele bei moderner, für das Museum geschaffener Kunst beliebte Effekte wie Verfremdungen, Stilbrüche oder konzeptuelle Aufladungen wurden somit von dem Wunsch der Rezipienten begünstigt, durch Bildung, Hartnäckigkeit, Sensibilität – durch jene ›lange Treue und Liebe‹ – Zugang zu etwas zu finden, das den meisten immer verschlossen bleiben würde. Werke, die nicht ohne Weiteres zu erschließen sind, stimulieren zudem die Verheißung, ihre eigentliche Offenbarung liege noch vor ihnen. Ins Museum begaben viele sich also in adventistischer Gestimmtheit – immer darauf wartend, dass ein Werk aus seinem Schlummer erwache.

So gut jene Entfremdungserfahrungen à la Lewald und Hillebrand zu überwinden waren, als die Museen sich im 20. Jahrhundert auch der jeweiligen Gegenwart öffneten und eine eigens an ihnen orientierte Kunst zeigten, so sehr entstand dadurch aber ein neues Manko. Da bei Weitem nicht alle Besucher fähig und willens waren, sich auf hermetische Kunst einzulassen, bereitete das Museum vielen wiederum vor allem Frust; für sie schlummerten die Werke keinem Erwachen entgegen, sondern waren zum Einschlafen langweilig. Diesmal waren die Exponate also nicht problematisch, weil das Museum sie nur als Kunst zuließ, sondern weil sie von vornherein nur als Kunst konzipiert waren.

Genau genommen ergab sich das Manko daraus, dass aus einer kunstreligiösen Gesinnung einerseits der geradezu missionarische Anspruch folgt, allen Menschen Zugang zur heiligenden Kraft der Kunst zu ermöglichen, das Heil andererseits aber als etwas Besonderes, als eine Gnade exklusiven Charakters erfahren werden soll. So wie man das Museum im 19. Jahrhundert beschuldigte, die in ihm gesammelten Werke zu entfremden, geriet es also im 20. Jahrhundert in den Verdacht, einen großen Teil der Besucherschaft zu entfremden und allein ein bildungsbürgerlich-kunstreligiöses Spartenpublikum zufriedenzustellen. In beiden Fällen aber war die Diagnose möglich, Kunst und Leben hätten sich voneinander getrennt – dies zugleich ein weiterer prominenter Topos der Moderne und genauso an die Institution des Museums geknüpft wie der Friedhofs-Topos.

3. Kunstvermittlung als (Über-)Kompensation der Entfremdungserfahrungen

Hatten schon die Avantgarden eine Versöhnung von Kunst und Leben propagiert, damit aber nicht zuletzt Angriffe auf das Museum legitimiert, so wurde erst im Gefolge von 1968 versucht, das Museum konsequent als Institution zu denken, in der jegliche Entfremdungserfahrung aufgehoben wird. Die kunstreligiöse Programmatik wurde nun mit einem stark sozialdemokratischen Akzent versehen, statt um Gnade für wenige geht es um Vermittlung für alle. Es wird also Ernst mit dem Anspruch gemacht, dass die Kunst, sofern sie über therapeutische Kräfte verfügt und ein öffentliches Gut darstellt, auch wirklich von allen Menschen rezipiert werden kann. Zugleich wird es zur festen Überzeugung, dass die Heilssubstanz der Kunst nur innerhalb des Museums gerecht verteilt werden kann. Hilmar Hoffmann, der die Losung ›Kultur für alle‹ in seiner Funktion als Kulturreferent der Stadt Frankfurt a.M. ab 1970 in Umlauf brachte, sprach von der sozialen »Vermittlerrolle« des Museums. Dieses sei »erst dann [...] demokratisch«, »wenn es durch entsprechendes Angebot die Nicht-Kunstbeflissenen, die für die Kunst Nicht-Motivierten zum Besuch motivieren hilft«.[8]

Aber auch Künstler akzeptierten die Vermittlerrolle des Museums. So beschrieb Günther Uecker 1970 in einem Aufsatz in der *Frankfurter Allgemeinen Zeitung* das Museum als »ein Instrument«, mit dem die jeweils aktuelle Kunst, wenn es ihr »gerecht werde«, die Gesellschaft verändern könne. Dazu müsse es »ein Ort größter Variabilität« sein, der noch so unterschiedlichen Besuchern etwas zu bieten vermag; innerhalb der »Ökonomie eines Stadtbildes«

8 | Hilmar Hoffmann: »Das Museum in kulturpolitischer Sicht«, in: Deutsche UNESCO-Kommission (Hg.): *Die soziale Dimension der Museumsarbeit. Bericht über ein internationales Seminar der Deutschen UNESCO-Kommission, veranstaltet in Zusammenarbeit mit dem Museum Folkwang vom 20. bis 23. Mai 1974 in Essen*, Köln 1976, S. 25-28, hier S. 26.

habe es eine zentrale Position einzunehmen, damit die Wege der Menschen »in einer alltäglichen Selbstverständlichkeit« »durch das Museum führen«.[9]

Je mehr das Vermitteln zu einer Hauptaufgabe des Museums erklärt wird, desto stärker tritt aber auch das Bewahren als eine seiner Funktionen in den Hintergrund. Vielmehr wird das Museum in nahezu allen programmatischen Texten der letzten Jahrzehnte als ein offener, flexibler, dynamischer Ort gedacht. Als Gründungsdirektor des Pariser *Centre Pompidou* erklärte Pontus Hultén 1977 sogar, das Museum sei »kein Ort mehr, an dem Kunstwerke konserviert werden«, sondern »ein Ort, an dem das Publikum selbst zum Schöpfer wird«.[10] Diese Aussage macht deutlich, dass das Vermitteln nicht als einseitiger Prozess praktiziert werden soll, sondern dass sich das Museum im emphatischen Sinn als ein Medium entwickelt, das zwischen der Kunst und dem Publikum so vermittelt, dass beide Seiten gleichermaßen zur Geltung kommen.

In den letzten Jahrzehnten ist die Orientierung an den Interessen des Publikums zum offiziellen und allgemein anerkannten Programm des Museums geworden. Statt es also weiterhin nur durch die Kunst zu definieren, die in ihm gesammelt und gezeigt wird, ist es nunmehr mindestens genauso von den Aktivitäten derer geprägt, die es besuchen. Und die sind dabei längst nicht mehr nur als Rezipienten vor Ort, sondern betätigen sich, inspiriert von Exponaten, die in diversen Vermittlungsformaten Verwendung finden, selbst gestalterisch, indem sie mit den Techniken der jeweiligen Werke experimentieren; sie diskutieren ausgehend von einer kuratierten Ausstellung aktuelle gesellschaftspolitische Themen oder nehmen an einem Event teil, das die Werke in ein anderes Licht oder einen anderen Kontext als üblich rückt.

Doch nicht nur dann, sondern genauso bei den anderen Aktivitäten bedeutet Kunstvermittlung und im weiteren Sinne jede kuratorische Leistung, dass die Werke einmal mehr verfremdet werden. Gerade Kunst, die einen hermetischen, privatmythologischen oder verweigernden Charakter besitzt, weil ihre Heilssubstanz als exklusive Kostbarkeit – als etwas Knappes – erfahren werden soll, lässt sich nur vermitteln, wenn sie gegen ihre Bestimmung behandelt wird. Jeder Versuch, einem breiten Publikum Teilhabe an derartigen Werken zu bieten, verlangt, sie zu verwandeln: in andere Formen zu übersetzen, auf einzelne Aspekte einzuschränken oder lediglich auf einen Anlass für ein Projekt zu verkürzen.

Derartige Vermittlungspraktiken ergeben sich erst recht deshalb, weil viele der neuen Zielgruppen des Museums sozialen Minderheiten angehören oder,

9 | Günther Uecker: »Hat das Museum noch eine Bedeutung, und für wen?« [1970], in: Deutsche UNESCO-Kommission (Hg.): *Die soziale Dimension der Museumsarbeit*, S. 29-32, hier S. 29f.

10 | Pontus Hultén: *Le centre national d'art et de culture Georges Pompidou*, Paris 1977, S. 52.

wie Kinder und Jugendliche, erst am Beginn eines Bildungswegs stehen, also kaum in der Lage wären, voraussetzungsreiche Werke zu verstehen. Dafür ist man im Zuge der Bemühungen um Inklusion – um Kultur für wirklich alle – mittlerweile so weit gekommen, geradezu standardmäßig eigene Veranstaltungen etwa auch für Demenzkranke oder für Blinde anzubieten. Dazu werden die zu vermittelnden Werke in andere Medien übertragen oder auf die Reize reduziert, die der jeweiligen Zielgruppe am besten entsprechen. So erstellt man etwa für Gemälde 3D-Modelle, damit die auf ihnen dargestellten Gegenstände erfühlt werden können. Dann aber drohen die Bedürfnisse von Besuchern auf Kosten der Werke befriedigt zu werden; das Museum könnte in gegenteiliger Weise ähnlich einseitig werden wie früher, als es viel mehr den Werken als seinem Publikum diente. Immerhin werden bei weitreichenden Vermittlungen und Übertragungen – wie jenen 3D-Modellen – die Entscheidungen, die der jeweilige Künstler getroffen hat, nicht mehr respektiert: Dass für ein Werk ein bestimmtes Material ausgewählt und ein spezifischer Stil entwickelt wurde, dass bestimmte Farben und Fakturen zum Einsatz kamen, ja dass es vor allem als visuelles Erlebnis zur Geltung kommen sollte, wird zugunsten des Wunsches ignoriert, Menschen zu erreichen, die bisher für Museen unerreichbar waren.

Gewiss kann nur im Einzelfall beurteilt werden, wann eine Vermittlungsarbeit eine Manipulation darstellt, die ein Werk bis zur Unkenntlichkeit verfremdet, und wann es sich um dessen Interpretation handelt, der eine Intensivierung einzelner seiner Dimensionen gelingt. Hier stellen sich ähnliche Fragen wie schon öfters in der Geschichte der Kunst, etwa im Fall von Reproduktionsgraphik, die einerseits – aufgrund des Verzichts auf Farbe – eine Simplifizierung originaler Gemälde bedeutete, andererseits aber manche Intentionen des Künstlers prägnanter zum Ausdruck bringen konnte oder das Vorbild so geschickt übersetzte, dass auf einmal zusätzliche Erkenntnisse möglich wurden und sich ein neuer Rezipientenkreis erschließen ließ, es also zu einer gelungenen Form der Vermittlung kam.

Doch fällt auf, dass Fragen nach Möglichkeiten und Grenzen der Kunstvermittlung eigentlich nie erörtert werden. Vielmehr kennt Kunstvermittlung keine absoluten Hindernisse, sondern nur mangelhaft transformierte Werke. Und für sie gilt: Alles lässt sich so verwandeln, dass alle etwas davon haben.

Wie sehr das Museum mehr als jede andere Institution zum Ort solcher Verwandlungen geworden ist, macht ein Blick auf die übrigen Stätten der Hochkultur deutlich. In Theatern etwa trifft man nur selten auf Gebärdendolmetscher, um auch Taubstummen die Teilnahme an einer Vorstellung zu ermöglichen, und Konzertabende speziell für Eltern mit Babys oder für Gehörlose stehen gar nicht erst zur Diskussion. Aber auch an Opernhäusern und den großen staatlichen Bibliotheken gibt es nicht annähernd so viel Engagement wie in Museen; kaum einmal finden sich dort Spezialprogramme für Kinder oder Erwerbslose, Singles oder Menschen mit Migrationshintergrund.

Dieser Unterschied dürfte daraus folgen, dass es nirgendwo sonst in selber Weise zu Entfremdungserfahrungen kam wie im Museum. In ihm gibt es viel mehr Werke als anderswo, die ihrer ursprünglichen Funktionskontexte beraubt worden sind, und nur in ihm gibt es so viele Werke, die an sich auf Exklusivität angelegt und von einer Logik der Knappheit geprägt sind, sei diese materiell oder spirituell begründet. In anderen Sparten der Hochkultur – Literatur, Film, Musik – spielt Knappheit eine geringere Rolle, und wenn auch hier diverse Formen des Hermetischen existieren, waren sie doch nie so weitreichend wie in der bildenden Kunst. Immerhin leben Schriftsteller und Komponisten umso besser, je mehr Auflagen und Aufführungen ihre Werke erzielen, je weniger diese also erst noch einer Vermittlung bedürfen. Dagegen ist der bildende Künstler, egal ob er an private Interessenten oder an ein öffentliches Museum verkauft, immer nur auf sehr wenige Käufer angewiesen gewesen. Diese aber genießen es, ihre exklusive Rolle zusätzlich dadurch unter Beweis zu stellen, dass sie sich für etwas entscheiden, das auch hinsichtlich seiner Themen oder Formsprachen schwer zugänglich ist und daher eigens vermittelt werden muss.

Da der ›Kultur für alle‹-Imperativ in der bildenden Kunst also auf massivere Hindernisse stieß als anderswo, wurde das Museum zur größten Bewährungsprobe für Demokratisierung und Sozialpolitik. Hier wurden daher auch die meisten Vermittlungsanstrengungen unternommen, und wenn es dort heute viel mehr Barrierefreiheit, Inklusion, Zielgruppenorientierung und offene Strukturen als in anderen Sparten der Hochkultur gibt, dann ist das ein typischer Fall von Überkompensation.

4. Kunstvermittlung als Instrument der Sozialpolitik

So alt der Anspruch an das Museum sein mag, Kunst als öffentliches Gut allgemein zugänglich zu machen, so wurde er doch erst in den letzten Jahrzehnten wirklich ernst genommen. Und so sehr das Museum von Anfang an Werke transferierte und damit auch transformierte, so sehr betreibt es erst recht im Zuge der Vermittlung von Kunst deren fortwährende Anpassung, Übersetzung und Verwandlung. In ihm passiert somit der Sache nach heute nichts anderes als früher, nur dass die Transformationen jetzt zum Programm erhoben wurden und im Dienst jener kunstreligiös-sozialdemokratisch motivierten Vermittlungsarbeit stehen. Wo ehedem aus Werken Kunst gemacht wurde, wird diese nun in Impulse zur Ermächtigung eines höchst heterogenen Publikums übersetzt. Einst wie heute ist das Museum daher vor allem ein Ort des Verwandelns.

Abgesehen von der Frage, was von der Kunst bleibt, wenn sie an alle vermittelt wird, ja ob ihre Heilssubstanz überhaupt gleichmäßig verteilt werden kann, gewinnt seit einigen Jahren und wohl erst recht in näherer Zukunft eine andere Entwicklung an Virulenz. Im Unterschied zur Moderne entsteht nämlich wieder zunehmend Kunst, die nicht genuin für das Museum bestimmt ist, sondern sich an private Sammler richtet. Deren Anzahl wird globalisierungsbedingt immer größer, und so stark die Preise auf dem Kunstmarkt auch steigen mögen, so stark wächst erst recht die Kaufkraft vieler Superreicher. Daher nähert sich die Kunst bezüglich ihrer gesellschaftlichen Rolle den Zeiten der Aristokratie an; sie steht in zunehmender Selbstverständlichkeit wieder auf der Seite der Mächtigen.[11] Diese aber suchen nicht Heil in ihr, sondern brauchen sie zur Repräsentation, Legitimation und Steigerung ihrer Macht. Daher interessieren sie sich für eine Kunst, die auf keinen Fall harmonisch, gefällig, zugänglich erscheinen darf, denn dann würden sie selbst einen zu harmlosen und biederen Eindruck machen. Je spröder, arroganter, kälter die Kunst hingegen ist, ein desto cooleres Image lässt sich damit aufbauen. Und je unfreundlicher – heftiger, unkonventioneller – die Werke wirken, desto mehr Distinktionskraft entwickeln sie, erscheinen doch dann auch diejenigen unheimlich und überlegen, die viel Geld dafür ausgeben. Spielarten der Verweigerung befördern nun also keinen kunstreligiösen Adventismus, mit dem allerdings nach wie vor gerne kokettiert wird, sondern fungieren als Mittel statussymbolischer Distanzierung.

Derartige Siegerkunst gelangt aber auch ins Museum, sei es direkt, weil sie dorthin verliehen oder gestiftet wird, sei es indirekt, weil sie aufgrund der großen Aufmerksamkeit, die sie genießt, stilprägend auf andere Künstler wirkt. Damit wiederholt sich jedoch das Problem aus der Frühzeit der Museen. Wie damals sind die Werke ihrer repräsentativen Dimension, der Lebenswelt ihrer Käufer und Auftraggeber beraubt – und sollen auf einmal vor einem breiten Publikum bestehen. Im Unterschied zur Situation des 19. Jahrhunderts trifft dieses aber nicht unvermittelt auf die Werke. Vielmehr verwandeln die Formate der Kunstvermittlung sie derart, dass all das Spröde, Schroffe, Arrogante, das sonst exklusiv wirkt, keine Rolle mehr spielt. Bestenfalls gelingt es sogar, Werke, die sonst ein Kopfschütteln auslösen und verunsichern, auf eine Weise einzusetzen, dass viele Menschen sich davon motiviert und in ihrem Selbstvertrauen gestärkt fühlen. Dann wird das Museum zum Ort einer doppelten Verwandlung; es reißt nicht nur aus Kontexten, sondern stiftet auch neue und erweist sich damit als deutlich professioneller als in seiner Anfangszeit.

Die bekanntesten Werke zeitgenössischer Kunst sind tatsächlich wohl gerade diejenigen, mit denen die Sieger der Gesellschaft ihre Macht demonstrieren und an denen die Verlierer der Gesellschaft sich ein wenig aufbauen können,

11 | Vgl. Wolfgang Ullrich: *Siegerkunst. Neuer Adel, teure Lust*, Berlin 2016.

ja die einerseits die dramatischen sozialen Unterschiede geradezu obszön sichtbar machen, andererseits aber – im Museum – als Instrumente einer befriedenden Sozialpolitik fungieren.

Man denke etwa an die vielen Varianten abstrakter Gemälde Gerhard Richters. Mit ihren grellen, oft disharmonischen Farben, gespachtelt, gerakelt, verschmiert, also erkennbar schnell und mit einfachen Materialien entstanden, haben sie nichts an sich, was besonderen Wert verheißen könnte. Vielmehr wirken sie kalt und beliebig. Umso unbegreiflicher sind ihre Preise, die oft sieben-, manchmal sogar achtstellig sind, und umso einschüchternder sind die Bilder, da nicht zu verstehen ist, warum und wofür genau sie so viel Geld kosten. Doch dass sie nichts an sich haben, was auf einmalige handwerkliche oder intellektuelle Fähigkeiten des Künstlers schließen lässt, ist ein geradezu idealer Ansatzpunkt für eine Kunstvermittlung, die sich etwa an Jugendliche aus sozial benachteiligten Milieus, Flüchtlinge, Leseschwache oder Erwerbslose wendet. Sie alle, die oft die Erfahrung machen, etwas nicht zu können oder von etwas ausgeschlossen zu sein, werden angeleitet, im Stil eines solchen abstrakten Bildes selbst mit bunten Farben zu agieren, spontan ungewohnte Kontraste zu wagen oder sich in besonders gestischen Malweisen zu versuchen. So können sie ganz individuell Emotionen zum Ausdruck bringen und am Ende ein wenig Werkstolz entwickeln, sich also ihrerseits als kleine Künstler fühlen und sich mit ihrer sozialen Stellung versöhnen.

Dieselben Werke können somit für die am weitesten voneinander entfernten Milieus der Gesellschaft eine wichtige Rolle spielen; sie können gleichermaßen exklusive Statussymbole und integrative Motivationsbilder sein. Das ist historisch neuartig und stellt durchaus eine Quadratur des Kreises dar. Vor allem aber beweist es den Erfolg der Institution des Museums, das seine gesellschaftspolitische Rolle als ein Ort des Verwandelns gefunden hat.

Literatur

Deutsche UNESCO-Kommission (Hg.): *Die soziale Dimension der Museumsarbeit. Bericht über ein internationales Seminar der Deutschen UNESCO-Kommission, veranstaltet in Zusammenarbeit mit dem Museum Folkwang vom 20. bis 23. Mai 1974 in Essen*, Köln 1976.

Grasskamp, Walter (Hg.): *Sonderbare Museumsbesuche. Von Goethe bis Gernhardt*, München 2006.

—: [Kommentar], in: ders. (Hg.): *Sonderbare Museumsbesuche*, S. 106-109.

Heidegger, Martin: »Der Ursprung des Kunstwerkes« [1935/36], in: ders.: *Holzwege* [1950], hg. von Friedrich-Wilhelm von Herrmann, Frankfurt a.M. 1977 (*Gesamtausgabe*, Bd. 5), S. 1-74.

Hillebrand, Karl: *Zwölf Briefe eines ästhetischen Ketzer's*, Berlin [2]1874 ([1]1873).

Hoffmann, Hilmar: »Das Museum in kulturpolitischer Sicht«, in: Deutsche UNESCO-Kommission (Hg.): *Die soziale Dimension der Museumsarbeit,* Köln 1976, S. 25-28.

Hultén, Pontus: *Le centre national d'art et de culture Georges Pompidou,* Paris 1977.

Lewald, Fanny: »Italienisches Bilderbuch« [1847], in: W. Grasskamp (Hg.): *Sonderbare Museumsbesuche,* S. 99-105.

Novalis: *Schriften,* Bd. 2, hg. von Ludwig Tieck/Friedrich Schlegel, Berlin 1837.

Uecker, Günther: »Hat das Museum noch eine Bedeutung, und für wen?« [1970], in: Deutsche UNESCO-Kommission (Hg.): *Die soziale Dimension der Museumsarbeit,* S. 29-32.

Ullrich, Wolfgang: *Siegerkunst. Neuer Adel, teure Lust,* Berlin 2016.

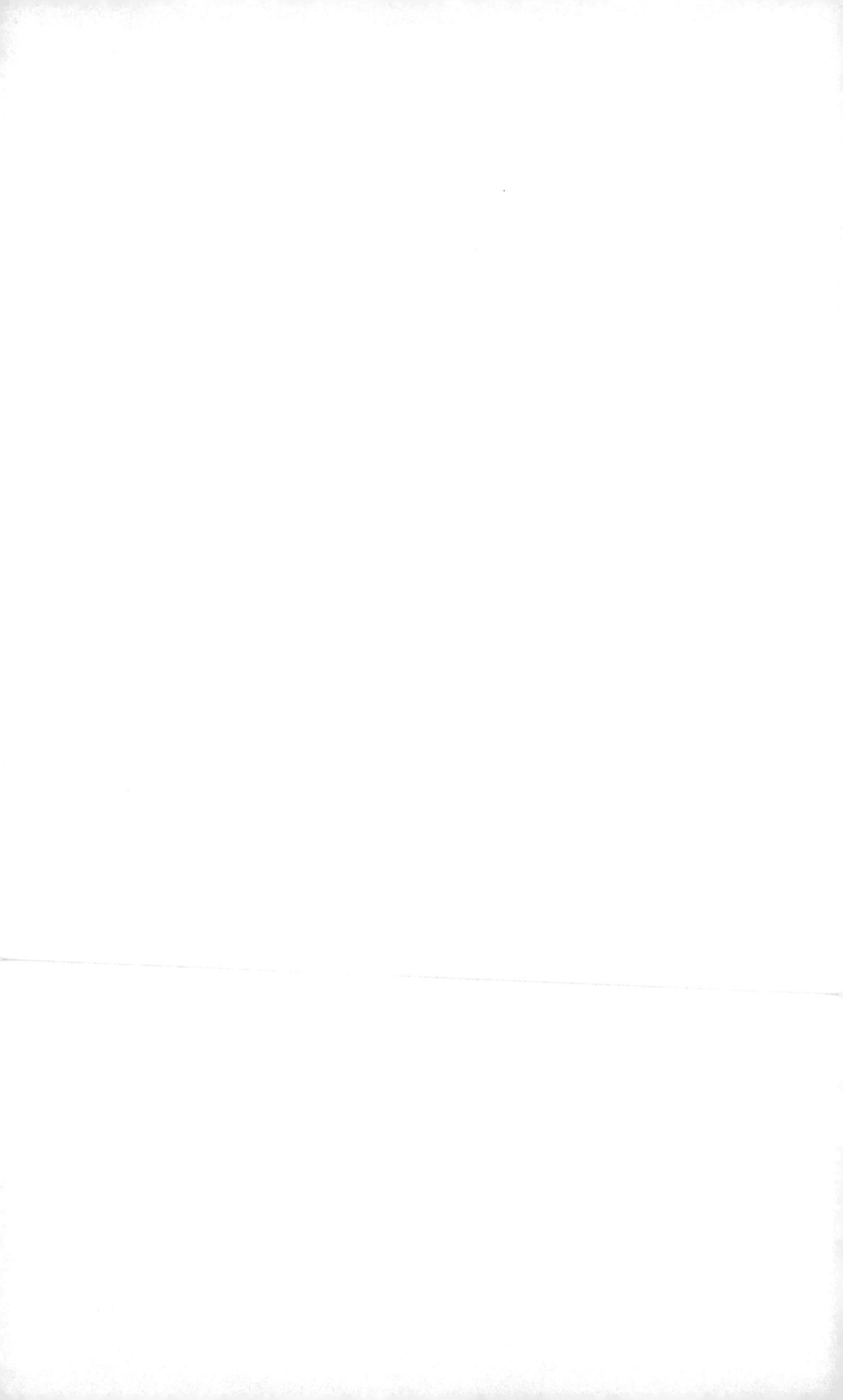

Gemeinsinn und Eigennutz

Zur Philosophie des öffentlichen Museums

Julia Voss

Wer die grundsätzliche Frage beantworten möchte, was ein öffentliches Museum sei, sollte auch die Gegenfrage stellen: Was ist kein öffentliches Museum? Wann hört eine Institution auf, ein solches zu sein? Wie sieht die Imitation aus, die Mimikry? Eben diese Frage stand im Zentrum einer Debatte in den Vereinigten Staaten, die von einer Recherche über Privatmuseen der *New York Times* ausgelöst worden war.[1] Der Artikel hatte die Öffnungszeiten, die Zugänglichkeit und insbesondere die steuerlichen Abschreibemöglichkeiten von Privatmuseen untersucht und infolge erhielten elf Institutionen Post aus dem Senat in Washington. Absender war der Vorsitzende des Finanzausschusses, Orrin G. Hatch, Senator in Utah. Unter den Adressaten waren international bekannte Einrichtungen wie die Hall Art Foundation, die enge Verbindungen zum Ashmolean Museum in Oxford unterhält und seit Kurzem in Deutschland ein weiteres Haus eröffnet hat, in Schloss Derneburg in Niedersachsen, oder The Broad, das von dem Unternehmer und Sammler Eli Broad gegründete Privatmuseum in Los Angeles.

Bei der Antwort ging es um Hunderte Millionen Dollar. Die angeschriebenen Museen sind in den Vereinigten Staaten von sämtlichen Steuern befreit, ein Status, der in Amerika ›tax exempt‹ heißt. Diese Regelung ist allerdings nur so lange gültig, wie die Einrichtungen dem Wohl der Öffentlichkeit dienen. Der Brief des Abgeordneten Hatch hielt fest, dass »wohltätige Organisationen eine wichtige Rolle in der Förderung des Guten in der Gesellschaft spielen«. Er äußerte jedoch Zweifel daran, ob nicht einige private Stiftungen Museen unterhielten, die nur einen minimalen Nutzen für die Gesellschaft hätten, es den Stiftern aber erlaubten, »substantielle Steuervorteile einzu-

1 | Patricia Cohen: »Writing Off the Warhol Next Door. Art Collectors Gain Tax Benefits From Private Museums«, in: *The New York Times*, 11.1.2015, Sunday Business, S. 1, s.a. https://www.nytimes.com/2015/01/11/business/art-collectors-gain-tax-benefits-from-private-museums.html (3.7.2017).

heimsen«.[2] Dem Brief lag ein Fragenkatalog bei, der etwa die Zugänglichkeit des Museums und die Besucherzahlen abfragte.[3] Auf Anfrage wollten sich die Museen nicht dazu äußern, ob und welche Folgen die Untersuchung nach sich zog. Öffentlich sind bisher keine bekannt geworden.

Die Untersuchung in den Vereinigten Staaten zeigt verdichtet, in welchem Kräftefeld sich Museen heute befinden, sowohl private als auch öffentliche. In beiden können Eigennutz und Gemeinsinn so heftig aufeinandertreffen, dass die dramatische Formulierung ›wie nie zuvor in der Geschichte‹ mit Recht gebraucht werden darf. Vorausgeschickt werden muss dabei natürlich, dass es das *eine* Museum nicht gibt. Die Geschichte der privaten Museen oder Sammlungen reicht bis in die Antike zurück, öffentliche Museen gibt es seit dem 18. Jahrhundert. Letztere wurden von Fürsten oder Staaten unterhalten, demokratischen und undemokratischen, und auf unterschiedliche Weise finanziert: aus privaten oder öffentlichen Geldern, durch Spenden, Schenkungen und Steuermittel.[4] Museen können sich, historisch betrachtet, an Adlige oder Bürger richten, an höhere Einkommensschichten, Arbeiter, Männer und oder Frauen, Kinder, Touristen, Rentner, Privilegierte oder Unterprivilegierte. Trotz dieser Unterschiede, zu denen sich noch weitere hinzufügen ließen, gibt es Gemeinsamkeiten und es kann nicht einfach jede Einrichtung, die über eine zugängliche Sammlung verfügt, als Museum angesehen werden. Ein wesentliches Kriterium besteht in der Gemeinnützigkeit, so dass bereits 1765 im Katalog der Dresdner Gemäldegalerie festgehalten wird, dass diese nicht nur »zum Beweise einer an und für sich nicht zu tadelnden Pracht« ausgestellt werden, sondern aufgrund »edlerer Absichten, die einen Einfluß aufs gemeine Beste haben«.[5]

---

2 | Im Original: »›[R]ecent reports have raised the possibility that some private foundations are operating museums that offer minimal benefit to the public while enabling donors to reap substantial tax advantages,‹ Senator Hatch wrote in his letter. ›Such an arrangement would be inconsistent with the letter and intent of the 501(c)(3) tax exemption.‹« (Übers. von J.V.), vgl. Benjamin Sutton: »The Senate Finance Committee Is Scrutinizing Art Collectors' Private Museums«, in: *Hyperallergic*, 1.12.2015, https://hyperallergic.com/257366/the-senate-finance-committee-is-scrutinizing-art-collectors-private-museums (3.7.2017).

3 | Claire Voon: »Tax Law Too Lax? IRS Receives Results of Private Museum Investigation«, in: *Hyperallergic*, 2.6.2016, https://hyperallergic.com/303139/tax-law-too-lax-irs-receives-results-of-private-museum-investigation/(3.7.2017).

4 | Die Geschichte des Privatmuseums ist bisher ungeschrieben. Zu öffentlichen Museum vgl. Bénédicte Savoy (Hg.): *Tempel der Kunst. Die Geburt des öffentlichen Museums in Deutschland 1701-1815*, Köln 2015.

5 | Dies.: »Zum Öffentlichkeitscharakter deutscher Museen im 18. Jahrhundert«, in: dies. (Hg.): *Tempel der Kunst*, S. 13-45, hier S. 26.

Zwei große Entwicklungen, die nach dem Zweiten Weltkrieg einsetzten, gilt es vor allem zu berücksichtigen, wenn der Museumsbegriff näher bestimmt werden soll. Sie haben die Philosophie dieser Institution bis in unsere Gegenwart hinein bestimmt und lassen sich exemplarisch an zwei Ereignissen erzählen. Die erste Begebenheit handelt von der politischen Heilserwartung, die nach dem Zweiten Weltkrieg an das Museum geknüpft worden ist, die zweite von den Verwertungsstrategien, die sich daraus entwickelt haben.

1. Heilserwartung

Es war der 5. September 1949, als in München eine Ausstellung eröffnet wurde, die den Titel *Der Blaue Reiter. München und die Kunst des 20. Jahrhunderts* trug. Gezeigt wurden mehr als zweihundert Werke, darunter solche von Kandinsky, Marc, Macke, Klee, Jawlensky, Campendonk, Münter, Werefkin und Delaunay. Versammelt war die deutsche Moderne, die wenige Jahre zuvor diffamiert und 1937 versammelt in der Ausstellung *Entartete Kunst* gezeigt worden war. Ihren Platz behauptete sie nun programmatisch im Haus der Kunst, dem ehemaligen Tempel nationalsozialistischer Kunstideologie. Hier hatte von 1937 bis 1944 die jährliche Leistungsschau ›völkischen Kunstschaffens‹ stattgefunden, die *Große Deutsche Kunstausstellung*.

Die Botschaft der Blauen-Reiter-Schau von 1949 sollte um die Welt gehen. In den begeisterten Kritiken war von der ›Entnazifizierung‹ des Bauwerks die Rede. Einen Publikumserfolg konnte man ebenfalls feiern: Es kamen 30.000 Besucher, darunter 3.000 Schüler; 5.000 Kataloge wurden verkauft.

Die Ausstellung war die Fortsetzung der Politik mit den Mitteln der Kunst. Im Gründungsjahr der Bundesrepublik stieg die zuvor verfemte Moderne zur Staatskunst auf und aus der Münchner Geste wurde in den Folgejahren ein Modell: Im Deutschen Pavillon auf der Biennale in Venedig zeigte man 1950 erneut die Künstlergruppe ›Der Blaue Reiter‹, 1952 folgte ›Die Brücke‹. 1955 öffnete die erste Documenta in Kassel ihre Pforten, in deren Zentrum wieder die Kunst der deutschen Moderne stand und die sich ebenfalls als Gegenausstellung zur *Entarteten Kunst* von 1937 verstand.[6] Und als 1953 im Rahmen der Dankesspende des Deutschen Volkes unter Führung des Bundespräsidenten Theodor Heuss mehr als zweitausend Werke gekauft wurden, um sie Ländern und karikativen Institutionen zu überreichen, die Deutschland nach 1945 geholfen hatten, handelte es sich auch fast ausschließlich um Werke moderner

6 | Walter Grasskamp: *Die unbewältigte Moderne. Kunst und Öffentlichkeit*, München 1989; Vgl. auch Sabine Horn: »documenta I (1955): Die Kunst als Botschafterin der Westintegration?«, in: Johannes Paulmann (Hg.): *Auswärtige Repräsentationen. Deutsche Kulturdiplomatie nach 1945*, Köln 2005, S. 45-63.

Künstler, darunter Otto Dix, Käthe Kollwitz, Emil Nolde, Erich Heckel oder Karl Schmidt-Rottluff.[7] Weiterhin bemühten sich Museen in ganz Westdeutschland um den Ankauf von Gemälden und Skulpturen der Moderne, zum Teil handelt es sich um Rückkäufe von Objekten, die den ›Säuberungen‹ der Nationalsozialisten zum Opfer gefallen waren.[8] Das Signal dieser Tätigkeiten war eindeutig. Die Rehabilitierung der Moderne war eine der erfolgreichsten Imagekampagnen der jungen Demokratie, im In- und im Ausland.

Das an der Rehabilitierung der Moderne orientierte Museumsmodell, das von nun an in Deutschland bestimmend sein sollte, war keine rein deutsche Erfindung. Die Verbindung zwischen Kunst und Aufklärung, Museum und Politik, insbesondere Moderne und Demokratie, wurde ebenso in den Vereinigten Staaten gezogen. Bereits 1942 hatte das New Yorker Museum of Modern Art die Ausstellung *Free German Art* gezeigt, in der die Kunstankäufe der vergangenen Jahre präsentiert wurden: darunter Max Beckmanns Triptychon *Abfahrt* und Werke von Ernst Barlach, Käthe Kollwitz und Emil Nolde. Alfred H. Barr, der Direktor, stellte die Verfemung der Kunst durch die Nationalsozialisten in den Mittelpunkt der Pressemitteilung für die Schau und betonte die Verpflichtung der Demokratien, sich für die Freiheit der Kunst einzusetzen.[9] Als Ende der 40er Jahre die moderne Kunst in den Vereinigten Staaten in Verdacht geriet, mit dem Kommunismus zu sympathisieren, antwortete wieder Barr mit einem langen Essay, den die *New York Times* 1952 unter der Überschrift *Is Modern Art Communistic?* druckte. Barr entwickelte darin sein Argument, dass die moderne Kunst allen Totalitarismen entgegengesetzt sei, sowohl dem Stalinismus als auch dem Nationalsozialismus. Umgekehrt beschrieb er die Moderne als den freiheitlichen amerikanischen Werten verpflichtet, insbesondere dem Individualismus.[10]

Kurzum: Das Museum ist seit seiner Erfindung als Bildungsinstitution verstanden worden, ähnlich wie die Bibliothek. Dieses Verständnis wurde jedoch in der Nachkriegszeit präzisiert und erhielt mit Blick auf die Vergangenheit eine erweiterte Bedeutung. Es gibt den unschönen Begriff der ›Umerziehung‹, der nach Dressur und Gehirnwäsche klingt und tatsächlich können sich, je nach-

---

7 | Guido Müller: »Deutsche Kunstwerke für das Ausland: Theodor Heuss und die Dankspende des Deutschen Volke 1951-1956«, in: J. Paulmann (Hg.): *Auswärtige Repräsentationen*, S. 35-44.

8 | Julia Friedrich/Andreas Prinzing (Hg.): *So fing man einfach an, ohne viele Worte. Ausstellungswesen und Sammlungspolitik in den ersten Jahren nach dem Zweiten Weltkrieg*, Köln 2014.

9 | Gregor Langfeld: *Deutsche Kunst in New York. Vermittler – Kunstsammler – Ausstellungsmacher 1904-1957*, Berlin 2011, S. 163.

10 | Vgl. Catherine Dossin: *The Rise and Fall of American Art, 1940s-1980s. A Geopolitics of Western Art Worlds*, Surrey 2015, S. 41f.

dem wo und unter wessen Leitung das Umerziehungsprojekt in der Geschichte stattgefunden hat, diese Assoziationen mit gutem Grund einstellen. Die sogenannte ›reeducation‹ jedoch, die in der amerikanischen, französischen oder englischen Besatzungszone nach dem Zweiten Weltkrieg durchgeführt wurde, setzte vor allem auf Bildungsarbeit und Kulturaustausch. Das öffentliche Museum der Nachkriegszeit wurde dabei als zentraler Ort der Gegenkultur verstanden, als eine Institution, die den Totalitarismen trotzen sollte und sich gegen die Instrumentalisierung von Kunst für Propagandazwecke verwahrte; als ein Ort der Offenheit, der Völkerverständigung, vielleicht sogar der Kritik, der Freiheit, des Respekts; als eine politische Institution, die zur Toleranz und Neugier anleiten sollte. Die meisten Museumsgründungen weltweit erfolgten nach 1945, auch in Deutschland. 1946 gründete sich ein internationaler Dachverband, der ebenfalls von der Idee des Kulturaustauschs und der Völkerverständigung getragen war, ICOM, The International Council of Museums.

Während der Anfangsjahre der hier geschilderten Museumspolitik gab es heftige Gegenstimmen aus dem Fach der Kunstgeschichte, wie sie etwa Hans Sedlmayr 1948 in seinem Buch *Verlust der Mitte* formulierte. Die darin vorgebrachte These, die Moderne und insbesondere die abstrakte Kunst würde den Menschen verabschieden, damit auch den Humanismus, führte zu zahlreichen Debatten. Berühmt wurde die Auseinandersetzung mit dem Künstler Willi Baumeister beim ersten ›Darmstädter Gespräch‹, das 1950 stattfand. Zu einem Generationenkonflikt kam es zwanzig Jahre später auf dem Kunsthistorikertag in Köln, als Martin Warnke über die *Weltanschaulichen Motive in der kunstgeschichtlichen Populärliteratur* vortrug und sie als Symptom für die Situation im Fach Kunstgeschichte las. Zusammengetragen hatte Warnke ein Arsenal von Machtmetaphern, mit denen die Kunst von seinen Kollegen als, wie er formulierte, »Domestikationsinstrument« beschrieben wurde, das den Betrachter »zwingt«, »bannt«, »mit triumphaler Kraft« »zur Stille bändigt«.[11] Die Mehrzahl der Beispiele bezog sich auf Werke des Mittelalters oder solche alter Meister, von *Uta von Naumburg* bis zu Rembrandts *Nachtwache*. Aber auch dort, wo die Moderne behandelt wurde, traf Warnke auf Gedankengut, dass wenig freiheitlichen Idealen verpflichtet schien. So hieß es zu Kandinsky etwa, der Betrachter seiner Kunst bleibe »Gefangener einer dunklen, wenn auch behütenden Macht«; an Franz Marcs Malerei wurde lobend hervorgehoben, dass ihr wie »dem Tier [...] die individuelle Vereinzelung des modernen Menschen fremd [sei], zu ihm gehört wesentlich das Gruppenhafte«. Wer bei der Lektüre noch Zweifel hatte, woher dieses Erbe stammte, wurde von Warnke im Abschlusssatz seines Essays aufgeklärt: Kunstwerke, hieß es dort, seien niemals

11 | Martin Warnke: »Weltanschauliche Motive in der kunstgeschichtlichen Populärliteratur«, in: ders. (Hg.): *Das Kunstwerk zwischen Wissenschaft und Weltanschauung*, Gütersloh 1970, S. 88-104, hier S. 97.

Objekte, denen wertfrei und interesselos begegnet werde, das Schreiben über sie bezeuge im Gegenteil, »dass ihnen jede Generation immer auch das antut, was sie sich selbst antut«.[12]

Auch wenn die Geschichte der deutschen Kunstgeschichte seit den 50er Jahren noch nicht geschrieben worden ist, scheint die These nicht gewagt, dass der Widerstand gegen die Moderne, der die Nachkriegsjahre prägte, aus dem Fach vollständig verschwunden ist. Auch der Wille, die Moderne zu rechtfertigen, indem sie an ein antimodernes Kunstideal angeschlossen wird, scheint erloschen zu sein. Die Avantgardebewegungen sind in den Fokus kunsthistorischer Forschung gerückt, die Gegenwartskunst ist ihr gefolgt, und in mehr und mehr Dissertationen werden Werke von lebenden Künstlern behandelt. Mit Blick auf die Entwicklung der Kunstgeschichte seit den 60er Jahren kann also festgehalten werden, dass sich diese zunehmend auf die Seite des modernen öffentlichen Museums gestellt hat und seitdem engagiert dessen Werte vertritt, was auch beinhaltet, sich als Verteidiger der Gegenwartskunst zu verstehen und nicht als ihr Kritiker oder gar Widersacher.

2. Verwertung

Die Biennale in Venedig war nicht nur in den 50er Jahren ein guter Indikator dafür, welche Rolle von nun an der Kunst und dem öffentlichen Zeigen von Kunst zugeschrieben wurde. Sie ist es auch heute. Wenn die Moderne auf der Biennale als neue Staatskunst der 50er Jahre auftrat, dann ließ sich 2015, auf der Kunstbiennale in Venedig, der konzentrierte Auftritt einer weiteren Entwicklung beobachten, die ebenso folgenreich für das Museum ist. In diesem Fall demonstrierte die Biennale nicht nur, wie in der Vergangenheit, welche bildungspolitischen und aufklärerischen Hoffnungen an die Kunst geknüpft wurden, sondern wie das Verwertungsinteresse die ästhetische Form prägen kann.

Als ob einigen herausragenden Werken nicht zuzumuten wäre, sich dem Diskursgewitter auszusetzen, das die Biennale um sie herum prägte, wurde für sie eine aufwendige Ausstellungsarchitektur errichtet, die sie vom Rest abtrennte. Schon an der Fassade des Zentralpavillons ließ der in London lebende Künstler Oscar Murillo teerschwarz gestrichene Leinwände wie eine Trauerbeflaggung herunterhängen. Im ersten Raum der Arsenale stellte der französisch-algerische Künstler Adel Abdessemed Schwerter aus, die er zu Bouquets arrangiert hatte. Der deutsche Maler Georg Baselitz zeigte in bewährter Weise über Kopf hängende Gemälde, Ansichten von gealterten Männern. Und die südafrikanische Künstlerin Marlene Dumas bestückte ein Kabinett mit gemal-

12 | Ebd.

ten Totenköpfen.[13] Es ließen sich noch zahlreiche weitere Beispiele nennen. Was alle diese Kunstwerke gemeinsam haben, ist, dass sie als Serie auftreten. Die einzelnen Werke, gleichgültig ob Skulptur oder Gemälde, haben das gleiche Format, sie ähneln einander, sie bilden eine Gruppe. Wessen Blick für diese Form der Kunstproduktion auf der Biennale geeicht wurde, wird feststellen, dass auch das Ausstellungssystem der öffentlichen Museen, Kunsthallen und Kunstvereine in den vergangenen Jahren von Serien überrollt worden sind. Das Museum Brandhorst in München zeigte in diesem Jahr eine Serie von Gemälden der Künstlerin Kerstin Brätsch und zuvor eine von Wade Guyton. Das Museum Ludwig in Köln stellte 2015 Danh Vos Projekt *We The People* aus, bei der die Freiheitsstatue im wirklichkeitsgetreuen Maßstab aus einer Serie von Skulpturmodulen nachgebaut wird, eine weitere Serie, die aus gestalteten Kisten besteht, gab es zudem mit *Come to where the flavor is* zu sehen. Die Schirn Kunsthalle eröffnete im gleichen Jahr eine Schau mit einer Bilderserie von Daniel Richter, die im Anschluss in die Galerien von Thaddaeus Ropac in Salzburg und Paris weiterzog. Als ein Jahr zuvor im New Yorker Museum of Modern Art die Ausstellung *The Forever Now. Contemporary Painting in an Atemporal World* stattfand, machten die Händler und Kunstberater von sich reden, die sich vor den Werken aufstellten, um Geschäfte abzuschließen, als ob es sich um eine Messe handeln würde.[14] Zu sehen gab es – die Wiederholung ist leider unvermeidlich – Gemäldeserien. Kritiker schrieben vom ›Zombie Formalism‹, einem unheimlichen Zitatekult, der die Malerei zum leeren Wiedergänger der Moderne mache, dem Geschmack der Käufer entsprechend. So zutreffend diese Beobachtung ist, lässt sie jedoch unberücksichtigt, dass die wichtigste formale Eigenschaft dieser Kunst ihre Serialität ist.

Dass die Serienkunst dabei häufig eine Produktion aus den größten, global agierenden Galerien ist, hat einen Grund. Was ›führend‹ meint, bezifferte eine Umfrage der *Art Newspaper*, nach der 30 Prozent der Einzelausstellungen in amerikanischen Museen Künstler bespielen, die von nur fünf amerikanischen Galerien vertretenen werden.[15] Zu diesen international tätigen Top-Galerien

13 | Vgl. auch Julia Voss: »In Diskursgewittern. In Venedig ist die Biennale frisch eröffnet. Den Besuchern macht es die kuratierte Ausstellung nicht leicht. Denn die besten Werke finden sich in den Länderpavillons«, in: *Frankfurter Allgemeine Zeitung*, 9.5.2015, Feuilleton, www.faz.net/aktuell/feuilleton/kunst/in-diskursgewittern-die-biennale-in-venedig-13582813.html (3.7.2017).

14 | Jerry Saltz: »The Forever Now is MoMA's Market Moment«, in: *Vulture. Devouring Culture*, 12.12.2014, www.vulture.com/2014/12/momas-market-moment.html (3.7.2017).

15 | Benjamin Sutton: »Artists from Five Galleries Dominate US Museum Shows«, in *Hyperallergic*, 2.4.2015, http://hyperallergic.com/195752/artists-from-five-galleries-dominate-us-museum-shows/(3.7.2017).

zählte die Zeitschrift neben David Zwirner und Gagosion, Hauser & Wirth, Marion Goodman und Pace Gallery. Die hier genannte Künstler Danh Vo wird von der Galerie Buchholz vertreten, Daniel Richter von Ropac, zwei Galerien, die ebenfalls international Dependancen unterhalten.

Welchen Effekt Serien auf dem Kunstmarkt erzeugen, hat einer der berühmtesten und erfolgreichsten Händler der 70er Jahre in Deutschland anhand der Werke von Andy Warhol beschrieben. Über Warhols Werke hielt Rudolf Zwirner, der Vater von David Zwirner, 2012 in einem Interview fest:

»Ich habe für Warhol-Arbeiten selten mehr als 10.000 Dollar bezahlen können und wollen. Seine kleinen Blumenbilder waren für 3.000 Dollar zu haben, heute kosten sie je nach Größe das Zwanzig- bis Zweihundertfache. Der hohe Preis von Warhols Werken resultiert absurderweise daraus, dass es jeweils viele Exemplare von einem Motiv gibt. Dadurch kann sich der Preis erst so richtig entwickeln. Wenn es etwa von einem Elvis-Presley-Bild vierzig oder fünfzig verschiedene Siebdrucke gibt, würde das normalerweise den Preis mindern. Aber für den Kunstmarkt bedeutet die Masse eine Preissteigerung, weil sich mit dem Verkauf von vergleichbaren Werken der Preis hochschraubt. Wenn es nur ein Elvis-Bild gegeben hätte und das in einem Museum gelandet wäre und so dem Markt entzogen worden wäre, hätte sich der Preis nicht mehr weiterentwickeln können.«[16]

Erst mit der Serienproduktion können sich Kunstwerke in Wertpapiere verwandeln, Mini-Währungen oder Blue Chips. Jeder einzelne Verkauf wirkt sich auf die Preisentwicklung der gesamten Serie aus. Und wie an der Börse kommen die Käufer und Verkäufer aus der ganzen Welt. Durch den globalen Handel hat sich ihr Kreis vervielfacht. Wer etwa auf die Website des englischen Künstlers Damien Hirst geht, findet dort eine Weltkarte mit Angaben darüber, an welchen Orten Werke von ihm besichtigt werden können. Die Standorte reichen von England bis Südkorea, von Norwegen, Griechenland bis zu den Vereinigten Staaten. Bei der Mehrzahl der Institutionen handelt es sich um Privatmuseen. Die Karte verzeichnet allerdings nur die Häuser, die Hirsts Werke öffentlich zeigen. Von zahlreichen anderen privaten Einrichtungen ist bekannt, dass sie Objekte des Künstlers besitzen, etwa vom Pinchuk Art Center in Kiev oder vom Qatar Art Museum in Doha. Als eine der ›news‹ meldete die Website ebenfalls, dass die National Gallery in Washington Werke von Hirst zeigen werde. Auch bei diesen Werken handelt es sich um eine Serie.

16 | Tobias Timm: »Er war revolutionär. Warum Warhol alles falsch und deshalb alles richtig gemacht hat – ein Gespräch mit seinem langjährigen Händler Rudolf Zwirner«, in: *Zeit online*, 8.11.2012, www.zeit.de/2012/46/Andy-Warhol-Kunsthaendler-Rudolf-Zwirner (3.7.2017).

Der Kunsthistoriker Aby Warburg hat darüber geschrieben, wie Kunstwerke seit der Antike weltweit zirkulieren und welchen erstaunlichen Wege sie zurücklegen. In der Kunstgeschichte lassen sich dafür viele Beispiele finden. Im 17. Jahrhundert soll Rembrandt von Rijn kostbare indische Miniaturmalerei gesammelt haben; im 19. Jahrhundert ließen sich die Impressionisten, Expressionisten und Vertreter des Jugendstils von japanischen Farbholzschnitten inspirieren – wie Vincent van Gogh, Edgar Degas, Franz Marc oder Gustav Klimt. Paula Modersohn-Becker faszinierten die ägyptischen Mumienporträts, die sie im Louvre in Paris sah; die schwedische Malerin Hilma af Klint beschäftigte sich mit der Symbolsprache des Buddhismus.

Die Digitalisierung hat diese weltweite Zirkulation jedoch vollständig verändert. Die großen Galerien unterhalten Backoffices, die ihren Kunden die neuesten Werke per Smartphone zustellen. Für diese Form des Bilderkaufs eignet sich die Malerei und die monumentale Skulptur am meisten, da sich beide Gattungen besonders gut fotografieren lassen. Neu ist dabei auch, dass die Kunden dieser Bilder sich über die Handelswege jedes einzelnen Objekts umfassend informieren. Es gibt zahlreiche Anbieter von Datenbanken, die aufzeichnen, wie viel ein Werk wann und wo gekostet hat, wo es gezeigt wurde, wer es besaß, wie hoch die zu erwartende Rendite ist etc. – von artprice über den Mei Moses Fine Art Index. Ein Sammler in Südkorea kann sich darüber informieren, welchen Preis für ein Werk ein Sammler in Nordamerika bereit war zu zahlen. Die Serienproduktion sichert die Vergleichbarkeit der Werke und Preise. Sie bietet die Möglichkeit der Spekulation und Investition. Und auf ihrer Grundlage lassen sich Künstlerkarrieren internationalisieren, die nun gleichzeitig in Asien, Amerika oder Europa mit ihren Werken präsent sein können.

Gegen die Beschreibung der Serie als Phänomen eines Strukturwandels scheint ein Argument zu sprechen, das sich aus der Kunstgeschichte speist: Die Serie ist älter als das 21. Jahrhundert. Schon Albrecht Dürer vertrieb seine Holzschnitte in Auflagen, die Werkstatt der Cranachs produzierte Luther-Porträts als Massenware, der Bildausstoß der Niederländer übertraf den der folgenden kunsthistorischen Epochen und brachte zahlreichen Serien hervor: von Obst-, Blumen- oder Jagdstillleben über Seestücke und Landschaften. Die Impressionisten schließlich wurden für ihre Gemälde von auf- und untergehenden Sonnen berühmt – oder für wechselhaft beleuchtete Kirchenfenster, Seerosenteiche und Heuhaufen. Niemand würde bezweifeln, dass alle diese Serien einen Markt bedienten, sei es den europäischer Höfe, der Republik der Vereinigten Niederlande oder des aufsteigenden Bürgertums. Darüber hinaus besaß die Kunstform aber auch eine künstlerische oder ästhetische Funktion. Sie verbreitete etwa eine Botschaft, die der Reformation beispielsweise, oder sie feierte das weltumspannende Reich der Niederländer und die Zirkulation der Waren; sie dokumentierte auf einmalige Weise wie Licht und Farbe einander bedingen und war auch für Hilma af Klint das Medium, das Entwicklung, Veränderung und das Verstreichen von Zeit fassen konnte.

Eine vergleichbare künstlerische Funktion entfällt dagegen bei der Mehrzahl zeitgenössischer Serien. Die Form des Vertriebs prägt die Ästhetik und je größer der Markt ist, auf dem die Werke zirkulieren sollen, desto weniger darf sich die Kunst festlegen. Die Werkstatt der Cranachs belieferte mit Luthers Bildnissen zwar einen expandierenden Markt von Kunden, dessen Grenzen aber die Glaubensrichtung markierte, zu der sich die Käufer bekannten. Wer global gehandelt werden will, muss die Bedürfnisse einer großen Klientel ansprechen, weshalb die neuen Serien über Menge und Großformat eine Ästhetik dekorativer Untröstlichkeit pflegt. Dekorativ, da sich die Kunst aus dem längst abgesegneten Formenreservoir der klassischen Moderne bedient. Untröstlich, weil die Werke von Tod, Gewalt, Trauer, Krieg, Alter oder Sexualität in der denkbar unverbindlichsten Weise handeln. Es gibt keine Opfer oder Täter, keine Orte oder Umstände, im Grunde auch keine Adressaten von Gedanken oder Botschaften. Die Bilder, mal grell und mal düster, sind Ornament irgendeines Verbrechens, das nie näher benannt wird und angesichts dessen man vorgibt, nachdenklich oder eben untröstlich zu sein. Dass es im Übrigen trotzdem möglich ist, auch in der Gegenwart die Form der Serie für künstlerische Fragen zu nutzen, zeigt etwa die Malerin Karin Kneffel mit ihrem Gemäldezyklus, in dem sie seit 2009 dem Schicksal von zwei Krefelder Privatsammlungen nachgeht, die den modernebegeisterten Seidenfabrikdirektoren Hermann Lange und Josef Esters gehörten.

Die Serienkunst ist nicht nur ein Anlageprodukt wie Wertpapiere, Aktien oder Immobilien. Sie wird auch auf denselben Wegen vertrieben, verglichen und analysiert. Die Digitalisierung, die weltweite Vernetzung, der schnelle Bildtransfer und die Datenbanken bilden das Kanalsystem, das Wasser und den Nährstoff, in dem die seriellen Kunstwerke, Gemälde wie Skulpturen, zirkulieren und vom Handel durch die öffentlichen Museen gespült werden. Die Museumsschau ist bekanntermaßen ein fester Bestandteil der Anlagestrategie, was die Kunst von anderen Anlageklassen unterscheidet.

3. Öffentliches und privates Geld

Im Frühjahr 2015 bezeichnete Larry Fink, Chairman und CEO bei BlackRock, dem weltweit größten Vermögensverwalter, bei einem Vortrag in Singapur die Gegenwartskunst als eine der bedeutendsten Geldanlagen, zusammen mit Wohnungen in Metropolen wie New York, London und Vancouver.[17] Wer die zeitgenössische Kunst als Anlageklasse verstehen will, muss sich abschließend noch einem ihrer Alleinstellungsmerkmale widmen, das historisch betrachtet ein neues Phänomen ist.

Die Geschichte der Kunstspekulation ist bereits lang und führt bis in das Goldene Zeitalter in den Niederlanden zurück; sie erreichte ein beeindruckendes Hoch, als Händler wie Joseph Duveen im ausgehenden 19. Jahrhundert begannen, die Alten Meister in Europa aufzukaufen, um sie auf den rasch expandierenden Kunstmarkt der Vereinigten Staaten zu bringen. Im Jahr 1955 widmete sich das amerikanische Wirtschaftsmagazin *Fortune* dem *Great International Art Market* und verglich die Preisentwicklung von Künstlern mit der von Aktien. Dem Artikel zufolge habe ein Stillleben von Cézanne im Jahr 1895 noch umgerechnet 100 Dollar gekostet, nun würde es 113.000 Dollar auf dem Kunstmarkt einbringen. »General Motors«, so weiter, »has done a little better than Cézanne, but not so well as Renoir: $ 100 invested in G.M. stock in 1909 would be worth a total of $ 115.000 now«.[18] Fünf Jahre darauf nannte *Fortune* die abstrakte Gegenwartskunst eine ›bonanza‹, eine Goldgrube also, und führte den Vorsitzenden der New Yorker Manufacturers Trust Company an, der über die Wertsteigerung der Werke staunte, die von dem Unternehmen gekauft worden waren: 300 Prozent in nur drei Jahren.[19]

Die Kunstspekulation hat demnach Tradition. Neu jedoch sind die zahlreichen steuerlichen Vorzüge, mit denen der Erwerb, Besitz, Verkauf und das Schenken von Kunst gefördert wird. In Kunst zu investieren erweist sich inzwischen nicht vor allem deshalb als vorteilhaft, weil die Wertsteigerung grundsätzlich höher läge als bei Immobilien oder Wertpapieren. Anlegerfreundlich sind die zahlreichen Steuervorteile, in deren Genuss Sammler in vielen Ländern kommen, weshalb in Deutschland Eigentümern von großen Vermögen dazu geraten wird, »einen wesentlichen Teil ihrer Aktiendepots in

17 | Vgl. Kenneth Rogoff: »The Art of Capital Flight, Project Syndicate«, in: *Project Syndicate. The World's Opinion Page* (4.9.2015), https://www.project-syndicate.org/commentary/china-capital-flight-by-kenneth-rogoff-2015-09?barrier=accessreg (3.7.2017).

18 | Eric Hodgins/Lesley Parker: »The Great International Art Market«, in: *Fortune* 52/6 (1955), S. 118-132, S. 150-169 (Teil 1), *Fortune* 53/1 (1956), S. 122-125, S. 130-136 (Teil 2).

19 | »The Corporate Splurge in Abstract Art«, in: *Fortune* 61/4 (1960), S. 138-147.

Kunstwerke« umzuschichten.[20] Der in Düsseldorf ansässige Steuerberater Felix Gantеführer benennt drei Bereiche – Vererben, Verschenken, Stiften –, die steuerliche Vorteile für Kunstsammler bieten können, sowohl mit Blick auf die Einkommenssteuer als auch die Erbschaftssteuer. In die Kritik geraten sind in den Vereinigten Staaten auch die absetzbaren Schenkungen an Museen. Der Journalist und Buchautor T.R. Reid etwa weist auf die fehlende Unabhängigkeit von Gutachtern hin, die den Wert einer Schenkung festsetzen und deren Expertise von den Stiftern selbst bezahlt wird. »And the appraiser knows, of course«, schreibt Reid, »that those who pay her fee want to claim the highest plausible value; that way, the donor gets the largest possible tax deduction, and the museum can boast about its fabulously expensive new acquisition.«[21]

Auch hier bietet die Serie Vorteile. Ein hoher Auktionspreis kann als Richtwert für alle Glieder der Kette gelten und bei Schenkungen dem Stifter angesichts der hohen Steuervorteile sogar Gewinne bescheren. Abschreibemöglichkeiten bietet das deutsche Steuerrecht vor allem für Gaben an gemeinnützige Stiftungen. Gerade in Zeiten des Kunstmarktbooms sind daher Schenkungen von Werken an Stiftungen aus steuerlicher Sicht besonders vorteilhaft. Der Wert einer Schenkung wird häufig nach dem zuletzt erzielten Höchstpreis für ein vergleichbares Werk bei einer Auktion beziffert. Wurde das Werk zuvor vom Sammler für einen niedrigeren Preis erworben, können durch Steuervergünstigungen also sogar Gewinne realisiert werden. Diesen Anreiz können Museen wie das Städel in Frankfurt oder das Ludwig Museum in Köln ihren Unterstützern bieten: Das Städel wurde bekanntlich bereits 1815 als Bürgerstiftung gegründet, das Museum Ludwig hat 2008 eigens eine Stiftung eingerichtet. Beide Sammlungen sind in den vergangenen Jahren stark gewachsen.

Der französische Wirtschaftswissenschaftler Thomas Piketty hat in seinem Buch *Das Kapital im 21. Jahrhundert* beschrieben, wie sich das Kapital seit den 70er Jahren im Besitz von vergleichsweise wenigen Privatleuten konzentriert hat. Die Künstlerin Andrea Fraser hat 2012 in einem Beitrag für den Katalog der Whitney Biennale in New York darauf aufmerksam gemacht, dass die Preise auf dem Kunstmarkt um 14 Prozent steigen, wenn sich das Einkommen der 0,1 Prozent Spitzenverdiener nur um 1 Prozent erhöht.[22] Diese global wachsende Ungleichheit und ihre Finanzoligarchie, die ständig auf der Suche nach neuen Anlegemöglichkeit ist, hat eine herausragende Mehrwert-Option her-

20 | Felix Gantеführer: *Kunst im Kontext der Steuer. Vererben, Verschenken, Stiften*, hg. von der Gesellschaft für Moderne Kunst am Museum Ludwig, Köln 2013, S. 46.

21 | Tom R. Reid: *A Fine Mess. A Global Quest for A Simpler, Fairer, and More Efficient Tax System*, New York 2017, S. 83.

22 | Andrea Fraser: »There is no place like home«, in: Elisabeth Sussmann/Jay Sanders (Hg.): *Whitney Biennial 2012* [Katalog], New Haven, Conn. 2012, S. 28-33, hier S. 28.

vorgebracht: die Kunst der Serie. Sie ist Anlageklasse und Epochenstil. Formal stellt sie sich in die avantgardistische Tradition der Moderne. Gesellschaftlich und ökonomisch beerbt sie den Feudalstil.

Das Museum steht in einer symbiotischen Beziehung mit der Kunst, die es zeigt. Die Moderne prägte das Nachkriegsmuseum, die Serienkunst das der Gegenwart. Die Kunst als Anlageprodukt aber und die privaten Interessen, die daran geknüpft sind, stellen die Philosophie des öffentlichen Museums auf den Kopf: Der Stolz des öffentlichen Museums und seiner Kunst lag einmal darin, private Reichtümer in öffentliche zu verwandeln. Was, wenn die Kunst und das Museum inzwischen einigen dazu dient, aus öffentlichen Geldern private zu machen? Und sollten wir Kunsthistoriker die Philosophie des öffentlichen Museums nicht ebenso vehement verteidigen, wie einst die moderne Kunst?

Literatur

»The Corporate Splurge in Abstract Art«, in: *Fortune* 61/4 (1960), S. 138-147.

Cohen, Patricia: »Writing Off the Warhol Next Door. Art Collectors Gain Tax Benefits From Private Museums«, in: *The New York Times*, 11.1.2015, Sunday Business, S. 1, s.a. https://www.nytimes.com/2015/01/11/business/art-collectors-gain-tax-benefits-from-private-museums.html (3.7.2017).

Dossin, Catherine: *The Rise and Fall of American Art, 1940s-1980s. A Geopolitics of Western Art Worlds*, Surrey 2015.

Fraser, Andrea: »There is no place like home«, in: Elisabeth Sussmann/Jay Sanders (Hg.): *Whitney Biennial 2012* [Katalog], New Haven, Conn. 2012.

Friedrich, Julia/Prinzing, Andreas (Hg.): *So fing man einfach an, ohne viele Worte. Ausstellungswesen und Sammlungspolitik in den ersten Jahren nach dem Zweiten Weltkrieg*, Köln 2014.

Gantеführer, Felix: *Kunst im Kontext der Steuer. Vererben, Verschenken, Stiften*, hg. von der Gesellschaft für Moderne Kunst am Museum Ludwig, Köln 2013.

Grasskamp, Walter: *Die unbewältigte Moderne. Kunst und Öffentlichkeit*, München 1989.

Hodgins, Eric/Parker, Lesley: »The Great International Art Market«, in: *Fortune* 52/6 (1955), S. 118-132, S. 150-169 (Teil 1), *Fortune* 53/1 (1956), S. 122-125, S. 130-136 (Teil 2).

Horn, Sabine: »documenta I (1955): Die Kunst als Botschafterin der Westintegration?«, in: J. Paulmann (Hg.): *Auswärtige Repräsentationen*, S. 45-63.

Langfeld, Gregor: *Deutsche Kunst in New York. Vermittler – Kunstsammler – Ausstellungsmacher 1904-1957*, Berlin 2011.

Müller, Guido: »Deutsche Kunstwerke für das Ausland: Theodor Heuss und die Dankspende des Deutschen Volke 1951-1956«, in: J. Paulmann (Hg.): *Auswärtige Repräsentationen*, S. 35-44.

Paulmann, Johannes (Hg.): *Auswärtige Repräsentationen. Deutsche Kulturdiplomatie nach 1945*, Köln 2005.

Reid, Tom R.: *A Fine Mess. A Global Quest for A Simpler, Fairer, and More Efficient Tax System*, New York 2017.

Rogoff, Kenneth: »The Art of Capital Flight, Project Syndicate«, in: *Project Syndicate. The World's Opinion Page* (4.9.2015), https://www.project-syndicate.org/commentary/china-capital-flight-by-kenneth-rogoff-2015-09?barrier=accessreg (3.7.2017).

Saltz, Jerry: »The Forever Now is MoMA's Market Moment«, in: *Vulture. Devouring Culture*, 12.12.2014, www.vulture.com/2014/12/momas-market-moment.html (3.7.2017).

Savoy, Bénédicte (Hg.): *Tempel der Kunst. Die Geburt des öffentlichen Museums in Deutschland 1701-1815*, Köln 2015.

—: »Zum Öffentlichkeitscharakter deutscher Museen im 18. Jahrhundert«, in: dies. (Hg.): *Tempel der Kunst*, S. 13-45.

Sutton, Benjamin: »Artists from Five Galleries Dominate US Museum Shows«, in *Hyperallergic*, 2.4.2015, http://hyperallergic.com/195752/artists-from-five-galleries-dominate-us-museum-shows/(3.7.2017).

—: »The Senate Finance Committee Is Scrutinizing Art Collectors‹ Private Museums«, in: *Hyperallergic*, 1.12.2015, https://hyperallergic.com/257366/the-senate-finance-committee-is-scrutinizing-art-collectors-private-museums (3.7.2017).

Timm, Tobias: »Er war revolutionär. Warum Warhol alles falsch und deshalb alles richtig gemacht hat – ein Gespräch mit seinem langjährigen Händler Rudolf Zwirner«, in: *Zeit online*, 8.11.2012, www.zeit.de/2012/46/Andy-Warhol-Kunsthaendler-Rudolf-Zwirner (3.7.2017).

Voss, Julia: »In Diskursgewittern. In Venedig ist die Biennale frisch eröffnet. Den Besuchern macht es die kuratierte Ausstellung nicht leicht. Denn die besten Werke finden sich in den Länderpavillons«, in: *Frankfurter Allgemeine Zeitung*, 9.5.2015, Feuilleton, www.faz.net/aktuell/feuilleton/kunst/in-diskursgewittern-die-biennale-in-venedig-13582813.html (3.7.2017).

Warnke, Martin: »Weltanschauliche Motive in der kunstgeschichtlichen Populärliteratur«, in: ders. (Hg.): *Das Kunstwerk zwischen Wissenschaft und Weltanschauung*, Gütersloh 1970, S. 88-104.

Vielfalt – Gleichheit – Individualität

Das Museum als eine »moralische Anstalt«

Rosmarie Beier-de Haan

1. Einführung

›Making museums moral again‹: Mit diesem Ausruf feierte der renommierte Kunstkritiker und Pulitzer-Preisträger Holland Cotter in der *New York Times* eine Ausstellung im Metropolitan Museum of Art, die sich – an diesem Ort der Hyperpräsenz von Reichtum, Macht und politisch-gesellschaftlichem Einfluss – überaus kritisch mit dem Kolonialismus, und d.h. auch, mit den Wurzeln des ›schwarzen Amerika‹, auseinandersetzte.[1] Cotter begrüßt hier, was er einem metropolitanen ›Kunsttempel‹ kaum zugetraut hätte, nämlich moralisch zu handeln, d.h., nach ›Gut und Böse‹, Schuld und Nichtschuld, also insgesamt nach der Bürde der Vergangenheit und ihren Akteuren zu fragen. Immer mehr findet indes dieses moralische Handeln in den Museen statt, und vielleicht ist da eine Entwicklung nun auch in den Kunstmuseen angekommen, die ihren Ausgangspunkt vor allem in den Geschichtsmuseen und Gedenkstätten genommen hat, in denen Fragen von Ausgrenzung, Schuld und Verantwortung, kurzum: ethisch-moralische Dimensionen die Museums- und Ausstellungsarbeit prägen.[2] Dem nachzuspüren, was eben diese ethisch-moralischen Dimensionen in einem *Geschichts*museum sind bzw. sein könnten und sollten, das ist das Anliegen der folgenden Ausführungen. Und eingedenk der kanti-

---

1 | Holland Cotter: »Making Museums Moral Again«, in: *The New York Times*, 17.3.2016, S. F6, s.a. https://www.nytimes.com/2016/03/17/arts/design/making-museums-moral-again.html (28.6.2017). – Bei der besprochenen Ausstellung handelt es sich um *Kongo: Power and Majesty*, Metropolitan Museum of Art, New York, 1.9. 2015-3.1.2016.

2 | Hierbei denke ich insbesondere an die deutsche Museums- und Gedenkstättenlandschaft, die – vor dem Hintergrund der besonderen Schwere der Schuld in der deutschen Geschichte von Nationalsozialismus und Holocaust – auch in besonderer Weise gefordert war und ist.

schen Einsicht, dass alle unsere Erkenntnis bei der Erfahrung anfange[3], wird es mir bei der Verortung der Institution Museum in der Gegenwart in besonderer Weise um die *Innensicht* gehen, wobei auch der *Selbstreflexion* und dem *Selbstverständnis* einer Museumskuratorin Raum gegeben werden soll.[4] Dabei wird es nicht darum gehen, einen festen Handlungsrahmen oder gar einen normativen Kriterienkatalog für einen Ethikkodex im Museum zu entwickeln[5]; vielmehr ist es das Ziel, anhand einzelner Befunde und Entwicklungen in der deutschen und internationalen Museumslandschaft zu weiterführenden Reflexionen und Überlegungen anzuregen.

2. Das Museum als Ort von Transformationen

Im Rahmen des Theatertreffens 2016 in Berlin wurden dem Theater als kultureller Einrichtung Anerkennung und Respekt bekundet: Angesichts einer zunehmenden Atomisierung der Öffentlichkeit im Internetzeitalter und angesichts von (vermeintlichen oder tatsächlichen) Partizipationsdefiziten der gegenwärtigen repräsentativen Demokratie seien insbesondere die Theater – so attestierte neben anderen die Publizistin Carolin Emcke – die Orte, an denen am ernsthaftesten, am geschütztesten und auch am selbstkritischsten über Gegenwart und Zukunft der Gesellschaft nachgedacht werden könne und nachgedacht werde.[6] Damit sind Begriffe gefallen, die im Folgenden eine besondere Rolle spielen werden. Es geht um einen geschützten Raum, um Gegenwärtiges und Zukünftiges, und es geht um Selbstreflexion und Selbst-Infragestellung. Und da scheint auch nach mehr als zwei Jahrhunderten noch Friedrich Schillers mit pädagogischem Impetus vorgetragene Vision auf, dass

---

3 | ... und sich dann in einem Wechselverhältnis von Erfahrung und Erkenntnis immer weiter aufbaut. (Vgl. Immanuel Kant: »Allgemeine Aufgabe der reinen Vernunft«, in: ders.: *Kritik der reinen Vernunft* [^{2}1787 (^{1}1781)], hg. von der Königlich Preußischen Akademie der Wissenschaften, Berlin 1905 [*Kant's Gesammelte Schriften*, Bd. 3], S. 39-42.)

4 | Aufgrund der besseren Lesbarkeit wird in diesem Text oft die männliche Form in der Bezeichnung von Personen und Funktionen verwendet. Sie gilt im Sinne der Gleichbehandlung für Männer und Frauen gleichermaßen.

5 | Mit dem *ICOM Code of Ethics for Museums* [2013] ist international solch ein allgemeiner Rahmen seit langem gesetzt – wenngleich seine unübersehbaren Schwächen auch in der Starrheit seiner Kategorisierungen und seiner mangelnden Differenzierung der Akteure liegen (http://icom.museum/fileadmin/user_upload/pdf/Codes/code_ethics2013_eng.pdf [28.6.2017]).

6 | Barbara Behrendt: »Orte des ernsthaften Nachdenkens« [Feature] in: *Deutschlandfunk*, 19.5.2016, www.deutschlandfunk.de/berliner-theatertreffen-orte-des-ernsthaften-nachdenkens.691.de.html?dram:article_id=353682 (28.6.2017).

das Theater, diese »Schaubühne als moralische Anstalt«[7], eine Probe aufs Exempel sei, eine Einübung in die richtige Verhaltensweise, »tiefer und daurender [sic!] als Moral und Gesetze«[8].

Was hier dem Theater zugeschrieben wurde und wird, das wird in Fremd- wie Selbstverortung immer wieder auch dem Museum zugeschrieben. Der Kunsthistoriker Max Sauerlandt[9] beispielsweise stellte in den frühen 1930er Jahren heraus, dass das Museum (worunter er in erster Linie das *Kunstmuseum* verstand) eine moralische Anstalt im *ästhetischen* Sinne sei. Das schloss für ihn auch eine *politische* Dimension ein. Kunstrevolte und Ästhetik sollten eine ethisch-moralische Erneuerung auf den Weg bringen; das Kunstschöne sollte in eine politische Ethik transformiert werden. Wenngleich es im historischen Museum (und dieses steht ja im Mittelpunkt meiner Ausführungen) weniger um das Kunstschöne geht, so wird auch dieses zum Ort von Transformationen erhoben. Der Aufenthalt in ihm, der Besuch einer Ausstellung, ist zugleich der Ausgangspunkt für Anderes und Weiterführendes, für innere Bewusstseins- und Veränderungsprozesse auf Seiten der Besucher.

Das ist nicht nur ein von *außen* herangetragener Anspruch. Auch in Selbstwahrnehmung und Selbstbeschreibung der Museen sind sie – vor dem Hintergrund einer internationalen Bewegung der Neuen Museologie (*New Museology*)[10] – die gesellschaftlichen Orte, an denen über das Zeigen und Kontextualisieren von Gegenständen hinaus *scheinbar* Vertrautes, Überkommenes, ja als *unabänderlich* Wahrgenommenes geprüft, neu betrachtet und in Frage gestellt werden kann und soll. *Der Ort*, an dem *Öffnung* stattfinden kann, an dem *Werte* befragt und neu verhandelt werden können. Der Ort, an

---

7 | Friedrich Schiller, Was kann eine gute stehende Schaubühne eigentlich wirken? Eine Vorlesung, gehalten zu Mannheim in der öffentlichen Sitzung der kurpfälzischen deutschen Gesellschaft am 26sten des Junius 1784, veröffentlicht unter dem Titel »Die Schaubühne als eine moralische Anstalt betrachtet«, in: *Thalia* 1/1 (1785), S. 1-27.

8 | Ebd., S. 12.

9 | Max Sauerlandt, Direktor des Museums für Kunst und Gewerbe, Hamburg (*6.2.1880 Berlin, †1.1.1934 Hamburg). – Vgl. zu seiner Museumsphilosophie: Kurt Winkler: *Museum und Avantgarde. Ludwig Justis Zeitschrift »Museum der Gegenwart« und die Musealisierung des* Expressionismus, Opladen 2002 (Berliner Schriften zur Museumskunde 17), S. 410f.

10 | Bei allen Schwierigkeiten, ›neu‹ zu definieren und einzuordnen, kommen die entscheidenden Impulse doch nach wie vor aus dem angelsächsischen Raum. Vgl.: Sharon Macdonald (Hg.): *A Companion to Museum Studies*, Malden/Oxford/Carlton 2006; Janet Marstine (Hg.): *New Museum. Theory and Practice*, Malden/Oxford/Carlton 2005; Conal McCarthy (Hg.): *Museum Practice*, Malden/Oxford/Chichester 2015 (The International Handbooks of Museum Studies); immer noch der ›Klassiker‹, wenn auch im Sachstand veraltet: Peter Vergo: *The New Museology*, London 1989.

dem die Besucherinnen und Besucher *reflektiertere* und damit vielleicht sogar – so die Hoffnung und Vision – *etwas bessere* Menschen werden können. Vor diesem Hintergrund ist der Begriff der ›moralischen Anstalt‹ für die vorliegende Untersuchung bewusst ausgewählt worden – wohl wissend, dass ihm leicht etwas ironisierend Pejoratives anhaftet[11], ein Moment der Formung, Prägung, ja Zwangsbeglückung. Gleichwohl kann Friedrich Schillers Diktum einer »Schule der praktischen Weisheit«, in der »der ästhetische Sinn [...] die Bildung des Verstandes und des Herzens mit der edelsten Unterhaltung vereinigt«[12], auch heute noch ein tragendes Fundament sein.

Was heißt das nun im Einzelnen?

3. (Geschichts-)Museen heute: Selbstwahrnehmung und Selbstverständnis

Zweifellos leben wir in einer Epoche, in der der Umgang mit der Geschichte einen ungewöhnlich hohen Stellenwert hat. Und dabei geht es letztlich immer um *uns*, um die *Gegenwart*. Der Blick in die Geschichte sagt bekanntlich oft mehr über die *betrachtende* Gesellschaft aus als über das *Betrachtete*.[13] Und dass sich in dieser kulturellen Praxis auch die fragmentierte, verunsicherte Gegenwartsgesellschaft spiegelt, auf die die eingangs zitierte Carolin Emcke verweist, das steht mit Sicherheit außer Frage. Der moralische Anspruch und Selbst-Anspruch an die Museen ist immens *gestiegen*. Nicht nur das Eindeutige, der Erfolg, das Gelungene, soll im Museum dargestellt werden (und hier meine ich wiederum das *Geschichts*museum), sondern auch die dunklen Seiten einer Nation, die Schuld, die belastete Vergangenheit, das ›difficult heritage‹ oder das ›contentious [umstrittene] heritage‹[14] sollen gezeigt, verhandelt und neu justiert werden. Dabei wird wohl jeder zuerst an die Geschichte des 20. Jahrhunderts, an die inneren und äußeren Auseinandersetzungen mit Nationalsozialismus und Holocaust denken. Geradezu ikonisch wurde hier die ›Wehrmachtsaus-

11 | Für ein auch argumentativ und stilistisch überzeugendes Beispiel vgl.: Christian Demand: »Moralische Anstalten«, in: *Merkur* 70/802 (2016), https://www.merkur-zeitschrift.de/2016/02/24/moralische-anstalten/ (28.06.2017).

12 | F. Schiller: »Die Schaubühne als eine moralische Anstalt betrachtet«, S. 8.

13 | Die zwangsläufig immer wieder neuen Wege der Annäherung und Bearbeitung schaffen nicht ein Wieder-Lesen, sondern ein Neu-Lesen von Geschichte; vgl. dazu die Ausführungen von Georges Didi-Huberman: *Remontagen der erlittenen Zeit. Das Auge der Geschichte*, Paderborn 2014 (ders.: *Das Auge der Geschichte*, Bd. 2).

14 | Vgl. Sharon Macdonald: »Exhibiting Contentious and Difficult Histories. Ethics, Emotions and Reflexivity«, in: International Council of Museums (Hg.): *Museums, Ethics and Cultural Heritage*, London 2016, S. 267-277.

stellung‹[15] aus den 1990er Jahren. Unvergessen sind wohl die öffentliche Aufregung und die heftige Abwehr – Abwehr vor allem durch die Generation der ›dabei Gewesenen‹, die heftig um den Erhalt des Mythos von der ›sauberen‹ deutschen Wehrmacht kämpfte, die sich der Frage nach ihrer Verstrickung in die Verbrechen im Osten Europas um keinen Preis stellen wollte. Gleichwohl wurde ein lange eingehegtes Tabu aufgebrochen; über ein umstrittenes Erbe wurde öffentlich verhandelt.[16] Der Ausstellungsraum wurde damit zu dem Raum, an dem etwas in Frage gestellt und neu verhandelt werden konnte. Die stets strittige öffentliche Darstellung von Geschichte, insbesondere der Zeitgeschichte, deren besonders fragiles Fundament bisweilen als eine »Kultur des Mißtrauens«[17] bezeichnet worden ist, erreichte hier eine besondere Zuspitzung.

Zu Recht kann man wohl von den 1980er/1990er Jahren als einer großen Umbruchszeit in der Museumswelt sprechen, und das weltweit.[18] Museen haben etwas erlangt, was ich eine *verstärkte moralische Kraft* nennen möchte. Schaut

---

15 | Hinter diesem geradezu emblematisch gewordenen Kurztitel verschwand der Originaltitel der Ausstellung fast: *Vernichtungskrieg. Verbrechen der Wehrmacht 1941-1944.* Vgl. dazu den wissenschaftlichen Leiter der ersten Fassung, Hannes Heer: »Aufbruch, Abbruch, Umbruch. Das Ende der Legende von der ›sauberen Wehrmacht‹ und die neuen Legenden«, Vortrag im Rahmen der Tagung *Assessment of Significance. Deuten - Bedeuten - Umdeuten*, Deutsches Historisches Museum, 11.-13.5.2017 (Publ. in Vorb.). Dass die Ausstellung wegen methodischer Schwächen nicht nur in die Kritik, sondern geradezu unter Beschuss geriet und erhebliche Überarbeitungen erfuhr, soll hier nicht das Thema sein; es mindert ihre historische Leistung insgesamt in keiner Weise (vgl. rückblickend-bilanzierend etwa: Bernd Struß: *»Ewiggestrige« und »Nestbeschmutzer«. Die Debatte über die Wehrmachtsausstellungen*, Frankfurt a.M. 2009).

16 | Der Historiker Hans Heinrich Pohl bescheinigte der Ausstellung, sie habe »mehr für ein kritisches Geschichtsbewusstsein einer kritischen Öffentlichkeit getan als alle noch so pädagogischen und wissenschaftlich korrekten und gut gemeinten Publikationen vorher«. (H.H. Pohl: »Wann ist ein Museum ›historisch korrekt‹? ›Offenes Geschichtsbild‹, Kontroversität, Multiperspektivität und ›Überwältigungsverbot‹ als Grundprinzipien musealer Geschichtspräsentationen«, in: Olaf Hartung [Hg.]: *Museum und Geschichtskultur. Ästhetik - Politik - Wissenschaft*, Bielefeld 2006, S. 273-286, hier S. 286.)

17 | Thomas Kühberger/Clemens Sedmak: *Ethik der Geschichtswissenschaft*, Wien 2008, S. 14.

18 | Diese Entwicklung fand nicht isoliert von Veränderungen in der Geschichtswissenschaft statt. T. Kühberger und C. Sedmak kennzeichnen diese als Beginn einer »moral History«, die auch durch die Universalisierung des Holocaust und dessen zukunftsweisende Vereinnahmung als kosmopolitische Erinnerungskultur von Opfern im Allgemeinen befördert worden sei (ebd., S. 37; vgl. auch Daniel Levy/Natan Sznaider: *Erinnerung im globalen Zeitalter: Der Holocaust*, Frankfurt a.M. 2001). Der Trend zunehmender Moralisierung hält bis heute an und differenziert sich weiterhin aus, sowohl thematisch

man sich die großen internationalen Neugründungen dieser Zeit an, etwa die neuen Nationalmuseen in Kanada, Australien und Neuseeland, so ist ihnen gemeinsam, dass sie sich ausdrücklich dem Nicht-Gelungenen, den Versäumnissen in der eigenen Gesellschaft stellen. Das bis dahin Marginalisierte, Abgedrängte einer Kultur, nämlich das *Indigene*, die indigene Bevölkerung blieb nicht länger das *Andere*. Es wurde in ein neues Verhältnis zu dem gesetzt, das bislang den *Kern* der jeweiligen Gesellschaft ausgemacht hatte. Man könnte dies auch als eine *Rehabilitierung mit den Mitteln des Museums* bezeichnen.[19] Und diese Entwicklung dauert bis heute an: Vor noch nicht allzu langer Zeit, Ende September 2016, wurde in Washington D.C. das National Museum of African American History and Culture[20] vom seinerzeitigen US-Präsidenten Barack Obama unter großer internationaler Aufmerksamkeit eröffnet. Und Besucher wie Pressestimmen[21] hoben hervor, dass das Museum das lange *Leid* der schwarzen Bevölkerung ebenso wie ihren *Beitrag* zur gesellschaftlichen Entwicklung darstelle. Da-

---

als auch regional. (Vgl. dazu Paul Williams: *Memorial Museums. The Global Rush to Commemorate Atrocities*, Dorset 2007.)

19 | Dazu die Ausführungen in: Rosmarie Beier-de Haan: *Erinnerte Geschichte – Inszenierte Geschichte. Historische Museen und Ausstellungen in der Zweiten Moderne*, Frankfurt a.M. 2005, S. 94ff. und *passim*.

20 | Vgl. https://nmaahc.si.edu/ (27.6.2017).

21 | Vgl. für das deutsche Feuilleton: Peter Richter: »Das Schwarze Haus. Am Samstag eröffnet das Museum für afroamerikanische Geschichte und Kultur in Washington. Was bedeutet das für die afroamerikanische Gegenwart? Und welche Rolle spielt dabei die Hautfarbe des Architekten?«, in: *Süddeutsche Zeitung*, 22.9.2016, www.sueddeutsche.de/politik/neues-museum-in-washington-das-schwarze-haus-1.3174484?reduced=true (28.6.2017); »Schwarzer Stolz und schwarzer Schmerz. Das neu eröffnete Museum für afroamerikanische Geschichte und Kultur in Washington beleuchtet dunkle Kapitel der US-Geschichte – und feiert Ikonen«, in: *Süddeutsche Zeitung*, 24.9.2016, www.sueddeutsche.de/kultur/neues-museum-in-washington-schwarzer-stolz-und-schwarzer-schmerz-1.3177439 (28.6.2017); Lars Jensen: »Rot wie die glühende Wut. Was wären Kultur, Geschichte, Gegenwart Amerikas ohne den Beitrag der Schwarzen? Endlich gibt es dafür jetzt ein Museum. In Washington eröffnet das National Museum of African American History and Culture«, in: *Frankfurter Allgemeine Zeitung*, 24.9.2016, www.faz.net/aktuell/feuilleton/kunst/afroamerikanische-geschichte-rot-wie-die-gluehende-wut-14450132.html (28.6.2917); Hanno Rauterberg: »Und dem Himmel zugewandt. Ist das Barack Obamas Vermächtnis? Zu Besuch in Washingtons neuem Museum für afroamerikanische Geschichte«, in: *Zeit online*, 22.9.2016, www.zeit.de/2016/40/museum-fuer-afroamerikanische-geschichte-washington-eroeffnung-barack-obama (28.6.2017).

bei fiel auch explizit der Begriff der *heilenden* Funktion[22], die das neue Museum haben solle und bereits habe – Heilung hier also als eine der Handlungsmöglichkeiten des Museums, weit über das häufig propagierte *empowerment* bislang benachteiligter Gruppen hinaus, Heilung als ein aktiver Vorgang, der bewusst an Verletzungen, Unverheiltem, Narben und Versehrtheiten in einer Gesellschaft ansetzt und dem Museum eine aktive Rolle als ›Therapeut‹ zuweist.

Ethische Kriterien scheinen also eine Rolle wie kaum je zuvor in Museen und Ausstellungen zu spielen. Und durchaus im Sinne der im Titel eingeführten ›moralischen Anstalt‹ werden an diesen Orten den Besuchern neue, komplexe Deutungsangebote, alternative Sichtweisen und Gelungenes ebenso wie Nicht-Gelungenes vor Augen geführt. Diese Grundhaltung hat sich längst auf andere Darstellungsfelder ausgeweitet, z.B. die europäisch-afrikanische Kolonialgeschichte – die sich seit etlichen Jahren, insbesondere im Gefolge der *postcolonial studies* – darum bemüht, aus einer hierarchisierten, eurozentrischen Darstellung heraus und hin zu einer Verflechtungsgeschichte von Kolonisierenden und Kolonisierten zu gelangen.[23] Die Liste neuer oder neu konzipierter Museen, die sich mit dem transatlantischen Sklavenhandel und der Geschichte der Sklaverei im sogenannten Dreieckshandels zwischen Europa – Afrika – Amerika befassen, liest sich eindrucksvoll: Museen bzw. Gedenkorte dazu entstanden im britischen Liverpool[24] und im französischen Nantes[25] als zentralen Drehscheiben im sogenannten Dreieckshandel, auf der senegalesischen Insel Gorée[26] als Ausgangspunkt und in den französischen Überseedé-

22 | Zum Beispiel: »Ein Ort der Schuld, vor allem jedoch der Heilung soll es sein, das ist jetzt oft zu hören. Durchzogen von klaffenden Selbstwidersprüchen, will es eine dunkle Geschichte ins Helle wenden.« (Ebd.)

23 | Vgl. dazu Sebastian Conrad/Shalini Randeria/Regina Römhild (Hg.): *Jenseits des Eurozentrismus. Postkoloniale Perspektiven in den Geschichts- und Kulturwissenschaften*, Frankfurt a.M. 2013; speziell bezogen auf die deutsche Kolonialgeschichte vgl. Helma Lutz/Kathrin Gawarecki (Hg.): *Kolonialismus und Erinnerungskultur*, Münster 2005; Henning Melber (Hg.): *Genozid und Gedenken. Namibisch-deutsche Geschichte und Gegenwart*, Frankfurt a.M. 2005.

24 | International Slavery Museum, Liverpool, www.liverpoolmuseums.org.uk/ism/ (28.6.2017).

25 | Mahnmal für die Abschaffung der Sklaverei, Nantes, http://memorial.nantes.fr/ (28.6.2017).

26 | Das 1776 errichtete Maison des Esclaves (Haus der Sklaven) auf der senegalischen Insel Gorée galt lange Zeit als Zentrum der Sklavenverschiffung im (späteren) Senegal und wurde als letztes erhaltenes Sklavenhaus präsentiert. (Vgl. die Darstellung auf der Website, www.esclavage.memoire.com/lieux-de-memoire/maison-des-esclaves-de-goree-senegal-98.html [26.6.2017].) Besonders die ›Tür ohne Wiederkehr‹, durch die die Sklaven ihren Weg ohne Rückkehr auf die Schiffe angetreten hätten, be-

partements Martinique[27] und Guadeloupe[28] als Endpunkten der Verschiffung und Versklavung. Und in diesen Kontext gehört auch die Kolonialausstellung im Deutschen Historischen Museum Berlin[29], die 2016/17 zu sehen war, als Gegenstand der Erinnerung, Bewältigung und Wiedergutmachung.

Während es sich beim letztgenannten Beispiel um eine temporäre Themenausstellung gehandelt hat, so ist zugleich unverkennbar, dass den ehemals Unterdrückten und Marginalisierten nun eigene Museen gewidmet werden – im Rahmen des vorerwähnten Zieles von Wiedergutmachung und Heilung ist diese auch schon äußerlich, im öffentlichen Raum vorgenommene Valorisierung ein wichtiges Zeichen. Und die Architektur spielt – durchaus im symbolpolitischen Sinne – eine überaus wichtige Rolle. Und tatsächlich haben Museumsbauten seit einigen Jahrzehnten ja generell immer mehr den Charakter von architektonischen Ikonen, von Leuchttürmen bekommen, die oft geradezu stadt-, regional- und sogar national-ikonische Bedeutung erlangen.[30] Die Architektur argumentiert auch bei den genannten Beispielen bewusst symbolisch: So soll die schwarze Fassade des Mémorial-Museums auf Guadeloupe, des weltweit größten Museums zur Geschichte der Sklaverei, an die Opfer des Skla-

---

saß lange geradezu bildikonischen Status. Wenngleich das Narrativ dieses Museums- und Gedenkortes spätestens 2006 endgültig widerlegt wurde (vgl. Jean-Luc Angrand: *Céleste ou le temps des Signare*, Sarcelles 2006; vgl. auch: Abdoulaye Camara: »Gorée. Passé, présent et futur«, in: *Le Patrimoine culturel africain*, Paris 2001, S. 83-106), der Ort mithin kein historischer ist, so wirkt er doch durch seine symbolische Aufladung bis heute stark prägend.

27 | Der vollständige Museumsname lautet ›Cap 110 – Mémorial de l'Anse Caffard‹, Martinique, www.esclavage-memoire.com/lieux-de-memoire/cap-110-memorial-de-l-anse-caffard-martinique-35.html (28.6.2017).

28 | Das Mémorial ACTe (Centre caribéen d'expressions et de mémoire de la Traite et de l'Esclavage) wurde errichtet in Pointe-à-Pitre, einem der größten Orte auf Guadeloupe, in dem mit 16.000 Einwohnern rund ein Viertel der Gesamtbevölkerung lebt (www.esclavage-memoire.com/lieux-de-memoire/memorial-acte-pointe-a-pitre-guadeloupe-44.html [28.6.2017]).

29 | Ausstellung *Deutscher Kolonialismus. Fragmente seiner Geschichte und Gegenwart*, Deutsches Historisches Museum, Berlin, 14.10.2016-14.05.2017.

30 | Michaela Giebelhausen: *The Architecture of the Museum. Symbolic Structures*, Urban Contexts, Manchester 2003. Ein internationales Symposium über Museumsarchitektur 2016 in Venedig stand bezeichnenderweise unter dem Motto »Museen und kulturelle Orte als Motor von städtischem und sozialem Fortschritt« (vgl. Bernhard Schulz: »Mal hoch, mal quer. Symposien über Museumsarchitektur. Bauhaus historisch: Zwei Symposien in Berlin und Venedig untersuchen die gegenwärtige Museumsarchitektur und ihre Herausforderungen«, in: *Der Tagesspiegel*, 10.10.2016, www.tagesspiegel.de/kultur/symposien-ueber-museumsarchitektur-mal-hoch-mal-quer/14662110.html [28.6.2017]).

venhandels erinnern, und seine filigrane Netzstruktur, die den Bau geradezu einhüllt, soll die Wurzeln des für die Karibikinsel typischen Feigenbaums darstellen.[31] Der Entwurf des vorerwähnten Museum of African American History and Culture in Washington greift in stilisierter Form die an Kronen erinnernden Kapitelle des westafrikanischen Yoruba-Volkes auf.[32] Kritische Stimmen könnten einwenden (und haben dies auch getan), dass es bei den Entscheidungen für derartige künstlerische Adaptionen vorrangig um die Geste, um Symbol- und Identitätspolitik gehe. Das ist in der Tat wohl auch nicht ganz von der Hand zu weisen. Wesentlicher erscheint mir allerdings, dass es hier ganz wesentlich um die *Repräsentation aufgeklärter moderner westlicher* Staaten geht – und damit um die Suche nach dem gesellschaftlich und kulturell *angemessenen* Umgang mit einem schwierigen Erbe, das nach langer Vernachlässigung nun gewürdigt werden soll. Ob die gewählte Symbolsprache der ästhetischen Zitate auf die Dauer funktioniert und trägt, das wird sich erst noch erweisen müssen.

Berücksichtigen muss man in diesem Kontext allerdings, dass die Darstellung eines ehemaligen (oder auch bis in die Gegenwart fortbestehenden) Stigmas nicht immer und nicht von allen Betroffenen gewünscht wird; viele empfinden dies als einengendes Fort- und Festschreiben eines Marginal- oder Opferstatus. So ist in Guadeloupe das Präsentieren von Objekten der Sklavenhaltergesellschaft auch von Protesten begleitet worden. Sklavenketten und Peitschen als Herrschaftsinstrumente der *Bastiaans*, der schwarzen Sklaven-Aufseher auf den Plantagen, waren vielen Einwohnern der Inselgruppe ein Dorn im Auge.[33] Unterdrückte Afrikaner als Komplizen der Unterdrücker, das ist ein Tabu, an das viele nicht rühren, ist es – wie überhaupt das ganze Problemfeld der Abstammung von ehemaligen Sklaven – ein stark mit Scham und Abwehr belastetes Thema.[34] Hiermit sensibel umzugehen, damit wirklich so

31 | Vgl. »Brisant und teuer. Das neue Museum der Sklaverei in Pointe-à-Pitre«, in: *Focus online*, 7.7.2015, www.focus.de/fotos/brisant-und-teuer-das-neue-museum-der-sklaverei-in-pointe-a-pitre_id_4800200.html (28.7.2017) (Inhalt von dpa bereitgestellt). Der Entwurf entstand im Zusammenspiel verschiedener guadeloupischer Architekten (Jean-Michel Mocka-Célistine, Pascal Berthelot, Mikaël Marton und Fabien Doré).

32 | An dem Entwurf waren mehrere Architekturbüros beteiligt; die leitenden Architekten waren Philip Freelon und der britisch-tansanische Architekt David Adjaye.

33 | »Brisant und teuer«.

34 | Vgl. Antoine Flandrin: »Cinq choses à savoir sur le Mémorial ACTe, en Guadeloupe. François Hollande a inauguré dimanche à Pointe-à-Pitre un espace conçu pour être le centre le plus important au monde consacré au souvenir de la traite négrière et de l'esclavage«, in: *Le Monde*, 10.5.2015, www.lemonde.fr/afrique/article/2015/05/10/cinq-choses-a-savoir-sur-le-memorial-acte-en-guadeloupe_4630682_3212.html (28.6.2017). - Es ist interessant zu sehen, dass - strukturell ganz ähnlich - Scham und ein Gefühl der Peinlichkeit lange Zeit ebenso die *australische* Identität als ehemalige

etwas wie eine »réconciliation sociale«[35] stattfinden kann, das wird eine der heikelsten Aufgaben der anstehenden Museumsarbeit sein.

Abb. 1: Koloniales ›Erbe‹, fragmentiert: Teil des Denkmals für Hermann von Wissmann, Reichskommissar und Kolonialgouverneur des damaligen Deutsch-Ostafrika. Das Denkmal stand knapp 50 Jahre lang vor der Universität Hamburg, bis es 1968 von Studenten demontiert wurde. Ausstellung Deutscher Kolonialismus. Fragmente seiner Geschichte und Gegenwart, Deutsches Historisches Museum, Berlin 2016/17. Konzept: Heike Hartmann (Photo: Indra Desnica © DHM)

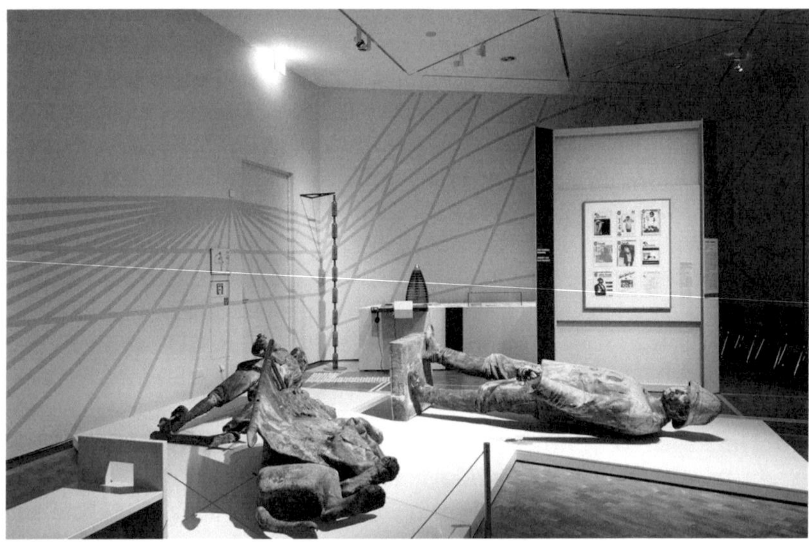

Um Missverständnissen vorzubeugen: Die skizzierten Entwicklungen sind keine flächendeckenden, allumfassenden Veränderungen; sie sind vielmehr so etwas wie Leuchttürme, die auf eine Richtung verweisen, die sich in näherer (oder fernerer?) Zukunft weiter herausschälen, deutlicher abzeichnen wird und die meines Dafürhaltens ein utopisches Moment im Sinne einer *konkret werdenden Utopie* nach Ernst Bloch[36] enthält: kulturelle Arbeit, in diesem

britische Sträflingskolonie prägten. Erst mit einem Identitätswandel konnte dieser ›convict stain‹ überwunden werden und die ehemaligen Sträflingsorte kulturell angenommen werden. (Vgl. u.a. Roy Jones/Brian Shaw: »Thinking locally, acting globally? Stakeholder Conflicts over UNESCO World Heritage Inscription in Western Australia«, in: *Journal of Heritage Tourism* 7 [2012], S. 83-96. Diesen Hinweis verdanke ich Steven Richards.)

35 | A. Flandrin: »Cinq choses à savoir sur le Mémorial ACTe, en Guadeloupe«.

36 | Ernst Bloch: *Geist der Utopie* [^{2}1923 (^{1}1918)], Frankfurt a.M. 1985 (*Werkausgabe*, Bd. 3); ders.: *Das Prinzip Hoffnung* [1938-1947/1953 und 1959], Frankfurt a.M. 1985 (*Werkausgabe*, Bd. 5), bes. S. 218-223.

Fall Museumsarbeit, als Lösungsansatz bei der Bewältigung eines belasteten Erbes, einer Geschichte von Nicht-Gelingen, Verfehlung und Schuld.

Einige weitere Beispiele mögen die skizzierte Tendenz untermauern. Historische Museen und Ausstellungen setzen sich mit dem nicht Gelungenen, dem nicht Integrierten, der nicht gelungenen Akzeptanz in einer Gesellschaft auseinander. Die Ausstellung *Fremde? Bilder von den Anderen in Deutschland und Frankreich* (2008/09) – ein Gemeinschaftsprojekt der 2007 gegründeten Cité nationale de l'histoire de l'immigration in Paris und des Deutschen Historischen Museums – betrachtete das als kulturell fremd Wahrgenommene in Frankreich und Deutschland und setzte sich mit Stereotypen und den Möglichkeiten bzw. Schwierigkeiten ihrer Überwindung auseinander.[37]

Abb. 2: Eingangssituation der Ausstellung Fremde? Bilder von den ›Anderen‹ in Deutschland und Frankreich seit 1871, Deutsches Historisches Museum, Berlin 2009. Kuratoren: Rosmarie Beier-de Haan, Jan Werquet (Photo: Indra Desnica © DHM)

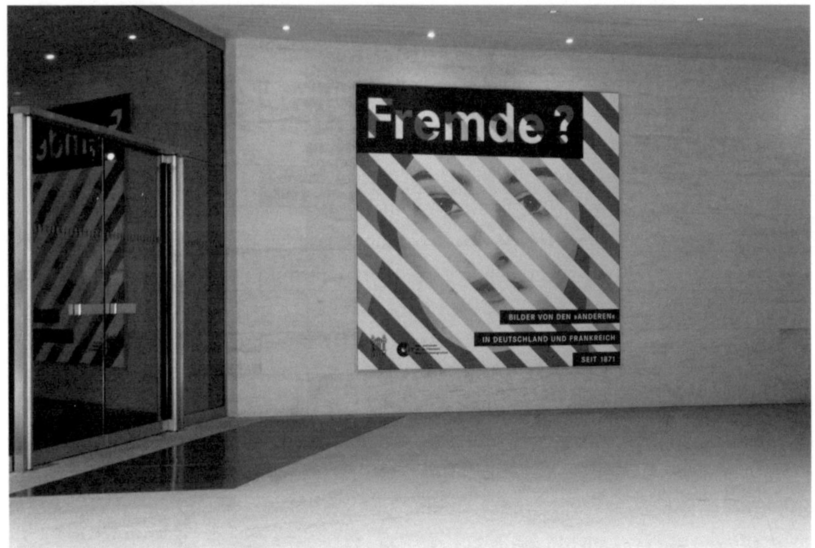

37 | Der Begleitband zur Präsentation in Paris: Marianne Amar/Marie Poinsot/Catherine Wihtol de Wenden (Hg.): *A chacun ses étrangers? France – Allemagne de 1871 à aujourd'hui*, Arles/Paris 2008. Zur Berliner Präsentation vgl.: Rosmarie Beier-de Haan/Jan Werquet (Hg.): *Fremde? Bilder von den »Anderen« in Deutschland und Frankreich seit 1871*, Dresden 2009.

Strukturell ähnlich war die Ausstellung *daHEIM: Einsichten in flüchtige Leben* des Museums Europäischer Kulturen in Berlin (2016/17) angelegt, die ausgehend von der aktuellen Flüchtlingssituation und unter Einbeziehung der Betroffenen ein Zusammenwirken von ›Beheimateten und Heimatlosen‹ anstrebte.[38] Die Ausstellung *Homosexualität_en*[39], eine Kooperation zwischen Schwulem Museum* Berlin und dem Deutschen Historischen Museum (2015), wollte die lange Marginalisierung und Unsichtbarmachung von Homosexualität_en in unserer Gesellschaft überwinden und mit dem Ziel der Überwindung von Vorurteilen und Vorverurteilungen neu sichtbar machen. Thematisch völlig verschieden, aber in der strukturellen Herangehensweise, der Annäherung an ein bislang als ›Anderes‹ Definiertes in der Gesellschaft, vergleichbar kann hier die Ausstellung *Der britische Blick: Deutschland. Erinnerungen einer Nation*[40] herausgestellt werden. Konzipiert vom British Museum, wurde mit ihr gewissermaßen von innen, aus der britischen Gesellschaft heraus, der Blick auf Deutschland einer kritischen Revision unterzogen. Geworben wurde für einen neuen Blick der Briten auf das ›fremde‹ Deutschland und für eine Neujustierung des bis in die Gegenwart gerade von britischer Seite schwierigen britisch-deutschen Verhältnisses.[41]

---

38 | Das Museum Europäischer Kulturen kooperierte dabei mit der Künstlerin Barbara Caveng, der Initiative KUNSTAYSL sowie Bewohnern eines Heims für Asylsuchende in Berlin. (Vgl. https://www.museumsportal-berlin.de/de/ausstellungen/daheim-einsichten-in-fluchtige-leben/ (28.6.2017].)

39 | *Homosexualität_en*, Ausstellung des Schwulen Museums* Berlin und des Deutschen Historischen Museums, Berlin, 26.6.-01.12.2015, https://www.dhm.de/ausstellungen/archiv/2015/homosexualitaet-en.html (28.6.2017).

40 | Die Ausstellung war unter dem Titel *Germany – Memories of a Nation. A 600-year History in Objects* vom 16.10.2014-25.01.2015 im British Museum, London, zu sehen (www.britishmuseum.org/whats_on/exhibitions/germany_memories_of_a_nation.aspx [28.6.2017]). Vom 08.10.2016-09.01.2017 wurde sie im Martin-Gropius-Bau, Berlin, unter o.g. Titel gezeigt.

41 | Zum Engagement des leitenden Kurators und (damaligen) Direktors des British Museum, das fast wie eine Mission wirke, vgl. das Interview mit ihm von Gina Thomas: »Stellt euch vor, ihr seid Deutsche. ›Don't mention the war‹: So hielten es die Briten bisher, wenn sie es mit Deutschen zu tun hatten. Jetzt zeigt London eine große Deutschland-Ausstellung. Schönt sie das Bild vom einstigen Gegner? Ein Gespräch mit dem Direktor des British Museum«, in: *Frankfurter Allgemeine Zeitung*, 14.10.2014, www.faz.net/aktuell/feuilleton/debatten/deutschland-ausstellung-im-british-museum-direktor-neil-macgregor-im-gespraech-13206062-p4.html?printPagedArticle=true#pageIndex_4 (28.6.2017).

Abb. 3: Ausstellung Homosexualität_en, Ausschnitt. Eine Ausstellung des Schwulen Museums Berlin und des Deutschen Historischen Museums, Berlin 2015. Konzeption: Birgit Bosold, Dorothée Brill, Detlef Weitz (Photo: Indra Desnica © DHM)*

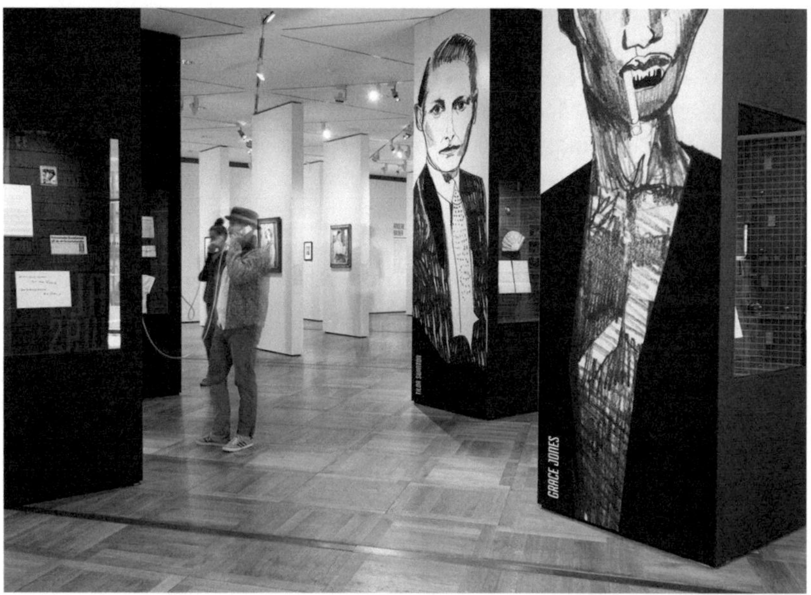

Wenn man an dieser Stelle einen Rückbezug zum Schlüsselbegriff ›moralische Anstalt‹ unternimmt, dann lässt sich sagen, dass historische Ausstellungen heute Themen bearbeiten, die in die Gegenwart hineinragen, die aus der Gegenwart entnommen sind. Themen, denen Besucher häufig mit Halbwissen und Vorurteilen begegnen, Themen, die – um ein Diktum Walter Benjamins aufzugreifen – das ›Unzeitige, Leidvolle, Verfehlte‹[42] in sich tragen – kurzum, Themen, die *nicht* unberührt lassen. Bezieht man ein, dass Museen die »Voraussetzungen für die Wertschätzung, das Verständnis und die Förderung«[43] von kulturellem Erbe schaffen sollen – wie es die internationalen Museumsstandards definieren –, so erfährt dieses *kulturelle Erbe* hier eine *Umdeutung* bzw. eine Neuschöpfung, denn kulturelles Erbe besteht ja *per se* nicht vor dem Beginn dieses Herstellungsprozesses. Diese Umdeutung kann dem, was man

42 | Vgl. Walter Benjamin: »Ursprung des deutschen Trauerspiels« [1928], in: ders.: *Abhandlungen*, hg. von Rolf Tiedemann/Hermann Schweppenhäuser, Frankfurt a.M. 1991 (*Gesammelte Schriften*, Bd. 1), S. 203-430, S. 343.

43 | Vgl. *ICOM Code of Ethics for Museums*.

den *Heritage-making process*[44] der Museen nennt, eine neue, *zukunftsfähige* Richtung geben. Und das, was solcherart im performativen Raum einer ›Ausstellung‹ in Gang gesetzt wird, das hat eine *ethische* Dimension, das verbinde ich mit dem Stichwort ›moralische Anstalt‹. Der Ausstellungsraum ist nicht einfach nur ein Raum, sondern er ist eine *Schnittstelle* zwischen Ausstellungsmachern und Besuchern. Diese Schnittstelle ist nicht neutral; vielmehr bedeutet Ausstellen das Herstellen von *Bedeutungen*, in diesen Fällen von *neuen* Bedeutungen, zeigen doch Ausstellungen nicht die Vergangenheit an sich, sondern immer eine mögliche Form der Interpretation der Vergangenheit. Das Gezeigte ist damit Teil eines stetigen Darstellungs- und Wandlungsprozesses, der niemals vollständig und endgültig abgeschlossen ist.

Um etwaigen Missverständnissen vorzubeugen: Es soll hier kein harmonisierend-idyllisches Bild gezeichnet werden. Es gibt genügend Gegenbeispiele zu den hier benannten – etwa wenn historische Museen und Ausstellungen als nationale Selbstbestätigung, als Ausdruck nationaler Selbstbestätigung, ja -überhöhung herhalten müssen. Gleichwohl finden *Verschiebungen* statt, in deren Gefolge sich auch der *Referenzrahmen* von *Repräsentation* verschiebt. Die Entwicklungen in der Museumswelt sind Teil und *Ausdruck* dieser Veränderungen. Und zugleich sind die Museen Mit-Akteure in diesen Prozessen.

Wie sich Museen auch im Modus ihrer Darstellungen, in ihren Methoden ändern, darauf soll im Folgenden wenigstens ansatzweise eingegangen werden.

4. Erinnerungskultur und das Individuum als Träger von Geschichte

Wir leben in einer Zeit, die derart von der Bedeutung der Geschichte, der Vergangenheit durchtränkt ist, dass uns der gegenwärtige Zustand als selbstverständlich erscheinen mag. Es ist aber noch gar nicht so lange her, dass diese kulturelle Verschiebung als *erdrutschartig* wahrgenommen wurde, dass der Begriff ›Geschichtskultur‹ bei seiner ersten Verwendung aufhorchen ließ.[45]

44 | Vgl. etwa: Camilla Del Marmol/Marc Morell/Jasper Chalcraft (Hg.): *The Making of Heritage. Seduction and Disenchantment*, London 2015; Arjun Appadurai: »The Globalization of Archaeology and Heritage«, in: *Journal of Social Archaeology* 1 (2001), S. 5-49.

45 | Vgl. neben anderen: Jörn Rüsen: »Was ist Geschichtskultur? Überlegungen zu einer neuen Art, über Geschichte nachzudenken«, in: ders./Theo Grütter/Klaus Füßmann (Hg.): *Historische Faszination. Geschichtskultur heute*, Köln/Weimar/Wien 1994, S. 3-26; Hans-Jürgen Pandel: »Geschichtskultur«, in: Ulrich Mayer/H.-J. Pandel/Gerhard Schneider et al. (Hg.): *Wörterbuch Geschichtsdidaktik*, Schwalbach i.Ts. 2006, S. 74f.;

Geschichte ist heute dicht verflochten mit den kulturellen Orientierungen menschlicher Lebenspraxis. Vergangenheit wird funktional gebraucht für gegenwärtige Zwecke, für die Formierung einer historisch begründeten Identität. Der Blick auf das Vergangene qualifiziert den Blick auf das Gegenwärtige. Dabei hat eine enorme Zunahme der Vermittlungsinstanzen stattgefunden und ihr traditionelles Gefüge ist zerbrochen. Eine Vielzahl neuer Akteure hat die Bühne betreten: Film und TV, Printmedien, Museen und Ausstellungen, alle möglichen Formen des Kulturtourismus von den langen Nächten der Museen bis hin zu den sogenannten Mittelaltermärkten etc. etc.[46] An die Stelle der großen Interpretationslinien und der Meistererzählungen, die etwa über Klasse, Nation oder Staat definiert wurden, ist eine Viel-Stimmigkeit, ein Neben- und Ineinander unterschiedlicher Sichtweisen und Bedeutungszuschreibungen getreten. Sozialwissenschaftler sehen darin je nach Standpunkt Zugewinn oder Verlust. Noch vor weniger als zwei Jahrzehnten begrüßten Sozialwissenschaftler diese Herauslösung des Individuums aus den vormals oft als erdrückend empfundenen Zwängen von Tradition und Konvention. Diese Entwicklung erschien ihnen als der Beginn von etwas Neuem, Offenem und in der Perspektive auch Besserem. Sie prägten dafür den Begriff der ›Zweiten‹ oder ›Reflexiven Moderne‹, in der erstmals die Versprechen der Ersten Moderne eingelöst würden und das Individuum seine volle Entfaltung finden könne.[47] Mittlerweile mehren sich die *pessimistischen* Stimmen: Sie nehmen vor allem die drohenden Verluste in den Blick. Der Soziologe Hartmut Rosa[48]

Elisabeth Erdmann: »Geschichtsbewußtsein – Geschichtskultur«, in: *Geschichte, Politik und ihre Didaktik* 35 (2007), S. 186-195.

46 | Vgl. Paul Nolte: »Öffentliche Geschichte. Die neue Nähe von Fachwissenschaft, Massenmedien und Publikum«, in: Michele Barricelli/Julia Hornig (Hg.): *Aufklärung, Bildung, »Histotainment«?*, Frankfurt a.M. 2008, S. 131-146. Vor diesem Hintergrund immer weiter sich ausdifferenzierender Aufgabenfelder gerät die ethische Selbstreflexion und Dimensionierung der Historiker bisweilen ins Hintertreffen; vgl. kritisch dazu: Cord Arendes/Angela Siebold: »Zwischen akademischer Berufung und privatwirtschaftlichem Beruf. Für eine Debatte um Ethik- und Verhaltenskodizes in der historischen Profession«, in: *Geschichte in Wissenschaft und Unterricht* 3/4 (2015), S. 152-166.

47 | Ulrich Beck: *Perspektiven der Weltgesellschaft*, Frankfurt a.M. 1997; ders./Wolfgang Bonß (Hg.): *Die Modernisierung der Moderne*, Frankfurt a.M. 2002; Anthony Giddens: *Modernity and Self-Identity. Self and Society and the Late Modern Age*, Cambridge 1991; Scott Lash: *Another Modernity, a Different Rationality*, Oxford/Malden 1999.

48 | Hartmut Rosa: *Resonanz. Eine Soziologie der Weltbeziehung*, Frankfurt a.M. 2016; ders.: *Weltbeziehung im Zeitalter der Beschleunigung. Umrisse einer neuen Gesellschaftskritik*, Frankfurt a.M. 2012; ders.: *Beschleunigung und Entfremdung*, Frankfurt a.M. 2013.

etwa macht uns darauf aufmerksam, dass wir in dieser Zeit radikaler und umfassender Beschleunigung immer weniger mit den um uns herum stattfindenden Veränderungen *mitschwingen* können (wie er das nennt). Genau dieses Mitschwingen, diese *Resonanz* aber sei die Grundlage für ein gutes, gelingendes Leben. Andere Autoren wie etwa der Philosoph und Kulturwissenschaftler Byung-Chul Han[49] sprechen von einer *Atomisierung* des Sozialen. Durch sie werde der Mensch aus allen Sicherheiten hinausgeworfen und müsse seine biographische Selbstentwicklung ständig überholen und anpassen. Dies aber überfordere und erschöpfe, so dass Han unsere Gegenwart als eine *Müdigkeitsgesellschaft* kennzeichnet.[50]

Vor diesem Hintergrund gewachsener Unsicherheiten und Ungewissheiten kommt dem Museum ein wichtiger Stellenwert zu: Empirische Untersuchungen belegen, dass das Wissen, das das Museum verbreitet, eine hohe Glaubwürdigkeit und Akzeptanz seitens der Öffentlichkeit genießt (deutlich höher als die anderer Einrichtungen). Zugleich mehren sich die Stimmen, die hervorheben, dass das Museum, insbesondere die dort gezeigten Ausstellungen, ein Ort seien, an dem Eindrücke und Erfahrungen nicht oder nicht überwiegend medial und virtuell vermittelt seien, sondern an denen die Besucher *physisch* präsent seien und die räumliche Anwesenheit von Dingen, von materieller Überlieferung, also den Museumsobjekten, und von thematischen Arrangements erleben könnten. Und genau dies würde die Museen in unserer so sehr *medial* vermittelten Gegenwartsgesellschaft zu etwas Besonderem machen. Oft wird dabei das Museum mit dem *Theater* verglichen: Museum und Theater, beide seien gewissermaßen geschützte Orte, an denen Menschen sich selbst befragen und zu Standpunkten gelangen. Orte, an denen sie sich, nicht über Medien vermittelt, sondern in *physischer* Anwesenheit mit anderen austauschen könnten.

Was hier nur skizzenhaft dargestellt werden kann, das hat die Geschichtsnarrative verändert. Konkret bezogen auf die Darstellung von Geschichte und Gegenwart in den Museen bedeutet diese Entwicklung: Ohne *Erinnerung* und vor allem – ohne *individuelle* Erinnerung geht eigentlich gar nichts mehr.[51] *Individuelle, erfahrungsgeprägte* Zugänge zur Geschichte, zur Welt haben eine

49 | Byung-Chul Han: *Müdigkeitsgesellschaft*, Berlin 2012; ders.: *Transparenzgesellschaft*, Berlin 2012; ders.: *Digitale Rationalität und das Ende des kommunikativen Handelns*, Berlin 2013.

50 | Vgl. Byung-Chul Han: *Müdigkeitsgesellschaft*.

51 | Christoph Cornelißen: »Erinnerungskulturen. Version 2.0«, in: *Docupedia-Zeitgeschichte. Begriffe, Methoden und Debatten der zeithistorischen Forschung*, https://docupedia.de/zg/Erinnerungskulturen_Version_2.0_Christoph_Corneli%C3%9Fen (28.6.2017); Hans Günther Hockerts: »Zugänge zur Zeitgeschichte. Primärerfahrung, Erinnerungskultur, Geschichtswissenschaft«, in: Konrad H. Jarausch/Martin Sabrow

Bedeutsamkeit erhalten, die sie wahrscheinlich vorher überhaupt noch nie hatten. Sie werden als neue Quellen›gattung‹ nicht nur seit Jahren prominent in Ausstellungen eingesetzt[52], sondern sie können sich ihrerseits auch wiederum in öffentliche Erinnerung umwandeln[53].

Und *subjektive* Zugänge, das bedeutet zugleich auch *Kontroversen* in der Wahrnehmung und *differente* Verarbeitungen von Erfahrungen. Und es bedeutet auch mehr Emotionen in der Darstellung. Und damit ist ein Stichwort gefallen, das im Kontext der ethischen Dimension des Museums, der Frage nach der ›moralischen Anstalt‹, eine wichtige Rolle spielt: das der Emotion bzw. ihrer ›freundlichen Schwester‹, der Empathie.[54] Kontrovers diskutiert werden emotionalisierende Strategien bis auf den heutigen Tag.[55] Ist es möglich, auf einer *Gefühlsebene* zu vermitteln, um so *tieferes* Erkennen zu befördern, als das bei kognitiv-analytischem Vorgehen möglich ist? Oder wird damit die Emotionalisierung zum Selbstzweck?

Dieser Widerspruch wird sich wohl auch zukünftig nicht auflösen lassen. Fest steht indes, dass emotionalisierende Strategien und Identifikationsangebote es dem Publikum erlauben, mit dem Dargestellten an die eigene Lebenswelt anzuknüpfen. Das muss nicht *per se* bedeuten, dass die Sichtweisen identisch sind, hier können auch zwei Individuen aufeinander treffen – und dies mit möglicherweise *sehr* unterschiedlichen Geschichtsbildern. Doch in jedem Fall wird, zumindest partiell, die Distanz zwischen Publikum und ›Gegenstand‹ aufgehoben. Eine affektive Geschichtsvermittlung birgt Chancen, sie würde indes dort an ihre Grenzen stoßen, wo die wissenschaftliche Basis einer Ausstellung in Frage gestellt werden würde. Doch *innerhalb* dieser Grenzen

(Hg.): *Verletztes Gedächtnis. Erinnerungskultur und Zeitgeschichte im Konflikt*, Frankfurt a.M./New York 2002, S. 39-73, hier S. 41f.

52 | Rosmarie Beier-de Haan: »Geschichte, Erinnerung, Repräsentation. Zur Funktion von Zeitzeugen in zeithistorischen Ausstellungen im Kontext einer neuen Geschichtskultur«, www.bkge.de/Downloads/Zeitzeugenberichte/Beier-de_Haan_Geschichte_Erinnerung_Repraesentation.pdf (28.6.2017).

53 | Vgl. Stefan Troebst: »Geschichtspolitik. Politikfeld, Analyserahmen, Streitobjekt«, in: Etienne François (Hg.): *Geschichtspolitik in Europa seit 1989*, Göttingen 2013, S. 15-34, hier S. 22f.

54 | Was lange verhalten bzw. desinteressiert wahrgenommen wurde, die menschlichen Gefühle in ihrer Historizität, ist nun in das Gegenteil großer Aufmerksamkeit und wissenschaftlicher Verve umgeschlagen. (Vgl. etwa: Nina Verheyen: »Geschichte der Gefühle«, in: *Docupedia-Zeitgeschichte. Begriffe, Methoden und Debatten der zeithistorischen Forschung*, https://docupedia.de/zg/Geschichte_der_Gef %C3 %BChle [28.6.2017].)

55 | Vgl. Jan Plamper: *Geschichte und Gefühl. Grundlagen der Emotionsgeschichte*, München 2012, *passim*.

bietet sie den Besuchern die Chance, eine neue Art von Erfahrung, von Selbstbefragung und Selbstverständigung zu machen[56] – auch dies ein Mosaikstein im Kontext der Frage nach der ›moralischen Anstalt‹.

Innerhalb des skizzierten Framings ist auch die Position der Kuratorinnen und Kuratoren neu zu verorten. Dabei ist ihre *Selbst*verortung in ganz besonderer Weise gefordert, wie im Folgenden dargestellt werden soll.

5. Verortungen im Museum: Einstimmigkeit, Vielstimmigkeit?

Museen und die in ihnen präsentierten Ausstellungen stellen einen Akteur der Erinnerungskultur dar. Bei einem näheren Blick in das Innere, in die Organisation eines Hauses und die Struktur und Umsetzung eines Projekts, zerfasert die Vorstellung *eines* Akteurs jedoch und differenziert sich in vielfältige Verantwortlichkeiten, Interessen- und Einflusssphären aus. Neben politischen und strukturellen Einbindungen und Hierarchien spielen konzeptionelle Abwägungen und geschichtswissenschaftliche Diskurse, Entscheidungen für bzw. gegen Ausstellungsobjekte und insbesondere die (Selbst-)Verortungen der Kuratoren, Ausstellungsgestalter etc. eine entscheidende Rolle.

In einem Vortrag schilderte eine australische Museumskuratorin vor Jahren ihr Gespräch mit einer empörten Besucherin.[57] *Empört* war die Besucherin deshalb, weil sie ihre eigene Geschichte im Museum nicht wiederfand. Nun kann man mit Fug und Recht die Frage stellen, wie denn diese Besucherin so selbstverständlich meinte davon ausgehen zu können, dass gerade *ihre* Geschichte im Museum sichtbar werden könne und solle – und dies wahrscheinlich sogar zu Ungunsten der Geschichten anderer. Wechselt man die Blickrichtung, dann steht dahinter natürlich auch die Frage, auf welcher Grundlage, mit welchem Recht Kuratoren und Kuratorinnen meinen, auswählen zu können? Natürlich sind sie wissenschaftlicher Redlichkeit und historischer Genauigkeit verpflichtet, doch auch wenn diese erfüllt sind, sind damit die Kriterien für ein

---

56 | »Auch diese räumliche Verortung von Geschichte stellt ein Identifikationsangebot dar, das dem Publikum erlaubt, mit dem Dargestellten an die eigene Lebenswelt anzuknüpfen.« (Anne Schmidt: »Geschichte, Gefühle, Museen oder Braucht das Museum einen ›emotional turn‹?«, in: Claudia Gemmeke/Franziska Nentwig [Hg.]: *Die Stadt und ihr Gedächtnis*, Bielefeld 2011, S. 93-100, hier S. 98.)

57 | Viv Szekeres: »Histories, Communities and Migration«, Vortrag auf der 16. Generalkonferenz des International Council of Museums (ICOM), Section International Committee for Museums and Collections of Archaeology and History (ICMAH), Melbourne, 10.-16.10.1998 (unveröff. MS).

Auswählen noch *nicht* erfüllt. Wer wird also eingeschlossen, wer wird ausgeschlossen und welche Kriterien kommen dabei zum Tragen?[58]

Abb. 4: Wessen Blick prägt eine Ausstellung? Wessen Stimme gibt sie wieder? Im Historischen Museum Serbiens, Belgrad, Juni 2017 (Photo: Autorin)

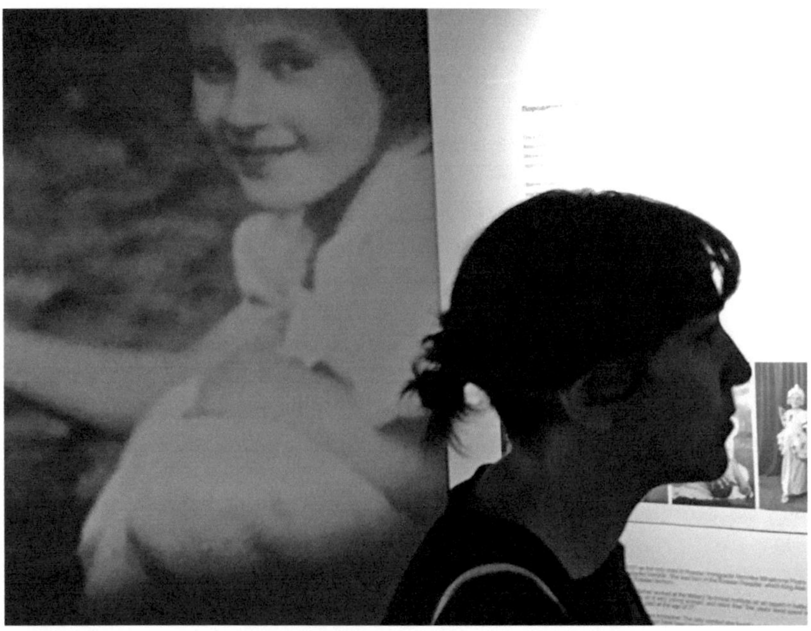

Eindeutige Antworten auf all diese Fragen sehe ich bis heute nicht. Für mich lag und liegt der Weg darin, bezüglich der Unsicherheiten im Umgang mit Erinnerungen, mit Subjektivität, bei der Suche nach Angemessenheit und Wahrheit aus der *Vergegenwärtigung* der *vielen* Stimmen heraus zu *eigenen* Entscheidungen mich durchzuringen, ohne der einen oder anderen Stimme *ganz* zu folgen und mich doch für eine bestimmte Auswahl reflektiert zu entscheiden.

Hinzu kommt eine weitere Entwicklung: Kuratoren oder, allgemeiner gesagt, *museum professionals* denken heute so viel wie wahrscheinlich noch nie zuvor über ihren Standort nach. Und die Position der Kuratoren steht heute ganz anders in Frage – und das meine ich in einem konstruktiven Sinn. Die Museumswissenschaft hat ihr Augenmerk auf das große Feld der Legitimität und Legitimation von Repräsentation gerichtet. Sie hat Ansätze und Good-

58 | Dazu auch: Rosmarie Beier-de Haan: »Wessen Stimme? Zum Verhältnis von Objekt, Kurator*in und Institution«, Vortrag im Rahmen der Tagung *Assessment of Significance. Deuten - Bedeuten - Umdeuten*, Deutsches Historisches Museum, 11.-13.5.2017 (Publ. in Vorb.).

Practice-Beispiele einer heterodoxen Teilhabe vorgelegt, hat Kategoriensysteme unterschiedlicher *Partizipation* der Besucher entwickelt.[59] Basisbewegungen wie Occupy Museum fordern neue Formen des Zugangs und der Teilhabe am Museum ein.[60] Expertenwissen wird neu verhandelt; es bedeutet nicht mehr ausschließlich das (zumeist akademisch erworbene) Fachwissen der Kuratoren, sondern kann auch das Expertenwissen weiterer Beteiligter im Sinne von Praxiswissen und -erfahrung sein.[61] Neue Wissensgemeinschaften können sich konstituieren, die ohne kuratorische Instanz und akademische Beglaubigung auskommen[62] – etwa im Internet, wenn sich Interessierte weltweit zu neuen Gemeinschaften zwecks historischer Erschließung und historischer Erinnerung zusammenfinden.[63]

Aber das Dilemma, auf welcher Legitimationsgrundlage denn nun ihrerseits die Personen sprechen, die ergänzend zu mir als Kuratorin oder an meiner statt sichtbar werden, lässt sich damit nicht überwinden und wahr-

59 | Vgl. grundlegend: Nina Simon: *The Participatory Museum*, Santa Cruz 2010; außerdem: Susanne Gesser/Martin Handschin/Angela Jannelli et al. (Hg.), *Das partizipative Museum. Zwischen Teilhabe und User Generated Content*, Bielefeld 2012; Felix Ackermann/Anna Boroffka/Gregor H. Lersch (Hg.): *Partizipative Erinnerungsräume*, Bielefeld 2013.

60 | Vgl. dazu die Tagung der Bundesakademie für Kulturelle Weiterbildung *Occupy Museum?*, Wolfenbüttel, 25.-27.04.2013.

61 | Vgl. Matthias Dreyer/Rolf Wiese (Hg.): *Das offene Museum. Rolle und Chancen von Museen in der Bürgergesellschaft*, Ehestorf 2010; Angela Jannelli: *Wilde Museen. Zur Museologie des Amateurmuseums*, Bielefeld 2012.

62 | Man kann dies zweifellos vor der Folie der modernen Wissensgesellschaften deuten, die als Ausformung hochentwickelter Gesellschaften dadurch charakterisiert sind, dass individuelles und kollektives Wissen in stetig wachsendem Maße zur Grundlage gesellschaftlichen Zusammenlebens und gesellschaftlicher Organisation geworden ist und weiterhin wird (vgl. grundlegend: Nico Stehr: *Arbeit, Eigentum und Wissen. Zur Theorie von Wissensgesellschaften*, Frankfurt a.M. 1994; ders.: »Moderne Wissensgesellschaften«, in: *Aus Politik und Zeitgeschichte* 36 [2001], S. 7-14; vgl. auch Hans-Jörg Sandkühler, der anstelle des nicht unkritisiert gebliebenen Begriffs ›Wissensgesellschaften‹ den Begriff ›Wissenskulturen‹ verwendet: H.-J. Sandkühler: *Kritik der Repräsentation. Einführung in die Theorie der Überzeugungen, der Wissenskulturen und des Wissens*, Frankfurt a.M. 2009). Ob der populistische Wissenschafts›skeptizismus‹ der jüngsten Zeit mehr als ein temporäres Phänomen (›alternative news‹) ist, bleibt abzuwarten.

63 | Beispiele aus der Formierungsphase dieser Entwicklung, besonders bezogen auf den Holocaust, in: Rosmarie Beier(-de Haan): »Geschichte, Erinnerung und Neue Medien«, in: dies. (Hg.): *Geschichtskultur in der Zweiten Moderne*, Frankfurt a.M. 2000, S. 299-323.

scheinlich auch *gar nicht* lösen. Das grundlegende moralische Dilemma bleibt, nämlich die Tatsache, dass Repräsentation als solche immer ein Quantum an *Ungerechtigkeit*, des Nichteinlösens des demokratischen Gleichheitsgebots in sich trägt[64] – ist doch Repräsentation im Kern immer eine Verletzung der demokratischen Gebote der Gleichheit.

Und auch in dieser Problematik ist das Museum Teil und Ausdruck umfassenderer Entwicklungen. Die Sensibilität gegenüber den Grundlagen von Partizipation und Teilhabe ist in den westlichen Gesellschaften enorm gewachsen, auch wenn wir nicht immer überschauen, wohin das Ganze denn nun eigentlich führt. Und auch in dieser Hinsicht würde ich das Museum als eine ›moralische Anstalt‹ bezeichnen – hier als eine ›moralische Anstalt‹ für Kuratorinnen und Kuratoren, ihre Praxis zu reflektieren und zu korrigieren und ihr Handeln und dessen Legitimation immer wieder neu auf den Prüfstand zu stellen oder stellen zu lassen.

So kann man das Museum, hierin immer noch Schillers Uridee folgend, »als ein Laboratorium von richtiger Theorie-Praxis im kleinen« sehen, das »dem Ernstfall experimentierend unterlegt wird«, wie Ernst Bloch es einmal anschaulich fasste.[65] So wie das Theater im Schillerschen Sinne eine Probe aufs Exempel, eine Einübung in die richtige Verhaltensweise ist, so kann das Museum – im Sinne der vielfach eingeforderten *social responsibility* – eine verdichtete intellektuelle und ästhetische Qualität entwickeln, um dem Einzelnen vorzuführen, was es mit uns, unserer Welt und unserer Zukunft auf sich hat.

Literatur

»Brisant und teuer. Das neue Museum der Sklaverei in Pointe-à-Pitre«, in: *Focus online*, 7.7.2015, www.focus.de/fotos/brisant-und-teuer-das-neue-museum-der-sklaverei-in-pointe-a-pitre_id_4800200.html (28.7.2017).

»Schwarzer Stolz und schwarzer Schmerz. Das neu eröffnete Museum für afroamerikanische Geschichte und Kultur in Washington beleuchtet dunkle Kapitel der US-Geschichte – und feiert Ikonen«, in: *Süddeutsche Zeitung*, 24.9.2016, www.sueddeutsche.de/kultur/neues-museum-in-washington-schwarzer-stolz-und-schwarzer-schmerz-1.3177439 (28.6.2017).

Ackermann, Felix/Boroffka, Anna/Lersch, Gregor H. (Hg.): *Partizipative Erinnerungsräume*, Bielefeld 2013.

64 | Vgl. neben H.-J. Sandkühler: *Kritik der Repräsentation* s.a. Markus Linden/Winfried Thaa (Hg.): *Krise und Reform politischer Repräsentation*, Baden-Baden 2011.

65 | Ernst Bloch: *Das Prinzip Hoffnung*, S. 482.

Amar, Marianne/Poinsot, Marie/Wihtol de Wenden, Catherine (Hg.): *A chacun ses étrangers? France – Allemagne de 1871 à aujourd'hui*, Arles/Paris 2008.

Angrand, Jean-Luc: *Céleste ou le temps des Signare*, Sarcelles 2006.

Appadurai, Arjun: »The Globalization of Archaeology and Heritage«, in: *Journal of Social Archaeology* 1 (2001), S. 5-49.

Arendes, Cord/Siebold, Angela: »Zwischen akademischer Berufung und privatwirtschaftlichem Beruf. Für eine Debatte um Ethik- und Verhaltenskodizes in der historischen Profession«, in: *Geschichte in Wissenschaft und Unterricht* 3/4 (2015), S. 152-166.

Beck, Ulrich/Bonß, Wolfgang (Hg.): *Die Modernisierung der Moderne*, Frankfurt a.M. 2002.

Beck, Ulrich: *Perspektiven der Weltgesellschaft*, Frankfurt a.M. 1997.

Behrendt, Barbara: »Orte des ernsthaften Nachdenkens« [Feature] in: *Deutschlandfunk*, 19.5.2016, www.deutschlandfunk.de/berliner-theatertreffen-orte-des-ernsthaften-nachdenkens.691.de.html?dram:article_id=353682 (28.6.2017).

Beier-de Haan, Rosmarie: *Erinnerte Geschichte – Inszenierte Geschichte. Historische Museen und Ausstellungen in der Zweiten Moderne*, Frankfurt a.M. 2005.

Beier-de Haan, Rosmarie/Werquet, Jan (Hg.): *Fremde? Bilder von den »Anderen« in Deutschland und Frankreich seit 1871*, Dresden 2009.

Beier-de Haan, Rosmarie: »Geschichte, Erinnerung, Repräsentation. Zur Funktion von Zeitzeugen in zeithistorischen Ausstellungen im Kontext einer neuen Geschichtskultur«, www.bkge.de/Downloads/Zeitzeugenberichte/Beier-de_Haan_Geschichte_Erinnerung_Repraesentation.pdf (28.6.2017).

—: »Geschichte, Erinnerung und Neue Medien«, in: dies. (Hg.): *Geschichtskultur in der Zweiten Moderne*, Frankfurt a.M. 2000, S. 299-323.

—: »Wessen Stimme? Zum Verhältnis von Objekt, Kurator*in und Institution«, Vortrag im Rahmen der Tagung *Assessment of Significance. Deuten – Bedeuten – Umdeuten*, Deutsches Historisches Museum, 11.-13.5.2017 (Publ. in Vorb.).

Benjamin, Walter: »Ursprung des deutschen Trauerspiels« [1928], in: ders.: *Abhandlungen*, hg. von Rolf Tiedemann/Hermann Schweppenhäuser, Frankfurt a.M. 1991 (*Gesammelte Schriften*, Bd. 1), S. 203-430.

Bloch, Ernst: *Das Prinzip Hoffnung* [1938-1947/1953 und 1959], Frankfurt a.M. 1985 (*Werkausgabe*, Bd. 5).

—: *Geist der Utopie* [[2]1923 ([1]1918)], Frankfurt a.M. 1985 (*Werkausgabe*, Bd. 3).

Camara, Abdoulaye: »Gorée. Passé, présent et futur«, in: *Le Patrimoine culturel africain*, Paris 2001, S. 83-106.

Conrad, Sebastian/Randeria, Shalini/Römhild, Regina (Hg.): *Jenseits des Eurozentrismus. Postkoloniale Perspektiven in den Geschichts- und Kulturwissenschaften*, Frankfurt a.M. 2013.

Cornelißen, Christoph: »Erinnerungskulturen. Version 2.0«, in: *Docupedia-Zeitgeschichte. Begriffe, Methoden und Debatten der zeithistorischen Forschung*, https://docupedia.de/zg/Erinnerungskulturen_Version_2.0_Christoph_Corneli %C3 %9Fen (28.6.2017).

Cotter, Holland: »Making Museums Moral Again«, in: *The New York Times*, 17.3.2016, S. F6, s.a. https://www.nytimes.com/2016/03/17/arts/design/making-museums-moral-again.html (28.6.2917).

Del Marmol, Camilla/Morell, Marc/Chalcraft, Jasper (Hg.): *The Making of Heritage. Seduction and Disenchantment*, London 2015.

Demand, Christian: »Moralische Anstalten«, in: *Merkur* 70/802 (2016), https://www.merkur-zeitschrift.de/2016/02/24/moralische-anstalten/ (28.06.2017).

Didi-Huberman, Georges: *Remontagen der erlittenen Zeit. Das Auge der Geschichte*, Paderborn 2014 (ders.: *Das Auge der Geschichte*, Bd. 2).

Dreyer, Matthias/Wiese, Rolf (Hg.): *Das offene Museum. Rolle und Chancen von Museen in der Bürgergesellschaft*, Ehestorf 2010.

Erdmann, Elisabeth: »Geschichtsbewußtsein – Geschichtskultur«, in: *Geschichte, Politik und ihre Didaktik* 35 (2007), S. 186-195.

Flandrin, Antoine: »Cinq choses à savoir sur le Mémorial ACTe, en Guadeloupe. François Hollande a inauguré dimanche à Pointe-à-Pitre un espace conçu pour être le centre le plus important au monde consacré au souvenir de la traite négrière et de l'esclavage«, in: *Le Monde*, 10.5.2015, www.lemonde.fr/afrique/article/2015/05/10/cinq-choses-a-savoir-sur-le-memorial-acte-en-guadeloupe_4630682_3212.html (28.6.2017).

Germany – Memories of a Nation. A 600-year History in Objects [Website der Ausstellung British Museum, London, 16.10.2014-25.1.2015], www.britishmuseum.org/whats_on/exhibitions/germany_memories_of_a_nation.aspx (28.6.2017).

Gesser, Susanne/Handschin, Martin/Jannelli, Angela et al. (Hg.), *Das partizipative Museum. Zwischen Teilhabe und User Generated Content*, Bielefeld 2012.

Giddens, Anthony: *Modernity and Self-Identity. Self and Society and the Late Modern Age*, Cambridge 1991.

Giebelhausen, Michaela: *The Architecture of the Museum. Symbolic Structures*, Urban Contexts, Manchester 2003.

Han, Byung-Chul: *Digitale Rationalität und das Ende des kommunikativen Handelns*, Berlin 2013.

Han, Byung-Chul: *Müdigkeitsgesellschaft*, Berlin 2012.

—: *Transparenzgesellschaft*, Berlin 2012.

Heer, Hannes: »Aufbruch, Abbruch, Umbruch. Das Ende der Legende von der ›sauberen Wehrmacht‹ und die neuen Legenden«, Vortrag im Rahmen der

Tagung *Assessment of Significance. Deuten – Bedeuten – Umdeuten*, Deutsches Historisches Museum, 11.-13.5.2017 (Publ. in Vorb.).

Hockerts, Hans Günther: »Zugänge zur Zeitgeschichte. Primärerfahrung, Erinnerungskultur, Geschichtswissenschaft«, in: Konrad H. Jarausch/Martin Sabrow (Hg.): *Verletztes Gedächtnis. Erinnerungskultur und Zeitgeschichte im Konflikt*, Frankfurt a.M./New York 2002, S. 39-73.

Homosexualität_en [Website der Ausstellung, Schwules Museums* Berlin und Deutsches Historischen Museum, Berlin, 26.6.-01.12.2015], https://www.dhm.de/ausstellungen/archiv/2015/homosexualitaet-en.html (28.6.2017).

ICOM Code of Ethics for Museums [2013], http://icom.museum/fileadmin/user_upload/pdf/Codes/code_ethics2013_eng.pdf (28.6.2017).

Jannelli, Angela: *Wilde Museen. Zur Museologie des Amateurmuseums*, Bielefeld 2012.

Jensen, Lars: »Rot wie die glühende Wut. Was wären Kultur, Geschichte, Gegenwart Amerikas ohne den Beitrag der Schwarzen? Endlich gibt es dafür jetzt ein Museum. In Washington eröffnet das National Museum of African American History and Culture«, in: *Frankfurter Allgemeine Zeitung*, 24.9.2016, www.faz.net/aktuell/feuilleton/kunst/afroamerikanische-geschichte-rot-wie-die-gluehende-wut-14450132.html (28.6.2917).

Jones, Roy/Shaw, Brian: »Thinking locally, acting globally? Stakeholder Conflicts over UNESCO World Heritage Inscription in Western Australia«, in: *Journal of Heritage Tourism* 7 (2012), S. 83-96.

Kant, Immanuel: »Allgemeine Aufgabe der reinen Vernunft«, in: ders.: *Kritik der reinen Vernunft* [[2]1787 ([1]1781)], hg. von der Königlich Preußischen Akademie der Wissenschaften, Berlin 1905 (*Kant's Gesammelte Schriften*, Bd. 3), S. 39-42.

Kühberger, Thomas/Sedmak, Clemens: *Ethik der Geschichtswissenschaft*, Wien 2008.

Lash, Scott: *Another Modernity, a Different Rationality*, Oxford/Malden 1999.

Levy, Daniel/Sznaider, Natan: *Erinnerung im globalen Zeitalter: Der Holocaust*, Frankfurt a.M. 2001.

Linden, Markus/Thaa, Winfried (Hg.): *Krise und Reform politischer Repräsentation*, Baden-Baden 2011.

Lutz, Helma/Gawarecki, Kathrin (Hg.): *Kolonialismus und Erinnerungskultur*, Münster 2005.

Macdonald, Sharon (Hg.): *A Companion to Museum Studies*, Malden/Oxford/Carlton 2006.

—: »Exhibiting Contentious and Difficult Histories. Ethics, Emotions and Reflexivity«, in: International Council of Museums (Hg.): *Museums, Ethics and Cultural Heritage*, London 2016, S. 267-277.

Marstine, Janet (Hg.): *New Museum. Theory and Practice*, Malden/Oxford/Carlton 2005.

McCarthy, Conal (Hg.): *Museum Practice*, Malden/Oxford/Chichester 2015 (The International Handbooks of Museum Studies).

Melber, Henning (Hg.): *Genozid und Gedenken. Namibisch-deutsche Geschichte und Gegenwart*, Frankfurt a.M. 2005.

Nolte, Paul: »Öffentliche Geschichte. Die neue Nähe von Fachwissenschaft, Massenmedien und Publikum«, in: Michele Barricelli/Julia Hornig (Hg.): *Aufklärung, Bildung, »Histotainment«?*, Frankfurt a.M. 2008, S. 131-146.

Pandel, Hans-Jürgen: »Geschichtskultur«, in: Ulrich Mayer/H.-J. Pandel/Gerhard Schneider et al. (Hg.): *Wörterbuch Geschichtsdidaktik*, Schwalbach i.Ts. 2006, S. 74f.

Plamper, Jan: *Geschichte und Gefühl. Grundlagen der Emotionsgeschichte*, München 2012.

Pohl, Hans Heinrich: »Wann ist ein Museum ›historisch korrekt‹? ›Offenes Geschichtsbild‹, Kontroversität, Multiperspektivität und ›Überwältigungsverbot‹ als Grundprinzipien musealer Geschichtspräsentationen«, in: Olaf Hartung [Hg.]: *Museum und Geschichtskultur. Ästhetik – Politik – Wissenschaft*, Bielefeld 2006, S. 273-286.

Rauterberg, Hanno: »Und dem Himmel zugewandt. Ist das Barack Obamas Vermächtnis? Zu Besuch in Washingtons neuem Museum für afroamerikanische Geschichte«, in: *Zeit online*, 22.9.2016, www.zeit.de/2016/40/museum-fuer-afroamerikanische-geschichte-washington-eroeffnung-barack-obama (28.6.2017).

Richter, Peter: »Das Schwarze Haus. Am Samstag eröffnet das Museum für afroamerikanische Geschichte und Kultur in Washington. Was bedeutet das für die afroamerikanische Gegenwart? Und welche Rolle spielt dabei die Hautfarbe des Architekten?«, in: *Süddeutsche Zeitung*, 22.9.2016, www.sueddeutsche.de/politik/neues-museum-in-washington-das-schwarze-haus-1.3174484?reduced=true (28.6.2017).

Rosa, Hartmut: *Beschleunigung und Entfremdung*, Frankfurt a.M. 2013.

—: *Resonanz. Eine Soziologie der Weltbeziehung*, Frankfurt a.M. 2016.

—: *Weltbeziehung im Zeitalter der Beschleunigung. Umrisse einer neuen Gesellschaftskritik*, Frankfurt a.M. 2012.

Rüsen, Jörn: »Was ist Geschichtskultur? Überlegungen zu einer neuen Art, über Geschichte nachzudenken«, in: ders./Theo Grütter/Klaus Füßmann (Hg.): *Historische Faszination. Geschichtskultur heute*, Köln/Weimar/Wien 1994, S. 3-26.

Sandkühler, Hans-Jörg: *Kritik der Repräsentation. Einführung in die Theorie der Überzeugungen, der Wissenskulturen und des Wissens*, Frankfurt a.M. 2009.

Schiller, Friedrich: »Die Schaubühne als eine moralische Anstalt betrachtet«, in: *Thalia* 1/1 (1785), S. 1-27.

Schmidt, Anne: »Geschichte, Gefühle, Museen oder Braucht das Museum einen ›emotional turn‹?«, in: Claudia Gemmeke/Franziska Nentwig (Hg.): *Die Stadt und ihr Gedächtnis*, Bielefeld 2011, S. 93-100.

Schulz, Bernhard: »Mal hoch, mal quer. Symposien über Museumsarchitektur. Bauhaus historisch: Zwei Symposien in Berlin und Venedig untersuchen die gegenwärtige Museumsarchitektur und ihre Herausforderungen«, in: *Der Tagesspiegel*, 10.10.2016, www.tagesspiegel.de/kultur/symposien-ueber-museumsarchitektur-mal-hoch-mal-quer/14662110.html (28.6.2017).

Simon, Nina: *The Participatory Museum*, Santa Cruz 2010;.

Stehr, Nico: *Arbeit, Eigentum und Wissen. Zur Theorie von Wissensgesellschaften*, Frankfurt a.M. 1994.

—: »Moderne Wissensgesellschaften«, in: *Aus Politik und Zeitgeschichte* 36 (2001), S. 7-14.

Struß, Bernd: *»Ewiggestrige« und »Nestbeschmutzer«. Die Debatte über die Wehrmachtsausstellungen*, Frankfurt a.M. 2009.

Szekeres, Viv: »Histories, Communities and Migration«, Vortrag auf der 16. Generalkonferenz des International Council of Museums (ICOM), Section International Committee for Museums and Collections of Archaeology and History (ICMAH), Melbourne, 10.-16.10.1998 (unveröff. MS).

Thomas, Gina: »Stellt euch vor, ihr seid Deutsche. ›Don't mention the war‹: So hielten es die Briten bisher, wenn sie es mit Deutschen zu tun hatten. Jetzt zeigt London eine große Deutschland-Ausstellung. Schönt sie das Bild vom einstigen Gegner? Ein Gespräch mit dem Direktor des British Museum«, in: *Frankfurter Allgemeine Zeitung*, 14.10.2014, www.faz.net/aktuell/feuilleton/debatten/deutschland-ausstellung-im-british-museum-direktor-neil-macgregor-im-gespraech-13206062-p4.html?printPagedArticle=true#pageIndex_4 (28.6.2017).

Troebst, Stefan: »Geschichtspolitik. Politikfeld, Analyserahmen, Streitobjekt«, in: Etienne François (Hg.): *Geschichtspolitik in Europa seit 1989*, Göttingen 2013, S. 15-34.

Vergo, Peter: *The New Museology*, London 1989.

Williams, Paul: *Memorial Museums. The Global Rush to Commemorate Atrocities*, Dorset 2007.

Winkler, Kurt: *Museum und Avantgarde. Ludwig Justis Zeitschrift »Museum der Gegenwart« und die Musealisierung des* Expressionismus, Opladen 2002 (Berliner Schriften zur Museumskunde 17).

III. Präsentieren und Repräsentieren. Bedeutung und Status der Dinge im Museum

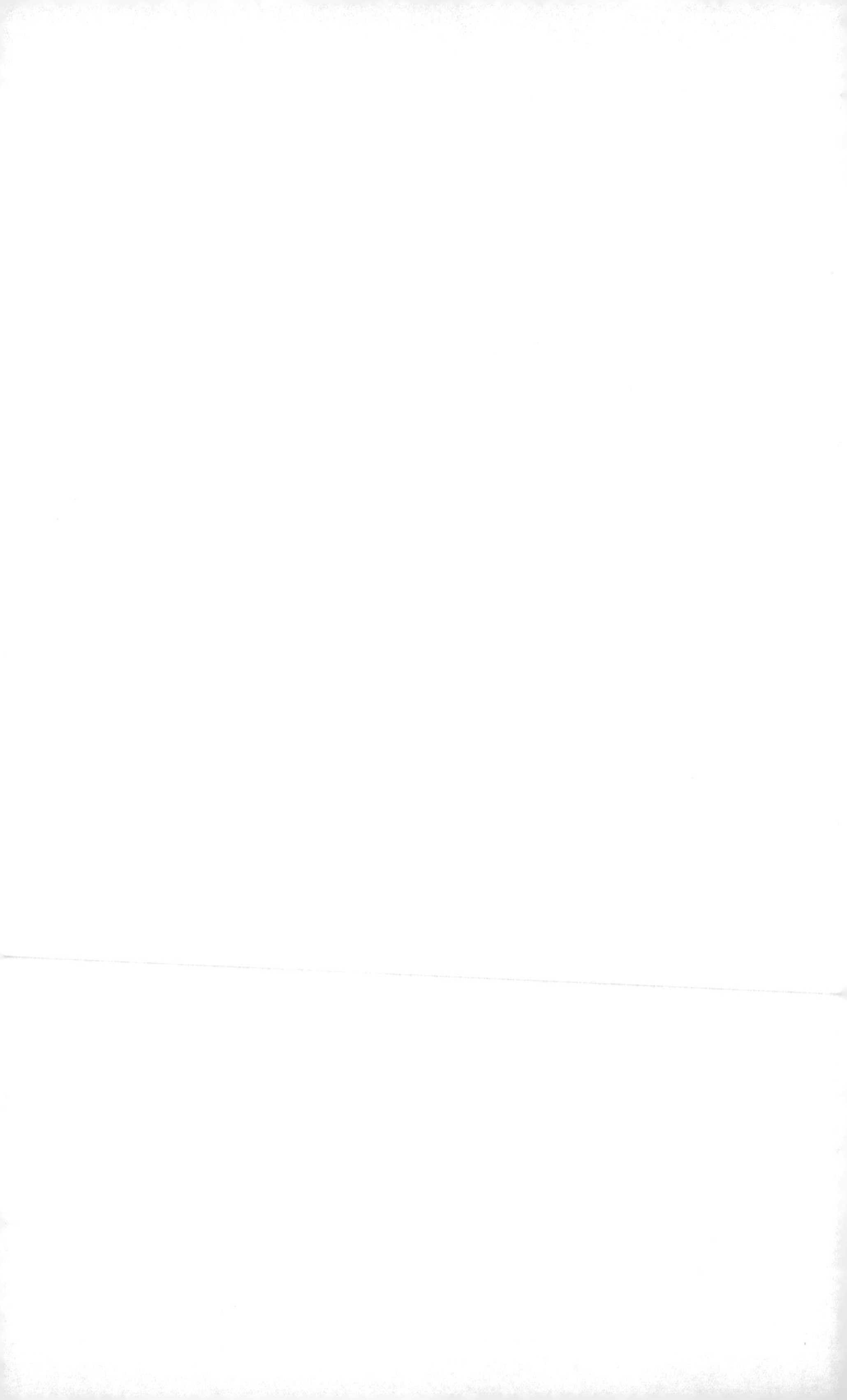

Zur Philosophie musealen Sammelns

Andreas Urs Sommer

Jahrtausende lang bestand menschliche Entwicklung nicht zuletzt darin, die Dinge in die Hand zu nehmen, sie mit eigener Hand zu gestalten. Der *homo sapiens* unterscheidet sich vom Affen wesentlich dadurch, dass er viel mehr Dinge in die Hand bekommen hat. Der Schimpanse wird zwar auch versuchen, mit einem Stöckchen die unerreichbar hoch hängenden Kokosnüsse herunterzuschlagen; er schleppt vielleicht eine leere Kiste herbei, auf die er sich stellt, um sich mit dem Stock noch länger zu machen, aber er bastelt noch keine Werkzeuge, entfacht noch kein Feuer und bemalt noch keine Höhlenwände. Menschen hingegen sind Wesen, die sich nicht einfach in ihre Umwelt einfügen, sondern sich ihre eigene Welt erschaffen, indem sie Hand an sie legen. Diesem In-die-Hand-bekommen-Wollen haftet etwas Paradoxes an: Je mehr der Mensch in die Hand bekommen wollte, desto mehr musste er aus der Hand geben. Beim Feuer-Machen hielt er immerhin noch den Feuerstein in der eigenen Hand, beim Höhlen-Bemalen das Kohlestück. Aber bereits hier war es nicht mehr seine Hand selbst, die den gewünschten Effekt hervorbrachte. Der geht auf das Konto der angewendeten Hilfsmittel. Wie viel größer wird der Abstand zwischen Wirkungswille und erzielter Wirkung da, wo sich der Mensch komplizierter Apparaturen bedient, um seine Welt optimaler in den Griff zu bekommen – und zugleich in Kauf nimmt, dass sie sich seinem unmittelbaren, direkten Zugriff immer mehr entzieht, nur über Prothesen gestaltbar, greifbar und verstehbar ist.

Die Wende von einer Kultur des In-die-Hand-Nehmens zu einer Kultur des Aus-der-Hand-Gebens vollzieht sich in der Menschheitsgeschichte langsam, jedoch stetig. Sie kulminiert in der Digitalisierung sämtlicher Lebensbereiche – Autos, die vollautomatisch fahren, Kühlschränke, die sich von alleine füllen, Schuhe, die vollautomatisch produziert werden und sich von alleine binden. Je mehr der Mensch in die Hand bekommen will, desto mehr muss er aus der Hand geben. Daraus könnte ihm ein immenser freier Denk- und Schöpfungsraum erwachsen – und zugleich ganz viel Gelassenheit. Aber bei dieser Gelassenheit ist unsere Kultur augenscheinlich nicht angelangt. Noch nicht? Der

Gelassenheit des Geschehen-Lassens steht jedenfalls eine große Sehnsucht nach dem In-der-Hand-Behalten gegenüber; leicht wächst sich diese Sehnsucht aus zu einer Angst vor dem Verlust einer Kontrolle, die man ohnehin längst verloren hat. Diese Sehnsucht und Angst machen einen Grundton der gegenwärtigen Kulturlarmoyanz aus. Er erklingt unter der Satzbezeichnung der ›Entfremdung‹. Aber die Entfremdung hat schon stattgefunden, als der erste Primat einen Stock in seine Pfote nahm, um an die Kokosnuss zu kommen. Entfremdung heißt nichts weiter als Distanzgewinn. Und der ist eigentlich, für die Philosophen, aber nicht nur für sie, in hohem Maße wünschenswert. Nicht jedoch für den Unmittelbarkeitsfetischismus, der um sich greift, je mehr die Kultur des Aus-der-Hand-Gebens überhandnimmt.

Aber warum erzähle ich diese halb mythologische Geschichte vom Menschen und seinem Bedürfnis, die Dinge in den Griff zu bekommen, und von der Unvermeidlichkeit, zu diesem Zweck die Dinge wieder aus der Hand zu geben? Ich erzähle diese Geschichte, weil sie unmittelbar mit dem Thema zu tun hat, nämlich mit der Frage, warum es Sammlungen, Museumssammlungen noch gibt oder auch noch geben soll. Eine Philosophie des Museums kann die Sammlung leicht aus dem Blick verlieren, obwohl die Sammlung den einzig wirklich harten Kern eben dieses Museums verkörpert.

Tatsächlich? Ist die Sammlung, kann man fragen, ist das Sammeln denn nicht ein schmuddeliges Relikt aus einer Zeit, in der es noch kein Internet gab, das einem mittlerweile jeden beliebigen Gegenstand auf den Bildschirm zaubert, und zwar in solcher Qualität, dass es oft das reale, in einer Glasvitrine dem Museumsbesucher entrückte Objekt buchstäblich in den Schatten stellt? Mit wenigen Mausklicks kann ich mir meine private virtuelle Velázquez- oder Van-Gogh-Sammlung zusammenstellen, die mehr Gemälde in perfekter digitaler Reproduktion umfasst, als irgendein Museum der Welt an Velázquez- oder Van-Gogh-Originalen aufzuweisen hat. Das Schicksal der musealen Sammlungen im Zeitalter ihrer technischen Reproduzierbarkeit, nämlich digital übertrumpft zu werden, könnte den Ruf nach Abschaffung musealer Sammlungen laut werden lassen: Würde man nicht ungeheure Ressourcen freischaufeln, wenn man Museen in Wohlfühl- und Selbstvergewisserungsanstalten verwandelte, die selbstverständlich multimedial agieren, aber für so etwas wie eine Sammlung leider gar keinen Platz mehr haben? Und dann dürfte man all den alten Krempel abstoßen, dafür von törichten Privatsammlern exorbitante Summen verlangen und sich sogar noch im Ruhme sonnen, wesentlich zur Sanierung der Staatsfinanzen beigetragen zu haben.

Sicher, es wird starke Widerstände geben. Interessierte Kreise werden vorbringen, Museen dienten wesentlich dazu, das kulturelle Erbe zu bewahren und zu schützen. Also müssten sie sammeln, ja wir hätten im Gegenteil den Privatsammlern möglichst alle irgendwie bedeutsamen Kulturgüter abzujagen, weil einzig und allein in öffentlicher Hand das kulturelle Erbe gesichert werden könne.[1]

Unversehens sind wir wieder in eines jener Hamsterräder hineingeraten, die die unfruchtbaren, politisch und medial hysterisierten Debatten um privates und öffentliches Sammeln umstellen wie eine Wagenburg. Daher noch einmal ein Schritt zurück zu unserer mythologisierenden Eingangserzählung. Ein wenig mehr Abstand zu den Hamsterrädern der Gegenwartsdebatten kann nicht schaden, wenn es um eine *Philosophie* des musealen Sammelns gehen soll.

Menschen haben damit zu leben, sagte ich, dass sie um der Verfügungsmacht über die Welt willen die meisten Dinge aus der Hand geben müssen. Museen nun sind in der Neuzeit zu jenen Orten geworden, die die Dinge vorhalten, die wir schon aus der Hand gegeben oder nie in die Hand bekommen haben. Museen sind das große Versprechen auf Realpräsenz, auf physische Gegenwärtigkeit jener Dinge, die sich uns Menschen gemeinhin entziehen – weil wir sie nicht mehr im Gebrauch haben oder weil sie zu selten sind, dass wir ernstlich Aussicht haben könnten, ihrer je persönlich und privat habhaft zu werden. Unter Museumsdenkern ist der Aberglaube weit verbreitet, die museal gesammelten Gegenstände seien primär als Semiophoren zu verstehen, die auf Unsichtbares verweisen und zu diesem Zweck aus dem ökonomischen Warenkreislauf herausgenommen wurden.[2] Ganz im Gegenteil: Die gesammelten Dinge stehen zunächst ganz für sich und für nichts anderes. Man kann sie zwar mit allerlei Bedeutungen aufladen, sie zu Verweisungskörpern, zu Semiophoren machen. Das geschieht im Rahmen der Exposition, einer neben dem Sammeln bekanntlich gleichfalls zentralen Aufgabe des modernen Museums: Museen stellen Gegenstände aus und sie damit in einen über sie hinausweisenden Sinnzusammenhang. Jetzt repräsentiert beispielsweise der massive Granitblock eine bestimmte erdgeschichtliche Epoche, der silberne Becher das bürgerliche Geltungsbedürfnis zur Zeit des Dreißigjährigen Krieges oder das rosa Gemälde die Entwicklung der Künstlerin, bevor sie in die Lila- oder Giftgrünphase abgeglitten ist. Der Verweisungszusammenhang ist sekundär und kann immer wieder neu konfiguriert werden – in der nächsten Ausstellung ist der silberne Becher dann Zeuge für das Geschick des städti-

1 | Das Nötige zum Thema ist gesagt in: Andreas Urs Sommer: »Staaten als Kulturräuber. Muss man Kulturgüter vor Sammlern oder doch eher vor Staaten schützen?«, in: *Neue Zürcher Zeitung*, 237/40, 18.2.2016, S. 39, s.a. www.nzz.ch/feuilleton/kunst_architektur/staaten-als-kulturraeuber-1.18696818 (27.6.2017).

2 | Krysztof Pomian: »Zwischen Sichtbarem und Unsichtbarem: die Sammlung«, in: ders.: *Der Ursprung des Museums. Vom Sammeln* [*Collectionneurs, amateurs et curieux. Paris-Venise, XVI.-XVIII. siècle*, 1987], übers. von Gustav Roßler, Berlin ^{4}2013 (^{1}1988), S. 13-72.

schen Schmiedehandwerks und das rosa Gemälde macht auf die Durchsetzung industriell produzierter Farben aufmerksam. Vor all dieser möglichen Exposition steht der gesammelte Gegenstand aber für sich, als Gegenstand, den wir in die Hand nehmen können, der begreifbar ist – dadurch ganz anders als die meisten Dinge, die sich uns entziehen. Das Museum bewahrt die Dinge – bewahrt sie vor dem Schicksal, uns aus der Hand zu gleiten, vor einem Schicksal, das in unserer Lebenswelt die meisten Dinge ereilt.

Was ein Museum im harten Kern ausmacht, ist die Sammlung – eine Sammlung physisch verfügbarer Dinge. Alles, was Museen sonst so tun, können andere Institutionen, Einrichtungen und Vermittlungsformen auch: Um sich über das bürgerliche Geltungsbedürfnis zur Zeit des Dreißigjährigen Krieges aufzuklären, reicht die Lektüre eines Buches. Wer die rosa Gemälde der berühmten Künstlerin sehen will, geht statt ins Museum ins Internet oder in die Galerie. Wer wie der Direktor des Basler Kunstmuseums das »Museum als Refugium« versteht, als »Forum des Innehaltens«, als »Ruhepol der Reflexion in der ›aggressiven Gegenwartskultur des digitalen Dauerbombardements‹ und dessen ›Terror‹«[3], wird besser bedient, wenn sie oder er stattdessen ins Kloster, ins philosophische Oberseminar oder ins Solarium geht. All das, was das Museum in dauerndem Lechzen nach Anerkennung heute auch noch sein will, können andere auch und können andere womöglich besser. Höchste Zeit, sich auf das Kerngeschäft, das Sammeln, zu konzentrieren.

Museen also als die Orte, die im Zeitalter der Ding-Verflüchtigung nicht nur den Dingen ein Asyl bieten, sich nicht in funktionalen Zusammenhängen – im Gebrauch – verschleißen zu müssen, sondern auch den Menschen, die den Dingen wieder näherkommen wollen. Aber das ist gewiss nicht das letzte Wort in Sachen Philosophie des musealen Sammelns. Anstatt mich in letzten Worten zu versuchen, möchte ich in 17 kurzen Überlegungen den Faden weiterspinnen, aber doch nicht nur in eine, sondern in verschiedene Richtungen.

1. Zunächst gesellt sich zur These, dass Museen Dinge in die Hand geben, die den Menschen sonst aus der Hand genommen sind, ein ausgesprochen ernüchternder Befund: Dieser besagt, dass Museen die Haptizität, die Greifbarkeit der Objekte in aller Regel nur vorgaukeln, aber nicht zulassen, dass jemand wirklich Hand an sie legt. Sie leben heute wesentlich vom Versprechen dieser Haptizität und Realität der von ihnen gehegten Dinge, und

3 | Josef Helfenstein nach dem Bericht von Michael Baas: »Welche Akzente will der neue Direktor des Kunstmuseums Basel setzen? Wider die Zerstreuung: Josef Helfenstein, der neue Direktor des Kunstmuseums Basel, will die Sammlung aktivieren und das Haus als diskursives Forum stärken«, in: *Badische Zeitung*, 29.9.2016, S. 11, s.a. www.badische-zeitung.de/kunst-1/welche-akzente-will-der-neue-direktor-des-kunstmuseums-basel-setzen--127867059.html (27.6.2017).

zwar gegen die virtuelle Vervielfältigung, die schon der Buchdruck zuwege gebracht, und heutzutage das Internet perfektioniert hat. Letzteres macht ja jetzt und bis auf Weiteres zwar Abbildungen in teuflischer Detailliertheit universell verfüg-, aber nicht begreifbar, solange nicht jeder mit einem 3D-Drucker seine privaten Donatellos und Riemenschneiders produziert und sich damit den Gang ins Bode-Museum erspart. Im Museum kann man aus konservatorischen und sicherheitstechnischen Gründen die meisten Dinge nicht wirklich ergreifen, begreifen. Aber zumindest hält das Museum, sei es in der Ausstellung, sei es im Depot, die Dinge in Griffnähe, hält sie fast greifbar. Und ein paar Dinge laden in modernen Museen als Appetizer auch wirklich dazu ein, begriffen, in die Hand genommen zu werden: Ein roh bearbeiteter Holzstrunk, ein Dinosaurierknochen, eine abgegriffene Münze dürfen, ja sollen angefasst werden. Museumssammlungen versprechen die alte, seit frühen Hominiden-Tagen im Schwinden begriffene Kultur des In-die-Hand-Nehmens, die in der Kultur des Aus-der-Hand-Gebens eine melancholische Erinnerung ist, zu revitalisieren. Je mehr wir die Dinge aus der Hand geben, desto attraktiver werden solche Versprechen werden. Dass das Museum die Dinge in Sicht- und Berührungsnähe hält, aber die Berührung mit ihnen nur in Ausnahmefällen gestattet, erzeugt einen ganz eigentümlichen Reiz.

2. Die virtuelle Verfügbarkeit aller möglichen Dinge macht ihre physische Verfügbarkeit nur vermeintlich verzichtbar. Die Materialität der Gegenstände ist für Sammlungen, Museumssammlungen *sensu stricto* konstitutiv. Der Sammelgegenstand verbürgt Festigkeit, Unauflöslichkeit, obwohl er doch eigentlich nichts weiter ist als ein Beziehungskonglomerat, eine Beziehungskoagulation.[4] Das sammelnde Museum will die Dinge retten, als reale Dinge, gegen die Auflösung in Virtualität oder in bloße Beziehungen. Das Museum als Gegenwelt, die bewahrt, was der Fluss der Zeit verschlingt. Nun bedürfen die Dinge der Rettung wahrscheinlich nicht – viele von ihnen werden, anders als Menschen die nächsten paar tausend oder hunderttausend Jahre spielend überstehen –, aber der Mensch bildet sich doch gerne ein, die Dinge warteten nur darauf, gewürdigt, anerkannt, in die Hand genommen zu werden. Die Sehnsucht nach der Handgreiflichkeit der Dinge ist nur eine menschliche Sehnsucht, vermutlich keine dingliche.
3. Die Entwicklung der Museen geht mit der Vermehrung der Dinge einher: Gesammelt wird auch, weil sich die Dingwelt der Menschen vermehrt, und Dinge in den Gesichtskreis treten, die nicht selbstverständlich da und im Gebrauch sind. Diese außergewöhnlichen Dinge werden mehr. Die Expansion der Horizonte und die Expansion der Dingwelt gehen in der Neuzeit

4 | Vgl. dazu die Ausführungen von Constanze Peres im vorliegenden Band.

Hand in Hand; die Explosion der Dinge korreliert mit einer Explosion der Vielfalt. Die Neuzeit entdeckt, dass der Mensch ein vielfältiger ist – und dass die Welt vielfältig ist. Die gesammelten Dinge dokumentieren genau dies.

4. Was aber soll angesichts dieser Fülle gesammelt werden? Wie geht man sammelnd damit um? Bekanntlich hat sich in der neuzeitlichen Sammlungspraxis ein Kanon des Sammelwürdigen herausgebildet, der das Besondere, das Einmalige, das Wertvolle, das Alte privilegiert und zum Kulturgut erklärt. In der Zwischenzeit sind auch das Häufige, das Verachtete, das Schmutzige und das Neue durchaus Objekte sammlerischer Leidenschaft geworden – wobei die dafür sorgt, dass auch das Häufige wegen der gesteigerten Nachfrage selten wird. Noch einmal: Was soll das heutige Museum sammeln? Alles? Unmöglich! Wie wählt es aus, schon allein nur welche Klasse von Gegenständen?
5. Museales Sammeln ist dem privaten Sammeln erwachsen. Erst spät wird Sammeln als eine öffentliche Aufgabe begriffen, erst im Zuge wachsenden Nationalbewusstseins und des Bedürfnisses nach nationaler Identitätsstiftung.[5] Ursprünglich haben reiche und mächtige Privatpersonen gesammelt. Sie verschafften sich damit Macht über eine Dingwelt, eine spezifische Dingwelt aus lauter Raritäten. Es greift zu kurz, hebt man nur das konservatorische Moment des Sammelns hervor, die Bewahrungskultur, die es repräsentiere. Ein derartig einseitiges Verständnis gibt auch daraus abgeleiteten musealen Sammlungsstrategien einen falschen Zungenschlag. Mit dem realisierten Wunsch des Sammlers, die – seltenen, kostbaren, unbekannten – Dinge in die Hand zu bekommen, entsteht eine neue Welt, ein künstliches Paradies des Sammlers, ein Kunstwerk höherer Ordnung. Die später auftretenden, öffentlichen, staatlichen Akteure wollen über diese künstlichen Paradiese die Kontrolle erlangen und stehen seither in Konkurrenz zu den privaten Sammlern.
6. Die Konkurrenz erwächst aus dem Umstand, dass Sammeln immer auf das abzielt, was andere nicht haben. Es ist elitär, trachtet nach Exklusivität. Man will zeigen, was die anderen nicht zeigen können. Museales Sammeln als Konkurrenz zu privatem Sammeln bemüht, um den Mangel an Finanzkraft zu kompensieren, häufig das Argument, die lokale, regionale, nationale oder universelle Öffentlichkeit habe ein vitales Interesse, bestimmte Sammelobjekte in öffentlicher Hand zu halten. Daher werden die Gesetzgeber bewogen, bestimmte Sammlungsdomänen – wie beispielsweise Antiken – für den privaten Sammler nur noch sehr eingeschränkt zugänglich zu halten.

5 | Vgl. Susan A. Crane: *Collecting and Historical Consciousness in Early Nineteenth-Century Germany*, Ithaca/London 2000.

7. Museales Sammeln wird oft von lokalem, regionalem, nationalem oder universellem Identitätsinteresse bestimmt – genauer: von Identitätskonstitutionsinteresse und Identitätspräsentationsinteresse. Das nationale Identitätsinteresse hat sich bei den Museumsverantwortlichen Westmitteleuropas eher verflüchtigt – das mag in Budapest oder in Istanbul und in Washington anders sein. Auch der private Sammler verfolgt in seinem Tun ein Identitätsinteresse. Seine Sammlung ist eine Wahlwelt, eine Wunschwelt, vielleicht überdies eine Wahnwelt. Wenn es beim öffentlichen Museum um Identitätsinteressen geht: Von wem und für wen? Einst war das bei nationalen oder regionalen Museen noch unproblematisch. Denn sie nahmen von einem politisch vorgegebenen Willen zur Identität, beispielsweise zur nationalen Identität ihren Ausgang. Heute ist dieser Wille oft entfallen oder wird jedenfalls nicht mehr von außen diktiert. Wie also ist es heute um das Identitätsinteresse der Museen bestellt? Sie sind in eine experimentelle Phase eingetreten – experimentieren mit möglichen Identitäten. Und verlieren bei all dem Experimentieren ihr Kerngeschäft, das Sammeln, nur allzu leicht aus dem Blick.
8. Wie also soll institutionell-museale Sammlungstätigkeit begründet werden? Offenkundig gibt es keine streng vorgeschriebenen Zwecke mehr, kein zwingendes Identitätsinteresse. Also kann das museale Sammeln kreativ werden, es kann sich entgrenzen. Es ist alles möglich geworden, was früher nicht möglich war. Die Kanonorientierung entfällt, weil es den Kanon des exklusiv Sammelwürdigen, des Klassischen nicht mehr gibt. Damit tritt das alte Trachten nach Exklusivität erneut in den Vordergrund: Man will das sammeln, was andere nicht haben. Eine Sammlung erschaffen, die völlig anders ist als die anderen Sammlungen. Mit diesem Trachten ist das museale Sammeln in die Phase der Enthemmung eingetreten. Mutmaßlich wird das viele Male schief gehen – aus der Perspektive der Museumsbesucher, aus der Perspektive der Nachwelt –, aber vielleicht lohnt es sich doch um einzelner sammlerischer Sternstunden willen.
9. Das Trachten nach Exklusivität zu befriedigen, ist in vielen Fällen aus finanzieller Beschränkung schlicht nicht möglich: Auf dem internationalen Kunstmarkt mit vermögenden Privatsammlern zu wetteifern, um dem Museum die neuesten Elaborate von Damien Hirst oder Gerhard Richter zu sichern, ist vergebliche Liebesmüh. Da lässt man besser die Privatsammler zum Zuge kommen. Angesichts seiner knappen Mittel kann das öffentliche Museum vieles nicht sammeln, was gegenwärtig hoch im Kurs ist. Das zu tun, wäre auch ökonomisch unsinnig, denn das Meiste von dem, was gegenwärtig gerade Höchstpreise bringt, wird in 100 Jahren in den Depots vermodern, und man wird sich über die seltsamen Kunstmarktpräferenzen des frühen 21. Jahrhunderts amüsieren, wie wir uns heute amüsieren über den gewaltigen kommerziellen Erfolg akademischer Malerei im 19.

Jahrhundert. Rational ist es, den Privatsammlern hier das Feld großzügig zu überlassen, denn früher oder später werden viele von ihnen ohnehin aus Geltungsdrang oder zur Steuerersparnis ihre Schätze den öffentlichen Museen stiften. Dann werden noch mehr als genug Hirsts, Richters, oder Polkes angeschwemmt werden, und man wird sich fragen, wo man den ganzen Kram lagern soll.

10. Günstiger wäre es, wenn Museen beispielsweise Strandgut, Paraphernalien unserer Kultur sammelten, um sie zur Hand zu haben, sobald sie außer Gebrauch kommen – Mobiltelefone ebenso wie Kreditkarten, Kaugummis ebenso wie Plattenspieler. Wollen sie mehr als Strandgut, wollen sie ›Hochkulturelles‹, sollten sie sich angesichts schwindender Anschaffungsetats mit den privaten Sammlern arrangieren, die ohnehin die Trüffelschweine der Kultur sind: Denn sie haben den Riecher, was dereinst wichtig sein könnte, während Museumsleute nur etablierte Sammelgegenstände zu sammeln pflegen (sie sind ja Geldgebern sprich Steuerzahlern gegenüber rechenschaftspflichtig).
11. Zu einer Zeit, in der sich Menschen bewusst werden, dass sie die Dinge aus der Hand geben, laden Museen dazu ein, die Dinge wieder in die Hand zu nehmen. Darin kann man eine ihrer wesentlichen, ihrer umfassenden Aufgaben sehen. Aber eben: Die Einladung ist nur eine Einladung als ob, denn die meisten Objekte bleiben ja weggeschlossen und dem direkten Zugriff der Besucher entzogen. Sammlungen stellen eine verlockende Aussicht dar, das In-die-Hand-Nehmen wiederzubeleben. In den Museen wird diese Aussicht jedoch nicht erfüllt. Erfüllt werden kann sie nur, wenn das Museum statt die Besucher zu passiven Kulturkonsumenten zu stempeln, sie in den Stand der Kreativität versetzt. Wolfgang Ullrich hat jüngst über den Funktionswandel moderner Museen nachgedacht und dabei festgestellt: »Der Wandel besteht darin, dass die Besucher nicht mehr kommen, weil sie die Schöpfungen – Meisterwerke – anderer demütig bewundern, sondern weil sie sich selbst als kreativ erleben wollen.«[6] Museen »stellen sich der Aufgabe, auf die demokratisierten und ökonomisierten Kreativitätsansprüche zu reagieren. Insofern werden sie mehr und mehr zu Kreativitätsagenturen.«[7]
12. Nur kann nicht jeder, der sich Tiziane oder Pollocks anschaut, selbst so leicht zu einem Tizian oder einem Pollock werden. Und doch können Museen dazu motivieren, die Dinge selbst in die Hand zu nehmen, die sie ihren Besuchern vorenthalten, nämlich dadurch, dass sie die Besucher in

---

6 | Wolfgang Ullrich: »Jeder Mensch ein Künstler? Die Tyrannei der Kreativität«, in: *Neue Zürcher Zeitung*, 15.2.2016, www.nzz.ch/meinung/debatte/die-tyrannei-der-kreativitaet-1.18695374 (27.6.2017).

7 | Ebd.

Sammler verwandeln. Die aus der Frühneuzeit bekannte alte, sehr alte Funktion des Museums – damals verstanden als private oder semipublike Wunderkammer – wird plötzlich wieder akut: Die frühneuzeitlichen Privatmuseen dienten wesentlich dazu, die Besucher zu eigenen sammlerischen Leistungen anzuspornen. Museumsbesitzer suchten einander zu übertrumpfen mit der Akquisition immer exquisiterer Habseligkeiten. Wesentlich für das Verständnis ihres Bemühens war die Konkurrenz um die knappen raren Güter sowie um die an ihnen hängende Reputation. Die Geburt des Museums ist eine Geburt aus der Agonalität.

13. Erst als Museen öffentliche, staatliche Anstalten wurden, darauf gedrillt, kollektive Identitätspolitik zu treiben, ging dieses agonale Moment verloren – aus dem Museumsbesucher als Konkurrent und Gegenspieler wurde der Museumsbesucher als Untertan und Objekt volkspädagogischer Anstrengungen, dem die kollektive Identitätserzählung übergestülpt werden sollte. Diese im 19. Jahrhundert – gegen das Freiheitspathos Wilhelm von Humboldts – entwickelten Museumsstrategien zielen auch darauf, das Besucher-Individuum klein zu machen, um das Übergeordnete, die Nation oder das Künstler-Genie beispielsweise, umso größer erscheinen zu lassen. Schlagend vor Augen führt dieses Bemühen die Museumsarchitektur des 19. und frühen 20. Jahrhunderts: Schauen Sie sich um auf der Berliner Museumsinsel und lassen Sie die Bauten auf sich wirken: Fühlen Sie sich zu großen schöpferischen Taten erhoben oder doch vielmehr eingeschüchtert?

14. Nun haben sich diese Museumsstrategien des 19. Jahrhunderts zwar nicht gänzlich verflüchtigt – immer noch glauben viele Museumsmacher an ihre pädagogische Sendung, die Menschheit zu bessern, etwa durch moralische Perspektivierung des Ausstellungsmaterials. Aber die Museumsstrategien haben sich doch weitgehend pluralisiert; auch hier ist ein Zeitalter der Experimente angebrochen, das das Museumspublikum nicht länger auf bestimmte, möglichst passive Rollen verpflichtet. Auf der anderen Seite kann, wie gesagt, nicht jeder so leicht ein Tizian oder Pollock werden. Jeder aber kann ein Sammler werden – wenn auch kein Sammler von Tizians oder Pollocks. Warum nicht einmal darüber nachdenken, ob eine Aufgabe moderner Museen darin bestehen könnte, Museumsbesucher in Privatsammler zu verwandeln und damit die Agonalität wiederzubeleben, die dem Umgang mit heute sogenannten Kulturgütern in der frühen Neuzeit geprägt hat? Diese Agonalität wäre freilich kein Selbstzweck, sondern würde dazu anleiten, die Dinge wieder in die Hand zu nehmen, sie also weder so zu benutzen, wie es etwa ihre ehemalige technische Funktion vorgibt, noch sie einfach in Vitrinen anzustarren. Das In-die-Hand-Nehmen stellt an der Spitze der Modernität gerade kein Zurück zum funktionalen Umgang mit den Dingen dar (das kann es, parallel, auch geben, siehe die Heimwerker-

Bewegung), denn dieser funktionale Umgang ist bei den für uns arbeitenden Prothesen, bei den Maschinen, oft besser aufgehoben. Der Sammler kann ein freies In-die-Hand-Nehmen praktizieren, vom funktionalen Zwang ebenso befreit wie vom kollektiven Identitätszwang. Seine Privatsammlung ist sein ganz Eigenes.

15. Museumssammlungen sollen wesentlich den privaten Sammler inspirieren. Museen sollen den Sammler zur individuellen Identitätskonstitution im Rahmen seiner kulturellen Umwelt anspornen. Museen bieten Leitfossilien privater sammlerischer Kreativität. Wenn Wolfgang Ullrichs Diagnose stimmt, dass Museen im Begriff seien, zu »Kreativitätsagenturen« zu werden, dann könnten die Museumssammlungen sich hier als großes Hindernis erweisen. Denn flößen all die Artefakte und Naturalien, die die Museen versammeln, nicht vor allem Ehrfurcht ein und lähmen damit jede Selbstentfaltung der betrachtenden Individuen? Was sollen Sammlungen, wenn sie keine Kreativität der Betrachter freisetzen, sondern jede schöpferische Regung lähmen? Wer wird es angesichts von Tizian oder Pollock noch wagen, zum Pinsel zu greifen? Derjenige wird es tun, der gelernt hat, die Dinge nicht nur in die Hand zu nehmen, sondern zueinander ins Verhältnis zu setzen und damit zu relativieren. Genau dies geschieht in der Sammlung – in der Museumssammlung und in der Privatsammlung gleichermaßen.

16. Gesammelte Dinge sind Distanzhelfer. Sie helfen, die Wirklichkeit außerhalb der Sammlung zu distanzieren und damit zu relativieren. Aber in der Sammlung relativieren sich die Dinge auch gegenseitig: Der neben Tizian gehängte Pollock setzt den Tizian partiell außer Kraft und wird selbst vom Tizian partiell außer Kraft gesetzt. Wenn Adorno von »Erbbegräbnissen von Kunstwerken« spricht und im Museum die »Neutralisierung der Kultur« am Werk sieht[8], meint er das polemisch und potenziert den kunstreligiösen Anspruch so sehr, dass dieser die Institution des Museums sprengt. Kultur ohne Neutralisierung wäre vielleicht nicht auszuhalten. Da tun wir gut daran, einfach nur die Vorzeichen zu ändern: Die Sammlung bändigt das Einzigartig-Auratische des einzelnen Objekts, indem sie es ins Verhältnis setzt – zu tausend anderen Objekten. Das in den Kontext gestellte Objekt verliert seinen auratischen Charakter. Sammelnde Museen sind überhaupt ideale Sachwalter einer Relativierungskultur. Sie lehren einen, alles ins Verhältnis zu anderem zu setzen. Moderne Museen bringen nicht mehr das Normative, das Klassische zur Anschauung, sondern das Andere, das Abweichende, das Fremde. Die Sammlung, sowohl die private als

8 | Theodor W. Adorno: »Valéry Proust Museum« [1953], in: ders.: *Kulturkritik und Gesellschaft I: Prismen*, Frankfurt a.M. 1977 (*Gesammelte Schriften*, Bd. 10.1), S. 181-194, hier S. 181.

auch die öffentliche, setzt ins Verhältnis, in Beziehung – die Kultur- (oder wahlweise) Naturgegenstände zueinander, aber auch zu uns als Betrachtern – und als Sammlern. Die Sammlung verbindet. Sie ist die geborene Relativiererin.

17. Und gerade als Relativiererin brauchen wir die Sammlung. Sie macht etwa die Kunst erst erträglich, indem sie das angeblich auratische oder auf Aura spekulierende Kunstwerk relativiert und damit depotenziert. Aber die Sammlung muss ja keineswegs notwendig auf Kunstgegenstände ausgerichtet sein. Ihre Relativierungskraft erstreckt sich auf alle möglichen Bereiche der Wirklichkeit. Die Sammlung unterminiert den »Absolutismus der Wirklichkeit«[9]. Sie hilft mir, ich selbst zu werden, indem ich die Dinge in die Hand nehme und in Zusammenhang setze. In meinen Zusammenhang. Sammeln ist eine Kunst, Dinge in die Hand zu nehmen. Museen sollten dazu die Hand bieten und jede, jeden von uns in Stand setzen, selbst zu sammeln. Sich selbst zu sammeln.

Literatur

Adorno, Theodor W.: »Valéry Proust Museum« [1953], in: ders.: *Kulturkritik und Gesellschaft I: Prismen*, Frankfurt a.M. 1977 (*Gesammelte Schriften*, Bd. 10.1), S. 181-194.

Baas, Michael: »Welche Akzente will der neue Direktor des Kunstmuseums Basel setzen? Wider die Zerstreuung: Josef Helfenstein, der neue Direktor des Kunstmuseums Basel, will die Sammlung aktivieren und das Haus als diskursives Forum stärken«, in: *Badische Zeitung*, 29.9.2016, S. 11, s.a. www.badische-zeitung.de/kunst-1/welche-akzente-will-der-neue-direktor-des-kunstmuseums-basel-setzen--127867059.html (27.6.2017).

Blumenberg, Hans: *Arbeit am Mythos*, Frankfurt a.M. ²1981 (¹1979).

Crane, Susan A.: *Collecting and Historical Consciousness in Early Nineteenth-Century Germany*, Ithaca/London 2000.

Pomian, Krysztof: »Zwischen Sichtbarem und Unsichtbarem: die Sammlung«, in: ders.: *Der Ursprung des Museums. Vom Sammeln* [*Collectionneurs, amateurs et curieux. Paris-Venise, XVI.-XVIII. siècle*, 1987], übers. von Gustav Roßler, Berlin ⁴2013 (¹1988), S. 13-72.

Sommer, Andreas Urs: »Staaten als Kulturräuber. Muss man Kulturgüter vor Sammlern oder doch eher vor Staaten schützen?«, in: *Neue Zürcher Zeitung*,

9 | Bekanntlich stammt der Begriff aus Hans Blumenbergs *Arbeit am Mythos*. Blumenberg zufolge ist der Mythos das Mittel, mit dem der Mensch dem Absolutismus der Wirklichkeit abhilft (Hans Blumenberg: *Arbeit am Mythos*, Frankfurt a.M. ^{2}1981 [^{1}1979], S. 13).

237/40, 18.2.2016, S. 39, s.a. www.nzz.ch/feuilleton/kunst_architektur/staaten-als-kulturraeuber-1.18696818 (27.6.2017).

Ullrich, Wolfgang: »Jeder Mensch ein Künstler? Die Tyrannei der Kreativität«, in: *Neue Zürcher Zeitung*, 15.2.2016, www.nzz.ch/meinung/debatte/die-tyrannei-der-kreativitaet-1.18695374 (27.6.2017).

Knochen, Krug und Käferstein

Weltbildende Dinge und die philosophische Kritik des Fetischismus

Brigitte Hilmer

Ein grundlegendes Problem im Zusammenhang mit Museen kommt in dem negativen Beiklang zum Ausdruck, den die Rede vom ›Musealisieren‹ für uns hat. Wenn eine Altstadt, eine Landschaft, ein Bildungsbestand ›musealisiert‹ wird, werden sie stillgestellt und an der Weiterentwicklung gehindert. Darin artikuliert sich ein Unbehagen, von dem auch die Museen selbst nicht unberührt bleiben. Ich möchte von diesem Unbehagen ausgehen, weil es auch die Grundierung des philosophischen Beitrags von Bernhard Waldenfels bildete, der auf einer Veranstaltung über ›Musealisierung‹ 1988 ein »Überhandnehmen des Musealen über das Leben in der Bewahrung von Lebensspuren und in der Rettung eines Lebensscheins« diagnostiziert hat und damals meinte: »Museen [...] werden zu Endstationen, an denen Lebensmumien sich versammeln oder abgestorbene Lebensgeister ihren Spuk treiben«.[1] Von »Grabgesängen« und »Lemurenklängen« ist die Rede, und damit uns diese Grabkammern nicht einbehalten, wirbt Waldenfels dafür, sie als Durchgangsorte zu behandeln, an denen Ordnungen nicht aufbewahrt, sondern verändert werden, und das Museale durch die »Mobilisierung des Museums« einzudämmen und es in die »Werkstatt des Lebens« zurückkehren zu lassen.[2]

Ich habe diese Vorschläge wörtlich zitiert, um den deutlichen lebensphilosophischen Akzent hervortreten zu lassen, mit dem dieser Umbau des Museums in einer Zeit des Aufbruchs vor mehr als drei Jahrzehnten vorgetragen wurde. Der Vorwurf lautete, das Museum stehe auf der Seite des Todes, der Mumien und Gräber und bedrohe damit das Leben, was immer das sein mag.

1 | Bernhard Waldenfels: »Der herausgeforderte Blick. Zur Orts-und Zeitbestimmung des Museums« [1988], in: ders.: *Der Stachel des Fremden*, Frankfurt a.M. 1990, S. 225-242, hier S. 231.

2 | Ebd., S. 233 und S. 236f.

Die Mobilisierung und Animation des Museums ist mittlerweile vielerorts fortgeschritten und das mag ein guter Zeitpunkt sein, sich zu fragen, aus welchen möglicherweise problematischen, aber auch interessanten Quellen sich das Bedürfnis danach legitimiert. Ich möchte im Folgenden zu einer dieser Quellen, zur Verdinglichungskritik der Lebensphilosophie um 1900, zurückgehen. Diese Verdinglichungskritik wurzelt ihrerseits in einer religionskritischen und ideologiekritischen Auseinandersetzung mit dem, was portugiesische Missionare in Westafrika auf den Namen ›Fetisch‹ getauft haben. Das kulturtheoretische Interesse am Eigenleben der Dinge und am Umgang mit dem Tod hat in den letzten Jahren zu einer Neubewertung des Fetischismus geführt. Diese Blickwendung kann uns auch zu einer neuen Freiheit gegenüber lebensphilosophischen Motiven verhelfen, die weder pauschal verurteilt und abgewehrt, noch unterschwellig und verengt fortgeschrieben werden müssen. Indem wir sterben, erweisen sich unsere Überreste als dinglich, dieser Übergang und der Umgang damit gehört zum Leben selbst. Mit dem Tod assoziierte Dinglichkeit spielt daher für Formationen von Kultur, die Leben voraussetzen und reflektieren, eine zentrale Rolle. Das Museum ist ein Paradigma dieser kulturellen Reflexionsform, auf das ich im nächsten Schritt zu sprechen kommen möchte.

Nicht so sehr die Vergangenheit, die im Museum »erlebt« und für Zwecke der Gegenwart vergegenwärtigt werden kann, sondern die Zeitlichkeit und Räumlichkeit der Museumserfahrung selbst sind ein Zug, den ich zum Abschluss mit einem Blick auf einige Motive der Philosophie und Dichtung des 20. Jahrhunderts behandeln möchte, also mit Blick auf Knochen, Krug und Käferstein.

1. Lebensphilosophie: Simmels Diagnose und Cassirers Kritik

Die Kritik der Musealisierung im Namen des Lebens verweist uns an die sogenannte ›Lebensphilosophie‹, einen Komplex mit unscharfen Grenzen. Als eine neue Ausrichtung des Denkens kommt die Lebensphilosophie auf im Kontext der Entwicklung der Naturwissenschaften um 1800, aber auch in der philosophischen Aktualisierung von semantischen Beständen des platonischen und christlichen Lebensbegriffs. Dieses Denken wird im Zuge der Rezeption des Darwinismus neu gefasst, es wird im ausgeprägten Produktivismus und Kreativismus Nietzsches und Bergsons manifest und wirksam und überlagert sich in der Folge mit pragmatistischen Motiven. Waldenfels zitiert folgerichtig in dem oben angeführten Zusammenhang Nietzsche, den Nietzsche der *Zweiten Unzeitgemäßen*; deren seither topische Frage nach dem *Nutzen und Nachteil für das Leben*[3] lässt sich, wie das Programm dieser Tagung zeigt, auch an das Museum richten. Die fragwürdige Reputation der Lebensphilosophie datiert aus der ersten Hälfte des 20. Jahrhunderts, als eine nachrückende Generation sich durch Kritik an ihr profilierte. Was in pragmatistischen Hymnen auf das Leben wiederkehrt, ist eine durch diese Ablösung verarmte und verzerrte weltanschauliche Position, der die Kontroversen und unterschiedlichen Perspektiven der vorangegangenen hundert Jahre abhandenkamen.

Eine für unser Thema einschlägige Pointierung erfährt die lebensphilosophische Kulturkritik bei Georg Simmel. Simmels berühmter Text über die *Tragödie der Kultur* von 1911 formuliert ein grundlegendes Paradox: Kultur bringt Objekte hervor, in denen sie sedimentiert ist, in denen sie mitgeteilt, überliefert und angereichert wird. Diese Objekte dienen dem Leben durch ihren Beitrag zur Kultivierung der Persönlichkeit, können aber nur zustande kommen, wenn ihr Zweck nicht die Kultivierung selbst ist, sondern ein konkreter Gebrauch oder ein idealer Horizont, für den sie hergestellt werden. Deswegen fehlt der Kultur im Ganzen für eine funktionierende Selbststeuerung eine Rückwärtsschleife: Auch wenn der Bildungsbedarf der Personen gesättigt ist, schreitet die funktional und sachlich motivierte Produktion fort und lässt die Menge der Dinge anschwellen.

Die Aufnahmefähigkeit des Lebens, der Lebenszeit für Kulturwerte ist begrenzt und hat ein Telos, ein Worum-Willen in der Person. Die Produktion von Sachwerten hingegen lässt sich unbegrenzt fortführen und steigern und tendiert deshalb dahin, Kulturwerte zu verdrängen. Wenn man sich in zunehmendem Maße mit Sachwerten beschäftigt, entsteht eine Aufmerksamkeits- und Zeitkonkurrenz, die Menschen werden zu einer Funktion der Sachwerte statt umgekehrt. Aus der Asymmetrie und Konkurrenz folgt als Konklusion Simmels These: Das kulturelle Leben, das Dinge hervorbringt, untergräbt genau durch diese Produktion auf tragische Weise sich selbst, insofern es auch sich formendes und bildendes Leben ist.

Das Museum scheint ein besonders auffälliges Beispiel eines aus der Verdinglichung resultierenden Wertkonfliktes in der Kultur zu sein. Sind die Sammlungsbestände erst einmal da, wird man sie nicht wieder los, sie haben materielle Realität und eine eigene Logik, sie vermehren sich und müssen gepflegt und zur Verfügung gestellt werden, egal, ob sie, mit Waldenfels zu reden, in der »Werkstatt des Lebens« gerade gebraucht werden oder nicht. Die Vorwärtsstrategie, das Museum durch »Mobilisierung« dem Leben aufzudrängen, verbleibt innerhalb des Paradigmas, das Dinge auf Beziehungen,

3 | Friedrich Nietzsche: »Unzeitgemäße Betrachtungen II: Vom Nutzen und Nachteil der Historie für das Leben« [1873/74], in: ders.: *Die Geburt der Tragödie, Unzeitgemäße Betrachtungen I-III (1872-1874)*, Berlin/New York 1972 (*Nietzsche Werke. Kritische Gesamtausgabe*, hg. von Giorgio Colli/Mazzino Montinari, 3. Abt., Bd. 1), S. 239-330.

Praktiken und Geschichten zurückzuführen versucht, und läuft damit dem tragischen Konflikt geradewegs wieder in die Arme. Dasselbe Schicksal droht der planwirtschaftlichen Strategie, den Bedarf des Lebens an musealen Gütern festzustellen und den überflüssigen Rest zu entsorgen.

Wenn wir Simmels Diagnose folgen, bleiben wir in der Paradoxie der Kultur gefangen. Wir können das zur Last gewordene Museum nicht für das Leben öffnen, ohne in Kauf zu nehmen, dass das Leben auf dem Umweg über das Museum von seiner eigenen Produktivität lahmgelegt wird. Wenn wir das Museum als Prüfstein nehmen, scheint irgendetwas mit der Diagnose nicht zu stimmen.

Ernst Cassirer, der große Meister im Verschwindenlassen von Problemen, sieht den Fehler seines ersten akademischen Lehrers darin, dass hier Dinge kulturtheoretisch zu selbstständigen Akteuren erklärt werden, die in Wirklichkeit nur Vermittler zwischen Menschen sind.[4] Verdinglichungstendenzen im Kulturbegriff lässt sich entgegentreten, indem man die zugrundeliegende Substanzontologie demontiert und nach den Funktionen fragt, die die Dinge für das Leben der Menschen haben.

Das Problem, von dem Simmel spricht, verschwinden zu lassen, heißt aber nicht, es zu lösen. Da Cassirers Pragmatismus innerhalb des lebensphilosophischen Horizontes verbleibt, bleibt das Simmel'sche Argument von seinem Einwand eigentlich unberührt. Denn er ersetzt lediglich die Prämisse, dass Dinge der Kultivierung der Persönlichkeit dienen sollen, durch das Postulat, die Dinge vermittelten zwischen Personen. Diese Funktion soll die Beschäftigung mit Dingen von selbst auf ein lebensförderliches Maß begrenzen. Vor dieser Strategie wäre das Simmel'sche Problem zu retten. Allerdings wird es eine andere Gestalt annehmen, wenn wir von Simmels bildungsbürgerlicher Kultivierungsperspektive Abstand nehmen.

Die Menge der Artefakte wächst von selbst aufgrund der Unumkehrbarkeit der Zeit und durch ihre materielle Beständigkeit. Allerdings ist, darin ist Cassirer recht zu geben, nicht einzusehen, warum diese Dinge durch ihr schieres Dasein das Leben überwältigen sollen. Praktiken, die Dinge involvieren, können aufgegeben werden, wenn sie ausgedient haben. Dass also Dinge das Leben überwältigen, erfordert eine Erklärung, die einsichtig macht, was ihnen eine solche Macht über unser Leben verleiht. Theorien des Fetischismus treten an, eine solche Erklärung zu liefern, und ihnen ist auch zu entnehmen, wie das Museum nicht nur die Verdinglichung, sondern vor allem den Fetischis-

4 | Vgl. Ernst Cassirer: »Die ›Tragödie der Kultur‹« (in: »Zur Logik der Kulturwissenschaften. Fünf Studien«) [1942], in: ders.: *Aufsätze und kleine Schriften (1941-1946)*, hg. von Birgit Recki, Text und Anm. bearb. von Claus Rosenkranz, Hamburg 2007 (*Gesammelte Werke. Hamburger Ausgabe*, Bd. 24), S. 462-486.

mus auf die Spitze treibt und dass es den Fetischismus gewissermaßen von innen zu durchbrechen vermag.

2. Der Grund der Verdinglichung im Fetischismus

Während Simmels lebensphilosophische Kritik den überhandnehmenden Dingen lediglich anlastet, dass sie das Leben in Anspruch nehmen, ohne es zu fördern, geht es der neuzeitlichen Kritik am Fetisch um Täuschung, Unwahrheit und Illusion, um Aberglauben beim religiösen Fetisch, um Ideologie im Warenfetischismus, um Verdrängung im sexuellen Fetischismus. Aberglauben ist eine Praxis der Sakralisierung von beliebigen Dingen und Artefakten, wie sie die portugiesischen Missionare in Westafrika vorzufinden glaubten, von daher erhielt das Phänomen seinen Namen.[5] Das portugiesische Wort ›feitiço‹ (magisches Objekt) stammt ab von lateinisch ›facticius‹: gemacht. Nur gemacht sind Idole im Sinne des biblischen Bilderverbots. Nicht nur das Objekt selbst ist hier menschengemacht, sondern schlimmer, die Bedeutung, die als magische mit ihm verknüpft wird.[6]

Die Praktiken der Westafrikaner allerdings haben sich in der neueren Forschung (ich folge hier dem Religionswissenschaftler und Ethnologen Karl-Heinz Kohl) als ein Reaktionsprodukt der Kolonisierung erwiesen. Bei der Beobachtung des katholischen Reliquienkultes kamen die Kolonisierten zu dem Schluss, dass die Übermacht der Europäer durch ihren Umgang mit deren magischen Objekten zu erklären sein müsse, und machten sich diese Praktiken zu eigen. Für Karl-Heinz Kohl stellt die Vorschrift, kein katholischer Altar könne geweiht werden, der nicht über Knochen oder anderen materiellen Überresten eines Heiligen errichtet wurde, den Kern des abendländischen Zugangs zu sakralen Objekten dar. Hier scheint die Einrichtung des Museums in der Moderne nahtlos anzuschließen. Museumsobjekte übernehmen dieser Theorie zufolge die Funktion sakraler Objekte. Der Gegensatz heilig/profan setzt sich fort in der Unterscheidung museal/alltäglich. Wie sakrale Objekte werden die Museumsdinge dem ökonomischen Kreislauf und Alltagsgebrauch entzogen, beide werden thesauriert, werden unveräußerlich und unberührbar, erhalten einen maßlosen Wert und können so indirekt anderen Dingen Wert verleihen. Vor allem die historische Situation der Ausbreitung von Museen im 19. Jahrhundert erklärt für Kohl, welche Funktion sie übernommen haben: Wie für Durkheim traditionelle Gesellschaften in der Religion, beten die Gesellschaften der Moderne im Museum sich selbst an.

---

5 | Karl-Heinz Kohl: *Die Macht der Dinge. Geschichte und Theorie sakraler Objekte*, München 2003.

6 | Ebd., S. 14f.

Es ist zu erwarten, dass angesichts einer solchen Genealogie das Museum der Ideologiekritik in Gestalt des Fetischismusvorwurfs verfällt. Zu retten wäre für Kohl das Museum nur als die ›Opferhöhle‹ und der ›Totentempel‹, als die sein Lehrer Klaus Heinrich es bezeichnet hat: als Ort des Gedenkens an die Opfer der Vergangenheit und als Ort des solidarischen Protestes gegen die Vergänglichkeit. Es sieht so aus, als sei am Ende nicht Magie und Sakralisierung, sondern die Verbindung zu den Toten das Moment, das das Museum mit den Knochen der Heiligen in den Altären verbindet.

3. Zeit und Raum der Museumsdinge

3.1 Knochen

Mit den Knochen sind wir wieder bei der Grabeshöhle angelangt, von der wir mit Waldenfels' Musealisierungskritik ausgegangen sind. Möglicherweise lässt sich seine Polemik schon deshalb nicht leicht bestreiten, weil die Verbindung zu den Toten tatsächlich so etwas wie einen anthropologischen Grund des Museums ausmacht.

Bereits Giambattista Vico hatte zu Anfang des 18. Jahrhunderts die These aufgestellt, dass alle Kultur von der Bestattung der Toten ihren Anfang nehme. Der amerikanische Literaturwissenschaftler Robert Pogue Harrison hat diese Behauptung in seinem Buch *The Dominion of the Dead*[7] breit aufgegriffen. Die Bestattung ermöglicht Kultur durch die Bindung des Gedächtnisses an Orte und Landschaften. Vico führt entsprecht das Humane auf das ›Humische‹, auf die Erdgebundenheit, zurück. Die Erde, die die Toten aufnimmt, ermöglicht die Bewältigung des Abschieds, indem sie einen Ort des Bezuges zur Vergangenheit bereitstellt und damit einen Ort, an dem eine Lebensform vergegenwärtigt und an die Zukunft weitergereicht werden kann. Harrison sieht uns vor der Entscheidung, ob wir das neolithische Zeitalter und seine Form des humischen Wohnens auf der Erde weiterführen und in diesem Sinne Menschen bleiben werden oder nicht. Für Harrison zieht sich das Pathos der Entscheidung in die Paradoxien der Literatur zurück, die in der Sprache neue Orte des Abschieds schafft.

Auch bei Harrison können wir, wie bei Simmels Diagnose, einen Grundzug von Kultur erkennen, der sich im Museum zur Kenntlichkeit ausprägt, obwohl auch er das Museum nicht thematisiert. Dem Literaturwissenschaftler Hartmut Böhme ist die nähere Entfaltung des Zusammenhanges von Tod und Kultur mit Bezug auf das Museum zu verdanken. Gegen eine durchgän-

7 | Robert Pogue Harrison: *Die Herrschaft des Todes* [*The Dominion of the Dead*, 2003], übers. von Martin Pfeiffer, München/Wien 2006.

gige Kritik der Unwahrheit jeden Fetischismus macht er in seinem Buch *Fetischismus und Kultur. Eine andere Theorie der Moderne* (2006)[8] einen kulturell grundlegenden Fetischismus geltend, der sich nicht auf ideologische oder neurotische Aufladung reduzieren lässt. Zu dessen Funktionen gehört, dass Dinge uns Abschied und Trennung erleichtern können, weil sie uns, nach dem Ausdruck des Psychoanalytikers Winnicott, als Übergangsobjekte zur Verfügung stehen.[9] Aus dieser Sicht spricht einiges dafür, eine Ansammlung von Grabbeigaben als die erste Vorläuferin des Museums anzusehen (so Krzysztof Pomian).[10] Die Sammlung des Museums dient Böhmes These zufolge wie die Dinge und Male im Umkreis der Bestattung der Bewältigung von Tod, Trennung und Vergänglichkeit.

Die Frage ist allerdings, in welcher Weise sie das tut. Ein Museum ist kein Friedhof oder Mausoleum, es dient nicht der persönlichen Trauer und dem Gedenken im familiären oder politischen Rahmen. Es ist auf der anderen Seite auch kein historisches Narrativ, das eine geteilte Vergangenheit in einem durchgehenden Zusammenhang vergegenwärtigen könnte. Die Knochen im Museum ergeben einen jederzeit von Vergessen und Verfall bedrohten Sinn. Wenn sie Abschiede vorrätig halten, dann nicht in der Kontinuität einer jeweiligen Lebensform.

Gleichwohl deutet der fossile oder humische Status der Museumsdinge, ihre Erinnerungs- und Abschiedsfunktion, auf die dem Museum eigene Zeitlichkeit und Räumlichkeit hin. Darin werden die angestammte Räumlichkeit und Zeitlichkeit der Dinge, die wir für museumsfähig und museumswürdig halten, aufgegriffen und in eine neue Form gebracht.

Diese einzigartige Dimensionierung kann an die Schaffung und Erfahrung von Orten des Gedächtnisses durch Bestattung anknüpfen. Hartmut Böhme sieht die Leistung der Museen, die zu ihrer weltweiten Verbreitung und Kultivierung führte, darin, einen Raum der Ruhe zu bieten »in dem nichts geschieht«, »zeitstille Zonen, in denen die Dinge – vom Butterfass alteuropäischer Agrarwirtschaft bis zum Pollock-Gemälde, vom altsteinzeitlichen Schä-

8 | Hartmut Böhme: *Fetischismus und Kultur. Eine andere Theorie der Moderne*, Reinbek bei Hamburg 2006.

9 | Donald W. Winnicott: »Transitional Objects and Transitional Phenomena«, in: *International Journal for Psycho-Analysis* 34 (1953), S. 88-97; vgl. auch Tilman Habermas: *Geliebte Objekte. Symbole und Instrumente der Identitätsbildung*, Berlin/New York 1996.

10 | So H. Böhme: *Fetischismus und Kultur*, S. 366 mit Krysztof Pomian: *Der Ursprung des Museums. Vom Sammeln [Collectionneurs, amateurs et curieux. Paris-Venise, XVI.-XVIII. siècle*, 1987], übers. von Gustav Roßler, Berlin [4]2013 ([1]1988).

delfragment bis zum Formel-1-Rennwagen, vom Jugendstilgeschirr bis zum ägyptischen Grabschatz – eine Sphäre der Zeitlosigkeit erhalten«.[11]

3.2 Krug

Die Museumsdinge dienen der abschiedlichen Erinnerung und fungieren als Übergangsobjekte, weil sie in einer Sphäre der Zeitlosigkeit auftreten. Diese Stille geht aber nicht von leeren Räumen aus, sondern von Dingen. Die Ruhe muss also irgendwie bei den Dingen anknüpfen. Dinge weisen als beharrlich über die Zeitstelle, an der sie uns erscheinen, hinaus, sie bieten uns Substantialität und Dingkonstanz. Diese Erstreckung in der Zeit verdanken sie ihrer Verankerung im Raum, ihrer Materialität. Die Ruhe der Dinge scheint etwas mit der ihnen eigenen Räumlichkeit zu tun zu haben. Sie nehmen nicht nur Raum ein, sondern sie nehmen ihn auf und richten ihn auf sich aus. Insofern bilden sie Orte. Der Krug als literarischer und philosophischer Topos stellt im Denken des frühen 20. Jahrhunderts so etwas wie ein Paradigma des kulturellen Dinges dar. Er ist ein Bildungsmittel, er enthält und definiert Raum, und an ihm lässt sich die Transformation studieren, durch die Dinge selbst zu Orten werden. Krüge sind Modelle von Museumsdingen, die wir als ortsbildend erfahren und als Fetische und kulturelle Übergangsobjekte verwenden können. Während sie als Gebrauchsdinge an die Singularität eines Lebenszusammenhangs gebunden bleiben, werden sie als kulturelle Modelle verallgemeinert, in Analogie zum Kunstwerk und vor allem als Gegenstände einer Sammlung. Das soll die folgende Galerie von Krügen zeigen.

1919 erschien das Gedicht des amerikanischen Dichters Wallace Stevens' über die *Anekdote vom Krug*, das Harrison als die »Minimalversion für eine Ortserschaffung« bezeichnet.

Anecdote of the Jar

I placed a jar in Tennessee,
And round it was, upon a hill.
It made the slovenly wilderness
Surround that hill.

The wilderness rose up to it,
And sprawled around, no longer wild.
The jar was round upon the ground
And tall and of a port in air.

---

11 | H. Böhme: *Fetischismus und Kultur*, S. 369f.

It took dominion everywhere.
The jar was gray and bare.
It did not give of bird or bush,
Like nothing else in Tennessee.[12]

Heidegger hat sich auf die Etymologie von ›thing‹, Versammlungsort, gestützt und am Krug zu zeigen versucht, dass dieses Ding Himmel und Erde, Sterbliche und Unsterbliche versammelt.[13] In ähnlicher Weise hat für ihn zuvor schon der griechische Tempel die sich verschließende Erde und den offenen Raum der geschichtlichen Welt aufeinander bezogen und dabei die Landschaft auf sich und die Menschen ausgerichtet.[14] Krüge, griechische Tempel, Bauernschuhe auf einem Bild von van Gogh bringen zur Darstellung, was das Dasein des Menschen ausmacht, insofern es gebrauchendes Zu-Tun-Haben mit Dingen ist. Wie Hannah Arendt schreibt, bringen Dinge Welt hervor, weil sie nicht nur das Material von Arbeit und Konsum sind, sondern Generationen überdauern, Neulinge auf der Erde empfangen und sie in Lebensformen einweisen.[15]

Allerdings enthält diese Konzeption in der bei Heidegger zu findenden Variante auch eine klare Absage an das Museum.[16] Weltbildend und welthaltig ist das Ding, der Bau, das Werk nur, solange diese Welt selbst fortbesteht. Im Museum fällt sie von ihm ab und kann nicht wieder rekonstruiert oder gelebt werden. Das Museum ist nicht die natürliche Umwelt der Dinge, insbesondere nicht der in potenzierter Weise Welt stiftenden Kunstwerke. An dieser Stelle verrät Heideggers Ansatz und seine kunstphilosophische Ausgestaltung einen unbewältigten lebensphilosophischen Restbestand. Heidegger übersieht, dass die Rahmung, die die Welthaltigkeit der Bauernschuhe hervorhebt, nicht diese Welt selbst ist, sondern ein Kunstwerk, das Gemälde von van Gogh. So ist ihm auch nicht in den Sinn gekommen, dass das Museum etwas Ähnliches vollbringen könnte wie das Gemälde: nämlich das Ding aus seinem Kontext zu nehmen und neu zu rahmen, um an ihm eine Welt sichtbar zu machen.

Was könnte das Museum an den Krügen erfahrbar machen, wenn sie nicht mehr wie griechische Tempel in der Landschaft stehen? Adorno hat 1965 rück-

---

12 | Wallace Stevens: *The Collected Poems*, New York 1982, S. 76, zit.n. R.P. Harrison: *Die Herrschaft des Todes*, S. 41.

13 | Martin Heidegger: »Das Ding« [1950], in: ders.: *Vorträge und Aufsätze*, hg. von Friedrich-Wilhelm von Herrmann, Frankfurt a.M. 2000 (*Gesamtausgabe*, Bd. 7), S. 165-187, hier S. 175ff.

14 | Vgl. ders.: »Der Ursprung des Kunstwerkes« [1935/36], in: ders.: *Holzwege* [1950], hg. von Friedrich-Wilhelm von Herrmann, Frankfurt a.M. 1977 (*Gesamtausgabe*, Bd. 5), S. 1-74, hier S. 27f.

15 | Hannah Arendt: *Vita Acitva* [1958], München 1967, S. 124ff.

16 | M. Heidegger: »Der Ursprung des Kunstwerkes«, S. 25f.

blickend seine Lektüreerfahrungen mit Simmel und Bloch auf die Gegenüberstellung von »Henkel« und »Krug« gebracht.[17] Während Simmels Meditationen über den Henkel 1905/1911[18] an verschiedenen Gefäßen eine leerlaufende Bildung und Kultiviertheit vorführten, bei der künstlerischer Wert und pragmatischer Kontext einander so äußerlich bleiben »wie nun einmal der Henkel der Vase«, stelle Bloch, »vielleicht ein Sammler wie Benjamin«[19], seinem *Geist der Utopie*[20] ganz andere Gefäße voran: die urtümlichen bäuerischen Bartmannkrüge aus dem Rheinfränkischen, »gute bodenständige Handarbeit«[21], an die sich mythisches »Garn« anspinnt: »Denn die Toten sind trocken und müde, das mit gegebene Krüglein im Grab ist bald versiegt. Aber drüben verwahren wilde Männer neue Krüge, magische Krüge mit Lebenswasser.«[22] In Adornos Erinnerung stehen die Krüge für das Wissenwollen schlechthin. Bei Bloch heißt es: »Es ist schwer zu ergründen, wie es im dunklen, weiträumigen Bauch dieser Krüge aussieht. Das möchte man hier wohl gerne inne haben. Die dauernde neugierige Kinderfrage geht wieder auf.«[23] Die Krüge werden für Bloch zu anthropomorphen Zeichen:

»wer den alten Krug lange genug ansieht, trägt seine Farbe und Form mit sich herum. Ich werde nicht mit jeder Pfütze grau und nicht von jeder Schiene mitgebogen, um die Ecke gebogen. Wohl aber kann ich krugmäßig geformt werden, sehe mir als einem Braunen, sonderbar Gewachsenen, nordisch Amphorenhaften entgegen, und dieses nicht nur nachahmend oder einfach einfühlend, sondern so, daß ich darum als mein Teil reicher, gegenwärtiger werde, weiter zu mir erzogen an diesem mir teilhaftigen Gebilde.«[24]

Und am Ende der von Adorno ungeachtet der inzwischen entstandenen Distanz zu Bloch mit Zustimmung zitierte Satz: »der alte Krug hat nichts Künstle-

17 | Theodor W. Adorno: »Henkel, Krug und frühe Erfahrung« [1965], in: ders.: *Noten zur Literatur*, Frankfurt a.M. 1974 (*Gesammelte Schriften*, Bd. 11), S. 556-566, hier S. 559.
18 | Georg Simmel: »Der Henkel. Ein ästhetischer Versuch« [1905, veröffentlicht 1911], in: ders.: *Aufsätze und Abhandlungen 1901-1908 I*, hg. von Rüdiger Kramme, Angela Rammstedt und Otthein Rammstedt, Frankfurt a.M. 1995 (*Gesamtausgabe*, Bd. 7), S. 345-350.
19 | Th.W. Adorno: »Henkel, Krug und frühe Erfahrung«, S. 559 und S. 563.
20 | Ernst Bloch: *Geist der Utopie* [²1923 (¹1918)], Frankfurt a.M. 1985 (*Werkausgabe*, Bd. 3).
21 | Ebd., S. 13.
22 | Ebd.
23 | Ebd., S. 14.
24 | Ebd.

risches an sich, aber mindestens so müßte ein Kunstwerk aussehen, um eines zu sein«.[25]

Der Krug von Bloch sagt Dinge, die Adorno beim erneuten Lesen nach 50 Jahren nicht wiederfindet.[26] Bemerkenswert ist aber, dass er in ihm den Krug im Plural erkennt, den Krug in einer Sammlung und nicht den singulären Ort von Stevens oder Heidegger.

Stevens' Anekdote vom Krug, mit der ich diese Reihe begonnen habe, kann als Antwort auf eine hundert Jahre früher entstandene Ode von John Keats interpretiert werden, insofern in dieser die Behaustheit in der europäischen Tradition zum Ausdruck kommt: die *Ode an eine griechische Urne.* Sie thematisiert bereits am Anfang das Moment, auf das es hier ankommt:

Ode on a Grecian Urn

Thou still unravish'd bride of quietness!
Thou foster-child of silence and slow time [...].[27]

In diesem literarischen Szenario ist es das Ding selbst, das aus der historischen Tiefe diejenige ›Zeitstille‹ mitbringt, die Böhme dem Museum zutraut. Die Ruhe, das Schweigen und die Langsamkeit sind nicht ein Mangel gegenüber der Welthaltigkeit des Heideggerschen Kruges. Sie machen die Urne vielmehr zu einer Verwandten von Blochs Bartmannkrügen, die nicht nur Orte der Zivilisationsstiftung werden wie der nackte, graue, die runde Außenseite zeigende Krug in Tennessee, sondern kraft ihres dunklen Inneren so etwas bilden wie den Eingang zum Totenreich.

3.3 Käferstein (Coda)

1910 erscheint Rilkes Malte-Roman, der die Museumskritik von Heidegger auf seine Weise präludiert. Er beschreibt die Tapisserien der *Dame mit dem Einhorn,* um erst dann darauf aufmerksam zu machen, dass sie ihren eigentlichen Ort verlassen haben.

»Nun sind auch die Teppiche der Dame à la Licorne nicht mehr in dem alten Schloß von Boussac. Die Zeit ist da, wo alles aus den Häusern fortkommt, sie können nichts mehr behalten. [...] Nun kommt man zufällig davor unter Zufälligen und erschrickt fast, nicht geladen zu sein. Aber da sind andere und gehen vorüber, wenn es auch nie viele sind.

25 | Ebd., S. 15; vgl. Th.W. Adorno: »Henkel, Krug und frühe Erfahrung«, S. 564.

26 | Vgl. Th.W. Adorno: »Henkel, Krug und frühe Erfahrung«, S. 566.

27 | John Keats: »Ode on a Grecian Urn« [1819, veröffentlicht 1820], in: ders.: *The Complete Poems*, hg. von John Barnard, London ^{3}1988 (^{1}1973), S. 344-346, hier S. 344.

Die jungen Leute halten sich kaum auf, es sei denn, daß das irgendwie in ihr Fach gehört, diese Dinge einmal gesehen zu haben […].«[28]

Im Folgenden widmet sich Rilke den jungen Mädchen in den Museen, die in gewisser Weise das Schicksal der aus den Häusern fortgekommenen Dinge teilen und in ihrer Verlassenheit vor der *Dame mit dem Einhorn* im Musée de Cluny anfangen zu zeichnen, wie man es ihnen beigebracht hat.

Rilke hat nicht nur seine Poetologie an dem Selbststand der Dinge orientiert und diese damit zum Modell des Kunstwerks gemacht, er hat sie auch in einer eigenen Gattung, den Dinggedichten, zum Thema erhoben. Unter der Hand werden die Dinge ihm damit selbst zu Stücken einer Sammlung, denn das Gedicht, auch und gerade das Dinggedicht, ist nur als Teil einer Sammlung von seinesgleichen überhaupt publizierbar. Dinge aller Art werden so einander kommensurabel gemacht, ohne den Schutz ihres ursprünglichen Zuhandenseins. Dieser Widerspruch[29] ist an jedem einzelnen Ding auszutragen, er ist gewissermaßen der Keil, der es aus seinem primären Kontext heraussprengt. Damit werden die gedichteten Dinge aber auch zu den potentiell musealen Übergangsobjekten, die ortbildend wirken können, ohne deswegen singuläre Memorialorte oder Gedenksteine zu sein.

Zu zeigen ist dies am Käferstein.

Der Käferstein

Sind nicht Sterne fast in deiner Nähe
und was giebt es, das du nicht umspannst,
da du dieser harten Skarabäe
Karneolkern gar nicht fassen kannst

ohne jenen Raum, der ihre Schilder
niederhält, auf deinem ganzen Blut
mitzutragen; niemals war er milder,
näher, hingegebener. Er ruht

28 | Rainer Maria Rilke: »Die Aufzeichnungen des Malte Laurids Brigge« [1910], in: ders.: *Malte Laurids Brigge* […], Frankfurt a.M. 1966 (*Sämtliche Werke*, hg. vom Rilke-Archiv in Verbindung mit Ruth Sieber-Rilke, besorgt durch Ernst Zinn, Bd. 6), S. 709-946, hier S. 830.

29 | Vgl. Ralf Simon, *Die Bildlichkeit des lyrischen Textes, Studien zu Hölderlin, Brentano, Eichendorff, Heine, Mörike, George und Rilke*, München 2011, S. 333-335, S. 359, S. 398f.

seit Jahrtausenden auf diesen Käfern,
wo ihn keiner braucht und unterbricht;
und die Käfer schließen sich und schläfern
unter seinem wiegenden Gewicht.[30]

Der Singular der Überschrift ist ein generischer: Alsbald spricht das Gedicht von diesen Käfern oder Skarabäen in der Mehrzahl. Die Käfer stehen unter dem Parsifal-Prinzip: die Zeit wird an ihnen zum Raum. Die Jahrtausende stellen sich als ein unermesslicher Raum dar, der mich als Betrachterin sogar in die Nähe der Sterne versetzt. Diesen Raum soll ich fassen, und ich kann es nur, indem ich mich gegenüber den Käfern solidarisch verhalte, indem ich den Raum auf meinem Blut ›mittrage‹ – die Käfer machen mich selbst zu einem Ding unter Dingen (wie ich bei Bloch vom Weinkrug krugmäßig werde), so dass ich das Zeitfenster, das ich der Betrachtung eingeräumt habe, überdauere und damit gleich noch die eigene Lebenszeit. Die Nutzlosigkeit des Dinges in der Sammlung erweist sich vor allem als diejenige des Zeit-Raumes »den keiner braucht und unterbricht«. Das Ding führt so die erquickende Stille mit sich, die im Museum freigesetzt wird. Jede Verlebendigung, Mobilisierung des Museums wäre auch eine Unterbrechung, die einen neuen Anfang setzt – wie der Krug auf dem Hügel. Gegen diese Unterbrechung ist der auf den Käfern lastende Raum immun. Die »Käfer schließen sich und schläfern« – sie sind dem Rhythmus von Schlafen und Wachen entnommen, ohne aber dabei tot zu sein. Wir können an diesem Halbschlaf teilnehmen. »[U]nter seinem [des Raumes] wiegenden Gewicht« – dieser Raum ist in Bewegung, aber es ist eine Bewegung, die sich nicht gleichsinnig mit den Epochenschritten der Geschichte vollzieht, sie tritt gewissermaßen auf der Stelle und verlagert von Zeit zu Zeit die latente Bedeutung, die die Käfer in sich öffnen und verschließen.

Das Museum bietet, ähnlich wie die Literatur, nichts weniger an als eine Auflösung der von Simmel formulierten und von Cassirer unterschätzten Tragik der Verdinglichung. Es würdigt als Sammlung den Sachwert, ohne ihm zu unterliegen, und bietet zu Zeiten einen Kulturwert, ohne auf seine ständige Aktualisierung angewiesen zu sein. Es ist eine Ort, der Dinge selbst zu Orten macht, nicht obwohl, sondern weil sie die Welt ihres Ursprungs und ihrer Zuhandenheit verlassen haben. Im Museum unterbrechen die Dinge nicht mehr die Zeiten und Räume, um einen Handlungszusammenhang einzurichten und zu begründen, sondern es zeigt sich, dass sie dem Vergessenwerden und Veralten ausgesetzt sind und davor mit ungewisser Frist geschützt werden. Dieses Ausgesetztsein können wir aufsuchen und für eine Weile teilen, dar-

30 | Rainer Maria Rilke: »Käferstein« [1908], in: ders.: *Erste Gedichte* […], Frankfurt a.M. 1955 (*Sämtliche Werke*, hg. vom Rilke-Archiv in Verbindung mit Ruth Sieber-Rilke, besorgt durch Ernst Zinn, Bd. 1), S. 641f.

in besteht die intime Erfahrung der Ruhe und der ›Zeitstille‹ des Museums. Diese Erfahrung hat eine gewisse Verwandtschaft mit der von Orten, an denen wir der Toten gedenken, aber sie unterscheidet sich auch grundlegend davon. Vielleicht erlernen wir im Museum den Abschied von einer menschlichen Behaustheit bei den Dingen, und es sind die Dinge selbst, die uns diesen Abschied ermöglichen und erleichtern.

Literatur

Adorno, Theodor W.: »Henkel, Krug und frühe Erfahrung« [1965], in: ders.: *Noten zur Literatur,* Frankfurt a.M. 1974 (*Gesammelte Schriften,* Bd. 11), S. 556-566.

Arendt, Hannah: *Vita Acitva* [1958], München 1967.

Bloch, Ernst: *Geist der Utopie* [[2]1923 ([1]1918)], Frankfurt a.M. 1985 (*Werkausgabe,* Bd. 3).

Böhme, Hartmut: *Fetischismus und Kultur. Eine andere Theorie der Moderne,* Reinbek bei Hamburg 2006.

Cassirer, Ernst: »Die ›Tragödie der Kultur‹« (in: »Zur Logik der Kulturwissenschaften. Fünf Studien«) [1942], in: ders.: *Aufsätze und kleine Schriften (1941-1946),* hg. von Birgit Recki, Text und Anm. bearb. von Claus Rosenkranz, Hamburg 2007 (*Gesammelte Werke. Hamburger Ausgabe,* Bd. 24), S. 462-486.

Habermas, Tilman: *Geliebte Objekte. Symbole und Instrumente der Identitätsbildung,* Berlin/New York 1996.

Harrison, Robert Pogue: *Die Herrschaft des Todes* [*The Dominion of the Dead,* 2003], übers. von Martin Pfeiffer, München/Wien 2006.

Heidegger, Martin: »Das Ding« [1950], in: ders.: *Vorträge und Aufsätze,* hg. von Friedrich-Wilhelm von Herrmann, Frankfurt a.M. 2000 (*Gesamtausgabe,* Bd. 7), S. 165-187.

—: »Der Ursprung des Kunstwerkes« [1935/36], in: ders.: *Holzwege* [1950], hg. von Friedrich-Wilhelm von Herrmann, Frankfurt a.M. 1977 (*Gesamtausgabe,* Bd. 5), S. 1-74.

Keats, John: »Ode on a Grecian Urn« [1819, veröffentlicht 1820], in: ders.: *The Complete Poems,* hg. von John Barnard, London [3]1988 ([1]1973), S. 344-346.

Kohl, Karl-Heinz: *Die Macht der Dinge. Geschichte und Theorie sakraler Objekte,* München 2003.

Nietzsche, Friedrich: »Unzeitgemäße Betrachtungen II: Vom Nutzen und Nachteil der Historie für das Leben« [1873/74], in: ders.: *Die Geburt der Tragödie, Unzeitgemäße Betrachtungen I-III (1872-1874),* Berlin/New York 1972 (*Nietzsche Werke. Kritische Gesamtausgabe,* hg. von Giorgio Colli/Mazzino Montinari, 3. Abt., Bd. 1), S. 239-330.

Pomian, Krysztof: *Der Ursprung des Museums. Vom Sammeln [Collectionneurs, amateurs et curieux. Paris-Venise, XVI.-XVIII. siècle,* 1987], übers. von Gustav Roßler, Berlin [4]2013 ([1]1988).
Rilke, Rainer Maria: »Die Aufzeichnungen des Malte Laurids Brigge« [1910], in: ders.: *Malte Laurids Brigge* [...], Frankfurt a.M. 1966 (*Sämtliche Werke,* hg. vom Rilke-Archiv in Verbindung mit Ruth Sieber-Rilke, besorgt durch Ernst Zinn, Bd. 6), S. 709-946.
—: »Käferstein« [1908], in: ders.: *Erste Gedichte* [...], Frankfurt a.M. 1955 (*Sämtliche Werke,* Bd. 1), S. 641f.
Simmel, Georg: »Der Henkel. Ein ästhetischer Versuch« [1905, veröffentlicht 1911], in: ders.: *Aufsätze und Abhandlungen 1901-1908 I,* hg. von Rüdiger Kramme, Angela Rammstedt und Otthein Rammstedt, Frankfurt a.M. 1995 (*Gesamtausgabe,* Bd. 7), S. 345-350.
Simon, Ralf: *Die Bildlichkeit des lyrischen Textes, Studien zu Hölderlin, Brentano, Eichendorff, Heine, Mörike, George und Rilke,* München 2011.
Waldenfels, Bernhard: »Der herausgeforderte Blick. Zur Orts-und Zeitbestimmung des Museums« [1988], in: ders.: *Der Stachel des Fremden,* Frankfurt a.M. 1990, S. 225-242.
Winnicott, Donald W.: »Transitional Objects and Transitional Phenomena«, in: *International Journal for Psycho-Analysis* 34 (1953), S. 88-97.

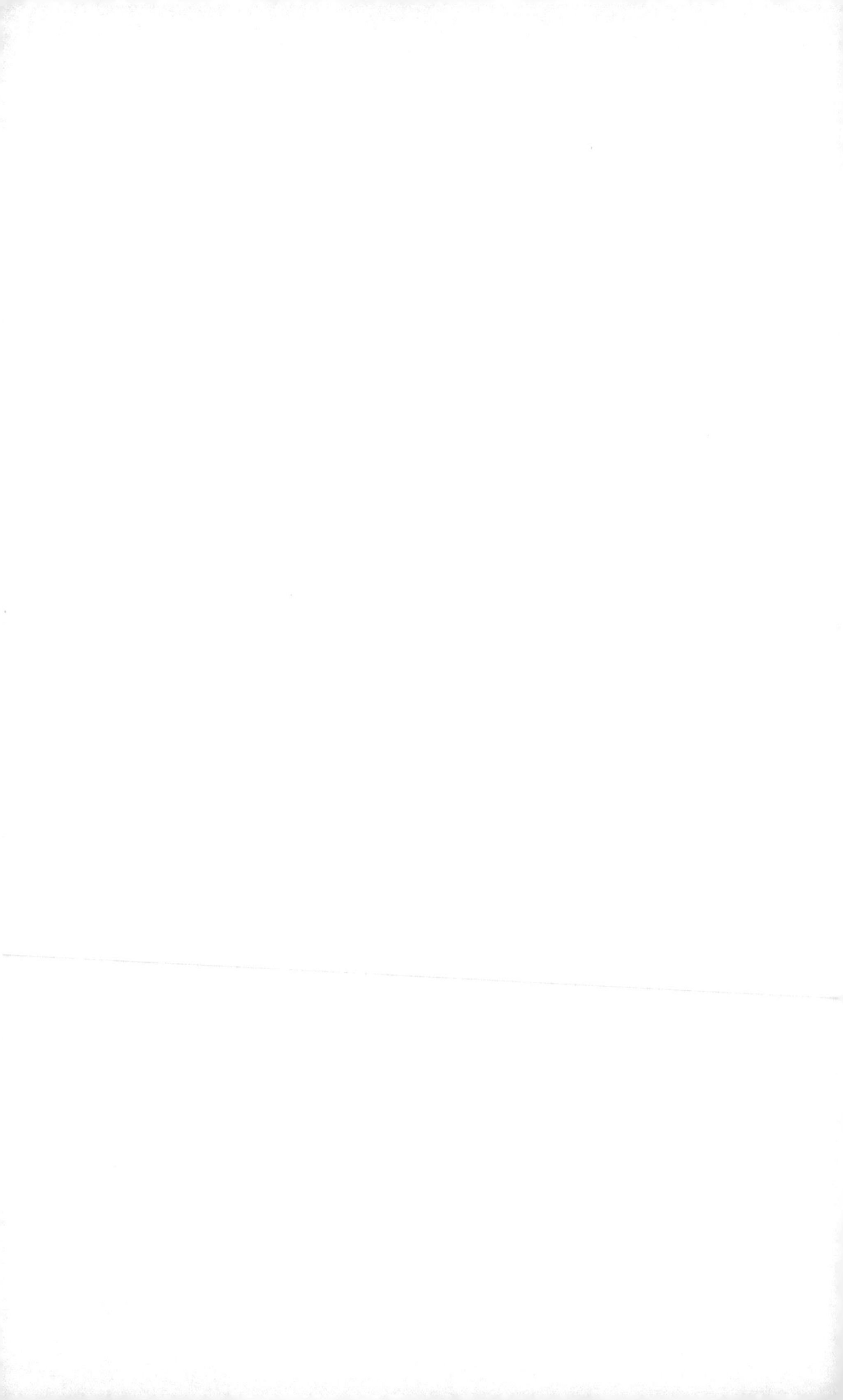

Die Selbstdarstellung der Dinge im Museum

Karl-Heinz Lembeck

»Eben darum nun, weil man es erkennen muß an dem was es *hat* und nicht durch das, was es *ist*: sieht man sich gezwungen zu gestehen, daß das Ding selbst, der Besitzer jener Kennzeichen, unbekannt bleibt.«[1]

1. Die Konjunktur der Dinge und die Schwierigkeit, von ihnen zu sprechen

Das Museum ist ein Ort der Sammlungen; der Sammlungen von Kunstwerken oder auch von Dingen ganz verschiedener Provenienz: von Alltagsdingen, aber auch weniger alltäglichen, von wertvollen und weniger wertvollen, von seltenen und weniger seltenen Dingen. Die Vielfalt von Museumstypen unserer Museumslandschaft wiederum – Kunstmuseen, historischen Museen, Heimatmuseen etc. – stellt gewissermaßen eine weitere Sammlung dar, eine Metasammlung sozusagen. Wenn denn der Soziologe Alois Hahn recht hat, der jede Sammlung als eine Art »Weltabbreviatur«[2] darstellt, dann versteht sich eine solche Ansammlung von Sammlungen – wie etwa auf der Berliner Museumsinsel – wohl erst recht als eine Weltabbreviatur *par excellence.*

Die Museumslandschaft also als Inbegriff von Orten, an denen die große Welt im Kleinen aufscheint – ist es das, was sie eint, was ein Gewürzmuseum im Steigerwald mit dem Bode-Museum in Berlin vergleichbar macht? *Prima facie* wirkt das einleuchtend – wenn es denn im Museum immer nur ums Sammeln ginge. Es geht jedoch auch ums Zeigen; und zwar nicht nur um das wiederholte Zeigen des längst Bekannten oder des ästhetisch Vertrauten. Es geht, viel weiter gedacht, ums Zeigen von Welt als Ganzer, jedoch namentlich

1 | Johann Friedrich Herbart: *Lehrbuch zur Einleitung in die Philosophie*, Königsberg 1813, § 97, S. 88.

2 | Alois Hahn: »Zur Soziologie des Sammlers«, in: *Sociologia Internationalis* 29 (1991), S. 57-74, hier S. 72.

in ihrer dinglichen Gestalt. Und so findet man im Museum vor allem – eben Dinge, Sachen, Gegenstände; denn auch Werke der bildenden Kunst sind immerhin gegenständlich. In den letzten Jahren wurde darum auch mehr und mehr eine »Konjunktur der Dinge« konstatiert und mit dem aktuellen Museumsboom in Verbindung gebracht.[3] Und so schließt sich bereits an diese recht banale Beobachtung meine vielleicht etwas mysteriös wirkende These an: dass es im Museum eben vor allem ums Zeigen der Dinge geht *und zwar so, wie sie an sich selbst sind.* Ich will versuchen, das verständlich zu machen.

Doch schon der Versuch des Sprechens über Dinge birgt Schwierigkeiten. Sind ›Dinge‹, ›Sachen‹, ›Gegenstände‹ überhaupt Synonyme? Aber was wäre denn etwa ein Gegenstand anderes als ein Ding? Nun, wie das Wort schon sagt, ist der Gegenstand ein Entgegen-Stehendes; ein benennbares Etwas als Gegenüber. Darüber hinaus meint man mit Gegenstand aber auch in einem weiteren Sinne Thematisches, Intendiertes, Identisches. Reales ebenso wie Ideales kann Gegenstand sein. In jedem Falle ist Gegenstand dabei etwas, dem Gehaltlichkeit eignet, das substantielle Identität aufweist, dem man Prädikate zuspricht, das separiertes Objekt unterschiedlichster Zuwendungsmodi zu sein vermag.

Was demgegenüber ist ein Ding? Dass man mit der Frage, was ein Ding sei, gegenüber der anderen Frage, was ein Gegenstand sei, offenbar weniger anfangen kann, wissen wir nun nicht nur, weil es so bei Heidegger steht[4], sondern vor allem, weil es in der Sache liegt. Wollte einer sagen, was ein Ding sei, müsste er sagen, was ein Ding zu dem macht, was es ist, was es also begründet oder eben be-dingt – womit wiederum der Begriff des Dings in Anspruch genommen, statt ausgewiesen wäre.[5] Grimms *Wörterbuch* berichtet, man gebrauche das Wort ›Ding‹ gerade dort gern, »wo ein besonderer ausdruck sich nicht gleich findet«.[6] Das mag denn auch ein Grund dafür sein, weshalb es noch in jüngeren Lexika für den Hausgebrauch[7] heißt, Dinge seien Gegenstände (!), die

3 | Vgl. Karen van den Berg: »Zeigen, forschen, kuratieren. Überlegungen zur Epistemologie des Museums«, in: dies./Hans-Ulrich Gumbrecht (Hg.): *Politik des Zeigens*, München 2010, S. 143-168, hier S. 162. – Ähnlich Anke te Heesen und Petra Lutz: »Einleitung«, in: dies. (Hg.): *Dingwelten. Das Museum als Erkenntnisort*, Köln 2005 (Schriften des Deutschen Hygiene-Museums Dresden 4), S. 11-24, hier S. 14f.

4 | Vgl. Martin Heidegger: *Die Frage nach dem Ding. Zu Kants Lehre von den transzendentalen Grundsätzen* [Wintersemester 1935/36], hg. von Petra Jaeger, Frankfurt a.M. 1984 (*Gesamtausgabe*, Bd. 41).

5 | Vgl. Schelling, der das »Bedingen« als jene Handlung bezeichnet, »wodurch etwas zum Ding werde« (Friedrich Wilhelm Joseph Schelling: *Philosophische Schriften*, Bd. 1, Landshut 1809, S. 7).

6 | Jacob Grimm/Wilhelm Grimm: Art. »ding«, in: dies: *Deutsches Wörterbuch*, Bd. 2, Leipzig 1860, Sp. 1152-1169, hier Sp. 1154.

7 | Z.B. Microsoft Office 2008, Def. ›Ding‹.

man nicht kennt und deshalb nicht zu bezeichnen vermag. ›Ding‹ hat somit offenbar den größeren Begriffsumfang, wenn zutrifft, dass man weit mehr *nicht* kennt als kennt. ›Ding‹ erscheint aber zugleich dem Inhalt nach als der engere Begriff. Denn auch wenn die Grimms die Verwendung von ›Ding‹ seiner »unbegrenzten Bedeutung« nach ebenso für »das sinnlich Bemerkbare, als das Übersinnliche, das Gedachte« reklamieren[8], muss es doch einen Grund geben, weshalb wir tatsächlich weniger dazu neigen, ideale Gegenstände genauso gut wie reale für Dinge zu halten. Ein Stuhl kann Gegenstand *oder* Ding genannt werden, eine mathematische Gleichung hingegen mag zwar ein Gegenstand (des mathematischen Interesses etwa) sein, gewiss aber kein Ding. Wenn wir denn also diese Einschränkung berücksichtigen und zugleich einmal annehmen, die Bestimmung, Dinge seien Gegenstände, die nicht oder wenigstens noch nicht bekannt, d.h. thematisch, sind, so würde daraus folgen, dass Dinge zwar vorwiegend mit einem Präsenz- und Realitätsanspruch konnotiert wären – und dennoch sofort aufhörten, Dinge zu sein, sobald man sie realiter kennenlernt. Genau das aber – nämlich sie kennenlernen – müsste man jedoch, wenn man sagen wollte, was ein Ding sei. So aber kann man offenbar nur sagen, was ein Ding ist, indem man es verfehlt. Weshalb man eben nicht *sagen* kann, was ein Ding ist.[9]

Aber man kann es *zeigen*! Oder besser: Man kann es so einrichten, dass *sich zeigt*, was ein Ding ist; dass sich das Ding *selber* zeigt. Und das Museum ist womöglich ein Ort für solche Einrichtung.

Freilich spiegelt diese Vermutung den herrschenden Tenor der museumstheoretischen Debatte um die Museumsdinge nicht genau wider. Dieser ist nämlich durchaus anders pointiert und weiß über die Verhältnisse zwischen Gegenstand und Ding eher Gegenteiliges zu berichten. Dort nämlich, wo von den Dingen als den Alltagsdingen gehandelt wird, sieht man diese durch geschicktes Arrangement eines Arsenals von Dingen zweiter Ordnung, nämlich durch Einsatz von Sockel, Vitrine, Rahmen, als eigenständige Gegenstände geadelt. Die Loslösung aus den Kontexten, die Entfunktionalisierung der Dinge wird durch Abstandsherstellung und -wahrung gewährleistet. Sie werden so dem Betrachter entfremdet, und können erst deshalb als Gegenstände zur Auffassung gelangen. – Das ist zweifellos alles richtig. Doch wenn das so ist, und die Dinge, auf den Sockel der Ausstellung gestellt, nunmehr zu Gegenständen mit objektivem Anspruch werden – welcher Gewinn für den Betrachter wäre damit verbunden?

8 | J. Grimm/W. Grimm: Art. »ding«, Sp. 1153.

9 | Ausführlicher dazu: Karl-Heinz Lembeck: »Über Dinge und Gegenstände. Metaphysische Motive in Wissenschaft und Kunst«, in: Ralf Becker/Ernst Wolfgang Orth (Hg.): *Religion und Metaphysik als Dimensionen der Kultur*, Würzburg 2011, S. 22-34.

2. Die Entdeckung der Dinge im Museum

Besagte Debatte reklamiert hier einen Erkenntnisgewinn. Auf dem Wege der Vergegenständlichung erschlössen sich, also gewissermaßen auf einem Umweg, die Dinge neu. Denn aus dieser Position der Unbetroffenheit erst sei jene Dingwelt des Alltags in ihrem Aufforderungscharakter zu erkennen. Hier werde demnach, gewissermaßen im Modus des Als-ob und insofern risikofrei, die Welt begreifbar.[10] So ist denn gar vom Ausstellungsexponat als der »Verkörperung eines von anderen externalisierten, verobjektivierten Sinns« die Rede, in welchen man sich »hineinarbeiten« solle. Das ursprünglich Vortheoretische soll dergestalt im Museum in einem elementaren Sinne theoretisch werden. Das Museumsding »verstehen« hieße demnach es »theoretisch umkreisen«.[11] Kurzum: Museumsexponate sind ins fremde Milieu versetzte, bloß hingestellte Dinge, die genau dadurch ihren Charakter als Dinge verlieren und stattdessen zu Gegenständen theoretischen Interesses werden.

So attraktiv dieses Modell auf den ersten Blick nun erscheinen mag, so sehr versündigt es sich m.E. jedoch am selbst eingeführten Dingbegriff. Denn wenn das Ding schon als Alltags-Wozu auftritt und von daher einer eigenen Separierung bedarf, um auf thematisches Interesse zu stoßen, und eben diese Separierung auch erhält, so kann man ernstlich nicht mehr von einer *Ding*konjunktur im Museum sprechen – sondern nur noch von einer Konjunktur des Neu-Arrangements von *Gegenständen*. Das mag legitim und tatsächlich mit epistemischem Gewinn verbunden sein. Nur wird diese Theoretisierung der Welt für gewöhnlich nicht als originäres Anliegen der Museen gesehen, sondern als eines der Wissenschaften. Selbst wenn einzuräumen ist, dass Museen auch Institutionen der Forschung sind, so droht mit dieser Perspektive gleichwohl eine Verwechslung des Museums als Ganzem mit einer Art Weltlabor, in dem »die Dinge zu ihren Möglichkeiten gebracht«[12] werden; ganz ähnlich wie im Labor die Gegenstände der Wissenschaften aus ihrer natürlichen Wirklichkeit zu ihren Möglichkeiten gebracht werden, um jene aus diesen heraus plausibel zu machen.

Und noch eine weitere Gefahr stellt sich ein, wenn in einer begleitenden Pointe dieser Ansicht die Attraktivität der Museumsdinge vor allem mit deren Authentizität begründet wird.[13] Denn in der Tat ist ja das perfekte Ding

10 | Vgl. K. van den Berg: »Zeigen, forschen, kuratieren«, S. 163.

11 | Vgl. Gottfried Korff: »Betörung durch Reflexion«, in: A. te Heesen (Hg.): *Dingwelten*, S. 89-107, hier S. 99. Korff bezieht sich hier zustimmend auf Thesen Karl Mannheims.

12 | Was das genau heißen soll, sagen A. te Heesen und P. Lutz (»Einleitung«, S. 17) leider nicht.

13 | Vgl. Anke te Heesen: *Theorien des Museums zur Einführung*, Hamburg 2012, S. 179; Gottfried Korff: »Zur Eigenart der Museumsdinge« [1992], in: ders.: *Museums-*

jenes Objekt, das als ein ›altes‹ seine Begründung in sich selbst hat, ohne dass es noch eines aktuellen Umgangs mit ihm bedürfte. Nur als dysfunktionales Ding kann es authentisch sein im Sinne des ›Selbst-dabei-Gewesen‹ – eben als *perfectum*.[14] In dieser Perspektive tritt natürlich der Musealisierungsaspekt in den Vordergrund, der das Alte als solches und eben theoretisch, d.h. als Nicht-Betreffendes, thematisch werden lässt.[15] Damit verbunden ist allerdings die Gefahr einer Verkürzung des Museumsdings zur bloßen Erinnerungsveranlassung auf der Basis vermeintlich historischer Zeugenschaft. Und es steht zu befürchten, dass die Dinge selbst, wie schon im erstgenannten Fall ihrer theoretischen Auslegung als Repräsentanten einer gegenständlichen Welt, auf diese Weise bloß ein zweites Mal funktional beerdigt würden. Denn ihre vermeintliche Entfunktionalisierung verschafft ihnen in Wahrheit nur eine neue Funktion – eben die Funktion von Erkenntnis- und Erinnerungsveranlassungsdingen. Als sie selbst jedoch werden sie noch immer nicht gezeigt. Und zeigen – Sie erinnern sich an meine These – soll man sie doch können, indem man ihnen Gelegenheit gibt, sich selbst zu zeigen, so dass man sie dann sehen kann.

Aber was sollte es denn eigentlich sein, das sich da zeigt? Seit einem guten Jahrhundert wird eben dies in der Philosophie namentlich hermeneutisch-phänomenologischer Provenienz diskutiert. Folgen wir hier zunächst den Beobachtungen zweier früher, vielleicht weniger prominenter, gleichwohl spannender, Vertreter dieser Debatten: Wilhelm Schapp und Hans Lipps.

3. Die Frage nach dem Ding in der Philosophie

Die Stellungnahmen beider Protagonisten lassen sich vor dem Hintergrund einer Feststellung Johann Friedrich Herbarts lesen, wonach alle Dinge stets durch ihre Eigenschaften, die wir wahrnehmen, gekennzeichnet seien, sie selbst aber »als Besitzer« solcher Kennzeichen unbekannt bleiben müssten.[16]

---

dinge. Deponieren – Exponieren, hg. von Martina Eberspächer/Gudrun Marlene König/Bernhard Tschofen, Köln/Weimar/Wien 2002, S. 140-145.

14 | Wie Jean Baudrillard das so schön kennzeichnet: J. Baudrillard: *Das System der Dinge. Über unser Verhältnis zu den alltäglichen Gegenständen* [*Le système des objets*, 1968], Frankfurt a.M. ³2007 (¹1991), S. 97f. und S. 104.

15 | Die einschlägigen Beiträge Hermann Lübbes zu diesem Thema müssen hier nicht ergänzt werden.

16 | J.F. Herbart: *Lehrbuch zur Einleitung in die Philosophie*, § 97, S. 88. – Hans Lipps bezieht sich auch explizit auf Herbart: H. Lipps: *Untersuchungen zur Phänomenologie der Erkenntnis* [1927], Frankfurt a.M. 1976 (*Werke*, Bd. 1), *passim*.

Daraus spricht Herbarts psychologisch gewendeter Kantianismus und seine Lesart des ›Dings-an-sich‹.

Schapp wie Lipps bestreiten Herbarts Position. So findet sich etwa bei Schapp durchaus eine Chance für die Dinge in der Anschauung, worin sie keineswegs verborgen bleiben, sondern sich selbst zeigen. Die berühmte Selbstgegebenheit der Sachen wird hier pointiert. Dieser entspricht auf der Seite des Subjekts vor allem das Sehen bzw. die deiktische Geste. Denn alles was man tun kann, wenn etwa jemand wissen will, *was etwas ist*, ist, ihn auf die Erscheinung dieses Etwas zu verweisen. Wer nicht weiß, was klebrig ist, den muss man Leim fühlen lassen, wer nicht weiß, was flüssig ist, dessen Hand muss man ins Wasser tauchen, oder wenn er nicht weiß, was süß ist, muss man ihm Zucker zu schmecken geben. Und was Farbe ist, kann man nur mit Hinweis »auf die farbige Welt, in der die Dinge sich befinden«, anzeigen.[17] *Denn was etwas an sich selbst ist, kann man nicht wissen, sondern nur sehen.* Schapps Beispiel: Wir sehen das Fensterkreuz gegen das Licht. Ist der Eindruck von Festigkeit, Starrheit, Härte eine Täuschung, die uns bloß durch unser Wissen um die Festigkeit, die Härte vermittelt wird? Wohl nicht, da das schiere Phänomen, die Erscheinung des Erscheinenden, eben genau dies leibhaft darbietet, was es darbietet. Selbst eine optische Täuschung – der berühmte gebrochene Stab im Wasserglas – zeigt etwas an, von dem wir wohl *wissen* können, dass es nicht ist, und doch ist es eben *leibhaft* da; denn »[b]loß begleitendes Wissen kann aus dem einen Wahrgenommenen nicht das andere machen«.[18]

Schapp empfiehlt darum eine Einstellung, die den Blick für die Dinge selbst öffnet, ohne dass unser Vorwissen um sie dabei zu Hilfe genommen wird. Dafür muss man besagte Dinge allerdings arrangieren; Schapp spricht hier freilich nicht von der Ausstellung, sondern von einem Arrangement *via* Reduktion, in Anlehnung an Husserls Phänomenologie also von einer eidetischen Reduktion. Es handelt sich um den Verzicht auf positive Setzungen des auffassenden Bewusstseins, der Vollzug der Generalthesis der natürlichen Einstellung wird ausgesetzt. Dabei findet also etwas im Subjekt statt. Das dergestalt arrangierte in Berührung-Kommen mit den Dingen ist demnach kein zufälliger Aufmerksamkeitswechsel, sondern wird gezielt provoziert durch den Verzicht auf den theoretischen Zugriff.

Meine Vermutung nun wäre, dass besagtes Arrangement keineswegs nur als subjektive Inhibierung von Geltungsannahmen funktioniert, sondern auch durch das bloße *Hinstellen* der Weltdinge in einen ihnen fremden Kontext; durch ihre Ausstellung also und das dazu geeignete Ausstellungsdesign im Museum. Die hierbei betonte Dysfunktionalisierung des Gegenstandes

17 | Wilhelm Schapp: *Beiträge zur Phänomenologie der Wahrnehmung* [1910], Frankfurt a.M. ^{4}2004, S. 16f.

18 | Ebd., S. 19.

stellt unser Wissen darum, was etwas ist, dergestalt auf die Probe, dass wir offen werden für die Dinge selbst. Die Dinge treten hier nicht »immer schon« als bestimmte auf, und trotzdem rutschen sie nicht sogleich in den Status bloßer Unbestimmtheit ab. Sie werden vielmehr radikal »zweideutig«, wie Günter Figal dies im Anschluss an Paul Valéry beschreibt.[19]

Schapp, so könnte man also sagen, gibt den Dingen eine Chance, in der Erscheinung als sie selbst zu erscheinen; und wir ergänzen das hier um das Arrangement der musealen Ausstellung, welches eben diese Chance zu unterstützen sucht. Denn die Schwere, die Härte, das Weiche der Dinge ist nicht etwas *an* ihnen, sondern eben ihr Charakter. Es gibt nicht, wie Herbart seinerzeit meinte, noch zusätzlich einen »Besitzer« solcher Eigenschaften, eine Art materialen Kern. Als ob das, was ein Ding von sich zeigt, bloß dazu gut wäre, sein Wesen zu verbergen. Die Rede von der Materialität des Dings ist darum für Schapp bestenfalls eine Fabel, eine am Ding selbst vorbeischauende Erfindung der theoretischen Einstellung.[20] In Wahrheit ist das Ding in seiner Erscheinung bereits *in seiner ganzen Fülle* dargestellt. Nicht nur in seiner Gestalt, sondern sogar in seiner Historizität, seinem »Schicksal«, mit all seinen Spuren und Narben, kommt es in der Erscheinung zur Darstellung. Wir sehen im Abdruck des Fußes eben zugleich die Schwere des Leibes, in den Schrammen der Uhr zugleich die Weichheit des Goldes.[21]

An solchen Beispielen zeigt sich die Ambivalenz des Dinges: Zunächst tritt es als ›Wozu-Ding‹, wie der bekannte Ausdruck Schapps lautet, im Alltag auf; also als Funktionsgefüge. Aber zugleich ist es auch *es selbst*, was dann in der Darstellung dieses Selbst ausdrücklich werden kann. Denn kommt es als es selbst zur Darstellung, so tritt es auf als etwas, das ein eigenes Antlitz trägt und das dieses Antlitz nicht nur als Ausdruck seiner Wozu-Geschichte trägt, sondern eben auch unter den Bedingungen dessen, *von was* es ist. Es ist etwa von Gold – was sich an der Weichheit oder Farbe seiner Oberfläche zeigt, was sich wiederum an seiner historischen Patina zeigt. Kurzum: Die Dinge sind als Wozu-Dinge nur möglich, weil sie je *von etwas* sind. Und umgekehrt gilt, dass das, wovon sie sind, immer nur in historisch-schicksalhafter Gestalt auftritt. Und beides kann man ihnen ansehen.

Wenn demnach die Ausstellung der Dinge im Museum mittels Abstand wahrender Entfunktionalisierung deren Anschaulichkeit als solche in den Blick bringt, so wird eben dadurch eine künstliche Situation erzeugt. Es wird den Dingen ihre *leibhaftige Gegebenheit diesseits ihres historischen Auftritts, jedoch unter Wahrung ihrer historischen Gestalt* ermöglicht – womit eben *en pas-*

---

19 | Günter Figal: *Unscheinbarkeit. Der Raum der Phänomenologie*, Tübingen 2015, 104ff.

20 | Vgl. W. Schapp: *Beiträge zur Phänomenologie der Wahrnehmung*, S. 120-123.

21 | Ebd., 117.

sant auch die Historizität des Dings erst sichtbar wird. Solche Leibhaftigkeit gibt sich hier jedoch, was wichtig ist, in einer nicht-theoretischen, nicht schon vergegenständlichenden Weise. Während nämlich unsere ›Meinung‹ von den Dingen, schon indem wir sie nur ›als‹ Dinge meinen, gar nicht direkt auf die Dinge, sondern eben auf jenes ›Als‹ gerichtet ist, also wesentlich in prädikativer Gestalt verharrt, gibt uns die sinnliche, die *aisthetische* Präsenz des Dinges dieses als es selber und als nichts darüber hinaus – d.h. weder als Substrat einer Als-Bestimmung, noch als Wozu-Ding.[22] In dieser Weise, so könnte man aber bereits jetzt emphatisch behaupten, *gibt* es die Dinge wohl nur im Museum.

Ähnlich wie Schapp ist es auch Lipps um eine Wahrung der Dinglichkeit des Dinges zu tun. Auch er liefert keine Museumsphilosophie in irgendeinem spezifischen Sinne. Dafür aber eine Dingphänomenologie, die auch die besagte Konjunktur der Museumsdinge leichter verständlich sein lässt. Der erkenntnistheoretische Zugang liegt auch hier bei der Frage danach, was etwas ist, und danach, welche Bedingungen erfüllt sein müssen und welcher Gelegenheit es bedarf, um diese Frage einer Antwort näher zu bringen. Wiederum ähnlich zu Schapp wird dasjenige, von was etwas ist, als das bezeichnet, was es »seiner Natur nach« ist bzw. was sein »Stoff« ist. Stoff meint hier aber ebenfalls nicht Material, denn »von Eisen sein« meint nicht, »aus Eisen« zu bestehen. Die Rede von ›Stoff‹ ist allerdings mehrdeutig: Sie kann den Ursprung eines Materials bezeichnen – z.B. das Buchenholz, aus dem etwas (etwa ein Stuhl) gebaut ist –, oder etwas, »was an ihm selber ›bloßer‹ Stoff [ist], d.i. etwas, was nicht anders denn als ein bestimmter Differenzierungsmodus stofflicher Fülle zu fassen ist.« Und insofern ist etwas dann »ein Stück« Buche oder »ein Stück« Eisen. Der Stoff des Etwas (also das, was es ist) kann darum nur im erscheinenden Ding, insofern es erscheint, auftreten. Der Stoff stellt sich im Ding selber dar.[23] Es stellt sich darin etwas dar, »dem man im Umgang mit den Dingen begegnet«. Es wird in solchen Begriffen wie Eisen, Erde usw. etwas gekennzeichnet in Hinblick auf seine Natur. Die Differenz, die die Differenz solcher Kennzeichnungen anzeigt, liegt in den Sachen, nicht im Bezeichnungs- oder Bestimmungsakt.[24] Die Möglichkeit, etwas als Stück hiervon oder davon zu kennzeichnen, ergibt sich durch die ontische Beziehung, die zwischen dem Ding und dem, »wovon es ist« herrscht, nicht durch begriffliche Differenzierungen.[25]

Lipps zeigt sich nun mit Schapp nicht nur in der Ablehnung des Konzepts der Materialität als Kern der Dinglichkeit einig, sondern auch hinsichtlich der

22 | Vgl. ebd. 132.

23 | Vgl. H. Lipps: *Untersuchungen zur Phänomenologie der Erkenntnis*, S. 22f.

24 | Ebd., S. 26.

25 | Ebd., S. 30.

Voraussetzung, überhaupt nach dem Ding fragen zu können. Es ist diese Voraussetzung der vorherrschende Modus, in dem das Ding entgegentritt. Bei Schapp ist es dessen ›Wozu‹. Bei Lipps heißt es, die Frage nach demjenigen, was etwas eigentlich sei, könne erst entstehen im Umgang mit ihm, im Hantieren mit ihm. Und darin liege die Antizipation der je eigenen Existenz, »von der aus allererst die Frage nach dem ›was etwas ist‹ sinnvoll wird«.[26]

Ich will hier nun gar nicht auf die erstaunliche Parallelität zu Heideggers Philosophieren eingehen. (Immerhin: Lipps Text stammt von 1926!) Eine ähnliche Nähe ist ja schon im Kontext der Geschichtenphilosophie Schapps bemerkenswert. Wichtig ist mir hier etwas anderes; nämlich die Beobachtung, dass einem die Dinge nicht nur primär im Hantieren mit ihnen begegnen, sondern dass in Lipps Auffassung dabei das Sehen sozusagen die elementarste Form solchen Hantierens darstellt. »Die Sinne [...] sind eine Art des Hantierens. Man tritt mit ihnen den Dingen gegenüber. Das Sehen ist primär ein Tun, das, zusammen mit dem Licht, Materialität zur Sichtbarkeit aufschließen kann.« Das Aussehen eines Dinges ist demnach notwendig Korrelat eines Sehens – aber trotzdem ist und bleibt es ›sein‹ Aussehen. Nur Dinge, denen ich sehend begegne, sehen überhaupt irgendwie aus. Aber *sie* sehen eben aus, sie *haben* ein Aussehen an sich selbst, auch wenn dieses nur im Zugang des Sehens aufscheint. Gegenständliches hingegen – man erinnere meine eingangs gemachte Unterscheidung – kann man nicht sehen, denn »[s]o etwas wie Gegenständliches sieht überhaupt nicht aus«.[27]

Die Sichtbarkeit der Dinge ist somit immer an »Schicksale« gebunden. Das Ding muss einem vorkommen können, damit man ihm sehend gegenübertreten kann. Das Aussehen, das sich dabei präsentiert, ist die in Sinnlichkeit übersetzte stoffliche Natur des Dinges. Das Ding steht zwar in einem ihm fremden Licht, aber »es wird in Ruhe gelassen« dabei und darum so gesehen, wie es an ihm selber ist.[28] – Man kann kaum anders, als solche Beobachtungen in unserem Kontext geradezu als museumsdidaktische Anweisungen zu lesen: Ermögliche den Dingen ein besonderes »Schicksal«, indem Du sie so arrangierst, dass sie, in Ruhe gelassen, als sie selbst erscheinen können. Lass' sie dergestalt als Erscheinungen erscheinen und sich darin selbst darstellen.

26 | Ebd., S. 47.

27 | Ebd., S. 79f.

28 | Ebd., S. 84 und 104f.

4. Die Selbstdarstellung des Erscheinenden in der Erscheinung

Nun können wir zu meiner Eingangsthese zurückkehren, wonach es im Museum eben vor allem ums Zeigen der Dinge geht *und zwar so, wie sie an sich selbst sind*. Und genauer noch: *dass sie sich in diesem Gezeigt-Werden selbst darstellen*. Ich hatte die These eingangs als mysteriös bezeichnet. Das muss sie nun aber nicht bleiben, wenn wir uns erstens über die hier veranschlagte Bedeutung des Darstellungsbegriffs einigen und uns zweitens auf unsere soeben besprochenen Protagonisten zurückbesinnen und sie dabei noch ein wenig strikter lesen.

Was es mit der Darstellung hier auf sich hat, können wir anhand eines bekannten Konzepts erläutern, das aus Cassirers *Philosophie der symbolischen Formen* stammt. Die Trias von Ausdruck, Darstellung und Bedeutung gilt bekanntlich als begrifflicher Schlüssel der Dimensionierung symbolischer Formungsleistungen bei Cassirer. So liegen etwa die Wurzeln der Wahrnehmung einer gehaltlichen Dingwelt ihm zufolge in deren *unmittelbaren* Ausdruckscharakteren. Die derart unmittelbare Sicht auf die Dinge gelingt ganz »unabhängig von ihrer gegenständlichen Deutung«.[29] »Es ist vergeblich zu fragen, woher diese Sicht *stammt*«, heißt es bei Cassirer, »wir können uns nur vergewissern, was sie in sich selbst *ist*.«[30] Die erste Form, in der eine Welt gehabt wird, ist also das »Ausdruckserlebnis«, in dem zwischen bloß sinnlichem Dasein des Dings und seinem möglichen Bedeutungsgehalt nicht unterschieden wird.[31] Die elementare Dinglichkeit der Dingwelt ist hier noch ebenso *bestimmungs- wie herkunftslos*. Erst in die Darstellung als erste anschauliche *Formung* geht diese Dinglichkeit *als solche* ein. Doch auch Darstellung bleibt noch immer anschauliche Erfassung von Wirklichkeit, ist noch nicht Bedeutungs- und Herkunftsbestimmung, sondern reine *Deixis*[32], also *Hinweis* auf das »wilde Sein«[33], von dem zur selben Zeit Merleau-Ponty spricht.

Darstellung liefert sonach die Bühne, derer es bedarf, des Dinges als eines solchen ansichtig zu werden. Daher ist es auch nicht notwendig, dass das anschauliche Ding in seinem faktischen Verhaltenszusammenhang erst »auffällig«,

29 | Ernst Cassirer: *Philosophie der symbolischen Formen*, 3. Teil: *Phänomenologie der Erkenntnis* [1929], Darmstadt [8]1982, S. 78.

30 | Ebd., S. 143.

31 | Ebd., vgl. S. 526 und S. 109.

32 | Vgl. ebd., S. 143.

33 | Vgl. Maurice Merleau-Ponty: *Das Auge und der Geist. Philosophische Essays* [*L'Œil et l'Esprit*, 1960], hg. von Christian Bermes, übers. von Hans Werner Arndt/Claudia Brede-Konersmann/Friedrich Hogemann et al., Hamburg 2003 (Philosophische Bibliothek 530), S. 273f.

»aufsässig« oder »aufdringlich« werden müsste, wie Heidegger meinte, um als es selbst zur Geltung zu kommen.[34] Die Darstellung vermag es bereits zur Geltung zu bringen, ohne es deswegen vergegenständlichen zu müssen; denn die Darstellung ist noch ebenso originär wie der Ausdruck. Erst die objektivierende Arbeit des Begriffs bewirkt schließlich, was man mit Max Weber als »Entzauberung«[35] der Dingwelt bezeichnen könnte, denn sie substituiert diese zum Zwecke einer Herkunftsbestimmung *post hoc* mit der gegenständlichen Welt. – Da befinden wir uns dann aber schon nicht mehr im Museum.

Wir wollen dort jedoch bleiben und bedienen uns deshalb des erläuterten Konzepts von Darstellung. Ein Ding darstellen heißt also, es sowohl aus seinen Umständen, seinem Wozu, herauszulösen, als auch den theoretischen Zugriff auf es als einen Gegenstand, mit dem es etwas auf sich hat, zu inhibieren. Was bleibt übrig? Eben das Ding als ein schlechterdings stofflich Entgegenstehendes. Damit solche Darstellung gelingt, bedarf es primär des Arrangements von Abstand, von Entferntheit. Auf diese Weise indiziert die Darstellung des Dings jedoch in eins auch Räumlichkeit, also das, was Husserl seinerzeit als den Außenhorizont der Dinge beschrieben hat. ›Räumlichkeit‹ ist hier verstanden als Inbegriff des Verweisungs-Charakters der Darstellung auf mögliche andere Aspekte derselben; und damit auf mögliche andere Weisen sinnlicher Gegebenheit des Dings. Insofern ist die Rede vom Außenhorizont auch bei Husserl durchaus zugleich Hinweis auf die Räumlichkeit des Dings selbst wie auf die der Wahrnehmung.[36] – Museumstheoretisch wären demnach die Räume der Ausstellung nicht zuerst da und würden dann mit Exponaten bestückt. Umgekehrt vielmehr müsste gelten, dass das Arrangement der Exponate den Raum erst konstituiert; und zwar als Wahrnehmungsraum und dann notwendig auch als kinästhetisch entdeckbaren Raum.

Unter diesen Voraussetzungen erst wird also Darstellung möglich. Denn die Darstellung hat eben selbst eine Gestalt, die unter Bedingungen von Räumlichkeit und Anschaulichkeit steht. Die Darstellung des Dings ist selber dinghaft. Selbst wenn wir im Kunstmuseum die Darstellung schnell als solche erkennen: etwa im Tafelbild, das etwas Dingliches darstellt, so ist besagtes Bild seinerseits wieder Dingliches. Diese Verhältnisse zeigen sich in der bildenden

---

34 | Vgl. Martin Heidegger: *Sein und Zeit* [1927], hg. von Friedrich-Wilhelm von Herrmann, Frankfurt a.M. 1977 (*Gesamtausgabe*, Bd. 2), S. 98f.

35 | Max Weber: *Wissenschaft als Beruf* [1919], Berlin [10]1996, S. 17.

36 | Das muss man gegen Figal einwenden: Günter Figal: *Gegenständlichkeit. Das Hermeneutische und die Philosophie*, Tübingen 2006, S. 155f. – Zu Figals einschlägigen Büchern (neben *Gegenständlichkeit* sind zu nennen: *Erscheinungsdinge. Ästhetik als Phänomenologie*, Tübingen 2010, sowie: *Unscheinbarkeit*) ist zu sagen, dass darin der Unterschied zwischen ›Gegenstand‹ und ›Ding‹ nicht dieselbe Berücksichtigung findet, wie ich ihn hier betone.

Kunst zwar am deutlichsten; sie herrschen aber in jeder Form von Darstellung unter besagten Arrangement-Bedingungen.[37]

Die Darstellung ihrerseits ermöglicht nun eine Form der Bezugnahme auf das Dargestellte, in der dieses sich als es selbst zeigen kann. Denn das Zeigen steht in Korrelation zum Sich-Zeigen. Wenn Heidegger das »Phänomen« als »das Sich-an-ihm-selbst-zeigende« bestimmt[38], so ist mit Figal wohl hinzuzufügen: Es müsse jenes Etwas, das sich an ihm selbst zu zeigen vermag, eben dazu ausdrücklich »gezeigt« werden.[39] Bereits dadurch, dass es in der Darstellung gezeigt wird, ist das Gezeigte seiner vulgären Verstrickungen entledigt. Es kann als es selbst hervortreten; allerdings kann dies vom Zeigen nur veranlasst werden, »hervortreten muss das, worauf gezeigt wird, von selbst«.[40] Jedoch kann es dies wiederum nur, wenn es ein ›Selbst‹ hat, ein ›Was‹ also, das es als Ding *ist*. Wie schon eingangs betont: Die Rede von ›Ding‹ meint hier eben keine Bestimmung wie ›Stuhl‹ oder ›Stein‹, sondern indiziert nur ›etwas‹, das ein Erscheinen als solches qualifiziert.[41]

Das Ding wäre somit ein Erscheinendes, das in diesem Erscheinen als Ereignis nicht aufgeht, sondern in dessen Erscheinen ein noematischer Gehalt schlechthin auftritt, der als Korrelat aisthetischer Haltung *par excellence* gelten darf. Wie es der Architekt Peter Zumthor in einem schönen Text über die *Anschauung der Dinge* beschreibt, korreliert diesem Etwas der »ruhige, stumpfe Blick« des Betrachters, der sich dem Ding widmet, ohne sich von ihm eine Aussage aufdrängen zu lassen; so, »als ob man etwas sähe, das sich nicht ins Zentrum des Bewusstseins rücken lässt«.[42] Oder um ein anderes Bild zu benutzen: Die Darstellung der Dinge ermöglicht eine Annäherung an sie ähnlich der Weise, in der der Sternengucker sich den stellaren Nebeln und Galaxien am nächtlichen Himmel zuwendet: Er schaut haarscharf vorbei an den Objekten seines Interesses, um sie dafür umso deutlicher zu sehen. Denn nur so vermeidet er den störenden Einfluss des blinden Flecks im Auge; jenes blinden Flecks, ohne den das Auge zwar nicht funktionieren würde, der aber an zentraler Stelle das Zustandekommen des Bildes verhindert. In unserem Fall setzt sich dieser Fleck zusammen aus Theorie *und* Praxis, will sagen: aus der alltäg-

37 | Vgl. G. Figal: *Gegenständlichkeit*, S. 136-138.

38 | M. Heidegger: *Sein und Zeit*, S. 38.

39 | G. Figal: *Erscheinungsdinge*, S. 105. Vgl. auch ders.: »Zeigen und Sichzeigen«, in: ders.: *Verstehensfragen. Studien zur phänomenologisch-hermeneutischen Philosophie*, Tübingen 2001, S. 200-210.

40 | G. Figal: *Gegenständlichkeit*, S. 237.

41 | Vgl. G. Figal: *Unscheinbarkeit*, S. 95.

42 | Peter Zumthor: »Eine Anschauung der Dinge«, in: ders.: *Architektur Denken*, 2., erweiterte Auflage Basel/Boston/Berlin 2006 ([1]Baden 1998), S. 7-26, hier S. 17. – Auf Zumthor macht G. Figal aufmerksam: *Unscheinbarkeit*, S. 107f.

lichen Objektivierungsarbeit des Verstandes *und* dem hantierenden Umgang mit den Weltdingen.

Doch warum ist solche Darstellung nun zugleich *Selbst*darstellung? Einfach weil Darstellung nicht Abbildung meint. Das in der Darstellung, im musealen Arrangement gegebene Ding steht nicht wie ein Abbild neben sich selbst als wirklichem Ding, sondern es ist genau dieses selbst in vollendeter Präsenz. Deshalb ist eine gelingende Darstellung Selbstdarstellung des Wesens des Dargestellten. Die These bemüht, was Gadamer seinerzeit als ›ästhetische Unterscheidung‹ bezeichnet hat, der es gelingt, in der Erscheinung das Ding als es selbst von seinen gegenständlichen und funktionalen Gestalten abzuheben. Wo das gelingt, da erfährt das Dargestellte in der Darstellung sogar »einen *Zuwachs an Sein*«.[43]

Man muss Gadamers Rede von der »ontologischen Verschlingung von originalem und reproduktivem Sein«[44] hier gar nicht weiter strapazieren, um doch deren Pointe für wertvoll zu halten. Das Ding in der Ausstellung, das Exponat, will keine Abbildung sein, will nicht irgendwie ›ähnlich‹ sein den Dingen da draußen vor der Tür. Hier soll sich die Welt nicht wiederholen, gewissermaßen auf sicherem Terrain der Kontemplation gewidmet. Und die versammelten Weltdinge sind hier nicht bloß Exemplare für Typisches, nicht bloß Stücke aus Serien, und sind auch *per se* nicht geheiligt als je Authentisches im Sinne des ›Einst-selbst-dabei-Gewesenen‹. Die Dinge der Ausstellung konstituieren vielmehr ihre ganz eigene Wirklichkeit, eine womöglich gesteigerte Wirklichkeit, weil diese sich hier in ihnen selbst darstellt. Allenfalls in diesem eminenten Sinne des ›Selbst-Seienden‹ ist dann von ›Authentizität‹ des Museumsstücks zu sprechen.[45] Die Dinge der Ausstellung sind somit durchaus ›repräsentativ‹ – aber dann ganz in der alten sakralrechtlichen Bedeutung des Wortes: etwas Gegenwärtig-sein-Lassen-im-Sich-selbst-Zeigen.[46]

In diesem Licht müsste dann auch verstanden werden, was es heißen kann, Ausstellungen brächten die Dinge »zu ihren Möglichkeiten«.[47] Es geht dann

---

43 | Hans-Georg Gadamer: *Wahrheit und Methode. Grundzüge einer philosophischen Hermeneutik* [1960], Tübingen ^{4}1975 (*Gesammelte Werke*, Bd. 1), S. 133.

44 | Ebd., S. 131.

45 | Das ›Authentische‹ verbürgt sich nicht für etwas anderes, sondern zunächst einmal nur für sich selbst; erst deshalb kann es sich in der Folge womöglich auch noch für andere(s) verbürgen. Zum Begriff und dessen Etymologie vgl. z.B. Thomas Noetzel: *Authentizität als politisches Problem. Ein Beitrag zur Theoriegeschichte der Legitimation politischer Ordnung*, Berlin 1999, S. 18ff.

46 | Vgl. H.-G. Gadamer: *Wahrheit und Methode*, S. 134 Fn. – S.a. Benedikt Haller: Art. »Repräsentation II: R. in Politik und Recht«, in: *Historisches Wörterbuch der Philosophie*, Bd. 8, hg. von Joachim Ritter und Karlfried Gründer, Basel 1992, Sp. 812-826.

47 | A. te Heesen/P. Lutz: »Einleitung«, S. 17.

eben *nicht* in erster Linie darum, die Dinge auf ihre vielen Möglichkeiten hin ›freizustellen‹.[48] Das kann man, wie gesagt, auch im Labor durchspielen; oder eben in der Philosophie, die sich ja als »Wissenschaft von allem Möglichen« versteht, wie Manfred Sommer das einmal so schön mit Bezug auf Husserls Phänomenologie gesagt hat.[49] Doch in beiden Fällen handelt es sich um ein eminent *theoretisches* Spiel. Im Museum jedoch geht es nicht um Theorieeinsatz, sondern darum, den Dingen vor allem diese *eine* ihnen inhärente Möglichkeit zu eröffnen, sich in der Selbstdarstellung als sie selbst zeigen zu können, gewissermaßen als ›Dinge an sich‹, wie Figal es pointiert[50]; als etwas also, das keine bestimmte Gestalt hat, und dennoch nicht ohne Gestalt ist; als etwas, das ›*von* etwas‹ ist, ohne dass dies einfach sein ›Material‹ wäre, *aus* dem es ist; als etwas, das immer schon ›da‹ ist, ohne dass ich es sogleich wieder für etwas anderes bräuchte; als etwas also, dass nicht erst im theoretischen oder pragmatischen Zugang *etwas wäre* – sondern das *an sich selbst schon ist.*

Insofern lässt sich im Museum tatsächlich die ganze Welt entdecken – aber eben nicht als Abbreviatur, sondern als sie selbst.

Literatur

Baudrillard, Jean: *Das System der Dinge. Über unser Verhältnis zu den alltäglichen Gegenständen* [*Le système des objets*, 1968], übers. von Joseph Garzuly, Frankfurt a.M. ³2007 (¹1991).

Cassirer, Ernst: *Philosophie der symbolischen Formen*, 3. Teil: *Phänomenologie der Erkenntnis* [1929], Darmstadt ⁸1982.

Figal, Günter: *Erscheinungsdinge. Ästhetik als Phänomenologie*, Tübingen 2010.

—: *Gegenständlichkeit. Das Hermeneutische und die Philosophie*, Tübingen 2006.

—: *Unscheinbarkeit. Der Raum der Phänomenologie*, Tübingen 2015.

—: »Zeigen und Sichzeigen«, in: ders.: *Verstehensfragen. Studien zur phänomenologisch-hermeneutischen Philosophie*, Tübingen 2001, S. 200-210.

Gadamer, Hans-Georg: *Wahrheit und Methode* [1960], Tübingen ⁴1975 (*Gesammelte Werke*, Bd. 1).

Grimm, Jacob/Grimm, Wilhelm: Art. »ding«, in: dies: *Deutsches Wörterbuch*, Bd. 2, Leipzig 1860, Sp. 1152-1169.

Hahn, Alois: »Zur Soziologie des Sammlers«, in: *Sociologia Internationalis* 29 (1991), S. 57-74.

48 | Das sieht m.E. auch Lambert Wiesing etwas verkürzt; vgl. L. Wiesing: *Sehen lassen. Die Praxis des Zeigens*, Frankfurt a.M. 2013, bes. 180-191.

49 | In einer Rezension zu einer Husserl-Ausgabe in der *Frankfurter Allgemeinen Zeitung* vom 18.4.1986, S. 11.

50 | G. Figal: *Unscheinbarkeit*, S. 105.

Haller, Benedikt: Art. »Repräsentation II: R. in Politik und Recht«, in: *Historisches Wörterbuch der Philosophie*, Bd. 8, hg. von Joachim Ritter/Karlfried Gründer, Basel 1992, Sp. 812-826.

Heidegger, Martin: *Die Frage nach dem Ding. Zu Kants Lehre von den transzendentalen Grundsätzen* [Wintersemester 1935/36], hg. von Petra Jaeger, Frankfurt a.M. 1984 (*Gesamtausgabe*, Bd. 41).

—: *Sein und Zeit* [1927], hg. von Friedrich-Wilhelm von Herrmann, Frankfurt a.M. 1977 (*Gesamtausgabe*, Bd. 2).

Herbart, Johann Friedrich: *Lehrbuch zur Einleitung in die Philosophie*, Königsberg 1813.

Korff, Gottfried: »Betörung durch Reflexion«, in: A. te Heesen (Hg.): *Dingwelten*, S. 89-107.

—: »Zur Eigenart der Museumsdinge« [1992], in: ders.: *Museumsdinge. Deponieren – Exponieren*, hg. von Martina Eberspächer/Gudrun Marlene König/ Bernhard Tschofen, Köln/Weimar/Wien 2002, S. 140-145.

Lembeck, Karl-Heinz: »Über Dinge und Gegenstände. Metaphysische Motive in Wissenschaft und Kunst«, in: Ralf Becker/Ernst Wolfgang Orth (Hg.): *Religion und Metaphysik als Dimensionen der Kultur*, Würzburg 2011, S. 22-34.

Lipps, Hans: *Untersuchungen zur Phänomenologie der Erkenntnis* [1927], Frankfurt a.M. 1976 (*Werke*, Bd. 1).

Merleau-Ponty, Maurice: *Das Auge und der Geist. Philosophische Essays* [*L'Œil et l'Esprit*, 1960], hg. von Christian Bermes, übers. von Hans Werner Arndt/ Claudia Brede-Konersmann/Friedrich Hogemann et al., Hamburg 2003 (Philosophische Bibliothek 530).

Noetzel, Thomas: *Authentizität als politisches Problem. Ein Beitrag zur Theoriegeschichte der Legitimation politischer Ordnung*, Berlin 1999.

Schapp, Wilhelm: *Beiträge zur Phänomenologie der Wahrnehmung* [1910], Frankfurt a.M. [4]2004.

Schelling, Friedrich Wilhelm Joseph: *Philosophische Schriften*, Bd. 1, Landshut 1809.

te Heesen, Anke/Lutz, Petra: »Einleitung«, in: dies. (Hg.): *Dingwelten. Das Museum als Erkenntnisort*, Köln 2005 (Schriften des Deutschen Hygiene-Museums Dresden 4), S. 11-24.

te Heesen, Anke: *Theorien des Museums zur Einführung*, Hamburg 2012.

van den Berg, Karen: »Zeigen, forschen, kuratieren. Überlegungen zur Epistemologie des Museums«, in: dies./Hans-Ulrich Gumbrecht (Hg.): *Politik des Zeigens*, München 2010, S. 143-168.

Weber, Max: *Wissenschaft als Beruf* [1919], Berlin [10]1996.

Wiesing, Lambert: *Sehen lassen. Die Praxis des Zeigens*, Frankfurt a.M. 2013.

Zumthor, Peter: »Eine Anschauung der Dinge«, in: ders.: *Architektur Denken*, 2., erweiterte Auflage Basel/Boston/Berlin 2006 ([1]Baden 1998), S. 7-26.

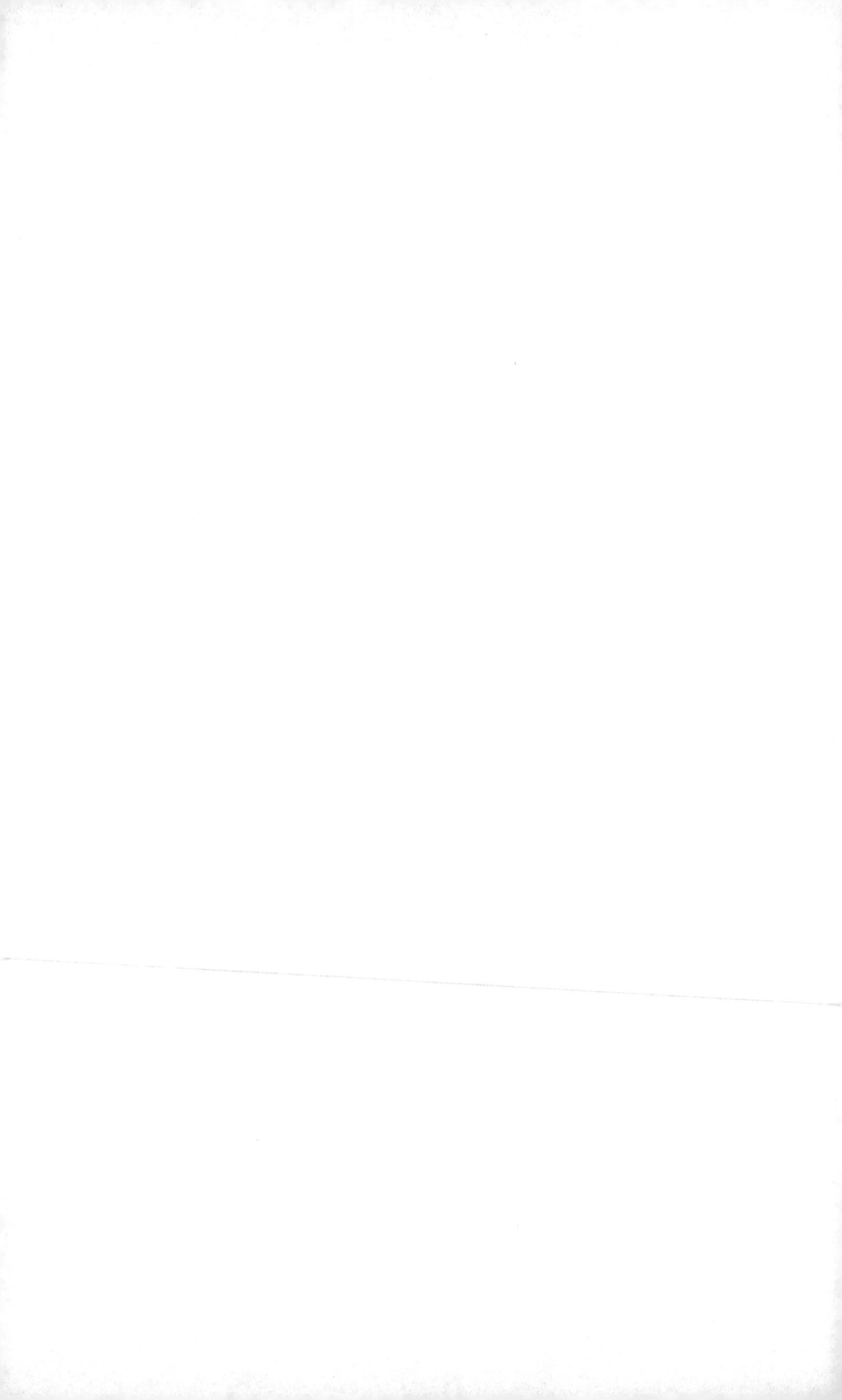

Der dritte Ort

Neuer Materialismus und Museum

Katharina Hoins, Felicitas von Mallinckrodt

Was selbstverständlich ist, wird selten wahrgenommen. Über den Boden unter den Füßen machen wir uns keine Gedanken, bis er bebt, die Luft zum Atmen nehmen wir als gegeben, bis sie uns im Smog wegbleibt, von der Existenz manchen Muskels ahnen wir nichts, bis er schmerzt. Erst dann gerät etwas in den Blick, wird in seiner Beschaffenheit, Funktionsweise und Materialität betrachtet, wenn es nicht mehr in seiner Funktion aufgeht, sondern quasi widerständig wird. Bei diesen an Heidegger erinnernden Beobachtungen setzt der Philosoph Graham Harman mit seinen Überlegungen zu einer objektorientierten Philosophie an.[1] Das Basale und Selbstverständliche entgeht uns häufig, da unsere Aufmerksamkeit notwendig auf das Besondere gerichtet ist. Im Tun und im Umgang mit Dingen stehen häufig der Effekt und das Ziel im Vordergrund. Die Mittel und damit die Dinge treten zurück. Die Wirkmächtigkeit gerade dieser Aspekte, so betont Harman, sei jedoch unabhängig von unserer Wahrnehmung – ein Topos des Realismus. Gerade sie hätten einen großen Einfluss, wenngleich sie selbst in normalen lebensweltlichen Zusammenhängen oder spezifischeren störungsfreien Abläufen kaum im Fokus stünden.

Seit etwa zwei Jahrzehnten rücken die scheinbar selbstverständlichen materiellen Aspekte der Wirklichkeit zunehmend in den Fokus geistes-, kultur- und sozialwissenschaftlicher Diskurse. Quer durch die Disziplinen erhält die Suche nach einem ›wirklichen‹ Kern der Dinge, der von menschlicher Wahrnehmung und Zuschreibung unabhängig ist, neuen Aufwind. Der ›material turn‹, der im Rahmen dieses Neuen Materialismus proklamiert wird, stützt sich dabei auf eine Fülle unterschiedlicher Denkrichtungen, die quer durch die Disziplinen verlaufen. Das Hintergrundszenario dieser Entwicklung bildet das Bedürfnis nach einer Ergänzung früherer, auf sprachliche Beschreibungen oder Abbildungen konzentrierter Paradigmen um die Dimension des

1 | Graham Harman: *Der dritte Tisch/The Third Table*, Berlin 2012 (dOCUMENTA [13]: 100 Notes – 100 Thoughts/100 Notizen – 100 Gedanken 85).

Materiellen. Wie lässt sich die Wirklichkeit beschreiben und verstehen, wenn wir ihre materielle Beschaffenheit ernst nehmen und als eine Analyse- und Deutungsebene stärker nutzen?

Während Theoretikerinnen, wie beispielsweise Diana Coole, an einer neumaterialistischen Ontologie arbeiten[2], lenken Wissenschaftler anderer Disziplinen das Augenmerk auf materiale Aspekte ihrer jeweiligen Untersuchungsfelder: Beiträge hierzu kommen etwa aus der Kunstgeschichte (so zum Beispiel die Materialikonographie von Monika Wagner), der Orientalistik (beispielsweise bei Markus Hilgert) und der Literaturwissenschaft, die die Materialität von Texten in den Fokus rückt (etwa im Sonderforschungsbereich *Materiale Textkulturen* der Universität Heidelberg).[3] Parallel entdecken Künstler, Designer und Architekten den prägenden Einfluss des Materials auf ihre Gestaltungsprozesse auf neue Weise, und in den Materialwissenschaften entstehen immer komplexere, ›intelligentere‹ Materialverbindungen. In ihrer Heterogenität und Interdisziplinarität bieten die Ansätze des Neuen Materialismus eine Vielzahl interessanter Anknüpfungspunkte für diejenigen Institutionen, die sich seit jeher sowohl mit der Stofflichkeit der Dinge als auch ihren Bedeutungen, Historiographien und Sinnzusammenhängen beschäftigen: die Museen.

Das Museum als Einrichtung, die materielle Zeugnisse von Menschen und ihrer Umwelt sammelt, bewahrt, erforscht, bekannt macht und ausstellt (ICOM-Definition), erscheint für diesen Ansatz mithin als Leitinstitution *avant la lettre*. Im Museumsobjekt verbinden sich Stofflichkeit und Bedeutung auf exemplarische Weise – ganz unabhängig davon, ob es sich dabei um ein Gemälde, eine antike Keramik, einen zeitgenössischen Gebrauchsgegenstand oder eine wissenschaftliche Versuchsanordnung handelt. Gemeinsam ist diesen Objekten und Objektgruppierungen, dass sie unter einer Vielzahl anderer Gegenstände für die Aufbewahrung und Präsentation im Museum ausgewählt wurden. Ein Objekt mag eine lange – teils bekannte, teils unbekannte – Geschichte an Nutzungskontexten und Bedeutungszuschreibungen haben, aber es gibt innerhalb dieses Zeitverlaufs den einen – idealiter nachvollziehbaren und manchmal durchaus kontroversen – Moment, in dem entschieden wurde, es im Museum zu bewahren und dort mit seinen Bedeutungen und in seiner

2 | Diana Coole/Samantha Frost (Hg.): *New Materialisms. Ontology, Agency, and Politics*, London 2010.

3 | Z.B. Monika Wagner: *Das Material der Kunst. Eine andere Geschichte der Moderne*, München 2001; Markus Hilgert: »Text-Anthropologie: Die Erforschung von Materialität und Präsenz des Geschriebenen als hermeneutische Strategie«, in: ders. (Hg.): *Altorientalistik im 21. Jahrhundert: Selbstverständnis, Herausforderungen, Ziele* (= *Mitteilungen der Deutschen Orient-Gesellschaft* 142), 2010, S. 85-124; Michael R. Ott, Rebecca Sauer, Thomas Meier (Hg.): *Materiale Textkulturen. Konzepte – Materialien – Praktiken*, Berlin/Boston/München 2015 (Materiale Textkulturen 1).

Stofflichkeit zu erhalten. Das Museum als Institution ist mit seinen Aufgaben und Funktionen um dieses Zusammenspiel von Bedeutung und Materie herum gestaltet und jeder Kurator, der aus konservatorischen Gründen ein Objekt nur unter ganz bestimmten Schutzbedingungen in eine Ausstellung gibt oder dem aus selbigen Gründen einmal eine Leihgabe verweigert wurde, kennt die daraus entstehenden Spannungsverhältnisse.

So betrachtet, erscheint das Museum nicht nur als fruchtbarer Untersuchungsgegenstand für neumaterialistische Theorien, umgekehrt verspricht die Auseinandersetzung mit diesen Theorien auch, hilfreiche Impulse für die museale Arbeit zu liefern. Dieser Text soll demnach als Versuch gelten, aus dem Aufeinandertreffen von museologischer und neumaterialistischer Perspektive für beide Seiten Funken zu schlagen.

Was ist also zunächst gemeint, wenn von Neuem Materialismus oder im Angelsächsischen vom *new materialism* die Rede ist? So divers diese Denkrichtung auch ist und so wenig festgelegt sie in ihren Grenzbereichen sein mag – Ausgangspunkt ist stets die Feststellung, dass linguistische und (sozial) konstruktivistische Ansätze nicht mehr ausreichen, um unseren Zugriff auf die Wirklichkeit in ihrer Komplexität adäquat zu beschreiben. In einer Welt, die vom Klimawandel ebenso massiv beeinflusst, ja bestimmt ist wie von neuen Interaktionsmöglichkeiten zwischen Menschen und hochtechnologisierten Maschinen, gewinnt das, was zuvor als ›tote Materie‹ galt und dem Menschen in erster Linie als Projektionsfläche zugeschriebener Bedeutungen diente, zunehmend an Eigenwert. Hier drängt es sich förmlich auf, den Stellenwert von Materialität einer grundlegenden Revision zu unterziehen.

Zunächst einmal lassen sich zwei Perspektiven identifizieren, aus denen heraus die theoretische Betrachtung von Materialität stattfindet.[4] Die erste Herangehensweise setzt die Materialität als unhintergehbar gegeben vor alle kulturellen Zuschreibungsprozesse. Daraus ergibt sich eine Sicht ›Diesseits der Hermeneutik‹[5], die ihre Fragen weniger auf die materielle Beschaffenheit der Dinge als vielmehr darauf richtet, was sich in der Wirklichkeit als ›Ding an sich‹ erkennen lässt. In der Philosophie findet sich diese Richtung etwa im Neuen Realismus von Markus Gabriel und Maurizio Ferraris vertreten.[6] Doch auch wenn bei diesen Autoren die Argumentation für eine Wirklichkeit außer-

4 | Vgl. dazu auch: Dominik Schrage: »Kultur als Materialität oder Material – Diskurstheorie oder Diskursanalyse«, in: Karl-Siegbert Rehberg (Hg.): *Soziale Ungleichheit, kulturelle Unterschiede. Verhandlungen des 32. Kongresses der Deutschen Gesellschaft für Soziologie in München*, Frankfurt a.M. 2006.

5 | Vgl. Hans Ulrich Gumbrecht: *Diesseits der Hermeneutik. Über die Produktion von Präsenz*, Frankfurt a.M. 2004.

6 | Vgl. Markus Gabriel (Hg.): *Der Neue Realismus*, Berlin 2014; Maurizio Ferraris: *Manifest des neuen Realismus*, Frankfurt a.M. 2014.

halb des Denkens im Zentrum steht, wird die Möglichkeit von Zuschreibungen und Interpretationen nicht verworfen oder ausgeschlossen. Im Gegenteil – mit seinem Konzept der Sinnfelder versucht Gabriel vielmehr dem Umstand gerecht zu werden, dass Gegenstand und Zuschreibung häufig kaum voneinander separiert werden können. Indem er die Dinge der Welt als unweigerlich in einem Sinnfeld platziert beschreibt, gesteht er den Gegenständen eine Art ›Kontaktzone‹ zu, die Raum für Interpretationen, Zuschreibungen und Kontextualisierungen bietet, ohne sich jedoch von ihrem Bezugsgegenstand zu lösen.[7]

Für die zweite Perspektivierung von Materialität spielt die Frage nach den Dingen an sich und auch ihre genaue Abgrenzung von Zuschreibungen und Interpretationen eine untergeordnete Rolle. Dafür tritt die Frage nach der stofflichen Beschaffenheit der Dinge stärker in den Fokus. Materialität wird hier als Zusammenspiel von Materie und Diskurs begriffen, die es ermöglicht, die Welt als ein prozesshaftes Interagieren von Netzwerken zu beschreiben.

Die geistigen Wurzeln dieser Denkrichtung reichen zurück bis zum Atomismus bei Lukrez und seiner Beschreibung des *clinamen* als erster Begegnung der kleinsten Teilchen. Und wie bei den frühen Denkern gehen auch hier naturwissenschaftliche Beobachtungen und geisteswissenschaftliche Reflexionen miteinander einher. So etwa bei der Physikerin und Wissenschaftstheoretikerin Karen Barad, deren agentieller Realismus eine der einflussreichen Positionen des Neuen Materialismus darstellt.[8] Ausgehend von der Quantenmechanik in der Interpretation von Niels Bohr und unter Bezugnahme auf Arbeiten von Michel Foucault, Emmanuel Lévinas und Judith Butler entwirft Barad einen Ansatz, der Materie nicht als passive Stofflichkeit begreift, sondern vielmehr als aktiv und prozesshaft in das Entstehen von Sinnzusammenhängen und Materialisierungen eingebunden konzipiert. Im Zentrum steht für Barad dabei der von ihr geprägte Begriff der ›Intraaktion‹. Er beschreibt ein Beziehungsverhältnis, das, anders als die Interaktion, nicht voneinander isolierbare Entitäten voraussetzt, sondern das dem Entstehen solcher Entitäten vorangeht und es gewissermaßen erst ermöglicht. Damit macht Barad die Beobachtungen der Quantenmechanik, also des hochkomplexen Verhaltens kleinster Teilchen als Grundlage jeder Materie, anschlussfähig für philosophische, sozial- und kulturwissenschaftliche Diskurse.

Die prozesshaften Eigenschaften von Materie hat auch der Architekturtheoretiker und Philosoph Manuel DeLanda im Blick. Verbindungen zwischen Molekülen beschreibt er ebenso mit dem von Gilles Deleuze und Félix Guattari geprägten Begriff der ›Assemblage‹ wie soziale Strukturen und Gefüge – als temporäre Anhäufungen interagierender Entitäten, die für einen bestimm-

---

7 | Vgl. Markus Gabriel: *Sinn und Existenz. Eine realistische Ontologie*, Berlin 2016.

8 | Z.B. Karen Barad: *Agentieller Realismus. Über die Bedeutung materiell-diskursiver Praktiken*, Berlin 2012.

ten Zeitraum gewisse Funktionen übernehmen, um sich danach zu neuen Mustern zusammenzufinden.[9] Es entsteht dabei eine Sichtweise, die tradierte Dichotomien etwa zwischen Form und Materie oder Körper und Geist nicht auflöst oder vermeidet, sondern vielmehr einen Zugang zu jenen Grauzonen ermöglicht, in denen sich eine Zugehörigkeit zu dem einen oder dem anderen Bereich nicht eindeutig festlegen lässt.[10]

Bruno Latour (Akteur-Netzwerk-Theorie) und Hans-Jörg Rheinberger (Experimentalsysteme und epistemische Dinge) nehmen das Forschungslabor als Ausgangspunkt ihrer Reflexionen zum Zusammenspiel von Material und Semiotik, die großen Einfluss auf die Entwicklung des Neuen Materialismus haben:[11] Dabei steht weniger die Beschaffenheit von Materie im Fokus als vielmehr Überlegungen dazu, wie sich Materielles und Immaterielles, Menschliches und Technisches in einem gemeinsamen System denken und verstehen lassen.

Bei allen Unterschieden in der denkerischen Herangehensweise lässt sich bei den hier kurz skizzierten Ansätzen ein gemeinsamer Blick konstatieren, der sich auf die Verbindungen und Netzwerke richtet, die zwischen Mensch und Welt, zwischen Ding und Bedeutung bestehen.

Dass diese Strukturen des Zwischenraums für ein Verständnis von Wirklichkeit unbedingt mit berücksichtigt werden müssen, weil gerade sie als häufig kaum wahrgenommene Aspekte unsere Wirklichkeit beeinflussen, darauf hat Hans-Jörg Rheinberger für den Bereich der experimentellen Wissenschaften ebenso hingewiesen wie Marshall McLuhan für den Bereich der Massenmedien mit seiner prägnanten Formel *The Medium is the message*. McLuhan formulierte dementsprechend 1951 angesichts des zunehmenden Einflusses der Massenmedien auf die Gesellschaft, er wolle »die Öffentlichkeit darin unterstützen, das Drama bewußt wahrzunehmen, das unbewußt auf sie einwirken soll«[12].

---

9 | Z.B. Manuel DeLanda: *A New Philosophy of Society. Assemblage Theory and Social Complexity*, London/New York 2006.

10 | Eine Übertragung der ›assemblagehaften‹ Wahrnehmung der Wirklichkeit auf soziale und politische Bereiche findet sich unter anderem auch bei Jane Bennett (vgl. z.B. J. Bennett: *Vibrant Matter. A Political Ecology of Things*, Durham/London 2010.) und Diana Coole (vgl. D. Coole/S. Frost [Hg.]: *New Materialisms*).

11 | Vgl. z.B. Bruno Latour: *Eine neue Soziologie für eine neue Gesellschaft. Einführung in die Akteur-Netzwerk-Theorie* [*Reassembling the Social*, 2005], übers. von Gustav Roßler, Frankfurt a.M. 2007; Hans-Jörg Rheinberger: *Experimentalsysteme und epistemische Dinge. Eine Geschichte der Proteinsynthese im Reagenzglas*, Frankfurt a.M. 2006.

12 | Marshall McLuhan: *Die mechanische Braut. Volkskultur des industriellen Menschen* [*The Mechanical Bride. Folklore of Industrial Man*, 1951], übers. von Rainer Höltschl/Jürgen Reuß/Fritz Böhler et al., Amsterdam 1996, S. 7.

Eine solche Unterstützungsleistung, wie sie der Medientheoretiker für sich in Anspruch nimmt, bildet in neumaterialistischer Perspektive auch den Kern der Institution Museum: Es bietet einen Raum, in dem bewusste Wahrnehmung möglich ist, auch für solche Aspekte der Dinge aus Lebenswelt, Gesellschaft, Geschichte, die sonst meist unreflektiert bleiben und wirken.

Im Alltag wird eine solche Wahrnehmung klassischerweise durch Störungen und Fehlfunktionen provoziert. Das Museum kann diese Situation planmäßig und künstlich herstellen. Die sprichwörtliche Forderung, etwas gehöre ins Museum, die dann geäußert wird, wenn es in seiner Funktion überlebt und durch Tauglicheres ersetzt ist, speist sich aus einer Überlagerung beider Vorgänge. Im Museum nämlich ist das Ding auch über seine Funktion hinaus wirkmächtig: durch seine materielle Präsenz, durch seine Bedeutungen und darüber hinaus als Gegenstand an sich. Diese Ebenen sind durch den institutionellen Rahmen erst wahrnehmbar. Harman hat diese Vorstellung in seinem Text *Der dritte Tisch* am Beispiel eines Tisches exemplifiziert und sich dabei auf eine berühmt gewordene Äußerung Sir Arthur Stanley Eddingtons von 1927 bezogen[13], in welcher der Physiker den vor ihm stehenden Tisch in einen physikalischen und einen alltäglichen unterschied. Harman argumentiert nun, neben dem Tisch in seiner Materialität und seiner Funktion existiere noch ein anderer, dritter Tisch, der sich aber nicht so klar fassen lasse. Dieser Tisch steht für ihn symbolhaft für alle Eigenschaften eines Tisches, die sich weder eindeutig der Funktion noch der Materialität zuordnen lassen. Er zeigt die Ambivalenzen und Beziehungsgeflechte auf, die im scheinbar Selbstverständlichen schlummern und die sich weder durch die Untersuchung seiner materiellen Beschaffenheit noch durch die Interpretation seiner kulturellen Bedeutungen erfassen lassen.

Das Museum wiederum, so unsere These, tut ganz selbstverständlich, was durch die Neuen Materialisten stärker auch für andere Institutionen gefordert wird: Es nimmt die Materialität der Objekte ebenso wichtig wie ihre Bedeutungen. Ein Oszillieren von Sinn- und Präsenzeffekten, das etwa Hans Ulrich Gumbrecht mit der Umschreibung ›Diesseits der Hermeneutik‹ in jüngerer Zeit in der Diskussion in den immer noch sinnzentrierten Geisteswissenschaften einforderte[14], ist dem Museum vertraut und inhärent. Strukturellen Ausdruck findet dieses Grundprinzip beispielsweise darin, dass im Museum Fachleute für Restaurierung und Materialfragen gleichberechtigt mit Historikern oder Kulturwissenschaftlern, die für die Ebene der Bedeutungen zuständig sind, zusammenarbeiten. Dabei geht es nicht um eine einfache Aufgabenteilung. Neuere Entwicklungen gerade in den Kognitionswissenschaften legen »nahe, dass frühere Denkweisen sich nicht einfach in der materiellen Kultur

13 | G. Harman: *Der dritte Tisch/The Third Table.*

14 | Vgl. H. U. Gumbrecht: *Diesseits der Hermeneutik.*

ausdrücken, ›sondern nun auch als etwas angesehen werden können, das zum Teil durch die materielle Kultur *geformt* ist‹«[15]. »Die Verbindung von Materiellem und Immateriellem ist dabei als etwas Gleichzeitiges aufzufassen. Weder ist das Immaterielle dem Materiellen nachgeordnet, noch sind die Denkweisen als vorgängig, d.h. als Ursprung und Quelle der Dinge aufzufassen.«[16]

Das Besondere an der Situation der Dinge im Museum ist nun, dass hier ihre unterschiedlichen angesprochenen Ebenen und Aspekte gleichermaßen ›aufgehoben‹ sind. Lambert Wiesing hat diese Vokabel in seiner Diskussion der ›Praxis des Zeigens‹ im Museum in dreifacher Bedeutung stark gemacht: *negare, conservare, elevare.*[17] Zum einen werden die Objekte hier aufgehoben, indem sie aus ihrem Kontext herausgenommen werden, dieser also negiert wird. Sodann ist Aufhebung auch im Sinne der Bewahrung und Konservierung zu verstehen, die das Museum *per definitionem* leistet. Drittens wird damit auch die je konkrete Funktion der Objekte aufgehoben, also außer Kraft gesetzt, sie werden freigesetzt. Wiesing verdeutlicht dies am Beispiel des Bildes im Kunstmuseum: Hier werde mit dem Bild nicht mehr etwas je Bestimmtes gezeigt, sondern es werde gezeigt, was das Bild alles zeigen kann, und damit werde das Bild als solches in seiner Potentialität gezeigt.[18] Nehmen wir Harmans parallelen Ansatz dazu und kehren wir von der Ebene des Sonderfalls eines Bildes auf die allgemeinere des Dings zurück, stellt sich das Museum idealiter als Ort dar, an dem Objekte in ihrer Potentialität gesammelt, bewahrt, erforscht und vermittelt werden. Das Museum »negiert [...] die Einmaligkeit und Ausschließlichkeit eines jeden Sinnes anderen Ortes. Jeder mögliche Sinn bleibt als ein möglicher Sinn für ein Zeigen im Museum möglich, das heißt: er bleibt bewahrt und erhalten«.[19] Der primäre Modus des Museums ist demnach die Latenz.[20]

15 | Susanne Witzgall: »Macht des Materials/Politik der Materialität. Eine Einführung«, in: dies./Kerstin Starkemeier (Hg.): *Macht des Materials/Politik der Materialität*, Zürich/Berlin 2014, S. 13-27, hier S. 18; sowie Lambros Malafouris/Colin Renfrew: »The Cognitive Life of Things. Archaeology, Material Engagement and the Extended Mind«, in: dies. (Hg.): *The Cognitive Life of Things. Recasting the Boundaries of the Mind*, Cambridge, Mass. 2010, S. 1-12.

16 | Hans Peter Hahn: *Materielle Kultur. Eine Einführung*, 2., überarbeitete Auflage, Berlin 2014 ([1]2005), S. 9.

17 | Lambert Wiesing: *Sehen lassen. Die Praxis des Zeigens*, Berlin 2013, S. 186.

18 | Vgl. ebd., S. 187.

19 | Ebd.

20 | Vgl. Peter Strohschneider: »Faszinationskraft der Dinge. Über Sammlung, Forschung und Universität«, in: *Denkströme. Journal der Sächsischen Akademie der Wissenschaften* 8 (2012), S. 9-26, hier bes. S. 18.

Die Arbeit des Museums zeichnet sich gerade dadurch aus, dass es das Objekt mitsamt seiner unterschiedlichen Seinsebenen, Epistemologien und Erkenntnisse akkumuliert und diese als Möglichkeiten mit dem Objekt vorhält. Dieser Zustand der Potentialität hat seinen primären, konzeptuellen Ort im Depot – es ist der eigentliche Hort der Latenz der Objekte. Damit ist es dem Museum als Institution prinzipiell möglich, die Objekte so verfügbar zu halten, dass die Sammlung historische, aktuelle oder künftige Bedeutungen, Eigenschaften oder Funktionen als Potential enthält. Zum Zeitpunkt des Sammelns ist dabei noch nicht unbedingt abzusehen, welche Bedeutung in ihnen steckt. Das einer Museumssammlung innewohnende Potential der Dinge lässt sich deshalb lediglich als fiktive Gesamtheit imaginieren, nie aber vollständig realisieren. Gerade in der Latenz bestimmt sich der Wert und die gesellschaftliche Bedeutung des Museums; »ein schon gegebenes und doch [...] noch nicht antizipierbares Potential. Dies bewahren die Dinge als Latenz: als Möglichkeit einer späteren Befassung mit anderen Erkenntnisinteressen, anderem Aufmerksamkeitsfokus, anderen Methoden, in anderen Theorierahmen.« Darin besteht nach Strohschneider der »Eigensinn der Sammlung«.[21] In diesem Sinne widersprechen beispielsweise Verkäufe aus Museumsbesitz der Logik der sammelnden Institution – ein Grund, warum solche Vorgänge in der Praxis immer wieder sehr kontrovers diskutiert werden.[22]

Gleichzeitig gehört es zu den Aufgaben des Museums, die verschiedenen Sinndimensionen der Dinge zu erforschen und so verschiedene, häufig historische, Bedeutungen verfügbar zu halten oder neue Bedeutungen zu erschließen. Es scheint, als würden in dieser Arbeit die Gabriel'schen Sinnfelder manifest: Das Museum erscheint in dieser Perspektive als Akkumulator von Sinnfeldern, die es freilegt und damit reflektierbar macht. Alternativ ließe sich sagen, dass in Ausstellungen und auf anderen Wegen der Vermittlung die Objekte im Sinne DeLandas in Konstellationen gebracht werden, die unterschiedliche Facetten aufzeigen und gleichzeitig idealiter ihre Möglichkeiten insgesamt anschaulich machen.

Das Museum agiert in seiner täglichen Arbeit, besonders aber in seinen Ausstellungen und anderen Vermittlungsangeboten, immer in dem Spannungsfeld, einerseits Sinnfelder konkret aufzuzeigen und andererseits die Objekte nicht auf die gewählten Kontextualisierungen zu reduzieren, sondern ihre Spezifität, ihren Eigensinn als Teil einer Sammlung präsent zu halten. Wo das Museum in Ausstellungen die Dinge lediglich als Zeigewerkzeug benutzt

21 | Ebd. Diese Überlegungen sind zudem angeregt durch das von Cornelia Zumbusch initiierte Schwerpunktprogramm »Latenz in den Künsten« am Warburg-Haus in Hamburg (2017/18).

22 | Siehe zu dieser Debatte für Kunstmuseen etwa Walter Grasskamp: *Das Kunstmuseum. Eine erfolgreiche Fehlkonstruktion*, München 2016, S. 62-64.

und sie in dieser Funktion aufgehen, gibt es den spezifischen Charakter und Status des Objekts im Museum auf. Dies wird zum Beispiel dort greifbar, wo statt originaler Werke Reproduktionen in die Ausstellung integriert werden, um eine bestimmte Sachinformation zu vermitteln; wenn also etwa gezeigt werden soll, wie ein Bierglas zu einem bestimmten historischen Zeitpunkt aussah. Gleichzeitig muss sich das Museum immer für Bedeutungsbereiche entscheiden, denn durch die Präsentation entstehen unweigerlich Beziehungsverhältnisse. Objekte werden so immer in Sinnfeldern platziert. In der Sammlungspräsentation, der klassischen Dauerausstellung der Kunstmuseen beispielsweise, ist dies häufig die Anordnung in chronologischen Abläufen, nach geographischen Aspekten, kunsthistorischen Stilkriterien und Schulen. Die Inszenierung ist hier aber meist so gewählt, dass das Objekt durch Parameter wie Abstand zwischen den Objekten, Rahmen, Vitrinen, Beleuchtung und Textinformationen nicht nur in dem durch das Museum gewählten Kontext sichtbar wird, sondern dass auch das Objekt selbst in seiner Materialität und Präsenz in den Blick rückt, es also in gewissem Maße freigestellt wird.

In temporären Sonderausstellungen ist die Bindung an spezifische Sinnfelder häufig stärker, denn sie rücken meist einen bestimmten Aspekt in den Fokus der Aufmerksamkeit. Doch neben »dem, was Forschung an den Dingen (und vermittels ihrer an der betreffenden Herkunftswelt) jeweils manifest werden lässt, bleibt immer anderes latent«.[23] Museen geben ihre Objekte aus diesem Grunde auch gern in solche Ausstellungen, die Aspekte des Objekts zeigen, die als Facette bisher noch nicht ausreichend exploriert wurden und so durch neue Konstellationen neue Erkenntnisse versprechen. Wird in einem Kunstmuseum ein Fruchtstillleben von Cézanne im Zusammenhang mit Stillleben aus dem 17. bis 20. Jahrhundert präsentiert, legt uns das als Besucher andere Bezugsrahmen nahe als wenn dasselbe Bild in einer monographischen Ausstellung mit anderen Gemälden und Zeichnungen aus dem Frühwerk Cézannes gezeigt wird, oder als wenn es in einer Ausstellung eines Kulturhistorischen Museums zusammen mit Besteck, Geschirr und dem Mobiliar eines Esszimmers aus seinem Entstehungsumfeld um 1890 gezeigt wird. Auch eine Ausstellung ist somit eine Assemblage, eine Anordnung der Dinge in Konstellationen und Sinnzusammenhängen auf Zeit. Dabei sind die Dinge im Museum nicht nur Illustration oder Ausdruck von Geistigem, nicht nur Bedeutungsträger im Sinne von Vehikeln, die als Stellvertreter Bedeutungen transportieren, sondern selbst in ihrer Präsenz und Materialität wirkmächtig. Im Idealfall werden hier Sinn- und Präsenzeffekte gleichermaßen berücksichtigt und überlagern sich, sind Distanz wie Nähe möglich. »Dabei spielen die

23 | Ebd. – Strohschneider bezieht sich hier v.a. auf Universitätssammlungen, seine Beobachtungen gelten aber auch für Sammlungen in Museen.

sinnliche Dimension, die Materialität und Simultaneität der Erfahrung eine zentrale Rolle.«[24]

Ausstellungen liegt selbstverständlich wissenschaftliche Forschung zugrunde, und die Konstellation der Objekte basiert auf diesen Erkenntnissen. Gleichzeitig werden durch die Assemblage in der Ausstellung diese Ergebnisse nicht nur dargestellt. Vielmehr ermöglicht erst eine Ausstellung durch die je spezifische Situation der Objekte und Besucher in Zeit und Raum als eigene epistemische Form bestimmte Erkenntnisse und Erfahrungen. Dies umfasst auch körperliches Wahrnehmen und praktische Erkenntnis, die durch die Beziehung zum Objekt entstehen.[25] In diesem Sinne lebt in jedem Museum etwas vom Prinzip des Museo del Mondo des jesuitischen Gelehrten Athanasius Kircher aus dem 17. Jahrhundert weiter, das er in Rom vor allem als einen Ort »inszenatorisch-experimenteller Welterzeugung«[26] konzipierte. Ein Ort,

> »an dem es mithin nicht allein darum ging, vorgefundene Exponate zu systematisieren – und auch nicht darum, mit ihnen eine vorgedachte Theorie nachträglich zu illustrieren. Vielmehr scheint es, als ob der transitive, performative und im engen Sinne auch deiktische Akt eine besondere Wissensform allererst hervorbrachte – wie eine Art theatralischem Labor, in welchem Wissenschaft nicht auf archivierbaren, dokumentierbaren, kognitiv verstehbaren Wissensbeständen basiert, sondern als Initiierung von Emanation und unwillkürlicher Welterkenntnis erlebbar wird.«[27]

Die tatsächliche Interaktion, das Hantieren und Interagieren mit den Objekten, das bei Kircher charakteristisch war, ist nicht unbedingt Voraussetzung für diesen Effekt. Durch das »exponierende Zeigen«[28] etwa mithilfe von Rahmen, Sockeln, Vitrinen und gesetzten Abständen als musealen Inszenierungsformen vermittelt sich die körperliche Präsenz der Objekte auch ohne taktilen Zugriff. Das Museum als Institution ist damit in der Lage, in alltäglichen Lebenswelten meist latent bleibende Qualitäten und Aspekte von Objekten durch Inszenierungen und Konstellationen wahrnehmbar zu machen, so dass sie reflektiert und in ihrer Wirkmächtigkeit erkannt werden können. In

---

24 | Karen van den Berg: »Zeigen, forschen, kuratieren. Überlegungen zur Epistemologie des Museums«, in: dies./Hans Ulrich Gumbrecht (Hg.): *Politik des Zeigens*, München 2010, S. 143-168, hier S. 158.

25 | Vgl. dazu M. Gabriel in ders.: *Der Neue Realismus*, S. 13 und Susanne Wernsing: »Dinge und denkende Körper im Raum. Kuratieren oder Choreographieren?«, in: Katharina Hoins/Felicitas von Mallinckrodt (Hg.): *Macht. Wissen. Teilhabe. Sammlungsinstitutionen im 21. Jahrhundert*, Bielefeld 2015, S. 163-179, hier S. 167f.

26 | K. van den Berg: »Zeigen, forschen, kuratieren«, S. 156.

27 | Ebd.

28 | Ebd., S. 160.

diesen Zusammenhang passt auch, dass die Ergebnisse und materialtechnologischen Untersuchungen zunehmend wichtiger auch für kulturwissenschaftliche und historische Forschungen werden. Natur- und Geisteswissenschaften verzahnen sich hier stärker. Es wäre nur konsequent, würde sich aus dieser Schwerpunktsetzung beispielsweise in den Kunstmuseen eine erneute Wertschätzung der Kennerschaft als materialbasierter geisteswissenschaftlicher Forschungsmodalität entwickeln.

Heute zielen Ausstellungen immer häufiger nicht ausschließlich und vorrangig darauf, die Potentialität der Objekte nur zu implizieren und alle ihre Facetten lediglich latent zu halten. Stattdessen stellen sie die Potentialität der Objekte vielmehr explizit dar und verdeutlichen ausgewählte Aspekte durch zielgerichtete Erläuterungen, meist mit dem Hinweis darauf, dass dies nur eine Perspektive unter vielen sei oder indem verschiedene Ansätze nebeneinandergestellt werden. Auch hier zeigt sich ein zunehmendes Interesse an der Materialität von Objekten, wenn in Ausstellungen etwa Restaurierungen ausführlich dokumentiert und erläutert werden, so zum Beispiel in der Ausstellung *Der Mönch ist zurück* der Alten Nationalgalerie der Staatlichen Museen zu Berlin, in der neben der Präsentation der Gemälde 2016 ihre kunsttechnologische Untersuchung und konservatorische Behandlung in den Vordergrund gestellt wurden. Unter dem Schlagwort der Multiperspektivität rücken dabei neben den Objekten die unterschiedlichen Blickwinkel selbst in den Fokus, so dass das Objekt nicht mehr nur in einem bestimmten, als besonders wichtig ausgewählten, Kontext präsentiert wird, sondern verschiedenen Sinnfeldern zugehörig erscheint.

Allerdings stehen Museen bis heute in der Tradition kanonisierter, enzyklopädischer Wissenssammlungen, deren Ziel es war, eine möglichst eindeutige und kohärente Sicht auf die Welt zu vermitteln. Und auch wenn dieses historische Ideal heute nicht mehr gelten kann, so geraten multiperspektivische Ansätze dennoch häufig unter den Verdacht der Beliebigkeit. Gegen diesen Vorwurf lässt sich mit Umberto Ecos Konzept des ›offenen Kunstwerks‹ argumentieren, das im Kontext des Neuen Realismus Multiperspektivität entwickelt, eine grenzenlose Beliebigkeit jedoch ausschließt: »Auch wenn man partout nicht sagen kann, wann eine Interpretation richtig ist, so lässt sich doch sagen, wann sie falsch ist. Denn es gibt Interpretationen, die das Objekt der Interpretation einfach nicht zulässt.« Und weiter:

»So sind Vorstellungen von der Welt dergestalt perspektivisch und in der biologischen, ethnischen, psychologischen und kulturellen Herkunft des Betrachters verwurzelt, dass die Annahme einer Endgültigkeit der Antworten – mögen Sie im Einzelnen auch noch so gut erscheinen – zurückgewiesen werden muss. Eine solche Vielfalt an Interpretationen zuzulassen ist keineswegs Ausdruck schierer Beliebigkeit.«[29]

In diesem Sinne bilden die Objekte im Museum eine Schnittstelle zwischen verschiedenen Sinnfeldern. Sie können Möglichkeiten aufzeigen und Ausgangspunkte bilden, um trotz unterschiedlicher Perspektiven und Voraussetzungen miteinander ins Gespräch zu kommen. Konkrete Objekte können so Berührungen mit und Verständnis für andere Felder stiften. Durch neue Konstellationen von Objekten werden immer wieder neue Sinnfelder angesprochen und als latente Potentiale zur Debatte gestellt. Sie können so durch die Verortung und Reflexion der eigenen Position einen gesellschaftlichen Beitrag zu heutigem *empowerment* ebenso wie zum traditionellen Projekt der Aufklärung leisten.

Diese Grundfigur lässt sich auch auf aktuelle Debatten zum spezifischen Charakter des Museums als Erkenntnisort weiterdenken. Was bedeutet das unabgeschlossen Prozesshafte des Museums als veränderliche Assemblage für das Kuratieren von Ausstellungen? Das Funktionieren des Museums als epistemisches System erscheint an diese jeweilige Fähigkeit zur Neuordnung der Materialien geknüpft – als Ort der Wissensgenerierung erlangt das Museum auch für die Modellierung und das Verständnis von Wissenschaft insgesamt neuen Stellenwert. Dies wird etwa im Bericht des Wissenschaftsrats zu Universitätssammlungen und zur Forschung in Museen deutlich:

»Gerade in jüngerer Zeit […] haben sich zahlreiche Disziplinen (teilweise erneut) den Objekten und Sammlungen zugewandt, um ihnen unterschiedlichste Informationen zu entlocken. Dabei kann ein und dasselbe Sammlungsobjekt durch die Entwicklung neuer Untersuchungsmethoden im Zeitverlauf durchaus verschiedene Fragen beantworten, auch aus ganz unterschiedlichen disziplinären Zusammenhängen.«[30]

Während die Digitalisierung noch mit den Herausforderungen der Reproduktion von Materialität kämpft, scheinen die Museen inzwischen die Strukturbildungen des Digitalen auf Ihre Sammlungen rückzuübertragen. Ansätze, wie sie etwa Eckart Köhne verfolgt, der als Präsident des Deutschen Museumsbunds und Direktor des Badischen Landesmuseums in Karlsruhe eine Expothek plant, die den Besuchern Objekte materialiter zur Verfügung stellt, um schließlich auch in eigenen Ausstellungen die Dinge in neue Kombinationen

29 | Umberto Eco: »Gesten der Zurückweisung. Über den Neuen Realismus«, in: M. Gabriel (Hg.): *Der Neue Realismus*, S. 33-51, hier S. 45.

30 | Wissenschaftsrat: *Empfehlungen zu wissenschaftlichen Sammlungen als Forschungsinfrastrukturen (Drs. 10464-11)*, Berlin 28.1.2011, https://www.wissenschaftsrat.de/download/archiv/10464-11.pdf (28.6.2917), S. 11.

zu bringen, lassen sich auf diese Weise einordnen. Statt das Objekt in seiner Potentialität im Depot oder in auratischen Ausstellungssettings zu präsentieren, erscheint es nur konsequent, wenn Museen im Zuge einer verstärkten Multiperspektivität, die ein Explizitmachen der verschiedenen Aspekte eines Objekts bedeutet, auch Materialität direkt zugänglich machen.

Gerade da sich viele andere Aspekte von Objekten, unterschiedliche Narrative und Kontexte auch digital vermitteln lassen, diese also auch für Gegenstände abgefragt werden können, die sich im Depot befinden und nicht zugänglich sind, gewinnt ihre Materialität an Attraktivität. Soll diese Seite der Objekte durch die Digitalisierung, sei es in zwei oder drei Dimensionen nicht ins Hintertreffen geraten, bietet es sich an, verstärkt an Lösungen zu arbeiten, die den gesamten Bestand nicht nur digital, sondern auch realiter zugänglich machen. Modelle dafür bilden etwa die traditionellen Kupferstichkabinette, in denen sich der Nutzer die Originale vorlegen lassen kann.

Digitale Werkzeuge sind in einer Ausstellung in der Lage, zu Objekten verschiedene Bedeutungsebenen in unterschiedlichen Medien auf Abruf bereitzuhalten. Solange sie jedoch nicht aktiviert sind, könnte der Raum ohne Zusätze zu den Objekten, ohne viele Beschriftungen und ausführliche Textfelder, auskommen. Die Erläuterungen könnten sich künftig völlig zurücknehmen und die Objekte einfach in ihrer latenten Potentialität und in ihrer Präsenz sein lassen.

Das Museum lotet damit immer wieder neue Wege aus, sich seinen Objekten anzunähern. Die Diskurse des Neuen Materialismus mit ihrem Blick auf die Zwischenräume von Ding und Zuschreibung erscheinen dabei als hilfreicher Wegweiser. Denn sie ermutigen dazu, Museumsobjekte in genau diesem dynamischen Spannungsfeld zu positionieren und ihnen so die Möglichkeit zu geben, ihre latenten wie expliziten Dimensionen immer neu sichtbar werden zu lassen. Im Sinne Graham Harmans wäre das Museum damit ein dritter Ort.

Literatur

Barad, Karen: *Agentieller Realismus. Über die Bedeutung materiell-diskursiver Praktiken*, Berlin 2012.

Bennett, Jane: *Vibrant Matter: A Political Ecology of Things*, Durham/London 2010.

Coole, Diana/Frost, Samantha (Hg.): *New Materialisms. Ontology, Agency, and Politics*, London 2010.

DeLanda, Manuel: *A New Philosophy of Society. Assemblage Theory and Social Complexity*, London/New York 2006.

Eco, Umberto: »Gesten der Zurückweisung. Über den Neuen Realismus«, in: M. Gabriel (Hg.): *Der Neue Realismus*, S. 33-51.

Ferraris, Maurizio: *Manifest des neuen Realismus*, Frankfurt a.M. 2014.

Gabriel, Markus (Hg.): *Der Neue Realismus*, Berlin 2014.

—: *Sinn und Existenz. Eine realistische Ontologie*, Berlin 2016.

Grasskamp, Walter: *Das Kunstmuseum. Eine erfolgreiche Fehlkonstruktion*, München 2016.

Gumbrecht, Hans Ulrich: *Diesseits der Hermeneutik. Über die Produktion von Präsenz*, Frankfurt a.M. 2004.

Hahn, Hans Peter: *Materielle Kultur. Eine Einführung*, 2., überarbeitete Auflage, Berlin 2014 ([1]2005).

Harman, Graham: *Der dritte Tisch/The Third Table*, Berlin 2012 (dOCUMENTA [13]: 100 Notes – 100 Thoughts/100 Notizen – 100 Gedanken 85).

Hilgert, Markus: »Text-Anthropologie: Die Erforschung von Materialität und Präsenz des Geschriebenen als hermeneutische Strategie«, in: ders. (Hg.): *Altorientalistik im 21. Jahrhundert: Selbstverständnis, Herausforderungen, Ziele*, Berlin 2010 (Mitteilungen der Deutschen Orient-Gesellschaft 142), S. 85-124.

Latour, Bruno: *Eine neue Soziologie für eine neue Gesellschaft. Einführung in die Akteur-Netzwerk-Theorie* [*Reassembling the Social*, 2005], übers. von Gustav Roßler, Frankfurt a.M. 2007.

Malafouris, Lambros/Renfrew, Colin: »The Cognitive Life of Things. Archaeology, Material Engagement and the Extended Mind«, in: dies. (Hg.): *The Cognitive Life of Things. Recasting the Boundaries of the Mind*, Cambridge, Mass. 2010, S. 1-12.

McLuhan, Marshall: *Die mechanische Braut. Volkskultur des industriellen Menschen* [*The Mechanical Bride. Folklore of Industrial Man*, 1951], übers. von Rainer Höltschl/Jürgen Reuß/Fritz Böhler et al., Amsterdam 1996.

Ott, Michael R./Sauer, Rebecca/Meier, Thomas (Hg.): *Materiale Textkulturen. Konzepte – Materialien – Praktiken*, Berlin/Boston/München 2015 (Materiale Textkulturen 1).

Rheinberger, Hans-Jörg: *Experimentalsysteme und epistemische Dinge. Eine Geschichte der Proteinsynthese im Reagenzglas*, Frankfurt a.M. 2006.

Schrage, Dominik: »Kultur als Materialität oder Material – Diskurstheorie oder Diskursanalyse«, in: Karl-Siegbert Rehberg (Hg.): *Soziale Ungleichheit, kulturelle Unterschiede. Verhandlungen des 32. Kongresses der Deutschen Gesellschaft für Soziologie in München*, Frankfurt a.M. 2006.

Strohschneider, Peter: »Faszinationskraft der Dinge. Über Sammlung, Forschung und Universität«, in: *Denkströme. Journal der Sächsischen Akademie der Wissenschaften* 8 (2012), S. 9-26.

van den Berg, Karen: »Zeigen, forschen, kuratieren. Überlegungen zur Epistemologie des Museums«, in: dies./Hans Ulrich Gumbrecht (Hg.): *Politik des Zeigens*, München 2010, S. 143-168.

Wagner, Monika: *Das Material der Kunst. Eine andere Geschichte der Moderne*, München 2001.

Wernsing, Susanne: »Dinge und denkende Körper im Raum. Kuratieren oder Choreographieren?«, in: Katharina Hoins/Felicitas von Mallinckrodt (Hg.): *Macht. Wissen. Teilhabe. Sammlungsinstitutionen im 21. Jahrhundert*, Bielefeld 2015, S. 163-179.

Wiesing, Lambert: *Sehen lassen. Die Praxis des Zeigens*, Berlin 2013.

Wissenschaftsrat: *Empfehlungen zu wissenschaftlichen Sammlungen als Forschungsinfrastrukturen (Drs. 10464-11)*, Berlin 28.1.2011, https://www.wissenschaftsrat.de/download/archiv/10464-11.pdf (28.6.2917).

Witzgall, Susanne: »Macht des Materials/Politik der Materialität. Eine Einführung«, in: dies./Kerstin Starkemeier (Hg.): *Macht des Materials/Politik der Materialität*, Zürich/Berlin 2014, S. 13-27.

The Zebra is Present

Angela Rapp

1. Einleitung

Ein im Museum ausgestellter Gegenstand wird regelmäßig als ›Exponat‹ bezeichnet, d.h. als etwas, das man sammelt, bewahrt und vor allem ausstellt. ›Gesammelt‹ oder ›ausgestellt‹ wird aber auch in Zoos und Schmetterlingshäusern; die dort herumfliegenden, schwimmenden oder manchmal auch nur vor sich hin dösenden Tiere werden landläufig aber nicht als Exponate bezeichnet. Dies spiegelt die vertraute Arbeitsteilung zwischen einem Zoo als Ort lebender und einem Museum als Ort toter Tiere wider.[1]

Eben dieser Gegensatz zwischen lebendig und tot oder, anders formuliert, zwischen beseelt und verdinglicht, kennzeichnet aber auch euphorische wie kritische Einstellungen zum Museum selbst. Die Frage, ob das Museum die Dinge, die es in seine Obhut nimmt, ›tötet‹ oder ›beseelt‹, beschäftigte die Besucher schon im 19. Jahrhundert. So polemisierte der Historiker und Publizist Karl Hillebrand 1873 gegen die »Museomanie« seiner Zeit als den Verlust des eigentlichen, nämlich prallen Lebens zu Lasten eines »theoretischen Aesthetisiren[s]«.[2] Im Gegensatz dazu schwärmte 1802 der Dichter und Romantiker Karl Wilhelm Friedrich von Schlegel, das Museum hauche den Dingen ein ganz neues Leben ein: »durch jede neue Ausstellung und Zusammenstellung alter Gemälde [wird] ein eigner Körper gebildet«.[3]

In der modernen Museologie scheint dieser Konflikt aufgelöst: Exponate werden wie Akteure angesehen, ihnen wird Handlungsmacht zuge-

---

1 | Wobei bereits der Begriff Arbeitsteilung darauf hinweisen könnte, dass Museen und Zoos einiges gemeinsam haben könnten. Vgl. auch Steven Conn: *Do Museums Still Need Objects?*, Philadelphia 2010, S. 21.

2 | Karl Hillebrand: *Zwölf Briefe eines ästhetischen Ketzer's*, Berlin [2]1874 ([1]1873), S. 8.

3 | Friedrich von Schlegel: »Gemäldebeschreibungen aus Paris und den Niederlanden in den Jahren 1802-1804. Ansichten und Ideen der christlichen Kunst«, in: ders.: *Sämmtliche Werke*, 6. Buch, Wien 1846, S. 9-170, hier S. 12.

schrieben. Formulierungen wie diejenige, dass Besucher und Objekt ›in Interaktion treten‹[4], können noch als metaphorische Beschreibung eines gelungenen Museumsbesuchs gelten. In den letzten Jahren ist jedoch aus der Metaphorik mehr und mehr eigentliche Rede geworden. In einem Beitrag aus dem Jahr 2015 mit dem Titel *Exponat* heißt es so mit erstaunlicher Selbstverständlichkeit: »Neben die eher passiv und im Wesentlichen durch den menschlichen Betrachter geprägten Auffassung des Objekts tritt die Vorstellung von einem aktiven, eigendynamischen (agency) Gegenstand mit subversivem Potential«. Oder wie es dort weiter heißt: »aus dem braven mit dem Schwanz wedelnden Hund, [wird] ein kleiner unberechenbarer Kläffer«.[5] Dies ist kein Einzelfall. So beschäftigen sich zahlreiche Beiträge der letzten Jahre, unter anderem in einem Sammelband mit dem Titel *Massendinghaltung in der Archäologie* aus dem Jahr 2016, mit der Aufhebung der Subjekt-/Objektbeziehung zugunsten einer Beziehung zwischen Subjekten.[6] Fast scheint es, als würde bereits an Gesetzesinitiativen zum Verbot von ›Massendinghaltung‹ gearbeitet.[7]

Ist das moderne Exponat also lebendig geworden? Und – wenn ja – worin besteht dieses ›neue Leben‹ der Exponate und was bedeutet das für das Museum? Hiermit soll sich dieser Beitrag befassen.

The Zebra is Present: Der Titel spielt auf einen Versuch in der Kunst an, den Gegensatz zwischen Objekt und Subjekt zu thematisieren. Marina Abramović, bekannt für künstlerische Provokationen, machte sich 2010 in einer Ausstellung des MoMA in New York selbst zum Kunstobjekt. Das Projekt hieß *The Artist is Present* und bestand darin, dass die Künstlerin in einem ausladenden

---

4 | Vgl. Katharina Flügel: *Einführung in die Museologie*, Darmstadt ²2009 (¹2005), S. 103.

5 | Anke te Heesen: »Exponat«, in: Heike Gfrereis/Thomas Thiemeyer/Bernhard Tschofen (Hg.): *Museen verstehen. Begriffe der Theorie und Praxis*, Göttingen 2015, S. 33-44, hier S. 40.

6 | Dies betrifft folgende Beiträge in: Kerstin P. Hofmann/Thomas Meier/Doreen Mölders et al. (Hg.): *Massendinghaltung in der Archäologie. Der material turn und die Ur- und Frühgeschichte*, Leiden 2016: Stefan Schreiber: »Die Figur der Cyborg in der Vergangenheit. Posthumanismus oder eine neue sozial(er)e Archäologie?«, S. 309-330; Philipp W. Stockhammer: »Mensch-Ding-Verflechtungen aus ur- und frühgeschichtlicher Perspektive«, S. 331-342; Arnica Keßeler: »Affordanz, oder was Dinge können!«, S. 343-364; Tatiana Ivleva: »A Totality of a Thing with Objects. Multifaceted British-made Brooches Abroad«, S. 365-386; kritisch: Thomas Meier: »Dingeleien. (Zu) kurze Anmerkung zu phänomenologischen Ding-Theorien«, S. 241-282.

7 | T. Meier fragt polemisch, ob, wenn Dingen eigene Rechte zukämen, diesen ihre Geschlechtlichkeit vorenthalten werden dürfe, so dass es nicht mehr ›das‹ Ding sondern ›der‹ und/oder ›die‹ Ding heißen müsse. (Vgl. T. Meier: »Dingeleien«, S. 262.)

Kleid stundenlang auf einem Stuhl im Museum ausharrte und sich betrachten ließ. Sie legte also ein typisches ›Exponatverhalten‹ an den Tag. Allerdings hatte ihre Exponatwerdung einen Haken, denn Abramović ließ sich nicht nur von den Besuchern anschauen, sondern sie erwiderte den Blick. Viele Besucher sprachen von der irritierenden Wirkung, die dieses ›Angesehen werden‹ bei ihnen auslöste. Offensichtlich empfanden sie, dass hier zwei unvereinbare Arten von Präsenz vorgeführt wurden, eine Akteurs- und eine Objektpräsenz.

Das Zebra des Titels ist ein ausgestopftes Tier im Naturkundemuseum in Berlin. Dort steht es als Anschauungsobjekt für die bis heute noch nicht abschließend geklärte Frage, warum das Steppenzebra über ein so auffällig gestreiftes Fell verfügt. Die derzeit anerkannteste These hierzu ist, dass die jeweils individuelle Streifung der Tiere diese optisch in der Herde aufgehen lässt. Das Zebra steht also für die Funktionsweise von Tarnung und zugleich als Beispiel dafür, dass nicht alles, was für den Menschen auffällig ist, auch für Löwen gilt.

Aber ist das ausgestopfte Zebra ›present‹, hat es *agency*, verhält es sich oder handelt es vielleicht sogar? Und – wenn ja – worin genau liegt dies begründet: in einem – altertümlich gesprochen – Rest der Seele des ehemals lebendigen Tieres oder einer Art neuem Leben, bei dem aus einem ausgestopften Tier ein unberechenbaren Kläffer wird, um das obige Beispiel aufzunehmen?

2. Neues Leben alter Exponate

Es ist nicht möglich, sich dem Thema eines ›neuen Lebens alter Exponate‹ zu nähern, ohne sich damit auseinanderzusetzen, was das Spezifische eines musealen Exponats ist.

Besucht man altehrwürdige Museen, wie vielleicht das Bode Museum auf der Berliner Museumsinsel, scheint die Antwort einfach: Es versammeln sich dort Kostbarkeiten unterschiedlichster Art und Provenienz (auch wenn leider eine davon sich derzeit im Status ›gestohlen und noch nicht wiedererlangt‹ befindet, wobei Letzteres hoffentlich nicht nur eine Hoffnung bleibt). Kostbar und wertvoll waren diese Dinge in aller Regel schon, bevor sie ins Museum kamen. Sie finden in einem prächtigen Museumsbau eine ihnen würdige Heimstatt. Aber kostbar, wertvoll oder selten zu sein, gilt heute nicht mehr als Qualifikationsmerkmal für Museumsstücke, denn ob Koh-I-Noor, handelsüblicher Wecker oder ausgestopftes Zebra – theoretisch können alle Gegenstände zu einem musealen Exponat werden, vorausgesetzt, sie selbst und die jeweiligen räumlichen und technischen Voraussetzungen des Museums sind zur Aufbewahrung und Ausstellung geeignet. Und längst können auch ganze Häuser, Dörfer oder sogar Landschaften musealisiert werden. Dasjenige, was einen Gegenstand als Exponat qualifiziert, liegt daher weder in einer spezifischen äußeren Eigenschaft eines Gegenstandes noch darin begründet, dass man ihn für eine Preziose hält.

Dinge könnten ihren Weg in ein Museum deshalb gefunden haben, weil sie relevante kulturelle Artefakte darstellen, die vor dem Verschwinden und Vergessen bewahrt werden müssen. Folgt man beispielsweise Herrmann Lübbe, nach dessen Ansicht das Museum eine Art Rettungsanstalt kultureller Reste, ein Asyl für Bleibendes, darstellt, das eine Gegenbewegung und eine Kompensation für eine immer schneller sich ändernde Welt ist, werden aus Dingen dann Museumsdinge, wenn die Phase ihrer originalen, nicht-imitativen Reproduktion beendet ist und sie aus eben diesem Grund unersetzbar und daher konservierungsbedürftig geworden sind.[8] Museumsgegenstände sind demnach Relikte einer vergangenen Zeit, die als Singularitäten der Kultur besonders schutzbedürftig sind.[9] Es ist gut nachvollziehbar, dass die Entscheidung, welchem Ding ein solcher Wert zukommt, schwer fällt und es in Ermangelung einer solchen zu einer ›Massendinghaltung‹ kommt, die vor allem bei archäologischen Funden die Kapazitäten von Museen zu sprengen droht.

Die Definition des International Council of Museums (ICOM) bezeichnet ein Museumsding demgegenüber lediglich allgemein als ein materielles oder immaterielles Zeugnis von Menschen und ihrer Umwelt und sieht die Aufgabe des Museums darin, zum Zwecke des Studiums, der Bildung und des Erlebens solche Zeugnisse zu beschaffen, aufzubewahren, zu erforschen, bekanntzumachen und auszustellen. Nach dieser sehr weiten Definition wäre ein Exponat also letztlich deshalb ein Exponat, weil es im Museum ist.

Allerdings ist in dieser Definition von ›Zeugnissen‹ und nicht von ›Exponaten‹ die Rede. Damit wird eine Begrenzung von Museumsdingen auf Exponate, also Ausstellungsstücke, vermieden und auch die Frage, ob ein Zeugnis tatsächlich jemals in den Genuss kommen wird, als Exponat in einer Ausstellung gezeigt zu werden, bleibt offen. Es würde also für ein Museumsding ausreichen, in den Archiven des Museums bewahrt zu werden.

Doch sind Museen keine Archive.[10] Zwar sind auch Archivalien Zeugnisse, die bewahrt und gesammelt werden. Wird indes eine mittelalterliche Urkunde aus dem Archiv ins Museum überführt, um sie dort zu zeigen, wird aus der Archivalie dann doch ein Exponat. Sammeln ist daher zwar eine zentrale, aber für

8 | Vgl. Hermann Lübbe: »Der Fortschritt und das Museum«, in: ders.: *Die Aufdringlichkeit der Geschichte. Herausforderungen der Moderne vom Historismus bis zum Nationalsozialismus*, Graz/Wien/Köln 1989, S. 13-29, hier S. 25.

9 | Vgl. ebd.

10 | Zum Archiv vgl. auch Heike Gfrereis: »Archiv«, in: dies./T. Thiemeyer/B. Tschofen (Hg.): *Museen verstehen*, S. 13-32.

den wesentlichen Zweck eines Museums, die Sichtbarmachung von Dingen[11], letztlich dienende Tätigkeit. Mag der Ursprung des Museums als Institution überhaupt, wie auch vieler Museen bis heute, auf private, ursprünglich nicht öffentliche Sammlungen zurückzuführen sein – deren Überführung in einen musealen Kontext bedeutete und bedeutet immer auch das Ziel ihrer Sichtbarmachung. Museen sind daher keine (reinen) Archive und auch keine (rein) wissenschaftlich forschenden Institutionen (wie Universitäten). Sie sammeln, erforschen und bewahren Dinge aus einem ganz bestimmten Grund, nämlich um sie irgendwann als Exponate physisch wahrnehmbar zu präsentieren (was sich im Einzelfall auch um eine Fehleinschätzung oder eine Spekulation auf die Zukunft handeln kann; so ist beispielsweise das Zeigen immaterieller Zeugnisse wie philosophischer Gedankengebäude derzeit noch nicht weit fortgeschritten).

Der Begriff ›Zeugnis‹ macht diesen Zusammenhang weniger deutlich, als der Begriff ›Exponat‹. Daher möchte ich im Folgenden Letzteren verwenden, auch wenn diese Verwendung ebenfalls Tücken hat. Denn man müsste zumindest zusätzlich die Begriffe ›Kandidat-Exponat‹, ›Ex-Exponat‹ und ›Nicht-zeigbares-Exponat‹ einführen. Ersteres würde den Zustand meinen, dass ein Exponat zunächst noch seine Probezeit überstehen muss, bevor es für wert befunden wird, es dem Ausstellen zuzuführen. Der zweite Begriff würde solche Museumsdinge bezeichnen, die in einer anderen Zeit von anderen Museumsmitarbeitern angeschafft wurden und die man heute gerne dem Sperrmüll überantworten würde – was sich allerdings nicht schickt, da das Museum zum Sammeln verurteilt ist und nicht zum Selektieren. So bleibt die Hoffnung, dass aus Sperrmüll vielleicht irgendwann Giftmüll wird, und zwar solcher, aus dem sich eine spannende Ausstellung machen lässt (so dass die Depotkosten sich damit ebenfalls gelohnt haben). Zudem gibt es, wie der dritte Begriff andeutet, wohl nicht nur in ethnologischen Museen, Gegenstände, die aus ethischen Gründen nicht gezeigt werden sollen und deren Schicksal als Exponat ebenfalls fraglich ist. Dies zeigt zugleich, dass Ausstellen einer anderen Logik folgen kann, als Sammeln. Aber diesen Exkurs möchte ich hier nicht weiter verfolgen.

Wenn also im Folgenden vom ›Exponat‹ die Rede ist, dann ist damit keine festgelegte Begrifflichkeit verbunden, außer dass es sich um ein Museumsding oder einen Museumsgegenstand handelt, welches bzw. welcher zumindest potentiell ein Exponat sein kann; denn nicht erfasst sein soll das sonstige Inventar eines Museums, wie der Bleistift des Kurators oder die Besucherbank. Im Folgenden werde ich daher die Begriffe ›Exponat‹, ›Museumsding‹ und ›Museumsgegenstand‹ als Synonyme benutzen.

11 | Vgl. K. Flügel: *Einführung in die Museologie*, S. 46ff.; Bernhard Waldenfels: »Der herausgeforderte Blick. Zur Orts- und Zeitbestimmung des Museums«, in: ders.: *Der Stachel des Fremden*, Frankfurt a.M. ^{3}1998 (^{1}1990), S. 225-242, hier S. 227-229.

Schon an dieser Stelle wird deutlich: »Museumsdinge haben es in sich«.[12] Interessanterweise spielt allerdings im museologischen Kontext die Definition eines Museumsdings als Zeugnis keine Rolle. Der Begriff ›Zeugnis‹ ist, sofern er nicht im Sinne eines Beleges bestimmter Fähigkeiten gemeint ist, wie ein Schulzeugnis, abgeleitet von dem Begriff des Zeugen, der eine Person bezeichnet, die in einem dafür vorgesehenen Verfahren über eigene Wahrnehmungen aussagen soll, also Zeugnis ablegt. Die Museologie benutzt in diesem Zusammenhang den Begriff eines Authentizitätsgaranten, spricht jedoch nicht von ›Zeugnissen‹.[13] Dennoch könnte der Begriff relevant sein. Hierauf komme ich im Teil 4 nochmals zurück.

Eine einflussreiche Definition bestimmt ein Museumsding als ›Semiophor‹, d.h. als Zeichenträger.[14] Diese erweist sich auch für die Frage der *agency* von Museumsgegenständen als anschlussfähig. Danach sind Exponate zweiseitige Dinge, die eine materielle Seite und einen semiotischen Gehalt haben. Protagonist dieser Theorie ist der Historiker Krzysztof Pomian, der den Begriff ›Semiophor‹ vor allem in seinem Buch *Der Ursprung des Museums* (1987) entwickelt hat. Er befasst sich mit dem Schicksal von Gegenständen, die als Vorstufe zu ihrer Exponatwerdung in eine Sammlung überführt werden:

»Auf der einen Seite befinden sich die *Dinge, nützliche Gegenstände* [...]. [...] Mit all diesen Gegenständen hantiert man [...]: sie nutzen sich ab. Auf der anderen Seite befinden sich die *Semiophoren, Gegenstände ohne Nützlichkeit* [...], die das Unsichtbare präsentieren, das heißt, die mit einer *Bedeutung* versehen sind. [Herv. i.O.]«[15]

Museumsdinge oder Objekte einer Sammlung sind danach zunächst dadurch gekennzeichnet, dass sie ihre Nützlichkeit verlieren und als Ausgleich dafür Bedeutung erlangen. Nützlich sind die Dinge der Alltagswelt; Pomian teilt sie

12 | Gottfried Korff: »Dimensionen der Dingbetrachtung. Versuch einer museumskundlichen Sichtung«, in: Andreas Hartmann/Peter Höher/Christiane Cantauw (Hg.): *Die Macht der Dinge. Symbolische Kommunikation und kulturelles Handeln*, Münster/New York/München u.a. 2011, S. 11-26, hier S. 15.

13 | Vgl. ebd., S. 15-23 und S. 13; K. Flügel setzt sich nicht mit dem Begriff des Zeugnisses, aber unter anderem mit dem Unterscheid zwischen Authentizität und Originalität auseinander. (Vgl. K. Flügel: *Einführung in die Museologie*, S. 25-30.)

14 | Vgl. Thomas Thiemeyer: »Die Sprache der Dinge. Museumsobjekte zwischen Zeichen und Erscheinung«, www.museenfuergeschichte.de/downloads/news/Thomas_Thiemeyer-Die_Sprache_der_Dinge.pdf (27.6.2017), S. 3; A. te Heesen: »Exponat«, S. 36.

15 | Krysztof Pomian: *Der Ursprung des Museums. Vom Sammeln* [*Collectionneurs, amateurs et curieux. Paris-Venise, XVI.-XVIII. siècle*, 1987], übers. von Gustav Roßler, Berlin [4]2013 ([1]1988), S. 49f.

in Produktionsmittel und Konsumartikel ein.[16] Beide Kategorien kennzeichnet der Gebrauchszweck: Das Ding wird abgenutzt, verbraucht oder irgendwann als Abfall weggeworfen. Werden Dinge allerdings in eine Sammlung überführt, wird dieser ›natürliche‹ Kreislauf unterbrochen und das Ding erhält eine Bedeutung. Diese wiederum besteht nach Pomian darin, dass es für etwas steht, nämlich das Unsichtbare. Als Semiophor hat ein Ding die Aufgabe, die sichtbare Welt der Gegenwart mit der unsichtbaren Welt der Vergangenheit zu verbinden; es ermöglicht eine Kommunikation zwischen beiden. Diese findet allerdings in sprachlicher Form statt, denn auf andere Weise kann man, so Pomian, die Bedeutung von Semiophoren nicht erfassen.[17]

An dieser Stelle sei ein vielleicht ungewöhnliches Beispiel erlaubt: Der ›Trabbi‹ im DDR-Museum in Berlin ist als Museumsgegenstand ein Semiophor. Er verweist auf eine heute unsichtbare Vergangenheit, die Lebenswirklichkeit in der DDR. Allerdings ist seine ›Semiophorität‹ noch nicht so weit fortgeschritten, dass nicht zumindest die Älteren auch noch ohne sprachliche Vermittlung erkennen würden, was ein ›Trabbi‹ ist, nämlich ein ›Trabant‹, ein Personenkraftfahrzeug ›made in GDR‹. Zudem kann man sich in diesen Museumstrabbi hineinsetzen, d.h., er wird derzeit auch noch anders als sprachlich vermittelt. Dies wiederum dürfte damit zu tun haben, dass es noch genügend Ersatzexemplare gibt, und wird sich wohl ändern, wenn ›Trabbis‹ aus dem Alltagsleben verschwunden sind und nur noch wenige in Museen überdauern. Damit wäre der Prozess der ›Semiophorwerdung‹ des ›Trabbis‹ abgeschlossen.

Jedes Semiophor hat außerdem eine materielle Seite, physische Eigenschaften und äußere Merkmale:[18] Es ist scharf oder stumpf, schwer oder leicht, hat drei oder vier Ecken etc. In der neueren museologischen Literatur wird vor allem die Bedeutung dieser Materialität hervorgehoben. Allerdings besteht keine Einigkeit, worin diese genau besteht. Einige betrachten sie als eine Spur:[19] Als materielles Ding sei das Museumsding ein Erfahrungsträger, in den sich Reste aus der vergangenen Zeit ›eingeschrieben‹ hätten. Spuren sind danach ein auf Kontakt beruhender Abdruck, wie beispielsweise die von einem berühmten Schriftsteller benutzten Bleistifte. Sie können als anbetungswürdig gelten oder einfach nur Gebrauchsreste bilden, also werkzeughaft sein. Entscheidend ist nach dieser Auffassung, dass Spuren nicht repräsentieren, sondern präsentieren und als materielle Einschreibungen die Interpretation des Museumsdings als Zeichen beeinflussen. Es entwickelt sich somit eine Art Wechselspiel zwischen dem Verweis auf das, wofür das Objekt steht, was nur sprachlich zu

16 | Vgl. ebd., S. 85

17 | Vgl. ebd., S. 50-59 und S. 90.

18 | Vgl. ebd., S. 84 und S. 95.

19 | Vgl. A. te Heesen: »Exponat«, S. 37-40.

erfassen ist, und der Spur, die in das Objekt materiell eingeschrieben ist – ein Wechselspiel, das Anlass für immer neue Ansätze des Verstehens geben kann. Demgegenüber meinen andere, dass die Materialität des Semiophors die Seite der Ästhetisierung des Museumsdings betreffe, seine Anmutungsqualität:[20] Als sinnliches Medium, das sich nicht nur an den Verstand, sondern auch an Gefühl und Phantasie richte, spreche die materielle Seite des Exponats den Betrachter im visuellen Modus der Evidenz an. Die ästhetische Seite des Objekts stehe für die Mehr- oder Uneindeutigkeit eines Exponats, die die rationalsprachliche Erfassung als Zeichen beeinflusse und ergänze. – Um das oben eingeführte Beispiel des ›Trabbi‹ weiterzuführen, wäre seine materielle Seite beispielsweise ein Kratzer in der Karosserie, der entweder seine Interpretation als Kraftfahrzeug mitbestimmt (vielleicht als typische Gebrauchsspur) oder aber seine ästhetische Seite betont (vielleicht wenn Nostalgiker sich angesichts des Kratzers freuen, dass damals ein ›Auto wirklich noch ein Auto‹ war, nämlich ohne elektronisches ›Kratzervorwarnsystem‹).

Das Beispiel des ›Trabbi‹ verdeutlicht allerdings zugleich Probleme bei der Charakteristik eines Museumsdings als Semiophor. Denn bei genauerer Betrachtung erweist es sich nicht nur als schwierig, zu erfassen, was genau die materielle Seite des Dings bedeutet, sondern auch zu bestimmen, was genau das Unsichtbare ist, auf das es verweist. Schon ob das Unsichtbare etwas Konkretes (ein Kraftfahrzeug ›made in GDR‹, das nicht mehr hergestellt wird) oder etwas Abstraktes (der untergegangene Autobau, die untergegangene Lebenswirklichkeit der DDR) oder beides zugleich sein soll, bleibt offen. Zudem fragt es sich, ob die Vorstellung des Semiophors wirklich geeignet ist, ein sammlungs- oder museumsspezifisches Ding zu kennzeichnen: Wenn auf meinem Schreibtisch die Fotografie meiner Uroma steht, die ich niemals persönlich kennengelernt habe, würde diese eigentlich die Kriterien eines Semiophors erfüllen. Die Fotografie verweist auf eine (jedenfalls für mich) unsichtbare Person, zugleich besitzt das Foto Materialität, nämlich diejenige eines in der 1950ern üblichen Fotopapiers. Ein Semiophor zu sein, das soll dieses Beispiel deutlich machen, scheint daher kein Privileg von Museumsgegenständen zu sein. Auch Erinnerungsgegenstände des Alltags (z.B. Gedenksteine auf dem Friedhof) könnten Eigenschaften eines Semiophors haben – es sei denn, ein Semiophor zu sein, setzte mehr voraus, als ein duales Ding in der gerade beschriebenen Art und Weise zu sein, wofür vieles spricht und worauf ich in Teil 3 zurückkommen möchte.

Ein relativ neuer Ansatz der Museologie ist schließlich das ergänzende Verständnis eines Exponats als Akteur (oder ›Aktant‹[21]). Verbunden wird dieser

20 | Vgl. T. Thiemeyer: »Die Sprache der Dinge«, S. 5.

21 | So unter Verweis auf Bruno Latour P.W. Stockhammer: »Mensch-Ding-Verflechtungen aus ur- und frühgeschichtlicher Persepektive«, S. 336.

Ansatz mit dem sogenannten *material turn* oder dem *new materialism*, dem Neuen Materialismus – dem wahrscheinlich derzeit aktuellsten diverser kulturwissenschaftlicher *turns*.

Das Ziel des Neuen Materialismus ist, kurz gefasst, die Überwindung der Trennung von Subjekt und Objekt. Schon seit Kant sind gegen das ›Ding an sich‹ als Objekt menschlicher Erkenntnis grundlegende Zweifel eingebracht worden, spätestens nach dem sogenannten *linguistic turn* scheint gesichert, dass Sprache unsere Welt konstituiert. Und nun erwischt es schließlich auch das passive Objekt als Gegensatz zum aktiven Subjekt. – So kann man es auf den Punkt bringen.

Der Neue Materialismus kritisiert grundsätzlich nicht die Annahme, dass die Welt vom Menschen konstituiert wird; nur sei sie mangelhaft, da die Dinge der Welt hier lediglich als soziale Konstrukte ihr Dasein fristen müssten.[22] Damit, dass beispielsweise Geschichte kein Ablauf feststehender Fakten ist, sondern eine menschliche Konstruktion – eine Narration, in der Wertungen und Bedeutungen eine zentrale Rolle spielen – wären die Vertreter des Neuen Materialismus durchaus einverstanden. Sie bemängeln jedoch, dass hierbei die entscheidende Rolle der Dinge zu kurz komme. Notwendig sei eine Neuorientierung, die ein auf den Menschen fixiertes Verständnis der Dinge hinter sich lassen müsse. Materie sei von ihren »immanenten, ontogenetischen, selbstorganisierenden Potenzialen«[23] her zu denken, anstatt als passiver Stoff, der auf menschliche Bearbeitung wartet.

Der Neue Materialismus hat verschiedene Spielarten[24], wovon hier zwei vorgestellt werden sollen, die auch von Bedeutung für das ›Agieren‹ musealer Dinge sind. Argumentiert wird zum einen unter Bezug auf wissenschaftstheoretische Forschungen, die ergeben hätten, dass Dinge die Forschungen über sie aktiv beeinflussten. Zum anderen wird auf die Praxis des Umgangs mit Dingen verwiesen, die auch den Dingen Handlungsmacht zukommen lasse.

Anke te Heesen, die Autorin der These vom heutigen Exponat als unberechenbarem Kläffer, die bereits in der Einleitung erwähnt wurde, bezieht sich für die Akteurseigenschaft von Exponaten auf wissenschaftstheoretische Untersuchungen: Bruno Latour habe in der 1970ern und 1980ern für ein neues Objektverständnis gesorgt, wonach wissenschaftliche Forschung wie ein Kollektiv verstanden werden müsse, an dem nicht nur die menschlichen Forscher, sondern auch die erforschten Gegenstände aktiv teilnähmen, indem sie auf die

22 | Vgl. Andreas Folkers: »Was ist neu am neuen Materialismus? Von der Praxis zum Ereignis«, in: Tobias Goll/Daniel Keill/Thomas Telios (Hg.): *Critical Matter. Diskussionen eines neuen Materialismus*, Münster 2013, S. 17-34, hier S. 18f.

23 | Ebd., S. 25.

24 | Einen Überblick gibt Folkers ebd., S. 18-24.

Untersuchung einwirkten.[25] Zudem werde in der Wissenschaft den Dingen mittlerweile eine prozesshafte Eigendynamik zugesprochen; dies könne nun in museologischem Kontext auf Exponate übertragen werden und bedeute, dass diese als aktive Beteiligte an einem offenen Denkprozess teilnähmen und so ihr subversives Potential entfalten könnten.[26] Nun kann man allerdings fragen, wie sich ein solch eigenmächtiges Ding, ein kläffender Köter, denn überhaupt ausstellen lässt. Te Heesen kommt zu dem Schluss, dies sei eigentlich nicht möglich, weshalb »eine der wesentlichen Referenzen« eines agierenden Exponats »der zeitliche Prozess, also das Auftauchen, der Entstehungsprozess und gegebenenfalls der Verfall eines solchen Objekts« sei, was einen »Anstoß zu einer weiteren Sichtweise« geben soll und »danach auch wieder unwichtig werden kann«.[27]

Weg von der Wissenschaft, zurück zum ›natürlichen‹ Denken – so kann man den zweiten Strang des Neue Materialismus kennzeichnen. Hiernach liegt die Handlungsmacht der Dinge in einem Zusammenwirken zwischen Mensch und Ding im praktischen Umgang begründet.[28] Hier stellt sich nun allerdings das Problem, wie denn dadurch, dass sie bearbeitet oder benutzt werden, Dinge belebt werden können. Tatiana Ivleva verweist am Ende ihres Beitrages in dem Sammelband *Massendinghaltung in der Archäologie* auf das Konzept eines »spirit of the thing«, das Marcel Mauss bezüglich der Gabepraxis indigener Völker ins Spiel gebracht hat.[29] Kern dieser, später von Marcel Hénaff weiterentwickelten, Theorie ritueller Gabepraktiken ist, dass sie keinen wirtschaftlichen Austausch von Gütern darstellen, sondern ihnen das Verständnis zugrunde liegt, dass das rituelle Gabegeschenk das Versprechen des Gebers enthält, welches als Teil von ihm wie in einem Gefäß erhalten bleibt.[30]

---

25 | Vgl. A. te Heesen: »Exponat«, S. 40f.; zur Kritik an diesem Ansatz: Alan Sokal/Jean Bricmont: *Eleganter Unsinn. Wie die Denker der Postmoderne die Wissenschaften mißbrauchen* [*Fashionable Nonsense*, 1998], übers. von Johannes Schwab, München 1999, S. 117-119.

26 | Vgl. A. te Heesen: »Exponat«, S. 42 und S. 40.

27 | Ebd., S. 42.

28 | T. Ivleva: »A Totality of a Thing with Objects«, S. 380; Mitchell plädiert ausdrücklich für eine Neubewertung des traditionellen Fetisch- oder Totemglaubens, um die Macht von Bildern zu erfassen: William J.T. Mitchell: »What Do Pictures ›Really‹ Want?«, in: *October* 77 (1996), S. 71-82, hier S. 72-74; ders.: *What do Pictures Want?*, Chicago/London 2005, S. 8f. – Jane Bennett verweist auf die Vorstellung von Kindern, nach der die gesamte Welt animiert sei: J. Bennett: *Vibrant Matter. A Political Ecology of Things*, Durham/London 2010, S. VII und S. 20.

29 | T. Ivleva: »A Totality of a Thing with Objects«, S. 379f.

30 | Diese rituelle Gabepraxis wird zwar mit guten Gründen als Basis für das Entstehen von Sozialität angesehen, aber nicht wie in dem obigen Zusammenhang als Weiterfüh-

Dieses Konzept kann, so Ivleva, nun auch für Exponate geltend gemacht werden.

Wesentlicher Gehalt beider Positionen des Neuen Materialismus ist somit, dass *agency* etwas ist, das dem Ding – sei es durch Wissenschaft und Forschung oder durch den sonstigen Umgang mit ihm – ›eingeschrieben‹ wird. Aus diesem ›Eingeschrieben-Sein‹ entwickelt sich in der Folgezeit dann eine nicht näher spezifizierbare Handlungsmacht.

Die in der Einleitung aufgeworfene Frage, ob das Museum seine Dinge belebt und – wenn ja – wie dies geschieht, kann damit vorläufig im Sinne des Neuen Materialismus so beantwortet werden: Anders als Schlegel es meinte, belebt das Museum die Dinge nicht dadurch, dass es neue Zusammenhänge, ›neue Körper‹, schafft. Es sind die Museumsdinge selbst, die jetzt die Rolle der ›belebten‹ Objekte übernehmen sollen und zwar nicht, weil sie ursprünglich – wie das ausgestopfte Zebra – lebendig waren, sondern weil sie das sind, was sie sind: Dinge.

3. Kritische Anmerkung: Das Exponat wird zur Reliquie

Anke te Heesen nennt als Verständnisquelle dafür, dass das Exponat sich belebt habe, Pomians Theorie des Museumsdings als Semiophor.[31] Hieran möchte ich anknüpfen. Auch wenn Pomians Theorie keine *agency* von Dingen behauptet, liegt eine solche dort im Kern – und zwar in der Art und Weise des den Dingen ›Eingeschrieben-Seins‹ von ›Spuren‹ eines Unsichtbaren – schon begründet. Ansetzen kann man bei der oben offen gelassenen Frage, warum ein Erinnerungsstück auf einem Schreibtisch (das Foto der Uroma) offensichtlich kein Semiophor ist, während der von einem berühmten Schriftsteller benutzte Bleistift in der Vitrine eines Museums einer wäre.

Das Wesentliche an einem Semiophor ist, wie bereits ausgeführt, dass es Unsichtbares und Sichtbares verbindet. Pomian legt sich nicht ausdrücklich fest, ob es sich hierbei um eine lediglich symbolische Verweisung oder eine tatsächliche Anwesenheit des Unsichtbaren handelt. Allerdings spricht schon der Begriff des Zeichen*trägers* dafür, dass man sich das Semiophor tatsächlich als eine Art Gefäß vorzustellen hat, in dem das Unsichtbare in irgendeiner

rung der Vorstellung, dass in den Dingen Versprechen präsent sind. Vgl. Marcel Hénaff: *Der Preis der Wahrheit. Gabe, Geld und Philosophie* [*The Price of Truth*, 2010], übers. von Eva Moldenhauer, Frankfurt a.M. 2009; auf S. 166-230 befasst Hénaff sich mit der ursprünglichen Vorstellung der rituellen Gabe; auf S. 307 macht er jedoch unmissverständlich klar, dass diese (wie auch das Modell des Opfers) »für moderne Gesellschaften abgeschlossen« ist.

31 | Vgl. A. te Heesen: »Exponat«, S. 42f.

Form noch präsent ist. So heißt es beispielsweise: »Den Bildern wird [...] eine bestimmte Macht zugeschrieben, durch die sie unmittelbar am Heiligen partizipieren«.[32] Später schreibt Pomian, dass Semiophoren »Verbindungen zum Unsichtbaren« unterhalten oder mit Geschichte »aufgeladen« sind, sie »materialisieren« und ihr als »sichtbarer Träger« dienen.[33]

Das Semiophor *enthält* danach das Unsichtbare, auf das es verweist – eine Vorstellung, die mit dem Foto der Großmutter auf dem Schreibtisch üblicherweise nicht verbunden wird, diese *enthält* nichts von ihr. Ein Semiophor ist daher offensichtlich mehr als ein reines Erinnerungsstück. Seine Bedeutung erhält es dadurch, dass es an dem Unsichtbaren teilhat (was auch dazu führt, dass es – anders als die Fotografie der Großmutter – nicht nur für ein bestimmtes Individuum, sondern für ein Kollektiv wertvoll ist). Damit ist aber das, was es auszeichnet, exakt das, was früher eine Reliquie ausgemacht hat.

Das Interesse an der Frage, was eine Reliquie eigentlich zu etwas Besonderem machte, selbst wenn sie nur aus einem Fetzen Stoff oder vielleicht einem übel riechenden Rest eines menschlichen Fußes besteht, verbindet sich seit einigen Jahren vor allem mit der Erforschung der Spätantike. Lange Zeit war diese Zeitspanne, in der die Hochkultur des Römischen Reichs zerfiel, mit dem Label ›Untergang‹ behaftet. Vor einigen Jahren erlebte die Bewertung der Spätantike jedoch einen *turn*, in dessen Folge sie als Beginn eines christlich geprägten Europa bewertet wurde. An die Stelle der Vorstellung einer gewaltsamen Zerstörung trat diejenige eines mehr oder weniger friedlichen Übergangs in eine neue Zeit.[34] Damit einher ging nun die Erforschung des Reliquienglaubens, der sich in dieser Zeit entwickelt hatte. Demnach ist das, was eine Reliquie ausmachte, die spezielle *praesentia* der heiligen Person, von der sie stammte oder die sie berührt hatte, in dem als Reliquie verehrten Ding. Diese *praesentia* ist dabei als tatsächliche, aktuelle Gegenwart der heiligen Person in dem jeweils als Reliquie fungierenden Gegenstand zu verstehen.[35]

Pomian benutzt den Begriff der *praesentia* zur Kennzeichnung der Besonderheit eines Semiophors nicht, aber die soeben zitierten Formulierungen wie ›Verbindung unterhalten‹ oder ›aufgeladen sein‹ entsprechen ziemlich exakt dem, was mit der *praesentia* der Reliquie gemeint ist. Ein Semiophor ist demnach nämlich nicht lediglich ein symbolischer Stellvertreter des Unsichtbaren, auf das er verweist; als Träger enthält er vielmehr ein Teil desselben.

32 | K. Pomian: *Der Ursprung des Museums*, S. 41.

33 | Ebd., S. 52 und S. 83.

34 | Vgl. hierzu kritisch Bryan Ward-Perkins: *Der Untergang des Römischen Reiches und das Ende der Zivilisation* [*The Fall of Rome and the End of Civilization*, 2005], übers. von Nina Valenzuela Montenegro, Stuttgart 2007, S. 15-39.

35 | Vgl. Peter Brown: *Die Heiligenverehrung* [*The Cult of the Saints*, 1981], übers. von Johannes Bernard,, Leipzig 1991, S. 87-103, hier S. 88f.

Bei Semiophoren handelt es sich also um eine Art moderner Reliquien. Gegenüber ihren spätantiken Vorgängern weisen sie jedoch einen Unterschied auf: Sie tragen nicht mehr die Heiligkeit und die Macht Gottes in sich. Vielmehr geben wir uns in der modernen Welt mit der *praesentia* auch profaner Dinge zufrieden. So benennt Pomian etwa Forschung[36], Wissenschaft[37] oder Geschichte[38] als das, womit Semiophoren aufgeladen sein können, dessen Träger sie also sind. Der Effekt bleibt allerdings derselbe: Das Semiophor verbindet Sichtbares und Unsichtbares, was bedeutet, dass das Unsichtbare aus Forschung, Geschichte oder Wissenschaft in den Dingen steckt wie in einem Gefäß. Dies bedeutet aber eben nichts anderes als eine Art *praesentia* – die Anwesenheit von unsichtbaren ›Mächten‹. Eine solche Vorstellung hat allerdings den schon von Karl Marx beschriebenen Effekt, dass die derart mit Unsichtbarem aufgeladenen Gegenstände zu Fetischen werden:[39] Vom Menschen Gemachtes, das rational erklärbar, veränderbar und aufhebbar ist, gerät unter der Hand zu einer Macht, die dem Menschen entzogen ist.

Von einer solchen *praesentia* nun des Weiteren auf das aktive Handeln eines Dings im Sinne des Neuen Materialismus zu schließen, liegt nahe. Denn das, was die Verbindung zwischen Unsichtbarem und Sichtbarem produziert, ist schließlich nicht der Betrachter, sondern die dem Gegenstand innewohnende Macht. Wie diese Macht letztlich generiert wird – ob durch die Berührung von Heiligen, wie früher, oder durch ein wissenschaftliches oder praktisches Einschreiben in die Dinge, wie es heute postuliert wird – ist letztlich unerheblich in Bezug auf das Verständnis des Museumsdings. Denn das Ergebnis ist, dass aus dem Museumsding eine Art Fetisch wird. Nicht mehr der Kurator oder der Betrachter, sondern irgendetwas in dem Exponat selbst sorgt für die Bedeutung, die es hat – jedenfalls teilweise.

Wenn man allerdings ein Museum als einen Raum ansieht, der einen offenen Gedankenaustausch aus Anlass der Exponate bietet, erschließt sich nicht, wie ein derartiger Austausch in Bezug auf solche quasi-sakralen Objekte, als die gerade die Semiophoren charakterisiert wurden, stattfinden soll. Denn abgesehen davon, dass Dinge nicht auf Fragen antworten, man also nicht mit ihnen, sondern nur über sie sprechen kann, kann man sich auch über das, was ihnen ›eingeschrieben‹ ist – also im Unklaren bleibt und nicht erfassbar ist – nicht in einer irgendwie objektivierbaren Weise austauschen. Daher bleibt dem Betrachter nicht viel anderes übrig, als solche ›aktiven‹ Dinge andächtig zu bewundern und sich der ihnen zugesprochenen Wirkungsmacht zu öffnen.

36 | Vgl. K. Pomian: *Der Ursprung des Museums*, S. 56.

37 | Vgl. ebd., S. 59.

38 | Vgl. ebd., S. 70.

39 | Vgl. Karl Marx/Friedrich Engels: *Das Kapital*, Bd. 1, Berlin 1968 (*Werke*, Bd. 23), S. 49-98 und S. 86.

Demgegenüber war die Performance *The Artist is Present* transparent: Marina Abramović hat keinen Hehl daraus gemacht, dass sie kein Kunstwerk, sondern eine Person ist. Gleiches kann man von ›beseelten Exponaten‹ nicht sagen.

Arthur C. Danto beschreibt in seinem Buch *Kunst nach dem Ende der Kunst* das *Museum der Museen*.[40] Wie bereits nach dem Titel des Buches nicht anders zu erwarten, geht es bei ihm nicht um ein profanes Heimat- oder Technikmuseum, sondern um ein Kunstmuseum. Auch hat Danto das Konzept des ›Museums der Museen‹ nicht erfunden, sondern aus einer Novelle von Henry James aus dem Jahr 1904 geborgt, die in deutscher Fassung *Die goldene Schale* heißt. In dieser Novelle geht es neben zahlreichen persönlichen Verwicklungen darum, dass ein amerikanischer Millionär für seine Kunstsammlung ein ›Museum der Museen‹ bauen will – einen »Tempel«[41] der Kunst. Ein solches Museum ist ein himmelsgleicher Ort, an dem den Kunstwerken die Potenz der Vermittlung »jene[r] tiefen Wahrheiten«, die die Kunst angeblich beinhaltet, zugesprochen wird, so wie vordem »Reliquien komprimierte Fragmente der Heiligkeit enthielten«.[42] Danto beschreibt so den Museumstypus, der das Bewusstsein der vor 1965, d.h. vor Beginn des postmodernen Zeitalters, kulturell mündig Gewordenen geprägt hat – wenngleich »der Geist der Frömmigkeit«, der diesen Museumstypus charakterisiert, durchaus »bis in das unsrige« Zeitalter fortdauert.[43] So kann sich etwa selbst im späteren Typus des ›Post-Pompidou-Museums‹, der mit dem Typus des ›Tempels‹ der Kunst, was die Architektursprache angeht, offensiv zu brechen sucht, diese Tendenz zur Sakralisierung insofern fortsetzen, als sich hier schließlich »eine Priesterschaft der Modernisten, Hüter der Mysterien« anschickt, die schwierige Aufgabe der Vermittlung des ganz Großen zu übernehmen.[44] Damit entziehen solche Museen aber den Werken genau das, was sie eigentlich ausmacht – Danto nennt es die Verkörperung von Bedeutung. Diese Bedeutung ist aber kein Mysterium, das sich entweder dem Gläubigen offenbart oder der Vermittlung durch Eingeweihte bedarf, um nachvollzogen werden zu können. Sie muss vielmehr vom jeweiligen historischen und kulturellen Standpunkt des Publikums aus in der Auseinandersetzung mit dem künstlerischen Exponat – d.h. seiner sinnlichen Anmutung ebenso wie seiner Herkunftsgeschichte und seiner (kunst-) theoretischen und historischen Stellung – immer wieder neu erschlossen und geprüft werden. Nichts anderes sollte für Exponate im Allgemeinen gelten.

40 | Arthur C. Danto: »Das Museum der Museen«, in: ders.: *Kunst nach dem Ende der Kunst* [*After the End of Art. Contemporary Art and the Pale of History*, 1997], übers. von Christiane Spelsberg, München 1996, S. 234-254.

41 | Ebd., S. 245 und *passim*.

42 | Ebd., S. 243.

43 | Ebd., S. 244.

44 | Ebd., S. 249.

Hinzu kommt, dass, soweit Ansätze des Neuen Materialismus aus der Wissenschaftstheorie abgeleitet werden, Aussagen häufig ihrerseits kryptisch sind. So bezieht sich te Heesen in ihrer Definition des Exponats als Akteur u.a. auf den Wissenschaftsforscher Hans-Jörg Rheinberger. Dieser zitiert am Schluss seines Beitrages zu der Besonderheit epistemischer Dinge Jean Baudrillard: »Die Definition des Wirklichen selbst wird jetzt: dasjenige, wovon eine äquivalente Reproduktion gegeben werden kann. [...] An der Grenze dieses Prozesses der Reproduzierbarkeit wird das Reale nicht zu etwas, das reproduziert werden kann, sondern *zu dem, was immer schon reproduziert ist.* Das Hyperreale. [Herv. von H.-J.R.]«[45] Das Reale *ist* demnach das, was schon immer *reproduziert* ist. Nun heißt das Wort ›reproduzieren‹ allerdings ›wiederherstellen‹ und nicht ›herstellen‹. Übersetzte man das Zitat wörtlich, so würde es heißen: Die Wirklichkeit ist wiederhergestellte Wirklichkeit. Nur: Wenn etwas wiederhergestellt ist – was ist dann das, was hergestellt ist, da dieses ja dem Wiederhergestellten logisch vorausgehen müsste?

Diese Paradoxie ist auch Baudrillard nicht entgangen und verleiht seinen Thesen in den Augen seiner Parteigänger den Reiz des Enigmatischen. Allerdings kann man den Erkenntnisgewinn solcher Paradoxien auch mit guten Gründen in Frage stellen.[46] So könnte man Baudrillards Aussage vielleicht in dem Sinn verstehen, dass sich die Wirklichkeit heute in immer gleichen Wiederholungen erschöpft. Aber dies ist dort nicht gesagt – vermutlich, weil es nicht gemeint ist. Zudem provoziert Baudrillards Aussage die Frage: Welche ›Wirklichkeit‹ ist hier überhaupt gemeint – die soziale oder auch die physikalische? Sollte erstere gemeint sein, mag die Aussage überzeugend sein, insofern diese Wirklichkeit in der Tat (auch) hergestellt ist. Aber ist auch die physikalische Wirklichkeit wirklich vom Menschen (wieder-)hergestellt, im ›echten‹ Sinne von ›Herstellen‹? Nähme man dies ernst, müssten wir demnächst die Erdgeschichte wieder umschreiben und die Schöpfungsgeschichte hätte doch recht. Auch hier ist zu vermuten, dass eine Entscheidung bewusst, um der assoziationsträchtigen Offenheit willen, vermieden wird.

Pointiert gesagt: *Agency* macht aus einem Exponat eine Art Fetisch (der Schritt vom unberechenbaren kläffenden Köter zu einem heiligen Hund ist nicht weit – beide entziehen sich einer rationalen Einhegung), die Begründung für eine *agency* eines Exponats entzieht sich in strategischer Absicht einer rationalen Durchdringbarkeit. Museale Präsentationen, die (allein) auf die *agency* von Werken bauen, bergen daher das Risiko einer Aufreihung quasi-sakraler

45 | Hans-Jörg Rheinberger: »Über den Eigensinn epistemischer Dinge«, in: Hans Peter Hahn (Hg.): *Vom Eigensinn der Dinge. Für eine neue Perspektive auf die Welt des Materiellen*, Berlin 2015, S. 147-162, hier S. 162.

46 | Vgl. auch die Kritik an Baudrillard von A. Sokal/J. Bricmont: *Eleganter Unsinn*, S. 169-176.

Gegenstände, die sich nur demjenigen erschließen, der ihre Offenbarung (an-) erkennt.

Ich will damit nicht sagen, dass es nicht Grenzbereiche vor allem in der Biologie gibt, in denen die Abgrenzung von ›Ding‹ und ›Lebewesen‹ schwierig werden kann. Aber dem Neuen Materialismus geht es nicht um diese schwierigen Grenzbereiche, sondern um ein allgemeines Verständnis ›belebter Dinge‹ in der Alltagswelt und ihrem ›Weiterleben‹ als Exponate im Museum. Natürlich benutzt man in der Alltagswelt auch häufig metaphorisch Begriffe aktiven Handelns für Dinge (oder physikalische Phänomene), aber eben nicht in einem Sinn, der für sich in Anspruch nehmen würde, die (physikalische) Wirklichkeit wiederzugeben: Wenn der Wind die Tür mit einem Schwung öffnet, hat der Wind nach unserem allgemeinen Verständnis keine *agency*. Und dies gilt auch für Museumsgegenstände.

4. Das Exponat als vorgefundenes Zeugnis

Abschließend bleibt allerdings zu konstatieren, dass die Diskussion des Neuen Materialismus den Blick für etwas schärfen kann, das in der Tat ein zentrales Charakteristikum eines Museumsgegenstandes sein dürfte. Hierzu möchte ich auf den Begriff ›Zeugnis‹ zurückkommen. Nach der oben zitierten Definition haben Museen es mit Zeugnissen zu tun, abgeleitet von dem Begriff des Zeugen. Die *Brockhaus*-Enzyklopädie (1994, Bd. 24) gibt als Ursprung des Wortes ›Zeuge‹ eine ›vor Gericht gezogene Person‹ an. Eine solche legt über von ihr wahrgenommene Tatsachen Zeugnis ab, indem sie beschreibt, was sie wahrgenommen hat. Zeugnisse dienen somit der Erforschung dessen, was tatsächlich geschehen ist, und zwar in einem Verfahren, in dem ein Sachverhalt relevant ist, an dem die Personen, die darüber zu urteilen haben, selbst nicht beteiligt waren, sondern den sie vorgefunden haben. Der Begriff Zeugnis steht mithin dafür, dass es um Dinge geht, die das Museum nicht hergestellt, sondern *vorgefunden* hat. Dies scheint mir zentral für den Begriff des Museumsgegenstandes zu sein.

Das *Vorgefundene* spielt auch in der museologischen Praxis eine Rolle, denn wenn Museumsdinge Duplikate oder Repliken sind, wird dies gekennzeichnet, und es entspinnen sich im Einzelfall durchaus heftige Diskussionen, wo die Grenze einer Restauration erreicht ist und wo diese in die Herstellung eines neuen Gegenstandes übergeht.[47] Vorgefundene Zeugnisse sind nicht nur Authentizitätsgaranten, sondern sie bilden zugleich den Bezugspunkt von mu-

47 | Vgl. zu dieser Thematik beispielswiese die Ausstellung mit dem Titel *Der Kampf um Troja. Die Münchener Ägineten mit den Ergänzungen Thorvaldsens* im Alten Museum Berlin (30.9.2015-6.5.2016), in der ein antikes Relief in ergänzter und authentisch

sealen Präsentationen. Diese Präsentationen beruhen immer auf bestimmten Fragestellungen: Wollen die Verantwortlichen eines Museums ein Zeugnis in seine Sammlung aufnehmen und es vor allem ausstellen, dann stellen sie Fragen an ein Zeugnis. In einem Museum wird kein einfaches Dingarsenal gezeigt, kein zufällig zusammengewürfeltes Sammelsurium, das ihm durch Los zugespielt wurde, sondern die Dinge werden sortiert und im Hinblick auf eine bestimmte Fragestellung (die aber, nur um es der Vollständigkeit halber zu erwähnen, auch die Wirkung eines zusammengewürfelten Sammelsuriums sein könnte) bewertet. Welche Fragestellung dies ist, hat mit der Konzeption des Museums zu tun, aber ebenfalls etwa mit dem Thema der jeweiligen Ausstellung. Eine mögliche Fragestellung an eine Sammlung kann sogar die nach der reinen Vollständigkeit sein, wie es Walter Benjamin beschrieben hat: »Es ist [...] das Entscheidende, daß der Gegenstand aus allen ursprünglichen Funktionen gelöst wird, um in die denkbar engste Beziehung zu seinesgleichen zu treten. Diese ist der diametrale Gegensatz zum Nutzen und steht unter der merkwürdigen Kategorie der Vollständigkeit.«[48] Eine andere Fragestellung des Sammlers kann nach Benjamin etwa die nach der Zueinandergehörigkeit sein; dabei geht es dann um die Frage der Verwandtschaft von Gegenständen oder ihrer Abfolge in der Zeit.[49] Derartige allgemeine Fragestellungen wären jedoch für ein Museum nicht ausreichend. So beschreibt Steven Conn den Niedergang des Philadelphia Commercial Museum[50], dessen ehemaliges Gebäude 2003 schließlich abgerissen wurde, nachdem es bereits viele Jahre zuvor seine konkrete Fragestellung verloren hatte. Conn nennt es den Wegfall seiner »intellectual foundation«.[51]

Entsprechend ihrer jeweiligen, ganz konkreten Fragestellung beurteilen die Verantwortlichen eines Museums, wie aussagekräftig und relevant die entsprechenden Zeugnisse für eine Antwort sind, und welche Antworten sie geben könnten. Das ist ein Prozess der Bewertung, eine Analyse der Bedeutung. Wenn diskutiert wird, wie im Hinblick auf Exponate Bedeutung geschaffen wird, geht es vielfach darum, wer Bedeutung erzeugt – Besucher oder Kurator.[52] Aber unabhängig davon stellt sich die Frage, ob die Bedeutung lediglich

fragmentarischer Form gegenübergestellt wurde: www.smb.museum/museen-und-einrichtungen/altes-museum/ausstellungen/detail/kampf-um-troja.html (27.6.2017).

48 | Walter Benjamin: *Das Passagen-Werk*, hg. von Rolf Tiedemann, Frankfurt a.M. 1983 (*Gesammelte Schriften*, Bd. 5), S. 271.

49 | Vgl. ebd., S. 279.

50 | Vgl. S. Conn: *Do Museums Still Need Objects?*, S. 172-196.

51 | Ebd., S. 185.

52 | Vgl. Anna Bergqvist: »Framing Effects in Museum Narratives: Objectivity in Interpretation Revisited«, in: Victoria S. Harrison/A. Bergqvist/Gary Kemp (Hg.): *Philosophy and Museums. Essays on the Philosophy of Museums*, Cambridge 2016 (Royal Institute

von außen an das Ding herangetragen wird, mit der Folge, dass letztlich jede Interpretation zutreffend wäre, oder ob ›das Ding‹ die möglichen Interpretationen begrenzt. Eine aus meiner Sicht überzeugende Antwort auf dieses Problem gibt Anna Bergqvist: Wahrnehmungen und Interpretationen eines Exponats sind zwar abhängig vom Standpunkt und bedingt durch die jeweiligen Erfahrungen und Vorstellungen, aber diese müssen sich immer daran messen lassen, wie überzeugend sie anhand der sonstigen Interpretationen des Objekts sind. Sie nennt dies ein komparatives Verfahren (»model of comparison«[53]) und das Museumsding ist in diesem Zusammenhang so etwas wie ein absolutes Ding[54]. Bergqvist hält es insofern für gerechtfertigt, hier von einem absoluten Objekt zu sprechen, als sich zwar die Wege zur Erkenntnis eines Dings durch variierende Perspektiven und Wahrnehmungen unterscheiden, es aber nichtsdestoweniger bessere und schlechtere Arten gibt, X zu begreifen. Für die Beurteilung, welche Art besser oder schlechter ist, gilt es, überzeugende Gründe anzuführen. Und insofern diese Gründe zu überzeugen vermögen, ist es legitim zu sagen, ›X ist objektiv‹. Dieser Ansatz ist meines Erachtens dadurch zu vervollständigen, dass das Museumsding deshalb in diesem Sinne absolut sein kann, weil es vom Museum nicht hergestellt wird, sondern (grundsätzlich) vorgefunden ist und die Gründe für seine Auswahl und Präsentation (grundsätzlich) offengelegt werden können.

Nelson Goodman und Bernhard Waldenfels haben eine ähnliche Auffassung von der Aufgabe eines Museums: Das Museum hilft dem Menschen durch das Sichtbarmachen von Ordnungen (Waldenfels) oder Weltenkonstitutionen (Goodman) zu verstehen, dass solche Konstruktionen gesetzt und insofern auch (grundsätzlich) veränderbar sind. Ein Labor des Sehens, eine »Passage« nennt Waldenfels das ideale Museum[55], eine Institution zur Vorbeugung und Heilung der Blindheit nennt es Goodman[56].

Der Vorschlag ist, hierbei nicht stehen zu bleiben. Im Museum werden nicht nur Welten konstruiert und ihre Veränderbarkeit gezeigt, es werden dort zugleich die Grenzen jeglicher Konstruktion anhand vorgefundener Dinge deutlich. Möglich ist dies, da es über diese Dinge immer auch ein praktisches und theoretisches Wissen gibt – ein ›Sich-in-der-Welt-auskennen‹. Diesen Be-

of Philosophy Supplement 79), S. 295-318, hier S. 301; vgl. auch Mark O'Neill: »Essentialism, adaption and justice: Towards a new epistemology of museums«, in: *Museum Management and Curatorship* 21 (2006), S. 95-116, hier S. 96-99.

53 | A. Bergqvist: »Framing Effects in Museum Narratives, S. 315.

54 | Vgl. ebd., S. 316.

55 | B. Waldenfels: »Der herausgeforderte Blick«, S. 233.

56 | Nelson Goodman: »Das Ende des Museums«, in: ders.: *Vom Denken und anderen Dingen* [*Of Mind and Other Matters*, 1984], übers. von Bernd Philippi, Frankfurt a.M. 1987, S. 248-265, hier S. 254.

griff hat Gertrude Elizabeth Margaret Anscombe geprägt: Er meint ein Wissen, das ›funktioniert‹, weil es in einem bestimmten Kontext erprobt und plausibel ist.[57] Ein solches Wissen über ein Exponat ebenso wie über die Zusammenhänge, in denen es entstanden ist oder auch bereits gezeigt wurde, kann andere Interpretationen des Exponats hervorrufen und die jeweilige museale Konstruktion daher plausibel machen oder eben auch nicht.

Wenn so etwa eine Ausstellung unter dem Titel *›Artige Kunst‹. Kunst und Politik im Nationalsozialismus*[58] ›schlechte‹ Nazikunst mit ›guter‹ moderner (im Nazi-Jargon: ›entarteter‹) Kunst konfrontiert, und es für nötig hält, diese Kategorisierungen jeweils durch Etiketten deutlich zu machen (unter den Nazi-Werken prangt jeweils ein in Fraktur geschriebenes Schild mit dem Vermerk: ›artig‹) – dann erscheint dies wie ein Versuch, die angenommene *agency* ideologisierter Werke durch Etikettierung im Zaum zu halten.[59] Tatsächlich wäre es allerdings das ›Sich-in-der-Welt-auskennen‹ im Hinblick auf diese Werke, das ein solches Verführungspotential unterlaufen und sie als bloßen Kitsch entlarven würde. Was die Werke dabei selbst wollen, mögen sie gerne für sich behalten.

Literatur

›Artige Kunst‹. Kunst und Politik im Nationalsozialismus [Website der Ausstellung, Kunstsammlungen der Ruhr-Universität Bochum, Situation Kunst (für Max Imdahl), 5.11.2016-9.4.2017], www.situation-kunst.de/artigekunst_51116.htm (27.6.2017).

Anscombe, Gertrude Elizabeth Margaret: *Absicht* [*Intention*, 1956], übers. von Joachim Schulte, Berlin 2011.

Benjamin, Walter: *Das Passagen-Werk*, hg. von Rolf Tiedemann, Frankfurt a.M. 1983 (*Gesammelte Schriften*, Bd. 5).

Bennett, Jane: *Vibrant Matter. A Political Ecology of Things*, Durham/London 2010.

57 | Vgl. Gertrude Elizabeth Margaret Anscombe: *Absicht* [*Intention*, 1956], übers. von Joachim Schulte, Berlin 2011, S. 135-137.

58 | Vgl. die Website zur Ausstellung *›Artige Kunst‹. Kunst und Politik im Nationalsozialismus*. Kunstsammlungen der Ruhr-Universität Bochum, Situation Kunst (für Max Imdahl), 5.11.2016-9.4.2017: www.situation-kunst.de/artigekunst_51116.htm (27.6.2017).

59 | Vgl. hierzu auch die Kritik von Hanno Rauterberg: »Dunkle Idyllen. Was tun mit der ungeliebten NS-Kunst? In Bochum wird sie jetzt gezeigt – unter großen Sicherheitsvorkehrungen«, in: *Zeit online*, 24./27.11.2016, www.zeit.de/2016/47/ns-kunst-bochum-ausstellung (27.6.2017).

Bergqvist, Anna: »Framing Effects in Museum Narratives: Objectivity in Interpretation Revisited«, in: Victoria S. Harrison/A. Bergqvist/Gary Kemp (Hg.): *Philosophy and Museums. Essays on the Philosophy of Museums*, Cambridge 2016 (Royal Institute of Philosophy Supplement 79), S. 295-318.

Brown, Peter: *Die Heiligenverehrung* [*The Cult of the Saints*, 1981], übers. von Johannes Bernard, Leipzig 1991.

Conn, Steven: *Do Museums Still Need Objects?*, Philadelphia 2010.

Danto, Arthur C.: »Das Museum der Museen«, in: ders.: *Kunst nach dem Ende der Kunst* [*After the End of Art. Contemporary Art and the Pale of History*, 1997], übers. von Christiane Spelsberg, München 1996, S. 234-254.

Flügel, Katharina: *Einführung in die Museologie*, Darmstadt [2]2009 ([1]2005).

Folkers, Andreas: »Was ist neu am neuen Materialismus? Von der Praxis zum Ereignis«, in: Tobias Goll/Daniel Keill/Thomas Telios (Hg.): *Critical Matter. Diskussionen eines neuen Materialismus*, Münster 2013, S. 17-34.

Gfrereis, Heike/Thiemeyer, Thomas/Tschofen Bernhard (Hg.): *Museen verstehen. Begriffe der Theorie und Praxis*, Göttingen 2015.

Gfrereis, Heike: »Archiv«, in: dies./T. Thiemeyer/B. Tschofen (Hg.): *Museen verstehen*, S. 13-32.

Goodman, Nelson: »Das Ende des Museums«, in: ders.: *Vom Denken und anderen Dingen* [*Of Mind and Other Matters*, 1984], übers. von Bernd Philippi, Frankfurt a.M. 1987, S. 248-265.

Hénaff, Marcel: *Der Preis der Wahrheit. Gabe, Geld und Philosophie* [*The Price of Truth*, 2010], übers. von Eva Moldenhauer, Frankfurt a.M. 2009.

Hillebrand, Karl: *Zwölf Briefe eines ästhetischen Ketzer's*, Berlin [2]1874 ([1]1873).

Hofmann, Kerstin P./Meier, Thomas/Mölders, Doreen et al. (Hg.): *Massendinghaltung in der Archäologie. Der material turn und die Ur- und Frühgeschichte*, Leiden 2016.

Ivleva, Tatiana: »A Totality of a Thing with Objects. Multifaceted British-made Brooches Abroad«, in: K.P. Hofmann/T. Meier/D. Mölders et al. (Hg.): *Massendinghaltung in der Archäologie*, S. 365-386.

Kampf um Troja. Die Münchener Ägineten mit den Ergänzungen Thorvaldsens [Website der Ausstellung, Altes Museum Berlin, 30.9.2015-6.5.2016], www.smb.museum/museen-und-einrichtungen/altes-museum/ausstellungen/detail/kampf-um-troja.html (27.6.2017).

Keßeler, Arnica: »Affordanz, oder was Dinge können!«, in: K.P. Hofmann/T. Meier/D. Mölders et al. (Hg.): *Massendinghaltung in der Archäologie*, S. 343-364.

Korff, Gottfried: »Dimensionen der Dingbetrachtung. Versuch einer museumskundlichen Sichtung«, in: Andreas Hartmann/Peter Höher/Christiane Cantauw (Hg.): *Die Macht der Dinge. Symbolische Kommunikation und kulturelles Handeln*, Münster/New York/München u.a. 2011, S. 11-26.

Lübbe, Hermann: »Der Fortschritt und das Museum«, in: ders.: *Die Aufdringlichkeit der Geschichte. Herausforderungen der Moderne vom Historismus bis zum Nationalsozialismus*, Graz/Wien/Köln 1989, S. 13-29.

Marx, Karl/Engels, Friedrich: *Das Kapital*, Bd. 1, Berlin 1968 (*Werke*, Bd. 23).

Meier, Thomas: »Dingeleien. (Zu) kurze Anmerkung zu phänomenologischen Ding-Theorien«, in: K.P. Hofmann/T. Meier/D. Mölders et al. (Hg.): *Massendinghaltung in der Archäologie*, S. 241-282.

Mitchell, William J.T.: *What do Pictures Want?*, Chicago/London 2005.

— : »What Do Pictures ›Really‹ Want?«, in: *October* 77 (1996), S. 71-82.

O'Neill, Mark: »Essentialism, adaption and justice: Towards a new epistemology of museums«, in: *Museum Management and Curatorship* 21 (2006), S. 95-116, hier S. 96-99.

Pomian, Krysztof: *Der Ursprung des Museums. Vom Sammeln* [*Collectionneurs, amateurs et curieux. Paris-Venise, XVI.-XVIII. siècle*, 1987], übers. von Gustav Roßler, Berlin [4]2013 ([1]1988).

Rauterberg, Hanno: »Dunkle Idyllen. Was tun mit der ungeliebten NS-Kunst? In Bochum wird sie jetzt gezeigt – unter großen Sicherheitsvorkehrungen«, in: *Zeit online*, 24./27.11.2016, www.zeit.de/2016/47/ns-kunst-bochum-ausstellung (27.6.2017).

Rheinberger, Hans-Jörg: »Über den Eigensinn epistemischer Dinge«, in: Hans Peter Hahn (Hg.): *Vom Eigensinn der Dinge. Für eine neue Perspektive auf die Welt des Materiellen*, Berlin 2015, S. 147-162.

Schlegel, Friedrich von: »Gemäldebeschreibungen aus Paris und den Niederlanden in den Jahren 1802-1804. Ansichten und Ideen der christlichen Kunst«, in: ders.: *Sämmtliche Werke*, 6. Buch, Wien 1846, S. 9-170.

Schreiber, Stefan: »Die Figur der Cyborg in der Vergangenheit. Posthumanismus oder eine neue sozial(er)e Archäologie?«, in: K.P. Hofmann/T. Meier/D. Mölders et al. (Hg.): *Massendinghaltung in der Archäologie*, S. 309-330.

Sokal, Alan/Bricmont, Jean: *Eleganter Unsinn. Wie die Denker der Postmoderne die Wissenschaften mißbrauchen* [*Fashionable Nonsense*, 1998], übers. von Johannes Schwab, München 1999.

Stockhammer, Philipp W.: »Mensch-Ding-Verflechtungen aus ur- und frühgeschichtlicher Perspektive«, in: K.P. Hofmann/T. Meier/D. Mölders et al. (Hg.): *Massendinghaltung in der Archäologie*, S. 331-342.

te Heesen, Anke: »Exponat«, in: H. Gfrereis/T. Thiemeyer/B. Tschofen (Hg.): *Museen verstehen. Begriffe der Theorie und Praxis*, S. 33-44.

Thiemeyer, Thomas: »Die Sprache der Dinge. Museumsobjekte zwischen Zeichen und Erscheinung«, www.museenfuergeschichte.de/downloads/news/Thomas_Thiemeyer-Die_Sprache_der_Dinge.pdf (27.6.2017).

Waldenfels, Bernhard: »Der herausgeforderte Blick. Zur Orts- und Zeitbestimmung des Museums«, in: ders.: *Der Stachel des Fremden*, Frankfurt a.M. [3]1998 ([1]1990), S. 225-242.

Ward-Perkins, Bryan: *Der Untergang des Römischen Reiches und das Ende der Zivilisation* [*The Fall of Rome and the End of Civilization*, 2005], übers. von Nina Valenzuela Montenegro, Stuttgart 2007.

Die Rolle des Museums in der Ontologie des Kunstwerks

Constanze Peres

Das Problem

Welche Rolle spielt das Museum für die Ontologie des Kunstwerks? Oder zugespitzt gefragt: Hat das Museum eine konstitutive Funktion für den ontologischen Status des Kunstwerks und wenn ja, welche? Diese Fragen pointieren einen zentralen Aspekt im Kontext einer Philosophie des Museums, werfen aber sogleich weitere Fragen auf, die sich aus der Zusammenstellung der zwei Hauptbegriffe ergeben:

Handelt es sich bei dem ›Kunstwerk‹ und seiner ›Ontologie‹ in der Relation zum ›Museum‹ ausschließlich um Werke der bildenden Kunst? Oder anders gefragt: Muss der Begriff des Museums nicht auf den des Kunstmuseums eingeschränkt werden? Ja und nein. Ja, denn *einerseits* sollen diese Überlegungen tatsächlich exemplarisch an Werken der sogenannten bildenden Kunst angestellt werden und beschränken daher auch den Begriff des Museums beispielhaft auf den des Kunstmuseums. Nein, denn *andererseits* lassen sich in der gegenwärtigen Diskussion die begrifflichen Grenzlinien der Termini ›bildende Kunst‹ wie auch ›Kunstmuseum‹ nicht so scharf ziehen, dass nicht immer Fälle gefunden werden könnten, welche diese Grenzziehungen auflösten oder überschritten. Außerdem sind die vorliegenden Überlegungen im weiteren Theorierahmen meiner ontosemantischen Ästhetik situiert und hierin in einer ontosemantischen Kunstphilosophie, von der im Sinne des *work in progress* bereits in mehreren Veröffentlichungen Teilergebnisse publiziert worden sind. D.h., an der Frage nach der Funktion des Kunstmuseums für den ontologischen Status des Kunstwerks wird tentativ eine umfassendere Theorie exemplifiziert und weiterentwickelt.

Das wiederum bedeutet, dass eine Reihe der erzielten allgemeinen Denkergebnisse nicht nur auf die Rolle von Kunstmuseen für Werke der bildenden Kunst zutreffen. Vielmehr sind sie überhaupt auf die Rolle von Institutionen beim Kunstwerk-Sein und Werden von Gegenständen, Prozessen und Ereignissen anwendbar. Ebenso könnten nämlich in diesem Zusammenhang die Funktion von Galerien und Ausstellungshallen für die Bestimmung von Werken der bildenden Kunst, die Funktion von Opernhäusern und Theatern für (musik-) theatrale Prozesse oder die Funktion von Konzerthäusern, Jazzclubs und Tonhallen für musikalische Ereignisse analysiert werden. Umgekehrt wäre zu fragen, welche Rolle z.B. *technische, historische* und *naturkundliche Museen* für nichtkünstlerische Exponate spielen, aber genauso, welche Bedeutung sie für die Werke der bildenden Künste und eventuell andere Künste gewinnen. Wenn beispielsweise Marina Abramović ihre Performance *The Artist is Present*, von der später noch ausführlicher die Rede sein wird, in einem *Naturkundemuseum* präsentierte, könnte dieser künstlerische Prozess allein durch seine Situierung im Kontext naturkundlicher Exponate in die Nähe eines Naturgeschehens gerückt werden. Das ›typisch Menschliche‹ ihres – und vielleicht überhaupt des künstlerischen Handelns – würde aus dieser Perspektive möglicherweise als archetypisches tierisches Verhalten aufgedeckt und durch spezielle interagierende Faktoren wie die Verortung der Performance zwischen Dinosaurierskeletten als evolutionsgeschichtliche Konstante interpretiert werden.[1] Wenn hier also der Gegenstandsfokus auf das Kunstmuseum und seine Exponate gelegt wird, dann materialiter, um dem Gegenstand und Titel der Tagung ausschnitthaft gerecht zu werden, und formaliter, um in dem beschränkten Rahmen eines Aufsatzes wenigstens annähernd Grundzüge dieses komplexen Sujets aufzeigen zu können. Dabei wird um des interdisziplinären Rahmens dieses Sammelbandes willen häufig auf Beispiele aus der bildenden Kunst zurückgegriffen, aber, wie zu betonen ist, in rein exemplifizierender Absicht und ohne den Anspruch auf kunsthistorische Richtigkeit (denn ebenso gut hätte ich Beispiele erfinden können).

Wenn der Theorierahmen dieses Textes oben als ›ontosemantisch‹ gekennzeichnet wurde, so präzisiert sich die Ausgangsfrage noch näher. Es geht um den *ontologischen* Status des Kunstwerks *als semantische Entität* im Verhältnis zum Museum. ›Rolle des Museums‹ impliziert dann die Frage, ob das Museum ein *intrinsischer* oder *extrinsischer* Faktor im Rahmen der ontosemantischen Struktur des Kunstwerks ist. Oder anders ausgedrückt: Ist das Museum Konstituens des Kunstwerks und seines semantischen Seins oder bildet das Museum lediglich den äußeren Wirkungsrahmen des Kunstwerks?

1 | Das ist wohlbemerkt nie geschehen. Die hier zur Debatte stehende Performance fand 2010 im Museum of Modern Art, New York, statt.

Ich nähere mich dem Problem in fünf Schritten:

1. Operative Klärung des Begriffs des Museums
2. Ästhetische Dimension des Menschen und operative Definition des Kunstwerks als funktionaler Begriff
3. Die ontologische Struktur des Kunstwerks und die Rolle des Museums
4. Die ontosemantische Struktur des Kunstwerks und die Rolle des Museums
5. Das Museum als extrinsisch-circumstantiver und intrinsisch-konstitutiver Faktor in der ontosemantischen Struktur des Kunstwerks

1. Operative Klärung des Begriffs des Museums

1.1 Schwerpunkt Kunstmuseum und bildende Kunst

Wenn hier vom Museum die Rede ist, dann geht es primär um das Kunstmuseum. Deshalb wird im Folgenden meist nicht ausdrücklich von ›Kunstmuseum‹, sondern nur von ›Museum‹ gesprochen und an passender Stelle auf die Übertragungsmöglichkeit auf andere Museumstypen verwiesen. Überdies interessieren hier Museen nicht als Institutionen, obwohl ein großer Teil der Museumstätigkeit zweifellos durch institutionelle Aufgaben gebunden ist wie z.B. politische (Selbst-)Positionierung, Einwerbung von Drittmitteln und Pflege von Förderern, bauliche und klimatechnische Bedingungen, betriebswirtschaftliche Organisation oder die Selbstdarstellung in den Medien. All diese Aufgaben sind bedeutungsvoll und notwendig für Erhalt, Sicherung und Präsentation von Werken, haben aber nur sekundär mit dem ontologischen Status des Kunstwerks zu tun.

Hier soll ausschließlich die im engeren Sinne museale Arbeit *für* (Kunst-)Werke in den Blick genommen werden, sofern sie sich in der unmittelbaren Arbeit *an* und *mit* (Kunst-)Werken konkretisiert. Wenn hier im Ausdruck ›(Kunst-)Werk‹ Klammern um ›Kunst‹ gesetzt werden, dann erklärt sich das aus der zugrunde gelegten Ontologie des Kunstwerks und wird deshalb weiter unten näher zu erläutern sein. So viel sei jedoch bereits gesagt: Der Klammerausdruck soll indizieren, dass nicht jedes in Kunstmuseen gezeigte oder auch als künstlerisch intendierte Werk automatisch ein Kunstwerk *ist*. Die Festlegung, dass museale Arbeit primär darin besteht, *für* die ihr anvertrauten Werke tätig zu sein, erwächst der Überzeugung, dass Institutionen der Sache, mit der sie betraut sind, zu dienen haben und nicht umgekehrt. D.h. im vorliegenden Fall: Die konkrete Arbeit des Museums *an* und *mit* Kunstwerken steht in deren Dienst und nicht diese z.B. im Dienste der Selbstprofilierung eines Museums. Worin besteht aber nun die konkrete Arbeit des Museums *an* und *mit* Werken?

1.2 Definition(en) des Museums

Der International Council of Museums (ICOM) definiert in seinen im Juni 2016 verabschiedeten Statuten, Artikel 3, *Definition of Terms*, Sektion 1, das Museum, wie folgt:

Museum $_{DEF}$:
»A museum is a non-profit, permanent institution in the service of society and its development, open to the public, which acquires, conserves, researches, communicates and exhibits the tangible and intangible heritage of humanity and its environment for the purposes of education, study and enjoyment.«[2]

Die Definition geht nicht wesentlich über die 2010 vom Deutschen Museumsbund veröffentlichte und als »in Deutschland weitgehend als verbindlich anerkannt[e]« Vorgängerdefinition des ICOM hinaus. Danach ist das Museum, wie es in der deutschen Übersetzung heißt,

»eine gemeinnützige, auf Dauer angelegte, der Öffentlichkeit zugängliche Einrichtung im Dienste der Gesellschaft und ihrer Entwicklung, die zum Zwecke des Studiums, der Bildung und des Erlebens materielle und immaterielle Zeugnisse von Menschen und ihrer Umwelt beschafft, bewahrt, erforscht, bekannt macht und ausstellt.«[3]

Bei beiden, weitgehend deckungsgleichen, ICOM-Definitionen handelt es sich um keine essentielle, sondern eine funktionale Definition des Museums, was der Auffassung des vorliegenden Beitrags entgegenkommt. Allerdings ist der in letzter Zeit erhobenen Kritik zuzustimmen, die auf das englische »permanent institution« und das deutsche »ständige [dauerhafte] [...] Einrichtung« abzielt. Mit der plausiblen Begründung, dass die Dauerhaftigkeit sowohl der Institution als auch der Exponate nur *ex post* bewiesen werden kann, wird stattdessen von Markus Walz ›auf Dauer angelegt‹ vorgeschlagen.

Schwieriger scheint mir die deutsche Formulierung »materielle« Zeugnisse zu sein, die dem französischen Wortlaut ›le patrimoine matériel et immatériel‹ entspricht. Es bleibt nämlich unklar, was unter ›materiell‹ (einem

---

2 | http://icom.museum/fileadmin/user_upload/pdf/Statuts/2016_Statutes_ENG.pdf (7.7.2017), S. 2. Auf diese neue Fassung der ICOM-Definition des Museums wies mich im Nachgang zur Tagung Markus Walz hin.

3 | www.museumsbund.de/museumsdefinition/(7.7.2017). Deshalb ist der Unterschied zu meiner Vortragsfassung, die sich auf diese Definition von 2007 stützte, geringfügig; vgl. www.museumsbund.de/de/das_museum/geschichte_definition/definition_museum (31.10.2016).

der vagsten ontologischen Begriffe überhaupt) zu verstehen ist.[4] In Bezug auf diese Definiensstelle wäre zu überlegen, statt ›materiell‹ in künftige Definitionen ›tangible‹, wörtlich ›berührbar‹, im Sinne von ›sinnlich‹ oder ›empirisch zugänglich‹ sowie seine Negation ›intangible‹ im Sinne von ›nicht empirisch zugänglich‹ der englischen ICOM-Definition aufzunehmen, um sicherzustellen, dass die Extension der Definition weit genug ist, auch ausdrücklich ideelle künstlerische Gegenstände in die Aufgaben musealer Arbeit einzubeziehen.[5] Entscheidend für die philosophischen Überlegungen ist, dass die das Museum definierenden Funktionen in der ICOM-Definition den Verständnisrahmen vorgeben, der für die vorliegende Frage nach der Rolle des (Kunst-)Museums für den ontosemantischen Status des Kunstwerks relevant ist.

1.3 Fünf museale Hauptaufgaben

Im Horizont der allgemeinen ethischen Verpflichtung des Museums gegenüber der menschlichen Gesellschaft führt die Definition fünf charakteristische Arbeitsaufgaben an, die in etwas veränderter Reihenfolge skizziert werden sollen.

1.3.1 Beschaffen (›to acquire‹)

Darunter soll hier dreierlei gerechnet werden: Erstens der Erwerb im Sinne des Ankaufs, zweitens das Einwerben von Schenkungen von Werken oder Werksammlungen, drittens – und im weiteren Sinne verstanden – die Entdeckung bis *dato* in ihrer Bedeutung nicht erkannter Werke in der eigenen Sammlung oder in fremdem Besitz. Letzteres überschneidet sich partiell mit der zweiten Subaufgabe.

1.3.2 Bewahren (›to conserve‹)

Damit ist sowohl die kompetente Unterbringung unter klimatisch zureichenden Bedingungen als auch das Befolgen der konservatorischen Grunderfordernisse und regeln (z.B. im Leihverkehr) angesprochen wie selbstverständlich

4 | Vgl. zur Übersetzung der französischen Definition sowie zur Kritik und Ersetzung des »dauerhaft« durch »auf Dauer angelegt«: Markus Walz (Hg.): *Handbuch Museum – Geschichte, Aufgaben, Perspektiven*, Stuttgart 2016, S. 9ff.

5 | Vgl. zu diesem Themenkomplex Hildegard Vieregg: *Geschichte des Museums. Eine Einführung*, München 2008, I.3; Anke te Heesen: *Theorien des Museums zur Einführung*, Hamburg 2012, S. 144, 189; Bernhard Graf/Rodekamp Volker: *Museen zwischen Qualität und Relevanz. Denkschrift zur Lage der Museen*, Berlin 2012 (Berliner Schriften zur Museumsforschung 30), S. 73-182, hier S. 73-76; M. Walz (Hg.): *Handbuch Museum*, S. 9-13.

auch die aktive präventive, konservatorische und restauratorische Betreuung von Einzelwerken und Sammlungen.

1.3.3 Bekannt machen (›to communicate‹)

Das Bekanntmachen steht im engsten Zusammenhang mit der vierten Aufgabe, der Präsentation, und bezieht sich sowohl auf die bewahrten Werke als auch auf die Institution selbst. Vereinfacht gesagt, werden die ›ausgestellten‹ Werke *erstens* im Sinne der musealen Öffentlichkeits- und Veröffentlichungsverpflichtung und mittels der Kommunikationsabteilungen durch klassische Medien (Presse, Rundfunk, Fernsehen), *social media* u.a. bekannt gemacht. *Zweitens* kommen die Museen ihrem Bildungsauftrag nach, indem sie mit entsprechend zugeschnittenen Vermittlungsprogrammen unterschiedliche soziale Gruppierungen (z.B. Familien, Schulklassen, Senioren, Kunstvereine, Menschen mit Mobilitätseinschränkungen, Kinder verschiedener Altersgruppen) an die ihnen überantworteten Werke heranführen, d.h. prinzipiell alle gesellschaftlichen Subsysteme einbeziehen und teilhaben lassen. Hierfür stehen die Stichworte ›Inklusion‹ und ›Partizipation‹.

1.3.4 Ausstellen (›to exhibit‹)

Im Rahmen von Ausstellungen präsentieren die Museen *einerseits* Kunstwerke, *andererseits* damit zugleich ihre museale Arbeit. Ein zentraler Unterschied zwischen Museen und Ausstellungshallen besteht darin, dass Museen in der Regel auf ihre eigenen Bestände zurückgreifen können, die je nach Ausstellungsziel mit Leihgaben anderer musealer Einrichtungen oder Sammlungen ergänzt werden können. Die Ausstellungstypen variieren mit den Intentionen der musealen Ausstellungsmacher und unterliegen unterschiedlichen Parametern. Ob Kabinett- oder Blockbusterausstellungen, ob systematisch-thematische (z.B. ›Klang und Farbe und die Synästhesie in der klassischen Moderne‹) oder historisch-chronologische Vorgaben (z.B. ›Die Entwicklung des Chiaroscuro in der römischen Malerei‹), ob monographische (z.B. ›Sigmar Polkes Witz‹) oder historische Querschnittsausstellungen (z.B. ›Das Siglo d'Oro‹), ob gattungsbezogene (z.B. ›Die französische Skulptur des Barock‹) oder qualitätsbezogene Ausstellungen der eigenen Bestände (z.B. ›Meisterwerke von Dürer bis Baselitz‹) oder z.B. einer Epoche (›Das venezianische Settecento‹), um nur einige Ausstellungsziele zu nennen: sie werden ebenso von dem Ideenreichtum und der kunsthistorischen Kompetenz der Museumsmitarbeiter bestimmt wie die Binnenstrukturierung der betreffenden Ausstellungen. Diese Konzeptionen setzen die Kunstwissenschaftler und -wissenschaftlerinnen mithilfe vieler Kollegen aus Technik, Verwaltung, Öffentlichkeitsarbeit, Vermittlung etc. in die Ausstellungswirklichkeit um, indem sie Werke auswählen, anordnen, nach ungewöhnlichen Gesichtspunkten neu kombinieren, hängen oder stellen. Sie führen auf diese Weise die betreffenden Werke als bedeutsam und, je nach Gestaltung der Ausstellung, als in bestimmter Weise bedeutsam vor und präsentieren zugleich ihre Museums- und Ausstellungskonzeption. So werden z.B. die museale Sammlungsstrategie, Konservierungs- und Restaurierungstätigkeit wie auch die Pflege des Mäzenatentums in Ausstellungen vor Augen geführt, wie z.B. in einer Ausstellung mit dem Titel ›Die Teppiche des Bauhaus-Archivs vor und nach der Restaurierung durch die Abegg-Stiftung‹. So eröffnen die beliebten Gegenüberstellungen oder ›Dialoge‹, beispielsweise zwischen Landschaftsgemälden von Claude Lorrain und William Turner, neue Sichtweisen auf das übergreifende Thema einer ›Malerei des Lichts‹. Kurz, Ausstellungen wirken sichtlenkend und tragen insofern im engsten Sinne zur *Kunstvermittlung* bei.

1.3.5 Erforschen im weiteren Sinne (›to research‹)[6]

1.3.5.1 Der zentrale Charakter des Erforschens

Bisher wurde bereits deutlich, dass und wie die ersten vier musealen Hauptaufgaben ineinandergreifen. Die fünfte Hauptaufgabe, die Forschung, verbindet, fundiert und konstituiert alle anderen Aufgaben.[7] In der ICOM-Definition steht das Erforschen als dritte in der Mitte der fünf Kernaufgaben und ist damit buchstäblich zentral. In Veränderung dieser Reihenfolge soll dem semantisch zentralen Charakter dieses Punktes Rechnung getragen werden, indem das Forschen als fünfte Kernaufgabe angeführt wird, sofern in ihr alle Fäden zusammenlaufen.

Ohne hier auf die Methodik und Methodologie der betreffenden Wissenschaften eingehen zu können, kann festgehalten werden, dass die Forschung sowohl für die ersten beiden, primär der ethischen Verantwortung verpflichteten Hauptaufgaben, als auch für die dritte Aufgabe der öffentlichen Wirksamkeit und die vierte Aufgabe des Präsentierens *konstitutiv* ist. Denn das auf

---

6 | Vgl. auch Anke te Heesen/Margarete Vöhringer (Hg.): *Wissenschaft im Museum – Ausstellung im Labor*, Berlin 2014.

7 | Statt ›Hauptaufgaben‹ oder ›zentrale Aufgaben‹ verwendet der Deutsche Museumsbund den Ausdruck der fünf »Kernaufgaben«; vgl. Deutscher Museumsbund e.V. (Hg.): *Bulletin* 1 (2017): *100 Jahre Deutscher Museumsbund: Digital. ökonomisch. relevant. Museen verändern sich!« Jahrestagung im Rahmen des Jubiläums*, www.museumsbund.de/wp-content/uploads/2017/04/bulletin-2017-1-online.pdf (7.7.2017), S. 2. Die dort gestellte Frage, inwieweit man den zweifelsfrei als »Kernaufgaben« bezeichneten musealen Obliegenheiten nicht ergänzen und entsprechend »den erweiterten Aufgaben nicht auch in der Definition Rechnung tragen« müsse, hängt vom festgelegten Begriffsumfang der Begriffe »Sammeln [hier: Erwerben], Bewahren, [Er-]Forschen, Ausstellen und Vermitteln [hier: bekannt machen]« ab, die nach der hier relativ weit gefassten begrifflichen Extension auch »erweiterte[...] Aufgaben« umschließen können.

das jeweilige Museum zugeschnittene Ein- und Erwerben neuer Werke (1.3.1) setzt ebenso forschungsbasierte Kompetenz voraus wie das sachgerechte Aufbewahren, Lagern und die betreffenden Konservierungs- und Restaurierungsentscheidungen (1.3.2). Und hätte das Bekanntmachen, d.h. die je spezifische persönliche und mediale Vermittlung (1.3.3), nicht ihre wissenschaftliche Grundlage, so unterschiede sie sich nicht von Werbeveranstaltungen, der Radio- und Fernsehwerbung oder von digitalen Werbeeinblendungen. Diese definieren sich dadurch, dass sie ihre ›Ware‹ um ökonomischer Interessen willen ›verkaufen‹ wollen, was wiederum im Widerspruch zum Definiens »non-profit [...] institution in the service of society« des Museums stünde. Unmittelbar evident wird die Notwendigkeit von Forschungsgrundlagen angesichts der oben skizzierten Subaufgaben der Ausstellungstätigkeit und der dort angeführten Beispiele (1.3.4, s.o.). In Bezug auf alle vier Aufgaben aber gilt, dass ein Grundbestand an für sie konstitutiven Subaufgaben und -tätigkeiten in der Forschung im weiteren Sinne begründet sein muss. Er besteht zumindest in kognitiven Basistätigkeiten wie

- Erkennen und Identifizieren als Kunstwerk (z.B. eines Objet trouvé) und als spezifisches Kunstwerk der bildenden Kunst (z.B. einer Performance)
- Ordnen zu Gruppen (z.B. aufgrund stilistischer Merkmale)
- Klassifizieren, d.h. beispielsweise die Zuweisung eines Werkes zu einer bestimmten Gattung einer bestimmten Epoche anhand seiner künstlerischen Technik (z.B. Acrylmalerei) zu einer künstlerischen Strömung und geographischen Region (z.B. den ›Fauves‹), oder die Identifikation eines bestimmten Künstlers innerhalb einer Schule oder Werkstatt (z.B. Problem der ›Händescheidung‹) etc.
- Speichern (digital) und Dokumentieren, was einerseits die dokumentarische Sicherung von zeitbasierten Kunstwerken betrifft und hier wiederum sowohl eigenständige Filmwerke als auch Residuen von einmaligen Kunstereignissen (z.B. von Aktionen, Performances); andererseits besteht das Speichern in der Digitalisierung und digitalen Bereitstellung des herkömmlichen analogen Zettelkastens einschließlich der fotographischen Dokumentation sowie der Erarbeitung stilkritischer, ikonographischer und ikonologischer Such-Parameter, die bei allen aufgenommenen ›Titeln‹, d.h. bei jedem Werk, eigens zu fixieren sind.
- Interpretieren auf der Basis ikonographischen und ikonologischen Wissens.

1.3.5.2 Kennerschaft und Forschen im engeren Sinne

Für die Anwendung auf die museale Arbeit schlage ich eine Erweiterung des Begriffs der Forschung vor. Sie ist an der wörtlichen Übersetzung des englischen ›research‹ und dem entsprechenden Konnotationsfeld orientiert, das

Begriffselemente wie Suchen, Untersuchen, Recherchieren, Forschen und Nachforschen impliziert und damit einen Ort für eine Fertigkeit bereitstellt, für die in Bezug auf den professionellen Umgang mit künstlerische Exponaten an dieser Stelle entschieden votiert wird: die *Kennerschaft*. Sie kann als eine zielsichere und maximal zutreffende intuitive Gewissheit der sachlich-deskriptiven Zuordnung und valuativen Einstufung künstlerischer Werke bezeichnet werden, ohne dass dieser ästhetisch-sinnliche Erkenntnisakt bis ins Detail analysiert und begründet werden könnte oder (zumindest im Vollzug) müsste. Eine der frühesten Beschreibungen dieser gerade im Bereich der Kunst zu findenden Zugangsweise findet sich bei Gottfried Wilhelm Leibniz, der ihr in seiner frühen Schrift *Meditationes de cognitione, veritate et ideis* in Bezug auf hervorbringende ästhetische Subjekte (›die Künstler‹) erstmals einen kognitiven Status zuerteilt. Dieser ist allerdings nach Leibniz noch unvollständig, sofern und solange er keine *Begründung* für die sichere und gewisse Einschätzung angeben kann. Er nennt sie deshalb das ›Nescio-quid‹ oder ›Je-ne-sais-quoi‹ oder ›Ich-weiß-nicht-was‹ der ästhetischen Gewissheit, oder der ›sinnlichen Erkenntnis‹, wie man mit seinem Nachfolger Alexander Gottlieb Baumgarten sagen kann.[8] Auf *rezipierende ästhetische Subjekte* und konkret museal forschende Personen angewandt, könnte man auch umgangssprachlich fordern, dass sie ›eine Nase für die Kunst‹ haben müssen.

Kennerschaft ist nicht nur als ein Vermögen im Sinne einer Disposition oder *Fähigkeit* zu verstehen, obwohl eine spezifische Begabung sicher ein Konstituens der Kennerschaft ist. Vielmehr ist sie als *Fertigkeit* zu verstehen, denn ihr selbst wohnt bereits eine durch Übung erworbene *immanente Absicherung* durch Seherfahrung inne. Sie kann mit zunehmender Seherfahrung auf einen empirisch erlangten, sozusagen impliziten Wissensspeicher an Bildern und Bildelementen, an visuellen Strukturen und Proportionen, an Formen, Gestalten und Gestaltungsdetails zurückgreifen, die mehr oder weniger gezielt abgerufen und zum Sehvergleich herangezogen werden.[9] Die Kehrseite dieser Fertigkeit soll hier aber auch nicht geleugnet werden. Sie besteht in der Gefahr der Hybris einer Kennerschaft, die sozusagen bei sich bleibt. Wenn sich Kennerschaft ohne jegliche Überprüfung, etwa durch naturwissenschaftlich fundierte Materialuntersuchungen, auf die eigene ›Nase‹ verlässt, d.h. in eigener

8 | Gottfried Wilhelm Leibniz: »Meditationes de cognitione, veritate et ideis« [1684], in: *Die philosophischen Schriften von G.W. Leibniz*, hg. von C.I. Gerhard, 7 Bde., Berlin 1875-1890, Reprint Hildesheim 1978, Bd. 4, S. 422-426, hier S. 422f., Alexander Gottlieb Baumgarten: *Ästhetik/Aesthetica* [1750/58], hg. von Constanze Peres, lat.-dt. von C. Peres/P. Witzmann, München 2018, § 1.

9 | Bereits Baumgarten macht in seiner *Aesthetica* diese Unterscheidung zwischen Vermögen und Fertigkeit in seiner klugen Analyse des ästhetischen Subjektes und der sinnlichen Erkenntnis, vgl. ebd., Abschn. II und III.

Selbstüberschätzung wie auch ihrer Überschätzung seitens anderer, die einer solchen Autorität willig folgen, kann das in eklatante Fehlurteile münden.[10]

Das Plädoyer für Kennerschaft wäre deshalb unverständlich und im Anschluss an Leibniz auch unvollständig, wenn ihm nicht innerhalb des im weiteren Sinne verstandenen Forschens die Forderung nach kritischer Überprüfung, Absicherung und maximaler wissenschaftlicher Objektivierung der durch Kennerschaft generierten intuitiven Erkenntnisse an die Seite gestellt würde, d.h. *wissenschaftliche Forschung im engeren Sinne* . Diese wiederum erstreckt sich in der musealen Arbeit einerseits auf die Kunstgeschichte bzw. Kunstwissenschaft wie auch auf angrenzende Geisteswissenschaften, deren Forschungsgegenstände Kunstwerke *als ästhetische, historische* und *semantisch relevante Objekte* sind. Andererseits zählen dazu diejenigen Teilbereiche aller Naturwissenschaften (z.B. Chemie, Physik, Radiologie, Biochemie etc.) die Aufschlüsse über Kunstwerke *als physische* und *physikalische Objekte* geben können. Begründete, ggf. neu entwickelte oder verfeinerte Methodologien, und in der Folge methodisch erlangtes Faktenwissen, sichern den kennerschaftlich-intuitiven Zugang nicht nur ab oder überprüfen ihn nachträglich. Vielmehr eröffnen sie auf der Basis nachweisbaren Wissens neue und dadurch bereichernde Sichtweisen, innerhalb deren sich die kennerschaftliche Herangehensweise, mehr oder weniger explizit geprägt, unter gewechselten Perspektiven ihren Objekten annähert und neue Wege einschlägt. Umgekehrt können deren graduell seherfahrungsgesättigten intuitiven Einschätzungen zu Ausgangshypothesen neuer theoretischer Beweisgänge werden. Kurz, ich folge der Auffassung, die das heuristische und hermeneutische Zusammenwirken von Kennerschaft und wissenschaftlicher Forschung als charakteristisches, zentrales und eminentes Merkmal der musealen Kernarbeit an und mit ihren Objekten versteht, das in den vier Subbereichen des Beschaffens und Bewahrens, des Bekanntmachens und Ausstellens zum Tragen kommt und so deren stete dynamische Entwicklung fundiert und gewährleistet. Eine zusammenfassende Graphik am Ende dieses Beitrags wird die fünf Hauptaufgaben des Museums in Bezug auf deren extrinsisch-circumstantive und intrinsisch-konstitutive Funktion für die semantische Ontologie des Kunstwerks im Überblick darstellen.

---

10 | Man denke an die gutachterlichen Fehlurteile der Campendonck-Fälschungen von Beltracchi seitens fraglos in ihrer Autorität anerkannter Kenner (wie z.B. Werner Spies); vgl. z.B. »Beltracchi-Fälscherskandal. Kunstexperte Werner Spies gesteht Fehler ein«, in: *Spiegel online*, 27.8.2012, www.spiegel.de/kultur/gesellschaft/werner-spies-kunsthistoriker-gesteht-in-beltracchi-affaere-fehler-ein-a-852221.html (7.7.2017) und Peter Dittmar: »Werner Spies und sein schwerstes Urteil«, in: *Welt*, 30.5.2013, https://www.welt.de/kultur/kunst-und-architektur/article116638951/Werner-Spies-und-sein-schwerstes-Urteil.html (7.7.2017).

Die folgenden Abschnitte 2. bis 4. schaffen die Grundlage, um die Kernfrage nach der Rolle des Museums für den ontologischen Status des Kunstwerks präziser zu bestimmen. Da sie aber bereits an anderer Stelle ausführlicher entwickelt worden sind, beschränke ich mich hier auf eine verknappte Fassung.[11]

2. Ästhetische Dimension des Menschen und operative Definition des Kunstwerks als funktionaler Begriff

Hier wird davon ausgegangen, dass die *Kunst* im allgemeinen und sofern sie alle Künste umfasst, ein zentraler Bereich der ästhetischen Dimension des Menschen ist. ›Dimension‹ beim Wort genommen (von lateinisch *dimensio*) bedeutet so viel wie ›Ausmessung‹. Wenn hier deshalb von den unverzichtbaren Dimensionen des Menschen die Rede ist, dann geht es um die irreduziblen Ausmessungen des menschlichen Weltverhältnisses. Die fünf Weltverhältnisse und ihre jeweiligen Ausmessungen, die nicht auf etwas anderes sechstes und nicht aufeinander reduziert werden können, sind *erstens* die theoretische Dimension: das Erkenntnisverhältnis des Menschen, *zweitens* die praktische Dimension: sein Handlungsverhältnis, *drittens* die technische Dimension: sein Herstellungsverhältnis, *viertens* die spirituelle (ggf. religiöse) Dimension: sein Transzendenzverhältnis und *fünftens* die ästhetische Dimension: sein ganzheitliches Verhältnis zur Welt. Ohne hier im Einzelnen auf die vielfachen und komplexen Relationen zwischen den Dimensionen eingehen zu wollen, ist doch im Hinblick auf die Irreduzibilität der ästhetischen im Verhältnis zu den anderen Dimensionen festzuhalten: Das ästhetische Weltverhältnis ist zwar kognitiv, und dies in einem ganzheitlichen Sinne, der auch Fühlen und sinnliche Empfindung umfasst, aber es ist weder reduzibel auf *theoretisches* Erkennen und Wissen noch auf ein empirisches oder rein psychisches Vorgehen. Auch ästhetische Subjekte stehen in einem handelnden Weltverhältnis, aber dieses ist nicht reduzierbar auf ein *praktisches*, z.B. nutzorientiertes Handeln; auch eignet der ästhetischen wie der Handlungsdimension ein valuatives Ver-

---

11 | Vgl. z.B. Constanze Peres: »Schönheit als ontosemanische Konstellation«, in: C. Peres/D. Greimann (Hg.): *Wahrheit – Sein – Struktur. Auseinandersetzungen mit Metaphysik*, Hildesheim/Zürich/New York 2000, S. 144-173; dies.: »Raumzeitliche Strukturgemeinsamkeiten bildnerischer und musikalischer Werke«, in: Tatjana Böhme/Klaus Mehner (Hg.): *Zeit und Raum in Musik und Bildender Kunst*, Köln/Weimar/Wien 2000, S. 9-30; dies.: »Kandinsky, Leibniz und die RaumZeit«, in: *Spektrum der Wissenschaft*, Spezial 1 (2003): *Phänomen Zeit*, S. 84-89; dies.: »Zeit, Performanz und die ontosemantische Struktur des Kunstwerks«, in: Friedrich Stadler/Michael Stöltzner (Hg.): *Time and History. Proceedings of the 28. International Wittgenstein-Symposion, Kirchberg am Wechsel, Austria*, Frankfurt a.M./Paris/Ebikon u.a. 2006, S. 363-385.

hältnis zur Welt, aber es ist im Ästhetischen nicht reduzierbar auf eine ethische oder normative Wertungsrelation. Wie in der *technischen* wird auch in der ästhetischen Dimension etwas hergestellt, hervorgebracht, erzeugt, aber die Erzeugnisse lassen sich weder auf nutzvolle Objekte reduzieren noch darauf, der Niederschlag ihres technischen Herstellungsprozesses zu sein, der vollständig zurückverfolgt werden kann. Wie in der *spirituellen* so steht auch in der ästhetischen Dimension der Mensch in einem ihn als Ganzen ergreifenden Verhältnis zur Welt einschließlich der Fähigkeit, diese transzendieren zu können, aber sofern es im Ästhetischen primär um ein ganzheitliches *In*-der-Welt-Sein geht, ist es nicht auf das spirituelle Transzendieren des körperlich Weltlichen reduzibel.

Innerhalb der ästhetischen Dimension ist die Kunst neben der ästhetisch verstandenen Natur und der ästhetischen Alltagspraxis als eine zentrale Subdimension zu bestimmen und die Werke der Kunst als der kreative Niederschlag eines ästhetischen Weltverhältnisses. Es wirkt in ganz spezifischer Weise kognitiv, handelnd, erzeugend, ganzheitlich, und ggf. auch transzendierend und macht dieses Wirken in seinen Erzeugnissen in ebenfalls *ganzheitlicher* Weise sinnlich erfahrbar, d.h. nicht oder nur partiell nachvollziehbar und analysierbar. Und so wie natürlich generierte Dinge, Ereignisse und Prozesse wie auch technisch und handwerklich hergestellte Objekte unter bestimmten Umständen ästhetisch fungieren können, so müssen von künstlerischen Subjekten erzeugte Dinge, Ereignisse und Prozesse nicht *als Kunstwerke fungieren, können es aber unter bestimmten Umständen (oder nicht)*. Hier wird also kein essentieller, sondern ein *funktionaler* Begriff des Kunstwerks zugrunde gelegt.[12] Danach kann das Kunstwerk in einer ersten Fassung operativ im funktionalen Sinne definiert werden:

Kunstwerk $_{\text{DEF 1 op F}}$:
Das Kunstwerk ist ein Werk, das aufgrund seiner Konstituentia in bestimmten Kontexten ästhetisch als Kunstwerk fungiert.

Dass hier ›Werk‹ und nicht einfach ›Ding, Ereignis, Prozess‹ eingesetzt wird, impliziert, dass dasjenige, was als Kunstwerk fungieren kann, etwas Erwirktes, Bewirktes, Gemachtes, Erzeugtes, Hervorgebrachtes, Erschaffenes ist. Das schließt keinesfalls Ready-mades oder Objets trouvés aus der Kunst aus, denn das Erschaffen muss kein im engeren Sinne physisches, sondern kann ebenso ein konzeptuelles Erzeugen sein. Das, was das physisch und/oder konzeptuell

12 | Das Problem, dass auch ein funktionaler Begriff der Art ›X fungiert dann als Y, wenn unter den Umständen Z die Merkmale M a, b, c, d, e, ... n gegeben sind‹ bestimmte Begriffsmerkmale voraussetzt, über deren Essentialität man durchaus streiten kann, muss hier außen vor bleiben.

hervorgebrachte Werk konstituiert, kann ihm selbst immanent oder äußerlich an seiner Hervorbringung beteiligt sein. Ähnliches trifft für die Kontexte zu, die zwar die notwendigen Rahmenbedingungen stellen, aber ebenfalls als dem Kunstwerk intrinsisch oder extrinsisch aufgefasst werden können. Die Entscheidung darüber kann erst in den nächsten beiden Abschnitten getroffen und begründet werden, ist aber nicht zu umgehen, da sie zentral im Hinblick auf die Funktion des Museums für die Werke der bildenden Kunst ist. Vorerst kann die operative Definition des Kunstwerks aber zumindest schon einmal in einer zweiten bestimmteren Weise gefasst werden:

Kunstwerk $_{\text{DEF 2 op F}}$:
Das Kunstwerk ist ein physisch und/oder konzeptuell erschaffenes Seiendes (Werk), das aufgrund seiner ihm innewohnenden und/oder von außen hinzutretenden Konstituentia in bestimmten inneren und äußeren Kontexten ästhetisch als Kunstwerk fungiert.

3. Die ontologische Struktur des Kunstwerks und die Rolle des Museums[13]

Wenn und sofern ein Werk *als Kunstwerk fungiert,* ist das Kunstwerk eine relationale Entität. Im Anschluss an die oben formulierte operative Definition bestimmt die vorliegende Konzeption die ontologische Struktur des Kunstwerks

13 | Die in den folgenden beiden Abschnitten vorgelegte ontosemantische Konzeption verdankt sich in erster Linie den philosophischen Einflüssen nonsubstantialer Ontologien und Semantiken, wie sie ab 1686, zunächst von Gottfried Wilhelm Leibniz formuliert wurden; vgl. z.B. Leibniz: »Discours de Métaphysique« [1686], in: *Die philosophischen Schriften von G.W. Leibniz,* Bd. 4, S. 427-463; ders.: »Monadologie« [1714], in: *Die philosophischen Schriften von G.W. Leibniz,* Bd. 6, S. 607-623; vgl. in der heutigen Philosophie Lorenz Bruno Puntel: *Struktur und Sein. Ein Theorierahmen für eine systematische Philosophie,* Tübingen 2006. – Der spezifische kunstphilosophische Ansatz stützt sich primär auf die Symbolisierungstheorie, die Nelson Goodman ab 1968 vorlegte, vgl. z.B. Goodman: *Sprachen der Kunst. Ein Ansatz zu einer Symboltheorie* [*Languages of Art. An Approach to a Theory of Symbols,* 1968], übers. von Bernd Philippi Frankfurt a.M. 1997; ders.: *Weisen der Welterzeugung* [*Ways of Worldmaking,* 1978], übers. von Max Looser, Frankfurt a.M. 1990; ders.: *Vom Denken und anderen Dingen* [*Of Mind and Other Matters,* 1984], übers. von Bernd Philippi, Frankfurt a.M. 1993. Vgl. aber auch auf die semantische Kunstphilosophie Arthur C. Dantos, z.B. Danto: *Die Verklärung des Gewöhnlichen. Eine Philosophie der Kunst* [*The Transfiguration of the Commonplace,* 1981], übers. von Max Looser, Frankfurt a.M.^{2}1993 (^{1}1991). Unter den gegenwärtigen ontologischen Positionen der Kunstphilosophie hat die vorliegende Konzeption am meisten mit einem Grundgedanken des Ansatzes von Reinold Schmücker

demnach als Relation. Deren *erstes* Charakteristikum besteht darin, eine *dreistellige* Relation zu sein. Entsprechend haben wir es mit drei Relata zu tun.

Relatum 1 sei die *erzeugende* oder *konstitutive* Instanz, das Konstituens 1. Stufe oder das *künstlerische* Subjekt.

Relatum 2 sei die *erzeugte* oder *konstituierte* Instanz. Dabei handelt es sich um das Werk, das auch als Kunstwerk-Kandidat oder Kunstwerk-Schema X bezeichnet werden kann.

Relatum 3 sei die *mit-erzeugende* oder *ko-konstitutive* Instanz, das Konstituens 2. Stufe, Ko-Konstituens oder das ästhetische Subjekt, durch dessen perzipierend-interpretierende Akte das erzeugte Werk zum Kunstwerk X_{1-n} wird. In einem bestimmten Typ von Werken ist zusätzlich eine *mediale* Instanz nötig. Schauspieler, Dirigentinnen, Performer, Musiker, Tänzer, Choreographinnen etc. nehmen nun den Ort des *künstlerischen* Konstituens 2. Stufe ein, wodurch das nicht-künstlerische Konstituens eine Stufe weiter rückt und als Konstituens 3. Stufe (Ko-Konstituent) des Kunstwerks $X_{1-n_{1-n}}$ fungiert. Dabei fallen in einigen Formen dieser sogenannten transitorischen Künste faktisch, und in manchen sogar zeitlich, alle drei Relata zusammen, so z.B. in musikalischen Improvisationen wie in Jazzsessions. Für das vorliegende Thema der Rolle des Museums für die Werke der bildenden Kunst ist diese Vervollständigung der dritten Stelle der Kunstwerksrelation vor allem in Hinsicht auf Performances von Belang. In konzeptbasierten Performances beispielsweise sind die drei Relata teilkongruent; dem Relatum 1, der erzeugenden Instanz, ist die Konzeption der Performance zuzurechnen, aber an der aktuell stattfindenden Performance (Relatum 2) ist ebenfalls die erzeugende Instanz (Relatum 1), nunmehr aber als Performer beteiligt, zusammen mit dem ästhetisch perzipierenden Subjekt (Relatum 3), das aber in diesem Fall sogar zum Ko-Akteur (Relatum 2) wird, ohne den die Performance überhaupt nicht zur Existenz käme.[14] Eine erweiterte Darstellung im letzten Abschnitt dieses Beitrags gibt anhand einer exemplarischen Performance einen Überblick über die komplexe ontologische Struktur des Kunstwerks.

Die hypothetische Formulierung ›Relatum 1 … sei‹ indiziert, dass die Reihenfolge der drei Relata prinzipiell irrelevant ist. Sie hängt von der *Perspektive* ab, die auf die ontologische Kunstwerksrelation eingenommen wird und kann jederzeit umgestellt werden. Wählt man eine produktionsästhetische Perspektive, dann steht die künstlerisch-konstitutive Instanz an der Subjektstelle eines

gemeinsam, wonach Kunstwerke ontologisch als intersubjektiv instantiierte Entitäten zu verstehen sind; vgl. Schmücker: »Kunstwerke als intersubjektiv-instantiale Entitäten«, in: ders. (Hg.): *Identität und Existenz. Studien zur Ontologie der Kunst*, Paderborn ^{2}2005 (^{1}2003) (KunstPhilosophie 2), S. 149-179.

14 | Vgl. Erika Fischer-Lichte: Ästhetik des Performativen, Frankfurt a.M. 2004, S. 26f., S. 32ff., *passim*.

Satzes der Art ›Jemand (das künstlerische Subjekt) erzeugt künstlerisch etwas (das Werk) für die interpretierende Perzeption von jemandem (den Betrachter)‹.[15] In der werkästhetischen oder der sogenannten rezeptionsästhetischen Perspektive würden die Schwerpunkte anders gesetzt und wären die Sätze so umzuformulieren, dass im ersten Fall die künstlerisch konstituierte, im zweiten die perzeptiv-kokonstitutive Instanz an der Subjektstelle des Satzes stünden.

Nur alle drei Perspektiven zusammen aber ergeben eine zureichende Beschreibung ihres Untersuchungsgegenstandes, der Kunstwerk-Relation. Denn ontologisch sind alle drei Relata für das ›Kunstwerk-Werden‹ gleichermaßen notwendig, für sich genommen aber unvollständige Elemente. Jedes von ihnen ist ausschließlich *innerhalb* dieser Relation konstitutiv daran beteiligt. Denn es handelt sich *nicht* um eine Relation *zwischen* drei Elementen, die je für sich unbeschadet ihrer kontinuierlichen Identität zu beliebigen anderen Relationen kombiniert werden könnten, sondern um einen Relation *von* drei Relata. D.h., die Relation ist begrifflich näher als eine zu bestimmen, die trotz ihrer drei Stellen *eine* einzige relationale *Entität* ist, sofern deren Relata außerhalb dieser Relation keinen eigenständigen ontologischen Status haben. Natürlich existierte z.B. van Gogh auch außerhalb der Kunstwerk-Relation *Mandelbaumzweige* von 1890 *als* Bruder von Theo oder *als* jemand, der sich das Ohr abschnitt.[16] Aber nur *als* Maler der *Mandelbaumzweige* von 1890 ist er konstitutiv für das Werk und seine jeweilige Kunstwerkwerdung durch die Betrachtung seitens ästhetisch perzipierender und interpretierender Subjekte. Dem möglichen Einwand, an der Erschaffung eines Gemäldes wie der *Mandelbaumzweige* von 1890 sei der ganze Mensch Vincent van Gogh beteiligt, einschließlich seiner Bruderbeziehung zu Theo und seiner Tat, sich 1889 das Ohr abgeschnitten zu haben, kann zugestimmt werden, aber die mit dem Einwand gemachte Aussage ist zu modifizieren. Alle inneren und äußeren Beziehungen, in denen ein Mensch steht, alle Ereignisse, die ihm widerfahren, alle Handlungen, die er ausführt, machen in ihrer Gesamtheit zu einem bestimmten Zeitpunkt ontologisch diesen Menschen aus und gehen deshalb im Falle des Malers van Gogh auch in sein Malen der *Mandelbaumzweige* von 1890 ein.[17] Aber sie spielen tatsächlich nur in dienender Funktion eine Rolle, nämlich ausschließlich, sofern

15 | Man hüte sich, in dieser Version ein Nacheinander mitzudenken. Bei einer spontanen Musikimprovisation oder Performance zum Beispiel fallen die Erschaffung des Werkes, das Werk selbst und seine Realisierung als Kunstwerk zusammen.

16 | Das Werk firmiert als auch unter dem Titel *Mandelbaum in Blüte*, was aber für den vorliegenden Zusammenhang unerheblich ist.

17 | Dass ein Individuum wie z.B. Cäsar zu dem Zeitpunkt, als er den Rubikon überschritt, als Gesamtheit aller seiner Zustände bis zu diesem Zustand zu definieren ist, beschreibt schon Leibniz in seinem *Discours de Métaphysique* von 1686, § 13.

sie – unter Umständen nur äußerst mittelbar und nicht ersichtlich – ihren Ort in demjenigen komplexen Zustand des Künstlers van Gogh haben, der im Akt des Malens der *Mandelbaumzweige* aktuell ist. Das von der Künstlerpersönlichkeit geschaffene Werk ist einmalig und als auf genau diese Weise hervorgebrachtes Erzeugnis *singulär.*[18]

Es wurde von seinem Urheber *weitgehend bestimmt* (z.B. von van Gogh als dieses Gemälde mit solcherart blühenden Mandelbaumzweigen, 74 x 92 cm) und kann deshalb nicht beliebig perzipiert und interpretiert werden (z.B. als Gemälde eines Feldes mit Klatschmohn). Dennoch werden weder das Gemälde noch sein Urheber verhindern können, dass jedes individuelle Subjekt das Werk im je individuell ereignishaften Kontext (z.B. raumzeitliche Umgebung, Lichteinfall und -qualität, institutionelles Umfeld) je anders realisiert.

Das geschaffene Werk (Relatum 2) kann deshalb auch als ›Kunstwerk-Kandidat‹ bezeichnet werden, der ein Perzeptions- und Konstitutionspotential mit ›Leerstellen‹ enthält. Insofern ist es *unvollständig bestimmt* und bleibt so lange unvollständig bestimmt, wie es nicht von einer ästhetisch perzipierenden Instanz (Relatum 3) als Kunstwerk realisiert, und zwar als genau dieses Kunstwerk realisiert, d.h. mit-erzeugt wird.[19] Denn immer dann, wenn die ›Leerstellen‹ im jeweiligen Akt der Betrachtung ›gefüllt‹ werden, erfährt das Kunstwerk-Schema seine Ergänzung zu *einer vollständig bestimmten* Entität. Dies ist nach der Dreistelligkeit das zweite Charakteristikum der Kunstwerk-Relation. Dabei sind ›Leerstelle‹ und ›erfüllt‹ hier nur im übertragenen Sinne zu verstehen, denn es gibt insofern keine buchstäblich leere Stelle, als das künstlerisch geschaffene Werk in seiner Komplexität das *Potential* aller seiner Realisierungen enthält.[20] Anders ausgedrückt: Indem das je individuelle Realisierungsereig-

---

18 | Das Problem der mehrfachen Bronzeabgüsse, druckgraphischen Abzüge wie auch der Reproduktionen in Musik, Theater und Literatur unterläuft nicht den singulären Charakter künstlerischer Schöpfungen, erforderte aber eine gesonderte Differenzierung, auf die hier verzichtet werden muss.

19 | Zu ›Unbestimmtheitsstellen‹ und ›Leerstellen‹ vgl. Roman Ingarden: »Konkretisation und Rekonstruktion«, in: Rainer Warning (Hg.): *Rezeptionsästhetik. Theorie und Praxis*, München 1975, S. 42-70, bes. S. 44-45; vgl. auch ders.: *Das literarische Kunstwerk. Eine Untersuchung aus dem Grenzgebiet der Ontologie, Logik und Literaturwissenschaft*, [4]Tübingen 1972 ([1]Halle 1931); Wolfgang Iser: *Der Akt des Lesens. Theorie ästhetischer Wirkung*, München 1976.

20 | Interessanterweise führt ein ganz anders gearteter (phänomenologischer) Ansatz die Begriffe ›realisieren‹ im Sinne von bezugnehmend vollenden sowie ›aufführen‹ in der konkreten Engführung auf die bildende Kunst des Impressionismus und Cézannes und die Kognitivität des Sehsinns ins Feld; vgl. Gottfried Boehm in der auf Cézannes Auffassung von Kunst; vgl. Boehm »Sehen. Hermeneutische Reflexionen« [1992], in: Ralf Konersmann (Hg.): *Kritik des Sehens*, Leipzig 1997, S. 272-298, bes. S. 294f.

nis in der Betrachtung bestimmte Felder dieses Werkpotentials in eine je aktuelle Wirklichkeit überführt, aktualisiert es das gesamte komplexe Potential unwiederholbar anders, eigen und individuell.

Unter der Rücksicht der unvollständigen Bestimmtheit bezeichne ich das geschaffene Werk als *Kunstwerk-Schema X*, das im jeweiligen Prozess der ästhetischen Perzeption-als und Deutung-als seitens einer kokonstitutiven Instanz individuell realisiert und zum Kunstwerk $X_{1\text{-}n}$ vervollständigt wird. Das Kunstwerk-Schema X selbst bündelt demnach *einerseits* in seiner individuellen Reichhaltigkeit unhintergehbare (Wirk-)Kräfte, die eine Deutungsbeliebigkeit verbieten und der Deutungsfreiheit Grenzen setzen.[21] *Andererseits* ist es aber aufgrund seiner unvollständigen Bestimmtheit *offen* für alle *seine* Realisierungen innerhalb *seiner* Realisationsgeschichte.

Damit ist ein *drittes* ontologisches Charakteristikum des Kunstwerks hervorgetreten: seine komplexe *dynamische Prozessualität*, die auf die verschiedenen historischen Ebenen der drei Relata abhebt, nämlich erstens auf die Erzeugungsprozesse des künstlerischen Subjekts zu irgendeiner geschichtlichen Zeit, zweitens auf die historischen Veränderungen von Werken (wie z.B. das Verblassen der Farben von Fresken), drittens auf den jeweiligen aktuellen Realisierungsprozess. Diese Analyse im Einzelnen weiterzuverfolgen, würde zu weit führen. Festzuhalten ist:

Kunstwerk $_{\text{DEF 3 op F ontol}}$:
Ontologisch ist ein Kunstwerk eine erzeugte Entität (Ding, Ereignis, Prozess), die unter bestimmten Umständen als dreistellig relationales, prozessuales Kunstwerk fungiert, und zwar immer dann, wenn ein künstlerisch geschaffenes, unvollständig bestimmtes Werk-Schema in der ästhetischen Perzeption und Deutung je individuell als singuläres Kunstwerkereignis realisiert wird.

---

21 | Auf der Basis der Metaphysik von G.W. Leibniz und A.G. Baumgarten, wonach jedes Seiende als eine perzeptive und strebende Kraft verstanden wird, die Baumgarten im Falle des Geistes sogar ausdrücklich als »vis repraesentativa universi« bezeichnet, wird in der vorliegenden Konzeption der ›alten‹ Wirkungsästhetik wieder eine wichtige Stellung eingeräumt, allerdings nur, wenn man sie in einem Interdependenzverhältnis zur sogenannten ›Rezeptionsästhetik‹ sieht, die ich, wenn es denn eines Etiketts bedarf, präziser als Kokonstitutionsästhetik bezeichnen möchte.
Die Reichhaltigkeit individueller Seiender begründet Baumgarten in der Folge von Leibniz darin, dass nur das Individuum ein »ens omnimode determinatum«, ein vom ganzen Universum und allen seinen Prozessen »durchgängig bestimmtes Seiendes« ist; vgl. A.G. Baumgarten: *Ästhetik/Aesthetica*, § 304, § 561; ders.: »Metaphysik/Metaphysica«, § 148, in: ders.: *Ästhetik/Aesthetica*.

Hier ist eine erste Stelle auszumachen, an der sich abzeichnet, welche Rolle Museen für das Kunstwerk-Sein einnehmen können. Den Schlüsselbegriff für deren ontologische Funktion bildet dafür der eben verwendete Begriff der ›bestimmten Umstände‹, unter denen etwas als Kunstwerk fungiert, sowie der weiter oben eingeführte, konkretere Begriff des ›je individuell ereignishaften Kontextes‹, innerhalb dessen sich die Kunstwerk-Realisierung abspielt. Museen schaffen spezifische Realisierungskontexte. Nähert man sich deren Spezifik sozusagen von außen nach innen, so beginnt ihre Wirkung und Prägung bereits damit, dass sie das *institutionelle* Umfeld für das aktive Erleben von bildnerischen Werken im weiteren Sinne bieten. Für die Institutionentheorie der Kunst würde eine solche Verortung in einer Institution der *artworld* prinzipiell schon ausreichen, um etwas Beliebiges als Kunstwerk fungieren zu lassen.[22] Diese Konzeption erscheint mir jedoch zu äußerlich, ungenau und darüber hinaus auch zu unzuverlässig. Eine Institution der Kunstwelt wie die Düsseldorfer Kunstakademie, die in diesem Fall museal fungierte, schützte die in einem Raum installierte *Fettecke* von Joseph Beuys nicht davor, vom Reinigungspersonal – habituell – nicht als Kunstwerk realisiert und »weggeputzt« zu werden.[23] Umgekehrt könnte jeder im Museum sichtbare Feuerlöscher durch seine institutionelle ›Nobilitierung‹ für ein Kunstwerk gehalten werden.

Fragt man in dieser Hinsicht nach der Differenz zwischen Museen und Ausstellungshallen, so besteht zumindest ein Unterschied in dem kontingenten Merkmal, dass Museen in der Regel bereits durch ihre Architektur ein bestimmtes Verhalten vorgeben: Im Falle historischer Bauten unterstreichen sie das hehre Bild des Musentempels; im Falle hochrangiger moderner Architektur befördern sie häufig eine Schwellenangst, so dass nach Überwindung der Schwelle das Rezeptionsverhalten von Ehrfurcht, Bewunderung und das Gefühl einer Bildungsverpflichtung geprägt ist. Aber dies sind für die Ontologie des Kunstwerks eher extrinsische Funktionsweisen des Museums.

Zentral unterscheidet sich das Museum von der Ausstellungshalle durch seine Sammlungen. Und das führt weiter ›nach innen‹ zu den Kernaufgaben des Museums. Auf einer ersten Ebene kann man hier sagen, dass forschungsbasiertes Sammeln und Bewahren, Bekannt- und Zugänglichmachen von künstlerisch geschaffenen Werken deren Fungieren und Realisiertwerden als Kunstwerk überhaupt erst ermöglichen. D.h., Museen schaffen die für die ontologische Verfasstheit des Kunstwerks *existentiellen* Voraussetzungen, z.B.

22 | Vgl. die Institutionentheorie der Kunst von George Dickie: *Art and the Aesthetic: An Institutional Analysis*, Ithaka, N.Y 1974; vgl. auch z.B. Robert J. Yanal: »The Institutional Theory of Art«, in: Michael Kelly (Hg.): *The Encyclopedia of Aesthetics*, New York/Oxford 1998, S. 1-7.

23 | Vgl. »Beuys' ›Fettecke‹ weggeputzt: Kunst im Eimer«, in: *Zeit online*, 6.11.1987, aktualisiert am 21.11.2012, www.zeit.de/1987/46/kunst-im-eimer (7.7.2017).

dessen raumzeitliche Umgebung, eine spezielle Lichtregie, ein konservatorisch einwandfreies Umfeld, das Voraussetzung für ihre adäquate Hängung ist etc. Das sind notwendige, aber keinesfalls hinreichende Bedingungen dafür, dass etwas als Kunstwerk realisiert werden kann. In der oben vorgestellten Ontologie des Kunstwerks spielt das Museum in Bezug auf die existentiellen Voraussetzungen daher eine entscheidende, aber *extrinsisch-circumstantive* Rolle.

Weiter führt in diesem Punkt die Frage, *wie* Museen ihre Kernaufgaben wahrnehmen. Sammeln Museen z.B. gezielt auf bestimmte Schwerpunkte hin, die sich längerfristig in der Hängung niederschlagen, so wirken sie perzeptionslenkend. Das kann dadurch geschehen, dass an kontrastierender Hängung die Unterschiede einer Epoche oder die Spezifika zweier ›dialogisierender‹ Bilder hervortreten; oder dadurch, dass das Hängen mehrere verwandter künstlerischer Positionen zunehmend feinere Differenzierungen in der Lösung künstlerischer Gestaltprobleme entdecken lässt. Außerdem bergen große Sammlungsbestände die Möglichkeit, historische Entwicklungslinien formaler oder thematischer Art vor Augen zu führen oder mit immer wieder neuen Kombinationen anderer Werke (aus ihren Depots) neue Sichtweisen zu schaffen und zu evozieren.

Diese ersten Hinweise lenken schon in eine Richtung, welche die *intrinsische* Funktionen des Museums für das Kunstwerk-Sein zutage treten lässt. Dafür muss genauer geklärt werden, was mit ›unvollständig bestimmt‹ und in der Folge mit ›vollständig erfüllt (bestimmt)‹ in Bezug auf Kunstwerke genauer gemeint ist. Dieser Schritt führt auf eine andere Denkebene, denn das künstlerisch erzeugte Werk oder Kunstwerk-Schema *als* seiendes ›Ding‹ (z.B. das Gemälde *Mandelblüten als* leinwandbezogener Holzrahmen) oder *als* stattfindender ›Prozess‹ (z.B. die Performance *The Artist is Present* von Marina Abramović *als* der Vorgang, dass eine Frau an einem Tisch sitzt und schaut) ist *ontologisch* ebenso voll bestimmt wie jede andere Entität.[24] Um über das bloße Ding- oder Prozess-Sein einer jeden Entität hinaus zu gehen, muss das künstlerische Werk also – auch und gerade, wenn es sich um Ready-mades handelt – eine weitere Dimension mit einbeziehen, damit Flaschentrockner, Campbell-Suppendose und Holzhocker zu »Flaschentrockner«, »Campbelldose« und »6000 Hockern« werden. Bereits die hier verwendeten *quotation marks* indizieren, dass es um die semantische Dimension des Kunstwerks geht.[25]

24 | Vgl. Baumgartens Bestimmung des individuellen Seienden als »ens omnimode determinatum« in seiner »Metaphysik/Metaphysica«, § 148.

25 | Zu den Beispielen vgl. Marcel Duchamp: *Porte-bouteilles* (*Flaschentrockner*) von 1914, Andy Warhols Bild: *Campbell's Soup (Tomato)* von 1968, Ai Wei Wei: *Wooden Stools* von 2013.

4. Die ontosemantischen Struktur des Kunstwerks und die Rolle des Museums

4.1 Quotation marks

Um die Statusveränderung vom industriell gefertigten Flaschentrockner zum »Flaschentrockner«, von der Campbelldose im Supermarktregal zur »Campbelldose« und von 6000 von Schreinern hergestellten Holzhockern zu »6000 Hockern« nachvollziehen zu können, ist die Funktion der *quotation marks* zu klären. Dabei ist es unerheblich, welche originalen Titel die Künstler den Werken gegeben haben; Ai Wei Wei z.B. nannte seine Fläche von Hockern von 2013 »Wooden Stools«, wogegen Marcel Duchamps seinen eisernen Flaschentrockner von 1959 tatsächlich auch »Porte-bouteilles« betitelte. Hier geht es aber lediglich darum, dass wir, um Werke von Künstlern zu bezeichnen, von Ai Wei Weis »Hockern«, Warhols »Campbelldosen« und Duchamps »Flaschentrockner«, ebenso wie übrigens von Fragonards »Schaukel« und Beethovens »Eroica« reden.[26]

In der analytischen Philosophie werden *quotation marks* oder Anführungszeichen verwendet, um die Erwähnung (*mention*) sprachlicher Ausdrücke von deren einfachem Gebrauch (*use*) zu unterscheiden: Da dies eine Fülle semantischer Fragen aufwirft, stellt die Philosophie der *quotation marks* ein vieldiskutiertes Problemfeld dar. Hier soll nur *ein* Charakteristikum der Erwähnungs-Anführungszeichen aufgegriffen werden, das exemplarisch zum nächsten Abschnitt überleitet. Wenn man feststellt, dass eine Birne zur Gattung des Kernobstes gehört, sagt man etwas anderes, als mit der Aussage, dass »Birne« aus fünf Buchstaben besteht. Im ersten Fall referiert das Wortzeichen auf Kernobst, im zweiten Fall wird es durch die Anführungszeichen selbst zum Referenzobjekt, d.h. man betritt eine Metaebene, auf der sprachlich auf ein Sprachzeichen Bezug genommen wird.

Überträgt man dieses Modell auf eines der oben erwähnten künstlerischen Werke, dann unterliegen analog dazu Ai Wei Weis »6000 Hocker« nicht dem normalen *use* von Hockern und fungieren deshalb auch nicht als Hocker, auf die sich die Museumswächter setzen, um auszuruhen. Vielmehr ›erwähnt‹ das Werk Hocker, d.h. es bewegt sich auf einer Metaebene zum Gebrauchsobjekt, indem es sich *auf* Hocker dieses Typs und ihr durch die chinesische Tradition aufgeladenes Konnotationsfeld *bezieht*. Durch diese Bezugnahme

---

26 | Anders als in der vorliegenden Konzeption verengt Danto die Funktion von Anführungszeichen auf ihre Analogie zu äußeren Hinweisen, dass es sich im betreffenden Fall um Kunstwerke handelt, wie etwa die Bühne des Theaters, den Rahmen des Bildes oder die Vitrine im Ausstellungsraum; vgl. A.C. Danto: *Die Verklärung des Gewöhnlichen*, S. 48f.

enthält das künstlerische Werk nicht nur ein durch die ontologischen Bedingungen von Werk und Betrachter vorgegebenes *Perzeptions*potential, sondern auch ein *Interpretations*potential. Es gibt kein ›unschuldiges Auge‹, sondern bereits dem Betrachten, ggf. Erlaufen und Erspüren als solchem wohnt ein implizit deutendes Sehen-als (Spüren-als) inne, womit die Ansammlung von Hockern *als Kunstwerk perzipiert* und *realisiert* wird.[27] Das explizite und teilverbale Interpretieren oder Deuten der Hockeransammlung seitens derer, die sie betrachten und vielleicht über die von Ai Wei Wei zur Fläche zusammengefügten Hocker laufen, geschieht dadurch, dass sie die Bezugnahme der alten chinesischen Hocker auf Bezugsgegenstände des Konnotationsfeldes chinesischer Traditionen eruieren und je für sich konkretisieren, z.B. bei entsprechender Vorbildung die alten Hocker als Symbol der eigenen Historizität wie auch umgekehrt, ihr Verschwinden aus dem chinesischen Alltag als das paradigmatische Verlassen der eigenen Geschichte und die Verluste, die einer bloßen Zukunftsorientierung innewohnen etc. Das führt dazu, dass die 6000 Hocker als »6000 Hocker« fungieren, d.h. als ein Kunstwerk, das überhaupt auf etwas referiert und das auf *bestimmte Bezugsgegenstände* referiert.

Danto nennt dieses Merkmal von Kunstwerken ihre ›aboutness‹ oder ihr ›Über-etwas-sein‹. Danach ist ein Apfel eben ein Apfel und *ist nicht über* Äpfel; eine Apfelbild hingegen *ist über* Äpfel. Selbst ein Gemälde, das z.B. die selbstreferentielle Inschrift ›Dies ist kein Kunstwerk‹ trüge, bezöge sich buchstäblich auf sich und durch diese Negativaussage auf *etwas*, nämlich auf eine Nicht-Kunstwerk-Konstellation und darüber hinaus ironisch auf sich selbst als Kunstwerk und noch weitergehend darauf, dass künstlerische Werke sogar durch Negation ihres künstlerischen Status genau diesen bestätigen: »Sollten die Gemälde so verstanden werden, daß sie über sich selbst aussagen, sie seien bloß Dinge in der Welt, so würden sie paradoxerweise dadurch widerlegt, daß sie dies aussagen: ein Apfel behauptet gewöhnlich nicht, er sei bloß ein Apfel.«[28]

4.2 Symbolisierung – Inkorporation – Autoperformanz

Da auch Verkehrsschilder und Piktogramme symbolisieren, also Zeichen oder Symbole für etwas sind, worauf sie Bezug nehmen, ist zu fragen, worin die spezifische Symbolisierungsfunktion von künstlerischen Werken besteht.

27 | ›Sehen‹ steht hier nur als *pars pro toto*, und was darüber gesagt wurde, kann auch von den anderen Sinnen gesagt werden. Im Falle der *6000 Hocker* z.B. wird auch das Gehen über die zusammengeschobenen Hocker zu einem deutenden Fühlen oder Tasten führen, das wiederum andere semantische Interpretationen auf unterschiedlichen Tiefenebenen freisetzt.

28 | A.C. Danto: *Die Verklärung des Gewöhnlichen*, S. 138; vgl. S. 129f.

Implizit gibt Dantos Satz ›the work of art *is about*‹, wenn man nunmehr die Betonung auf ›is‹ legt, in allerkürzester Form den Hinweis, wie die Referentialität von künstlerischen Werken zu verstehen ist. Denn künstlerische Symbole nehmen dadurch Bezug, dass sie so sind, wie sie sind; sie sind durch ihre Seinsweise semantisch, sie haben, wie ich es deshalb formuliere, eine ontosemantische Struktur. Danach kann man sagen: Wenn und sofern ein Werk als Kunstwerk fungiert, *ist* es, *indem* es symbolisiert, d.h. genauer, indem es auf etwas und auf sich selbst Bezug nimmt, ist es als (Kunst-)Werk. Oder im Anschluss an die oben formulierte ontologische Fassung:

Kunstwerk $_{\text{DEF 4 op F ontosemat 1}}$:
Ontosemantisch ist das Kunstwerk etwas, das im jeweiligen Realisierungsprozess als dreistellig relationale *symbolische* Entität fungiert, indem ein symbolisierend erzeugtes Werk (Ding, Prozess, Ereignis) als bezugnehmendes Kunstwerk interpretiert, d.h. *symboldeutend* realisiert und kokonstituiert wird.

Nelson Goodman hat in seiner wegweisenden Symbolisierungstheorie der Kunst die ›exemplifikatorische Bezugnahme‹ oder ›Exemplifikation‹ als spezifische Art künstlerischen Referierens neben die Denotation gestellt und in immer differenzierteren Fassungen seiner Semantik ausgearbeitet.[29] Auf dieser Grundlage lassen sich die basalen Funktionen künstlerischer Symbolisierung zusammenfassend und der Einfachheit halber am Beispiel des vertrauten Symbols eines Wortes erläutern. Nehmen wir das Wort ›Blitz‹: Es denotiert, d.h. es symbolisiert verweisend auf die Klasse der Blitze, so wie ›Baum‹ auf Bäume, ›Hund‹ auf Hunde etc. Analog symbolisiert ein Piktogramm des Blitzes bildlich verweisend (präsentierend, darstellend) auf Blitze. Die Denotation lässt sich schematisch so darstellen:

29 | Hier kann nur äußerst verkürzt auf die Denotation und die Exemplifikation als die beiden Grundformen der Symbolisierung zurückgegriffen werden; vgl. z.B. N. Goodman *Vom Denken und anderen Dingen*, S. 93f.; ders.: *Weisen der Welterzeugung*, bes. II. 2, IV. 3, *passim*.

Abb. 1: Graphik Denotation ›Blitz‹

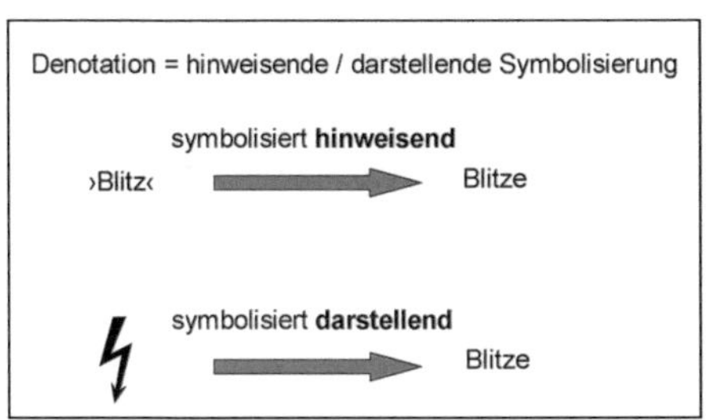

Aber das Wort ›Blitz‹ hat im Unterschied zu ›Baum‹ oder ›Hund‹ eine Qualität, die nicht allen, sondern nur einigen Spracheinheiten, den onomatopoetischen Worten, zukommt. Es *besitzt* ebenso wie das Piktogramm des Blitzes an seiner empirisch erfassbaren Gestalt einige signifikante Eigenschaften dessen, was es bezeichnet. Das Piktogramm imitiert abstrahierend die gezackte Form von gesehenen oder imaginierten Blitzen, die geschriebene Gestalt des Worts ›Blitz‹ enthält das einem Blitz ähnliche ›Z‹, die Klanggestalt des gesprochenen Wortes ›Blitz‹ enthält den hellsten Vokal ›i‹, der durch das nachfolgende ›tz‹ in kürzester Form ausgesprochen wird (›so hell und kurz wie ein Blitz‹) und den Zischlaut des ›tz‹, der dem Geräusch entspricht, das man bei der Beobachtung eines Blitzes hört oder zu hören vermeint (›gezackt und zischend wie ein Blitz‹). Ein onomatopoetisches Wort (oder auch ein Piktogramm) kehrt nach Goodman die denotative Symbolisierungsrichtung um: Indem das Wort ›Blitz‹ auf sich selbst verweist – genauer: auf beispielhafte Eigenschaften, die es mit dem Symbolisierten gemeinsam hat (›hell‹, ›kurz‹, ›gezackt‹, ›zischend‹) – nimmt es Bezug auf seinen Symbolisierungsgegenstand (Blitze). Anders als Goodman bezeichne ich diese Art der Symbolisierung nicht als exemplifikatorische, sondern als verkörpernde oder inkorporative Bezugnahme oder kurz, *Inkorporation*, da ›exemplifikatorisch‹ zu unspezifisch ist, denn darin fehlt als zentraler Aspekt für die künstlerische Symbolisierung deren physische Gestalthaftigkeit in sinnlich perziblen und interpretierbaren Farb-, Form- und Klangkörpern.[30] Zusammengefasst zeichnet sich die Symbolisierung der Inkorporation bis jetzt durch drei Charakteristika aus: 1. das Symbol besitzt, hat und inkorporiert an sich signifikante Beschaffenheiten des Symbolisierten; 2. das Symbol ist selbstreferentiell, bezieht sich auf sich selbst bzw. einige seiner Beschaffenheiten; 3. es bezieht sich dadurch auf anderes (›in der Welt‹):

30 | Dieser Begriff der Verkörperung gilt auch für die Imagination; er unterscheidet sich grundlegend von seiner Verwendung bei Danto, vgl. z.B. *Die Verklärung des Gewöhnlichen*, S. 139.

Abb. 2: Graphik Inkorporation ›Blitz‹

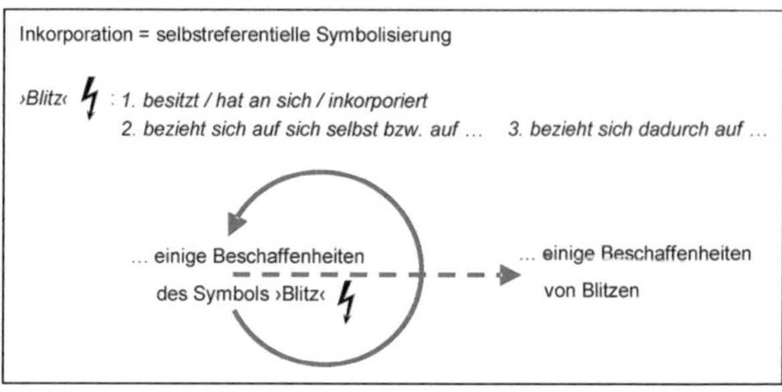

Während die denotativ-darstellende Symbolisierung in den bildenden Künsten nur dort funktionieren kann, wo es sich um figurativ-thematische Werke (z.B. eine Hermes-Skulptur oder ein Früchtestillleben) handelt, gewährleistet die inkorporative Symbolisierung auch die Bezugnahme abstrakter oder sogenannter ›konkreter‹ Kunst – und damit gemäß der analytischen Philosophie deren Kognitivität. Das Gemälde eines leuchtend blauen Rechtecks von Yves Klein stellt nichts dar, auch nicht Bläue; aber dadurch, dass es blau *ist*, referiert es auf Blau und ein bestimmtes Blau (und metaphorisch vielleicht für manchen Betrachter auf die Melancholie der ›blauen Stunde‹), so dass eine Kunstliebhaberin angesichts einer bestimmten Meeresfärbung oder einer bestimmten Kornblume sagen könnte, das sei ein typisches Yves-Klein-Blau.[31]

Bisher besteht aber noch das Problem, dass diese Bezugnahme bereits bei Symbolen wie onomatopoetischen Worten oder Piktogrammen funktioniert, die als solche keinerlei künstlerischen Anspruch erheben. Aber wenn onomatopoetische Worte gehäuft in künstlerischen Symbolkomplexen wie Gedichten verwendet werden, dann um ihrer ästhetischen Performanz willen, d.h., um diese inkorporative Symbolisierung ästhetisch als bedeutsam vorzuführen. Blau, Flaschentrockner oder Holzhocker als solche symbolisieren gar nichts oder nur informativ-funktional, wenn z.B. Hocker in einem Werbetrailer inkorporativ auf Hocker verweisen, die gekauft werden sollen. Im Zusammenhang der *6000 chinesischen Hocker* aber sind sie die inkorporierte, ästhetisch bedeutsame Performanz ihrer selbst für die betrachtende und ertastende und fühlende Interpretation. Für diese performieren sie an sich selbst ästhetisch diejenigen signifikanten Beschaffenheiten als bedeutsam, mit denen sie sich auf Sitzen oder Ausruhen beziehen, und konkret auf Hocker, die seit der Ming-Dynastie (1368-1644) in sorgfältiger Handarbeit entstanden, die jahrhundertelang traditioneller Bestandteil jedes chinesischen Haushalts waren und nun nicht mehr gefragt sind, die kaum noch, geschweige denn per Hand-Werk her-

31 | Vgl. Yves Klein: *Monochrome bleu. International Klein Bleu (IKB 89)*, monochromes blaues Bild von 1959.

gestellt werden, die dadurch aus der chinesischen Welt verschwinden, wodurch eine Geschichte und das traditionelle Übergeben von Familienutensilien beendet werden, wodurch Kulturtechniken und Rituale verlorengehen, wodurch ... usw. Wo, wenn nicht in musealen Kontexten, kann Betrachtern eine solche Performanz der eigenen inkorporativen Symbolisierung ästhetisch als bedeutsam vorgeführt werden?

Als letztes zentrales Charakteristikum spezifisch künstlerischer inkorporativer Symbolisierung ist deshalb 4. die *(Auto-)Performanz* zu nennen.

Abb. 3: Graphik Inkorporation ›Blitz‹ autoperformativ

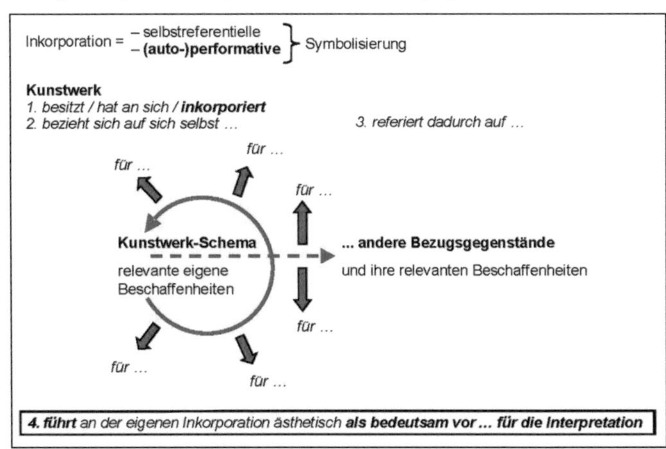

Im Archäologischen Museum von Olympia befindet sich eine Skulptur, die ungefähr in das Jahrzehnt 470-460 v. Chr. datiert wird und unter der Bezeichnung *Blitzeschleudernder Zeus* [b)] firmiert, einem der Beinamen des höchsten olympischen Gottes, der sich bis zu Hesiods *Theogonie* (ca. 700 v. Chr.) zurückverfolgen lässt. Bei Hesiod heißt es in Vers 71ff. »Er herrscht als König im Himmel,/Donner und lodernder Blitz sind einzig ihm selber zu eigen,/da der Starke Vater Kronos besiegte«. Der skulpturale Zeus hält ein Blitzbündel in seiner Hand, als wolle er es gerade als Waffe zur Erde schleudern. Die Waffe des Zeus in der Skulptur *denotiert* bildlich darstellend die Wettererscheinung des Blitzes und *inkorporiert* an sich einige relevante Beschaffenheiten von natürlichen Blitzen wie das Spitze und Gebündelte [a)] und nimmt Bezug auf einige von deren Beschaffenheiten. Aber während Blitze eben manchmal gebündelt auftreten, faktisch als elektrische Entladung gefährlich sind und phänomenal mit spitzen Formen, grellem Licht und (eben blitz-)schnellen Bewegungen wahrgenommen werden, *führt* die Skulptur an sich einige dieser Eigenschaften *vor* und im Kontext der aggressiven Bewegung des gewaltigen Göttervaters und Himmelsbeherrschers damit auch das Gefährliche, Machtvolle, vielleicht Tödliche des Zeus, der sogar die gefährlichen Blitze, sie in der

Faust haltend, beherrscht. In der indischen Kultur und Religion fungiert das Blitzbündel ›Vajra‹ als Waffe des blitzeschleudernden Indra [c)][32] und inkorporiert in einer anderen Ausformung [d)] neben der Bündelung zugleich die Machtinsignie eines Szepters.

Abb. 4: ›Blitz‹ a-d

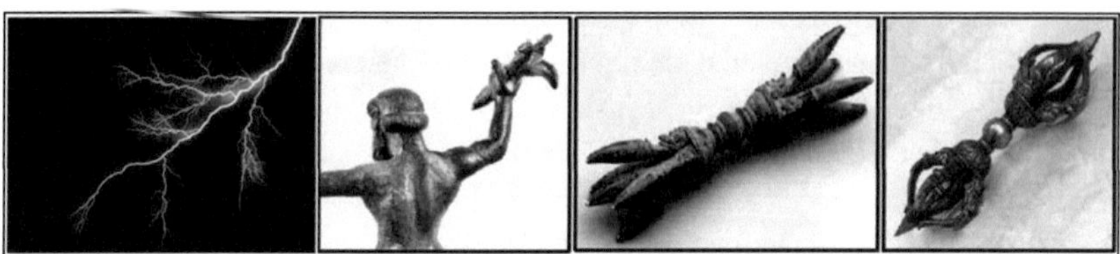

Kunst- und kulturhistorische Museen können, indem sie aus dem großen Fundus ihrer Sammlungen schöpfen, ästhetische Bezugnahmen dieser Art als transkulturellen Analogien – nicht nur tentativ-beispielhaft wie hier, sondern wissenschaftlich belegt – vor Augen führen. Indem sie bei den Betrachtern ein interpretatives Sehen evozieren und lenken, wirken sie unmittelbar auf deren Realisierung der Exponate als Kunstwerke ein, die transhistorisch und transkulturell auf bestimmte Naturphänomene Bezug nehmen. Insofern tragen diese Museen zur ontosemantischen Verfasstheit von Kunstwerken bei. Mit der Erfüllung der Kernaufgaben, die von ihnen gesammelten und vermehrten Werke (1.3.1, 1.3.2) wissenschaftlich begründet (1.3.5) in neuen Zusammenhängen zu präsentieren (1.3.3, 1.3.4) und damit neue Sicht- und Erkenntnisweisen zu eröffnen, sind Museen *intrinsisch-konstitutive Faktoren* der semantischen Ontologie des Kunstwerks.

4.3 Die relationale ontosemantische Struktur

Aufgrund der bisher erarbeiteten Argumentation ist das Fungieren von etwas als Kunstwerk in einer dreistelligen, prozessual-dynamischen Relation genauer als eine *ontosemantische* Relation zu bestimmen, da das *Sein der Kunstwerk-Relation in seiner inkorporierenden Symbolisierung besteht.* Innerhalb der ontosemantischen Relation erzeugt die Künstlerpersönlichkeit (Relatum 1) symbolisierend ihr Werk, d.h. sie setzt sich in der so erschaffenen Gestalt mit

32 | Vgl. Luciano Petech: »Indien bis zur Mitte des 6. Jahrhunderts«, in: Golo Mann/Alfred Heuß: *Weltgeschichte. Eine Universalgeschichte*, Bd. 2, Frankfurt a.M./Berlin 1962, S. 351-476, hier S. 363ff., bes. S. 372; Rachel Storm (Hg.): *Die Enzyklopädie der östlichen Mythologie. Legenden des Ostens: Mythen und Sagen der Helden, Götter und Krieger aus dem alten Ägypten, Arabien, Persien, Indien, Tibet, China und Japan*, Reichelsheim 2000, Eintrag »Vajra«, »Indra«.

der Welt und sich-in-Welt auseinander. Genauer müsste man sagen, dass das künstlerische Subjekt in seinem jeweiligen Werkschaffen auf seine jeweilige Welt(-Version) Bezug nimmt und darauf, wie es selbst auf diese referiert.

Das künstlerisch erschaffene Werk (Relatum 2) als Resultat ist eine sinnlich-ästhetisch erfahrbare Gestalt, die auf sich selbst und die ihn ihr inkorporierten Beschaffenheiten Bezug nimmt und dadurch auf Beschaffenheiten der betreffenden Welt(-Version). Dabei kann als ›künstlerisch erschaffenes Werk‹ auch ein Ready-made gelten, da durch das künstlerische Konzept und seine Sichtbarmachung aus dem bloßen Ding etwas konzeptuell Erwirktes geworden ist, das durch die Anschauung vergegenwärtigt wird.

Das Besondere der künstlerischen Inkorporation ist *erstens* die unauflösliche und unhintergehbare intrinsische Interdependenz des Syntaktischen (der ästhetischen Gestalt) und des Semantischen (der Bezugnahme auf sich und durch die eigene Gestalt), die zweifellos mitverantwortlich für das unausschöpfbare Interpretationspotential ist. Denn syntaktisch eindeutige Symbolisierungen wie »$a^2 + b^2 = c^2$« bergen in ihrer vollständigen Bestimmtheit überhaupt kein Interpretationspotential, sondern sind ohne Rest analysierbar. *Zweitens* eignet nur künstlerischen Bezugnahmen die spezifische *(Auto-)Performanz*, dass sie diese intrinsische Interdependenz ästhetisch als bedeutsam an sich vorführen. Mit dieser (wirkungs-)ästhetischen Kraft wecken sie die Aufmerksamkeit und Lust, das Werk ästhetisch zu perzipieren und seine Bezugnahmen zu interpretieren. *Drittens* sind die künstlerischen Symbolkomplexe infolge ihrer syntaktisch-semantischen Interdependenz und ästhetisch-gesamtheitlichen individuellen Reichhaltigkeit *semantisch* in hohem Maße *unvollständig bestimmt*. Nicht einmal die Künstlerpersönlichkeit wird, wenn sie nach der Fertigstellung ›die Seiten gewechselt‹ hat und zum Betrachter des eigenen Werkes geworden ist – geschweige denn während des Schaffensprozesses – die verschlüsselten semantischen Bezüge aufdecken können. Deshalb wird das künstlerisch erzeugte Werk hier als ›Kunstwerk-Schema X‹ bezeichnet, dass zu seinem Kunstwerk-Sein der jeweiligen semantischen Realisierung bedarf. Den Werken ihre Realisierung und sogar optimale Realisierung zu ermöglichen und zu gewährleisten, ist die vordringliche Zielsetzung aller fünf Hauptaufgaben von Museen. Sie leisten deshalb intrinsische Arbeit für das Kunstwerk-Werden und müssen in dieser Hinsicht stets die ästhetisch erlebenden Subjekte als Konstituenten 2. Stufe des Kunstwerks einbeziehen. Damit sind wir bei der dritten Stelle der ontosemantischen Kunstwerks-Relation angelangt.

Das ästhetisch perzipierende und interpretierende Subjekt (Relatum 3) ›macht‹ das Kunstwerk-Schema X insofern zum je aktuellen Kunstwerk X_{1-n} (z.B. zum Kunstwerk X_{71364}), als es im Akt des Betrachtens, Tastens, Gehens, Mitagierens zugleich einige der im reichen Potential des Kunstwerk-Schemas enthaltenen Bezugnahmen entdeckt, deutet, entschlüsselt. Damit wird das unvollständige künstlerische Werk ontosemantisch vollständig bestimmt, aber nicht derart, dass das Interpretationspotential erschöpfend aktualisiert würde. Nicht von ungefähr fasziniert Giorgiones *La Tempesta* von 1508 noch nach über fünfhundert Jahren unzählige Betrachter, werden bis heute neue, auch einander widerstreitende, Interpretationen vorgelegt und sind auch in Zukunft neue Erklärungsversuche zu erwarten. Das wäre nicht möglich, wenn *La Tempesta* nicht dieses breite (oder tiefe) Interpretationspotential enthielte. Die ereignishafte ontosemantische Realisierung eines Kunstwerk-Schemas ist eine jeweilige Vervollständigung und muss so verstanden werden, dass ein künstlerisches Werk wie *La Tempesta* jeweils nur partiell ausgeschöpft, d.h. *in Bezug auf dieses* individuelle ästhetisch perzipierende und interpretierende Subjekt von diesem in der *einmaligen* ereignishaften Situation *semantisch* vollständig bestimmt wird. Sogar dasselbe Subjekt würde dasselbe Gemälde in einer anderen Deutungssituation anders vervollständigen und realisieren.

4.4 Semantisches Kunstwerk-Werden und museale Arbeit

An dieser ›Stelle‹ der ontosemantischen Kunstwerks-Relation wird die museale Arbeit zentral, denn sie ist für die Schaffung ereignishafter Deutungssituationen zuständig. Museen können auf der Basis ihrer quantitativ und qualitativ spezifischen Sammlungen, gegebenenfalls durch zusätzliche Leihgaben von außen, immer neue semantische Kontexte herstellen und auf diese Weise Areale des Interpretationspotentials eines Kunstwerk-Schemas für die Deutung eröffnen und zur Verfügung stellen, die vorher nie oder nicht so in Betracht gezogen wurden. Das lässt sich an einigen sehr unterschiedlichen Beispielen erläutern, die je anders geartete Konstellationen exemplifizieren:

4.4.1 Künstlerische Werke und andere künstlerische Werke

Kommen wir zunächst auf das Beispiel *La Tempesta* zurück. In einen Kontext mit Gemälden oder Zeichnungen gestellt, die das christliche Thema *Ruhe auf der Flucht nach Ägypten* aufgreifen, würden ganz andere Deutungsmöglichkeiten aus dem Interpretationspotential von Giorgiones rätselhaftem Gemäldes realisiert, als durch seine Hängung in einem sicht- und deutbaren Dialog z.B. mit Edouard Manets vieldeutigem *Déjeuner sur l'herbe*.

Abb. 5: Adriaen Isenbrandt: Ruhe auf der Flucht nach Ägypten, ca. 1510/20

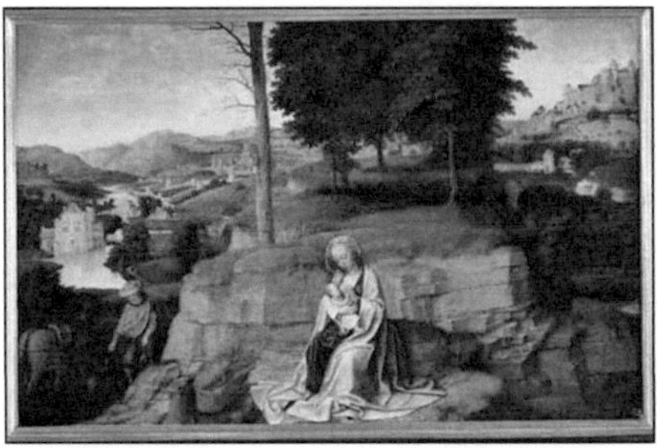

Abb. 6: Giorgione: La Tempesta, ca. 1508

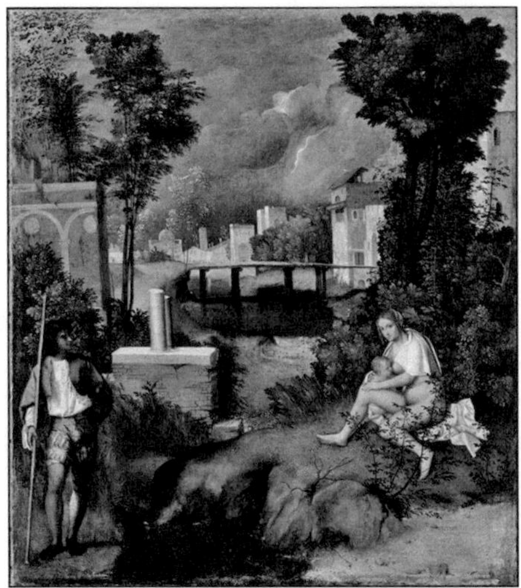

Abb. 7: Edouard Manet: Le déjeuner sur l'herbe, 1863

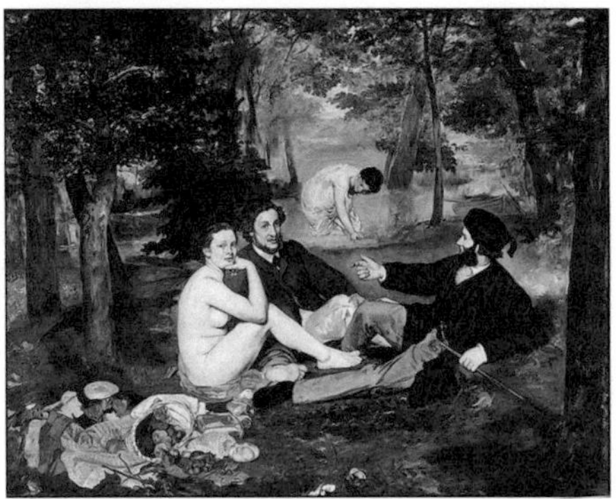

Im ersten Fall, der biblischen Szene der *Ruhe auf der Flucht nach Ägypten* von Adriaen Isenbrandt, sitzt wie auf Giorgiones Gemälde eine junge Frau in einer Phantasielandschaft, die in der Tiefenperspektive einen Blick auf Fluss, Bäume und verschiedene Bauwerke eröffnet. Im linken Bilddrittel steht ein Mann in der Landschaft, der sich auf Isenbrandts Gemälde etwas weiter im Hintergrund um ein Pferd kümmert, während er bei Giorgione am vorderen, linken Bildrand stehend einen Stab hält. Beide jungen Frauen bergen schützend einen Säugling im Arm. Im Sehzusammenhang mit Maria, Josef und dem Jesuskind als der Heiligen Familie sieht und deutet man Giorgiones Szene ebenfalls sinnfällig als die Rast einer Familie mit Kind, hier im Rückzug vor einem Unwetter. Irritierend in einem solchen Zusammenhang ist allerdings die Nacktheit der jungen Frau und ihr auf den Betrachter gerichteter Blick.

Genau das aber hat sie mit der jungen Frau auf Manets Skandalbild *Le déjeuner sur l'herbe* von 1863 gemeinsam, ebenso wie die Sitzhaltung und den Umstand, dass die männlichen Protagonisten (bei Giorgione ein Mann, bei Manet mehrere Männer) bekleidet sind. Im Sehzusammenhang mit Manets Gemälde gewinnt die junge Frau auf Giorgiones Gemälde mit ihrem auf den Betrachter gerichteten Blick etwas Herausforderndes; ihre Nacktheit erscheint dann eindeutig erotisch und ihre Haltung dadurch weniger mütterlich schützend als in dem vorherigen Zusammenhang.

4.4.2 Künstlerische Werke und nicht-künstlerische Werke

Stellen wir uns vor, ein Kurator der Vatikanischen Museen stellte für einen bestimmten Zeitraum eine große Photographie neben der *Pietà* von Michelangelo im Petersdom auf, und es handelte sich um die im Jahr 2011 als Pressebild des Jahres ausgezeichnete Kriegsphotographie aus dem Jemen *A Woman Protects Her Son* von Samuel Aranda:

Abb. 8: Michelangelo Buonarotti: Pietà, 1498-1501

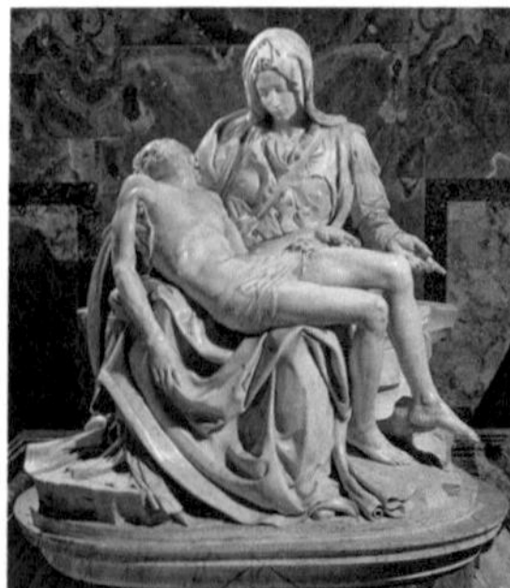

Abb. 9: Samuel Aranda: A Woman Protects Her Son, Pressebild des Jahres 2011

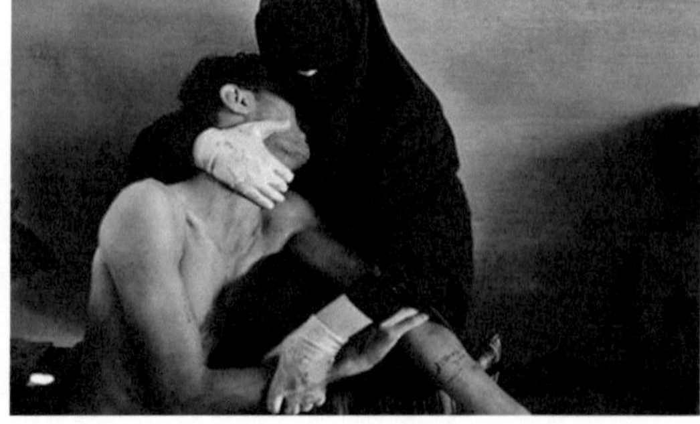

Die ersichtlichen Gemeinsamkeiten beider Inkorporationen liegen vor Augen: Eine mehr oder weniger verschleierte junge Frau hält einen erwachsenen jungen Mann auf ihrem Schoß im Arm. Wie aus den Titeln hervorgeht, handelt es sich in beiden Fällen um ihren Sohn. Der Titel der Kriegsphotographie von 2011 denotiert dies explizit; zudem heißt es in der Zusatzbeschreibung »Fatima al-Qaws cradles her son Zayed, 18« (Fatima al-Qaws wiegt ihren Sohn Zayed, 18, in den Armen)[33]. In der christlichen Tradition, in der Michelangelos Skulptur steht, bezeichnet ›Pietà‹ (italienisch, wörtlich übersetzt: ›Mitleid‹, ›Frömmigkeit‹) immer die Gottesmutter Maria, die ihren toten Sohn Jesus Christus nach der Kreuzabnahme in ihrem Schoß hält und als Schmerzensmutter (*Mater dolorosa*) betrauert. Die Mutter auf der Kriegsphotographie trägt eine Burka, d.h. ist voll verschleiert; dennoch suggerieren ihre Gestalt und Haltung, dass auch sie relativ jung ist (mit einem 18-Jährigen Sohn kann sie um die Mitte Dreißig sein) – aber vielleicht ›sieht‹ man das auch aus dem Wissen und der visuellen Erfahrung der christlichen Pietà.

Die Unterschiede in Hinsicht auf das Format, die künstlerische Gattung, die historische Zuordnung, den kulturellen und religiösen Kontext usw. liegen genauso klar auf der Hand und sollen ebenso wenig im Einzelnen aufgezählt werden wie die Gemeinsamkeiten. Worum es hier geht, ist, die analoge semantische Dimension beider hervorzuheben und zu zeigen, dass und wie die Verbindung zweier bildlicher Inkorporationen durch eine museale Präsentation zusätzliche Interpretationsansätze anbieten und freisetzen kann. Die grundlegende semantische Gemeinsamkeit besteht darin, dass beide die Trauer einer Mutter um ihren toten Sohn zeigen, und dass sie dies in einer sehr ähnlichen, überaus irritierenden Haltung tun und buchstäblich inkorporieren: Beide halten oder ›wiegen‹ einen erwachsenen Mann im Schoß wie einen Säugling, oder eben: als ihr Kind. Analogien funktionieren aber nur in Bezug auf Verschiedenes. Was beide Darstellungen tiefgreifend unterscheidet, ist die Art ihrer Bezugnahme auf die Realität. Während die Kriegsphotographie von 2011 auf eine authentische Situation referiert und damit an sich beispielhaft die Trauer unzähliger Mütter um ihre im Kampf getöteten Söhne inkorporiert, kann die *Pietà* Michelangelos nicht auf irgendwelche realen Konstellationen Bezug nehmen.[34] Abgesehen davon, dass die Größenproportion zwischen der sitzenden und der liegenden Figur unrealistisch ist, wäre oder ist es unmöglich, dass eine so junge Frau einen erwachsenen Sohn haben soll, der gemäß dem Neuen Testament 33 Jahre alt ist. Ohne weiter auf die sich daraus ergeben-

33 | »World Press Photo of the Year 2011. People in the News, first prize singles«, https://www.worldpressphoto.org/collection/photo/2012/world-press-photo-year/samuel-aranda (7.7.2017).

34 | Es sei denn, man geht davon aus, dass die Begebenheiten der christlichen Heilsgeschichte wirklich oder sogar die Wirklichkeit schlechthin sind.

den Konnotationen eingehen zu können, wirkt die *Pietà* aber trotz dieser Ungereimtheiten in sich stimmig und wird vom betrachtenden Subjekt auf eine in der Wirklichkeit plausible und anrührende Trauer bezogen.

Und die ungewöhnliche Idee des (fiktiven) Konservators der Vatikanischen Museen, diese beiden Inkorporationen nebeneinander zu stellen, bezieht sich auf – und erzeugt – eine Art von ›dritter‹ Referenz, sozusagen eine ›Trans-Pietà‹: Denn ›zwischen‹ oder ›mit‹ beiden Darstellungen ergibt sich eine inkorporative Bezugnahme auf die transkulturelle und transhistorische Trauer einer Mutter um ihren Sohn und dessen gewaltsamen Tod sowie auf die transkonfessionelle und transreligiöse Einstellung, ein Menschenleben für eine höhere Idee zu opfern.

4.4.3 Etwas als Kunstwerk oder Nicht-Kunstwerk

Das dritte und vierte Beispiel betreffen in je anderer Weise die Frage, ob und wie ein Objekt, das nicht eindeutig und auf den ersten Blick als künstlerisches Werk auszumachen ist, durch die museale Präsentation als etwas gezeigt wird, das semantisch aufgeladen ist.

Nehmen wir zunächst das Werk der Keramikkünstlerin Young-Yae Lee. Auf der Drehscheibe verfertigt sie Schalen (und andere Gefäße) aus unterschiedlicher Tonmischungen in je individuell glasierter Farbigkeit. Eine empirisch überwältigende Anzahl wurde 26.10.2006 bis 28.1.2007 in der Pinakothek der Moderne, München, unter dem Titel *1.111 Schalen* ausgestellt. Bereits die Diskrepanz zwischen der abgezählten Menge von 1.111 Schalen und ihrer visuellen Unabzählbarkeit ist eine sich zwischen Titel und aufgestellten Werken ereignende Konstellation, auf die sich die Installation zusammen mit ihrem Titel bezog. Darüber hinaus inkorporierte die Werkgesamtheit an sich selbst verschiedene gegenläufige Prozesse, die aber nicht als Spannungsverhältnisse von Verschiedenem aufgefasst wurden, sondern als ›Ganzheiten‹ komplementärer Kräfte: so z.B. die Ganzheit von Gesamtbild und einzelner Schale; die Ganzheit von erdgebundenem Aufruhen der Schalen auf dem Boden und ihrem eigentümlichen Schweben, das die Schwerkraft zu überwinden schien; die Ganzheit von zeitgebundener Fragilität und Zeitlosigkeit; die Ganzheit vom Empfangen oder Auffangen, die jedem Gefäß *per definitionem* eignet, und dem Zurückwerfen oder Reflektieren von Licht, das abhängig von dem matteren oder glänzenderen Schimmer der Farbglasur bei den einzelnen Schalen ganz unterschiedlich erschien; die Ganzheit von Ruhe und, wie man fast sagen könnte, tänzerischer Bewegung der Schalen.

Abb. 10 und 11: Young-Jae Lee: Gefäße, Hochschule für Bildende Künste Dresden, Oktogon (Photos: Robert Vanis/Hochschule für Bildende Künste Dresden)

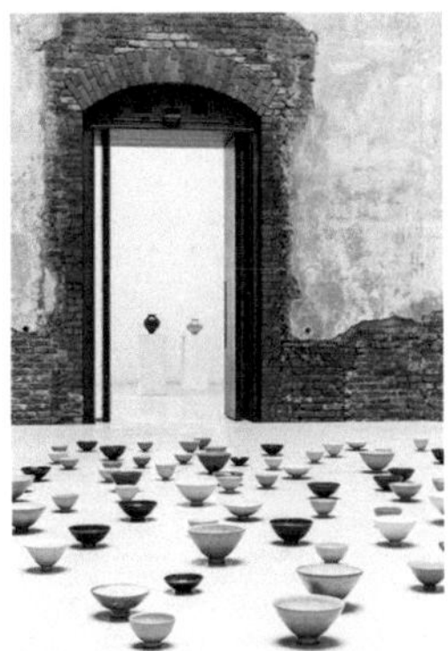

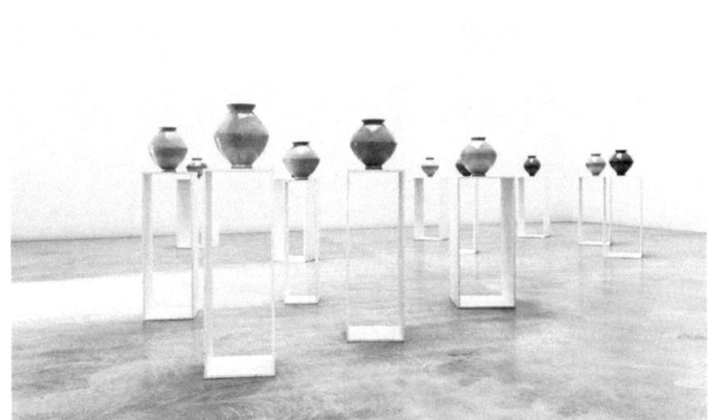

In einer Ausstellung der Künstlerin, die vom 3. Mai bis 25. Juni 2017 in der Hochschule für Bildende Künste Dresden stattfand, zeigte sie neben einer Installation von Schalen (vgl. Abb. 10) zudem Spindelvasen, deren Formenkanon ebenfalls aus alter koreanischer Tradition stammt (Abb. 11). In einem Gespräch gab die Künstlerin selbst den zentralen Hinweis für deren Bezugnahme und Interpretation. Sie verbinde zwei Schalen durch Zusammenfügen der Schalenränder, wodurch die Spindelvase entsteht. Diese bildet eine neue formale Ganzheit, innerhalb deren die Zweiheit der Schalen zugleich sichtbar da und aufgehoben ist. Für sie, so Young-Jae Lee, sei ihr Formen von Spindelvasen eng verbunden mit Goethes Gedicht *Gingo Biloba*. Dessen erste Strophe lautet:

Dieses Baumes Blatt, der von Osten
Meinem Garten anvertraut,
Gibt geheimen Sinn zu kosten,
Wie's den Wissenden erbaut.[35]

Die erste Strophe bezieht sich, wie Young-Jae Lees Spindelvasen, unter anderem auf die komplementäre Ganzheit – und ihren bis zu einem gewissen Grad »geheim[...]« bleibenden »Sinn« – zweier in Goethes *West*-östlichem D*ivan* verschwisterter Kulturen: ›fernöstlicher‹, hier koreanischer, Tradition und westlicher Spiritualität, wie sie der Künstlerin Young-Jae Lee nach eigener Aussage in der Apokalypse des Johannes begegnet ist.

35 | Johann Wolfgang von Goethe: »Gingo Biloba« [1815], in: ders.: *Epen, Divan, Theatergedichte*, Zürich ³1979 (¹1950) (*Sämtliche Werke. Unveränderter Nachdruck der Bände 1-17 der Artemis-Gedenkausgabe zu Goethes 200. Geburtstag am 28. August 1949*, hg. von Ernst Beutler, 18 Bde., Bd. 3), S. 348.

Insbesondere aber die Zeilen der zweiten Strophe wie auch die Schlusszeile der dritten Strophe sind für die spezielle Bezugnahme ihrer Spindelvasen aussagekräftig:

Ist es ein lebendig Wesen,
Das sich in sich selbst getrennt?
Sind es zwei, die sich erlesen,
Daß man sie als eines kennt?

[...]
Fühlst du nicht an meinen Liedern,
Daß ich eins und doppelt bin?[36]

Diese Zeilen des berühmten Goethegedichtes sind für die Künstlerin nicht mehr zu trennen von ihren Spindelvasen und damit offenbar von derjenigen elementaren Konstellation des ein- und zweifach In-der-Welt-seins, worauf diese inkorporierend Bezug nehmen.

Umgekehrt kann die Situierung eines potentiell künstlerischen Objekts im Zusammenhang mit kunstgewerblichen Exponaten, die eher dem praktischen Gebrauch zuzurechnen sind, eine völlig andere Sicht involvieren. Um ein fingiertes Beispiel zur Erläuterung heranzuziehen: Es ist denkbar, dass die Mitarbeiter eines ethnologischen Museums das oben gezeigte indische ›Vajra‹-Blitzbündel in einer Vitrine neben kunstvoll ziselierten Dolchen, sowie Gürtelschließen und Trinkgefäßen positionieren. Dadurch beeinflusst, läge es für ein *betrachtendes Subjekt* nahe, das Blitzbündel lediglich als *kulturhistorisches Dokument* aufzufassen. Die perzipierende Person würde in diesem Fall das Interpretationspotential des Blitzbündels nicht nutzen, geschweige denn, für sich ausschöpfen. Dann könnte das Blitzbündel nicht ontosemantisch als Kunstwerk fungieren, sondern vielleicht als ›für sein Alter‹ kunsthandwerklich exzellent verfertigter und subtil gestalteter Kultgegenstand oder als historisch aussagekräftiges Zeugnis für eine Kulturepoche in einer Region Indiens.

Das Kunstwerk-Werden und Sein ist also nunmehr näher als Realisierungs- *und Symbolisierungs*-Ereignis zu bestimmen. Sei es vonseiten desselben Betrachters desselben künstlerischen Erzeugnisses in unterschiedlichen Betrachtungssituationen oder vonseiten vieler Betrachter: In jedem Realisierungs- und Symbolisierungs-Ereignis eines Werkes entsteht *eine* ontosemantische *Realisierungsversion*, oder kurz: *Realisierung*. Daraus ergibt sich die ontosemantische vierte Definition des Kunstwerks, die ein bestimmtes Fungieren einschließt. Danach fungiert etwas als Kunstwerk, wenn es semantisch realisiert wird:

---

36 | Ebd.

Kunstwerk $_{\text{DEF 5 op F ontosemant 2}}$:
Das Kunstwerk ist die komplexe und identische Totalität des symbolisierend erschaffenen Kunstwerk-Schemas X und aller seiner symbolisierend mit-erschaffenen Realisationen $X_{1\text{-}n_{1\text{-}n}}$ (2. und 3. Stufe).

5. Fazit: Das Museum als extrinsisch-circumstantiver und intrinsisch-konstitutiver Faktor in der ontosemantischen Struktur des Kunstwerks

Im Jahr 2010 fand im Museum of Modern Art (MoMA) eine Performance der Künstlerin Marina Abramović mit dem Titel *The Artist is Present* statt. Vom 14. März bis zum 31. Mai 2010 saß die Künstlerin während der Öffnungszeiten des Museum jeden Tag außer am Dienstag von morgens bis abends, ohne Unterbrechung, auf einem Holzstuhl vor einem Tisch. Ihr gegenüber stand ein weiterer Stuhl, auf dem ihre Besucher Platz nahmen, mit denen sie für die Dauer von deren Aufenthalt Blickkontakt hielt.[37]

Abb. 12: Marina Abramović: The Artist is Present, 2010

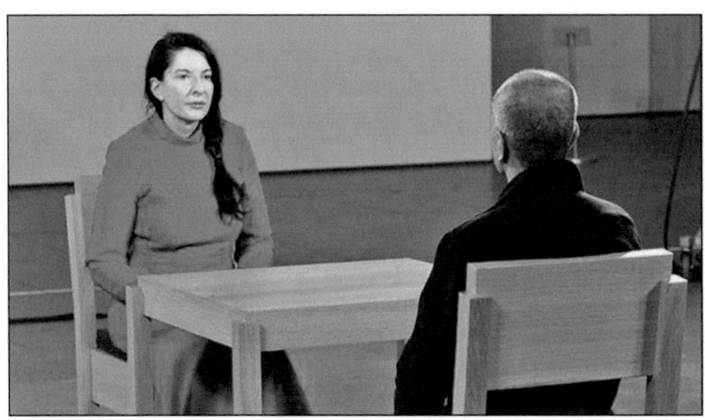

In schlichte weite Gewänder gehüllt, blau im März, rot im April und weiß im Mai, verbrachte Marina Abramović nach Aussage des *Art Magazine* insgesamt 736 Stunden und 30 Minuten schweigend auf ihrem Stuhl an einem Tisch und begegnete nach ihrer eigenen Berechnung insgesamt 1.565 Augenpaaren. Ihre Besucher nahmen stundenlange Wartezeiten in Kauf, um an der Performance teilzunehmen und saßen ihr einmal, manche auch mehrmals, einige Minuten

37 | Für den Fall, dass sie auf die Toilette musste, war anfangs eine Auffangeinrichtung unter dem Stuhl und ihrem voluminösen Kleid angebracht; später richtete sie ihre Flüssigkeitsaufnahme so ein, dass sie die gesamte Sitzsession durchhalten konnte, vgl. Fn. 36.

bis zu mehreren Stunden gegenüber. Eine Besucherin setzte sich dem Blick der Künstlerin sogar einen vollen Tag aus, um in einer quasi-paritätischen Situation, ebenfalls schweigend, zurückzublicken. Ein Photograph notierte die jeweilige Dauer und hielt jeden Besucher im Bild fest. Dabei ging offenbar eine starke Wirkung von Abramović und ihrem Schauen aus, denn immer wieder brachen Besucher in Tränen aus. Ein Besucher, der sie fünfzehn Mal aufsuchte, sprach von der Kraft, die von ihr ausgehe und ihn magnetisch anziehe.[38] Die Performance erläutert die (oben angekündigte) Übersichtsdarstellung der ontosemantischen Struktur des Kunstwerks:

Abb. 13: Das Kunstwerk als ontosemantische Struktur

Das Fungieren als Kunstwerk ist als Realisierungs- und Symbolisierungs-Ereignis

<table>
<tr><td>3-stellig →
prozessual
symbolisierend</td><td>Relatum 1</td><td>Relatum 2</td><td colspan="2">Relatum 3</td></tr>
<tr><td>einfach
ko-konstituierende
Künste</td><td rowspan="2">künstlerisches
Konstituens (Person)
1. Stufe
– produziert
– erzeugt
– macht
– bringt hervor
symbolerschaffend
für …</td><td rowspan="2">Kunstwerk-Schema X
– individuell
– unvollständig bestimmt
– offen für alle seine Realisationen
komplexes
künstlerisches Symbol
↓
Deutungspotential</td><td colspan="2">non-künstlerisches Konstituens (Person) 2. Stufe
realisiert + ko-konstituiert (mit-erzeugt)
symboldeutend ein Kunstwerk $X_{1\text{-}n}$</td></tr>
<tr><td>doppelt
ko-konstituierende
Künste</td><td>künstlerisches Konstituens
(Person) 2. Stufe
realisiert + ko-produziert
symbolumdeutend,
-schaffend Kunstwerk $X_{1\text{-}n}$</td><td>non-künstlerisches
Konstituens (Person) 3. Stufe
realisiert + ko-konstituiert
symboldeutend
Kunstwerk $X_{1\text{-}n1\text{-}n}$</td></tr>
<tr><td>z.B.</td><td>Marina Abramović
konzipiert und
performt</td><td>Performance
The Artist is Present:
700 Stunden,
14.3.-31.5.2010</td><td>M. Abramović performt
(ggf. entwickelt)
3.5.2010, 15.20-25</td><td>Person 1.483 ko-performt
(schaut, koagiert)
3.5.2010, 15.20-25</td></tr>
</table>

Museum: 1. schafft die existentiellen Voraussetzungen
2. verstärkt, lenkt, prägt, evoziert die semantische Bedeutsamkeit und Symboldeutung

Die *ontologische Verfasstheit* dieses Kunstwerks wurde auf der einen Seite konstituiert von Sukzessivität, Dynamik, Kraftausübung und einem, bereits grammatisch, je anderem Verhältnis von Aktivität und Passivität. Denn das in der bildenden Kunst übliche Verhältnis von betrachtendem Subjekt (Museumsbesucher) und betrachtetem künstlerischen Objekt (Abramović) fand hier statt, indem es zugleich umgekehrt wurde: die performende Abramović, d.h. das Betrachtungsobjekt war auch das betrachtende Subjekt seines Betrachters, der damit auch den Platz des Objekts einnahm. Allerdings ist auf einer nächsten Denkebene schon der Ausdruck ›betrachten‹ falsch, sofern er von einer ästhetischen Distanz ausgeht, die in *The Artist is Present* konzeptuell unterlaufen wur-

38 | Claudia Bodin: »Marina Abramovic im MoMA New York. Die göttliche Marina. Marina Abramovics Performance ›The Artist is Present‹ rührte viele Besucher des New Yorker Museum of Modern Art zu Tränen. Eine Bilanz der Ereignisse, die Abramovics Retrospektive vom 14. März bis zum 31. Mai begleiteten«, in: *art. Das Kunstmagazin*, 3.6.2010, www.art-magazin.de/kunst/6624-rtkl-marina-abramovic-im-moma-new-york-die-goettliche-marina (7.7.2017).

de und tatsächlich aufgehoben war. Korrekter formuliert, handelte es sich hier um ein graduell unterschiedlich aktives Tun von Abramović auf der einen und ihrem jeweiligen Gegenüber auf der anderen Seite des Tisches. Denn dieses Gegenüber war eben nicht nur Besucher oder Betrachter, sondern fungierte als Ko-Akteur, ohne den weder das Kunstwerk-Schema, noch das realisierte Kunstwerk realisiert worden wäre. Abhängig davon, wer gerade mit Abramović koagierte, handelte es sich also um ein komplementäres Mehr-oder-Weniger an Blick-Aktivität und das, was darin mitschwingt.

Die Performance als solche aber funktioniert nur als *ontosemantische* Konstellation; sie ist, indem sie semantisch ist. Worauf nun und wie nimmt *The Artist is Present* Bezug? Der Titel als Bestandteil der Performance *denotiert* die Gegenwart der Künstlerin und weitergehend Gegenwärtigkeit. Da sie die Performance nicht nur durchgeführt, sondern auch konzipiert hat und die Ko-Akteure im Titel nicht erwähnt, indiziert dies eine explizite Schwerpunktsetzung innerhalb des oben beschriebenen Aktivitäts- und Kräftefeldes zugunsten der Künstlerin. Aus diesem Grund habe ich oben von einer »quasi-paritätischen Situation« gesprochen. Denn Abramović hat ihren Mitspielern immer etwas voraus. Während diese sich willig in einen vorgefertigten Situationsrahmen begeben, hatte sie diesen ausgedacht und unter Einbezug der räumlichen Bedingungen gestaltet, indem sie z.B. den Lichteinfall, die Sichtachsen und die Bewegungsrichtungen im Raum in die Situierung des Tisches mit den einander gegenüber platzierten Stühlen einbezog. Sie konnte also z.B. Bewegungsmuster auf sie hin bis zu einem gewissen Grad voraussehen und -planen. Aber darüber hinaus konnte sie auch eine Reihe von semantischen Bezügen konzipierend vorgeben und sich in der Durchführung der Performance zumindest auf die von ihr erwarteten Bezugnahmen einstellen, so dass sie sozusagen professionell imstande war, stoisch ruhig zu blicken. Ihre KoPerformer hingegen begaben sich im Vergleich unvorbereitet und vermutlich mit einem diffuseren Erwartungshorizont in die Situation, weshalb sie der Wucht des unmittelbaren Blickkontakts ausgesetzt waren. Denn die Performance nimmt auf sich Bezug und *führt* an sich, an und mit beiden je Beteiligten, das *als bedeutsam vor,* was sich in ihr vollzieht. Sie *inkorporiert* eine unerhörte Nähe, da eine eindringliche Form von erlebter Gegenwart vollzogen wird oder, wie man auch sagen könnte, von einem Zeitverlauf, der durch eine extreme Intimität, das Sich-in-die-Augen-Blicken, in ein Präsenzerlebnis gebannt wird (›... is present‹). Es nimmt inkorporierend auf sich und eine Fülle von Blick-Situationen Bezug, die je unterschiedlich geprägt sind von Nähe und Distanz, Aktivität und Passivität, dynamischem Wirken und Ertragen, Berührtwerden und Unbeteiligtsein, Sukzessivität und Stillstand der Zeit in der intensiven Erlebnisgegenwart. Die Performance referiert damit zugleich auf das Konnotationsfeld dieser Bezugsgegenstände (d.h. auch ihrer selbst), das ihr weiteres Interpretationspotential bildet. Dazu zählen z.B. folgende elementare Realkonstellationen: Wenn sich zwei Menschen an einem

Tisch gegenübersitzen und anschauen, so kann das häufig die Ausgangssituation für ein (normalerweise asymmetrisches) Prüfungsgespräch sein oder eine ernste (symmetrische oder asymmetrische) Grundsatzaussprache. Starrt uns in einem öffentlichen Verkehrsmittel ein Fremder an wie es Abramović in ihrer Performance tut, so senken wir entweder den Blick und entziehen uns der ›geraubten‹ Nähe. Oder wir starren offensiv zurück und zwingen den Anderen zurück in die angemessene Distanz. Im schlimmsten Fall kann es zu aggressiven Handlungen kommen. Mit anderen Worten, in Bezug auf eine unzulässige Blickaufnahme verhalten wir uns instinktiv als Lebewesen und verteidigen unseren Existenz-Raum. Einem vertrauten Menschen hingegen gestatten wir die größtmögliche Blicknähe und empfinden sie sogar als liebende Berührung – nicht umsonst referiert der Ausdruck ›und sie erkannten einander‹ auf den Moment des sich Verliebens bzw. sogar auf den Liebesakt.[39] Der Topos von den Augen als den ›Fenstern der Seele‹ beispielsweise impliziert zwei Richtungen, von denen die eine besagt, dass jemand durch unsere Augen auf den ›Grund unserer Seele‹ schaut. Dass immer wieder Ko-Akteure der Performance in Tränen ausbrachen, verweist auf die letzten beiden Bezugnahmen. Die hier skizzierten Bezugsgegenstände sind grundlegende Kategorien menschlichen Zusammenlebens und Kommunizierens wie intensive Gegenwärtigkeit, physischer Lebensraum, psychische Nähe und Distanz, Aggressivität, Macht, Stärke, symmetrische oder asymmetrische Kraftverhältnisse, Liebe, Sexualität. Sie werden in und von der Performance *The Artist is Present* inkorporiert und zugleich von den inkorporierenden (Ko-)Akteuren an sich selbst erlebt.

Es ist müßig, zu spekulieren, ob Abramovićs Performance auch in einer Bahnunterführung oder Fußgängerzone funktioniert hätte. Aber man kann sicher sagen, dass die Performance dadurch, dass sie von einem professionellen Museumskurator betreut wurde (Klaus Biesenbach), in einem berühmten Museum (MoMA) und seinen spezifischen raumzeitlichen Verhältnisse im Rahmen einer Abramović-Retrospektive stattfand, anders zur Existenz kam und auf andere Weise *als bedeutsam vorgeführt* wurde als in einem naturkundlichen Museum neben Dinosauriern (s.o.). Im Kontext des MoMA erreichte die Performance immens viele Menschen, die – eben auch im geschützten Raum des Museums – bereit waren, mitzuspielen und damit konstitutiv an ihrem Kunstwerk-Werden beteiligt waren. Das Museum schuf also nicht nur die institutionellen und *extrinsisch-circumstantiven Bedingungen*, ohne die das Kunstwerk nicht stattgefunden hätte. Vielmehr wurden einfache Lebensphänomene wie Sitzen-an-einem-Tisch und Blickkontakt dadurch, dass sie ›während der Öffnungszeiten‹ in diesem

39 | Vgl. 1. Mose 4,1: »Und Adam *erkannte* seine Frau Eva, und sie ward schwanger und gebar den Kain [...].« [Herv. von C.P.]; s.a. 1. Korinther 13: »Wir sehen jetzt durch einen Spiegel in einem dunklen Bild; dann aber von Angesicht zu Angesicht. Jetzt erkenne ich stückweise; dann aber werde ich *erkennen*, gleichwie ich erkannt bin.« [Herv. von C.P.]

Museum stattfanden, mit einer neuen, ästhetischen Bedeutsamkeit aufgeladen, die dazu aufrief, ihre semantische Dimension wahrzunehmen, ihre, oder zumindest manche, Bedeutungen zu entschlüsseln und damit einige Segmente des Interpretationspotentials von Abramovićs Werk zu aktualisieren und in eine seiner phasischen Realisierungen zu überführen. Mithin übernimmt das Museum dann, wie schon die oben aufgeführten Beispiele zeigten, auch eine *intrinsisch-konstitutive Rolle für den ontosemantischen Status von Kunstwerken.* Daran erinnern im Fall der Performance *The Artist is Present* deren Residuen, die Photos, Filmsequenzen, Beschreibungen und Zeitmessungen der einzelnen wechselseitigen Blickhandlungen. Ein Alleinstellungsmerkmal des Museums gegenüber anderen Kontexten für das gelingende Fungieren einer Performance ist durch seine Sammlungen gegeben. Gesetzt, *The Artist is Present* fände im Rahmen einer Ausstellung statt, die den Titel *Blicke – Von Dürer bis Sherman* trüge und ausschließlich En-Face-Bildnisse von Menschen zeigte, die den Betrachter auf unterschiedliche Weise direkt ansehen. Eine solche Einbettung würde semantische Deutungsräume für die Performance freisetzen, die nirgends so wie durch die kuratorische Arbeit von Kunstwissenschaftlern an und mit Vergleichswerken aus den reichhaltigen Museumsbeständen ermöglicht werden könnten.

Im Überblick stellt sich somit die extrinsisch-circumstantive und intrinsisch-konstitutive Funktion des Museums wie folgt dar:

Abb. 14: Fazit: Rolle des Museums für die ontosemantische Struktur des Kunstwerks

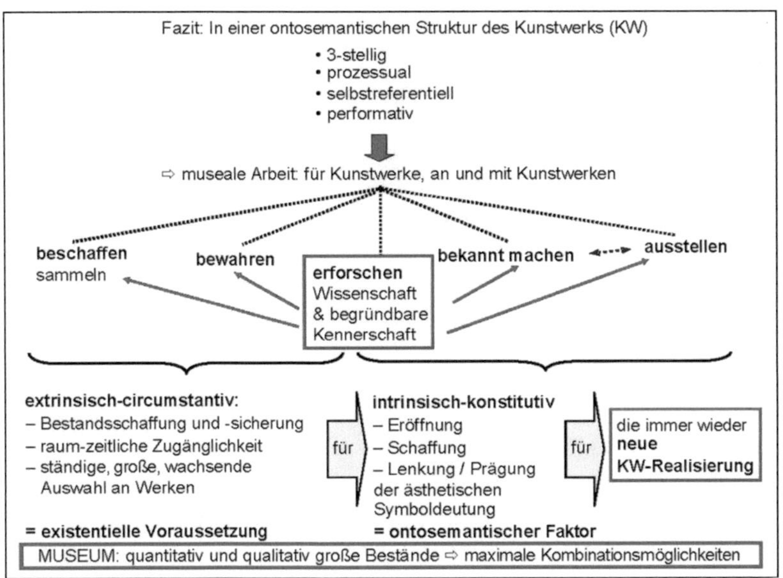

Literatur

»Beltracchi-Fälscherskandal. Kunstexperte Werner Spies gesteht Fehler ein«, in: *Spiegel online*, 27.8.2012, www.spiegel.de/kultur/gesellschaft/werner-spies-kunsthistoriker-gesteht-in-beltracchi-affaere-fehler-ein-a-852221.html (7.7.2017).

Baumgarten, Alexander Gottlieb: *Ästhetik/Aesthetica* [1750/58], hg. von Constanze Peres, lat.-dt. von C. Peres/P. Witzmann, München 2018.

—: »Metaphysik/Metaphysica« [1739, [7]1779], in: ders.: *Ästhetik/Aesthetica.*

»Beuys' ›Fettecke‹ weggeputzt: Kunst im Eimer«, in: *Zeit online*, 6.11.1987, aktualisiert am 21.11.2012, www.zeit.de/1987/46/kunst-im-eimer (7.7.2017).

Bodin, Claudia: »Marina Abramovic im MoMA New York. Die göttliche Marina. Marina Abramovics Performance ›The Artist is Present‹ rührte viele Besucher des New Yorker Museum of Modern Art zu Tränen. Eine Bilanz der Ereignisse, die Abramovics Retrospektive vom 14. März bis zum 31. Mai begleiteten«, in: *art. Das Kunstmagazin*, 3.6.2010, www.art-magazin.de/kunst/6624-rtkl-marina-abramovic-im-moma-new-york-die-goettliche-ma rina (7.7.2017).

Boehm, Gottfried: »Sehen. Hermeneutische Reflexionen« [1992], in: Ralf Konersmann (Hg.): *Kritik des Sehens*, Leipzig 1997, S. 272-298.

Danto, Arthur C.: *Die Verklärung des Gewöhnlichen. Eine Philosophie der Kunst* [*The Transfiguration of the Commonplace*, 1981], übers. von Max Looser, Frankfurt a.M. [2]1993 ([1]1991).

Deutscher Museumsbund e.V. (Hg.): *Bulletin* 1 (2017): *100 Jahre Deutscher Museumsbund: Digital. ökonomisch. relevant. Museen verändern sich!« Jahrestagung im Rahmen des Jubiläums*, www.museumsbund.de/wp-content/uploads/2017/04/bulletin-2017-1-online.pdf (7.7.2017).

Dickie, George: *Art and the Aesthetic: An Institutional Analysis*, Ithaka, N.Y 1974.

Dittmar, Peter: »Werner Spies und sein schwerstes Urteil«, in: *Welt*, 30.5.2013, https://www.welt.de/kultur/kunst-und-architektur/article116638951/Werner-Spies-und-sein-schwerstes-Urteil.html (7.7.2017).

Fischer-Lichte, Erika: *Ästhetik des Performativen*, Frankfurt a.M. 2004.

Goethe, Johann Wolfgang von: »Gingo Biloba« [1815], in: ders.: *Epen, Divan, Theatergedichte*, Zürich [3]1979 ([1]1950) (*Sämtliche Werke. Unveränderter Nachdruck der Bände 1-17 der Artemis-Gedenkausgabe zu Goethes 200. Geburtstag am 28. August 1949*, hg. von Ernst Beutler, 18 Bde., Bd. 3) S. 348.

Goodman, Nelson: *Sprachen der Kunst. Ein Ansatz zu einer Symboltheorie* [*Languages of Art. An Approach to a Theory of Symbols*, 1968], übers. von Bernd Philippi Frankfurt a.M. 1997.

—: *Vom Denken und anderen Dingen* [*Of Mind and Other Matters*, 1984], übers. von Bernd Philippi, Frankfurt a.M. 1993.

—: *Weisen der Welterzeugung* [*Ways of Worldmaking*, 1978], übers. von Max Looser, Frankfurt a.M. 1990.

Graf, Bernhard/Rodekamp, Volker: *Museen zwischen Qualität und Relevanz. Denkschrift zur Lage der Museen*, Berlin 2012 (Berliner Schriften zur Museumsforschung 30), S. 73-182.

Hesiod: *Theogonie. Werke und Tage*, griech.-dt., hg. und übers. von Albert von Schirnding, München/Zürich 1991.

ICOM Statutes [2016], http://icom.museum/fileadmin/user_upload/pdf/Statuts/2016_Statutes_ENG.pdf (7.7.2017).

ICOM: »Museumsdefinition« [2007], www.museumsbund.de/de/das_museum/geschichte_definition/definition_museum (31.10.2016)

—: »Museumsdefinition« [2010], www.museumsbund.de/museumsdefinition/(7.7.2017).

Ingarden, Roman: *Das literarische Kunstwerk. Eine Untersuchung aus dem Grenzgebiet der Ontologie, Logik und Literaturwissenschaft*, [4]Tübingen 1972 ([1]Halle 1931).

—: »Konkretisation und Rekonstruktion«, in: Rainer Warning (Hg.): *Rezeptionsästhetik. Theorie und Praxis*, München 1975, S. 42-70.

Iser, Wolfgang: *Der Akt des Lesens. Theorie ästhetischer Wirkung*, München 1976.

Leibniz, Gottfried Wilhelm: *Die philosophischen Schriften von G.W. Leibniz*, hg. von C.I. Gerhard, 7 Bde., Berlin 1875-1890, Reprint Hildesheim 1978.

—: »Discours de Métaphysique« [1686], in: *Die philosophischen Schriften von G.W. Leibniz*, Bd. 4, S. 427-463.

—: »Meditationes de cognitione, veritate et ideis« [1684], in: *Die philosophischen Schriften von G.W. Leibniz*, Bd. 4, S. 422-426.

—: »Monadologie« [1714], in: *Die philosophischen Schriften von G.W. Leibniz*, Bd. 6, S. 607-623.

Peres, Constanze: »Kandinsky, Leibniz und die RaumZeit«, in: *Spektrum der Wissenschaft*, Spezial 1 (2003): *Phänomen Zeit*, S. 84-89.

—: »Raumzeitliche Strukturgemeinsamkeiten bildnerischer und musikalischer Werke«, in: Tatjana Böhme/Klaus Mehner (Hg.): *Zeit und Raum in Musik und Bildender Kunst*, Köln/Weimar/Wien 2000, S. 9-30.

—: »Schönheit als ontosemanische Konstellation«, in: C. Peres/D. Greimann (Hg.): *Wahrheit – Sein – Struktur. Auseinandersetzungen mit Metaphysik*, Hildesheim/Zürich/New York 2000, S. 144-173.

—: »Zeit, Performanz und die ontosemantische Struktur des Kunstwerks«, in: Friedrich Stadler/Michael Stöltzner (Hg.): *Time and History. Proceedings of the 28. International Wittgenstein-Symposion, Kirchberg am Wechsel, Austria*, Frankfurt a.M./Paris/Ebikon u.a. 2006, S. 363-385.

Petech, Luciano: »Indien bis zur Mitte des 6. Jahrhunderts«, in: Golo Mann/Alfred Heuß: *Weltgeschichte. Eine Universalgeschichte*, Bd. 2, Frankfurt a.M./Berlin 1962, S. 351-476.

Puntel, Lorenz Bruno: *Struktur und Sein. Ein Theorierahmen für eine systematische Philosophie*, Tübingen 2006.

Quine, Willard Van Orman: *Mathematical Logic* [1940], Cambridge, Mass. 1951.

Schmücker, Reinold: »Kunstwerke als intersubjektiv-instantiale Entitäten«, in: ders. (Hg.): *Identität und Existenz. Studien zur Ontologie der Kunst*, Paderborn [2]2005 ([1]2003) (KunstPhilosophie 2), S. 149-179.

Storm, Rachel (Hg.): *Die Enzyklopädie der östlichen Mythologie. Legenden des Ostens: Mythen und Sagen der Helden, Götter und Krieger aus dem alten Ägypten, Arabien, Persien, Indien, Tibet, China und Japan*, Reichelsheim 2000.

te Heesen, Anke/Vöhringer, Margarete (Hg.): *Wissenschaft im Museum – Ausstellung im Labor*, Berlin 2014.

te Heesen, Anke: *Theorien des Museums zur Einführung*, Hamburg 2012.

Vieregg, Hildegard: *Geschichte des Museums. Eine Einführung*, München 2008.

Walz, Markus (Hg.): *Handbuch Museum – Geschichte, Aufgaben, Perspektiven*, Stuttgart 2016.

»World Press Photo of the Year 2011. People in the News, first prize singles«, https://www.worldpressphoto.org/collection/photo/2012/world-press-photo-year/samuel-aranda (7.7.2017).

Yanal, Robert J.: »The Institutional Theory of Art«, in: Michael Kelly (Hg.): *The Encyclopedia of Aesthetics*, New York/Oxford 1998, S. 1-7.

Bildquellen

1-3 Graphiken der Autorin
4 b-d aus dem Archiv der Autorin
5 https://www.kunst-fuer-alle.de/media_kunst/img/41/m/41_00187477.jpg (7.9.2017)
6 https://upload.wikimedia.org/wikipedia/commons/8/8f/Giorgione_019.jpg (7.9.2017)
7 www.manet.org/images/gallery/the-luncheon-on-the-grass.jpg (7.9.2017)
8 https://static.fanpage.it/wp-content/uploads/2016/12/pieta.jpg (7.9.2017)
9 https://www.theguardian.com/artanddesign/2012/nov/07/samuel-aranda-best-photograph (7.9.2017)
10-11 Robert Vanis/Hochschule für Bildende Künste Dresden
12 https://novinkiblog.files.wordpress.com/2011/11/marina-abramovic-artist-is-present.jpg (7.9.2017)
13-14 Graphiken der Autorin

Die Autorinnen und Autoren

Rosmarie Beier-de Haan, von 1991 bis 2017 Sammlungsleiterin für Alltags-, Medizin- und Technikgeschichte sowie Ausstellungskuratorin am Deutschen Historischen Museum Berlin.

Studium der Geschichte, Germanistik, Philosophie und Erziehungswissenschaft in Hannover und Berlin; 1982 Promotion mit einer Arbeit zur Geschichte der Frauenarbeit im Kaiserreich (Betreuerin: Karin Hausen, Technische Universität Berlin); 1984-1988 Wissenschaftliche Mitarbeiterin der Ausstellung »Berlin, Berlin« zur 750-Jahr-Feier der Stadt Berlin; 1988-1991 Wissenschaftliche Mitarbeiterin im Aufbaustab des Deutschen Historischen Museums Berlin; 1995-2003 Lehraufträge zum Themenfeld »Geschichte und Museum« an der Humboldt-Universität Berlin, der Freien Universität Berlin und der Technischen Universität Berlin; 1995, 1998, 2003 Gastforschungsaufenthalte in der Fondation Maison des Sciences de l'Homme, Paris; 2005 Ernennung zur Honorarprofessorin für Neuere Geschichte an der Technischen Universität Berlin; 2008 Ernennung zur Honorarprofessorin für Geschichte am Friedrich-Meinecke-Institut der Freien Universität Berlin.

Rosmarie Beier-de Haan war und ist Vorstandsmitglied deutscher und internationaler Museumsverbände sowie Mitglied in den Wissenschaftlichen Beiräten etlicher Museums- und Ausstellungsprojekte. Sie hat zahlreiche kultur- und sozialhistorische Ausstellungen wissenschaftlich entwickelt und kuratiert.

Bernadette Collenberg-Plotnikov, seit 2014 apl. Professorin am Institut für Philosophie der FernUniversität in Hagen; ebenfalls seit 2014 Mitarbeiterin (›Eigene Stelle‹) am Philosophischen Seminar der Westfälischen Wilhelms-Universität Münster; dort Betreuung des DFG-Projekts: »Das Projekt ›Allgemeine Kunstwissenschaft‹ (1906-1943): Leitidee – Institution – Kontext«.

Studium der Kunstgeschichte, Romanistik und Philosophie an den Universitäten Bochum, Paris, Konstanz; 1996 Promotion im Fach Kunstgeschichte an der Freien Universität Berlin; 1995-2008 Wissenschaftliche Assistentin am Institut für Philosophie der FernUniversität in Hagen; 2007-2008 Lehrstuhlvertretung ebd.; 2009 Habilitation und Privatdozentur; 2009-2013 Lehrbeauftragte an der Folkwang Universität der Künste (Essen) sowie am Fachbereich Design der Fachhochschule Dortmund; 2013-2014 Mitarbeiterin am Hegel-Archiv der Ruhr-Universität Bochum.

Brigitte Hilmer, Titularprofessorin und Lehrbeauftragte an der Universität Basel; Leitung des Troxler-Arbeitsbereichs.

Studium der Kunstgeschichte, Geschichte, Religionswissenschaft und Philosophie in München, Hamburg und Berlin; 1989 Magistra Artium in den Hauptfächern Philosophie und Kunstgeschichte an der Freien Universität Berlin; 1991-2001 Wissenschaftliche Assistentin und Oberassistentin für Philosophie an der Universität Basel; 1995 Promotion in Philosophie in Basel mit der Arbeit: »Scheinen des Begriffs. Hegels Logik der Kunst«; 2001-2003 Visiting Scholar des Department of Philosophy, Columbia University, New York City; 2006-2012 SNF-Fellow mit einem Projekt zur Philosophie des Geistigen Eigentums; 2007 Habilitation durch die Philosophisch-historische Fakultät Basel Habilitationsschrift: »Im Medium des Begriffs. Über philosophischen Stil«; 2008-2009 Lehrstuhlvertretung in Potsdam; WS 2015 Vertretungs-Gastprofessur an der Freien Universität Berlin; 2015-2017 Arbeitsgruppenleiterin am NFS Eikones Bildkritik in Basel.

Katharina Hoins, seit 2017 Assistenz des Direktors an der Hamburger Kunsthalle.

Studium der Kunstgeschichte, Journalistik und Neueren Geschichte in Hamburg und Wien; 2007-2009 Wissenschaftliches Volontariat an den Staatlichen Kunstsammlungen Dresden; 2010-2012 Forschungsprojekt für die Isa-Lohmann-Siems-Stiftung, Tätigkeit für das Bucerius Kunstforum, Hamburg; 2012 Promotion an der Universität Hamburg; 2013-2015 Wissenschaftliche Mitarbeiterin im Bereich Forschung und wissenschaftliche Kooperation, Staatliche Kunstsammlungen Dresden; 2014-2015 Stipendiatin im museion 21-Programm der Alfred Toepfer Stiftung in Kooperation mit Körber-Stiftung, Volkswagen-Stiftung, Kulturstiftung der Länder, Deutscher Museumsbund; 2015-2017 Wissenschaftliche Koordinatorin am Warburg-Haus, Hamburg.

Karl-Heinz Lembeck, Lehrstuhl für Philosophie I an der Universität Würzburg.

1986 Promotion zum Dr. phil. an der Universität Trier; 1993 ebendort Habilitation im Fach Philosophie; 1995-1996 Stiftungsgastprofessor für Philosophie am »Humboldt-Studienzentrum für Philosophie und Geisteswissenschaften« der Universität Ulm; seit 1996 Inhaber des Lehrstuhls für Theoretische Philosophie an der Universität Würzburg; 2000-2003 Präsident der »Deutschen Gesellschaft für phänomenologische Forschung«, München; seit 2006 zusätzlich Honorarprofessor an der Universität Ulm.

Hermann Lübbe, seit 1991 Honorarprofessor für Philosophie und Politische Theorie an der Universität Zürich.

Studium der Philosophie und mehrerer sozialwissenschaftlicher Disziplinen in Göttingen, Münster und Freiburg i.Br.; 1951 Promotion in Freiburg; 1956 Habilitation an der Universität Erlangen; 1963-1969 Ordentlicher Professor für Philosophie an der Ruhr-Universität Bochum; 1966-1969 Staatssekretär im Kultusministerium von Nordrhein-Westfalen; 1969-1971 Staatssekretär beim Ministerpräsidenten von Nordrhein-Westfalen; 1969-1973 Ordentlicher Professor für Sozialphilosophie an der Universität Bielefeld; 1971-1991 Ordentlicher Professor für Philosophie und Politische Theorie an der Universität Zürich.

Karlheinz Lüdeking, seit 2004 Professor für Kunstgeschichte und Kunstwissenschaft an der Universität der Künste in Berlin.

Studium der Bildenden Kunst an der Hochschule für Bildende Künste Berlin; 1975 Ernennung zum Meisterschüler; weiteres Studium der Philosophie, Kunstgeschichte und Germanistik an der Freien Universität Berlin; 1985 Promotion in Philosophie bei Ernst Tugendhat; 1993 Habilitation mit venia legendi für Kunstwissenschaft; Mitbegründer der Deutschen Gesellschaft für Ästhetik; 1997 Professor für Kunstgeschichte an der Akademie der Bildenden Künste in Nürnberg; 1998-2001 dort zugleich Präsident; 2002 Visiting Member am Institute for Advanced Study in Princeton; 2015-2017 Dekan der Fakultät Bildende Kunst an der Universität der Künste Berlin.

Felicitas von Mallinckrodt (Dipl. KuWi, MA), seit 2012 wissenschaftliche Koordinatorin der Henry Arnhold Dresden Summer School an der Technischen Universität Dresden (interdisziplinäres und internationales Programm für junge Wissenschaftler und Museumsfachleute mit dem Ziel, gemeinsam mit einem Netzwerk von Partnerinstitutionen aktuelle Fragen des Selbstverständnisses und der zukünftigen Ausrichtung von Sammlungs- und Ausstellungsinstitutionen zu diskutieren). Enge Zusammenarbeit u.a. mit dem Deutschen Hygiene-Museum Dresden, dem Militärhistorischen Museum der Bundeswehr und den Staatlichen Kunstsammlungen Dresden.

Sprachen-, Wirtschafts- und Kulturraumstudien mit Schwerpunkt Regionalwissenschaften Spanien/Lateinamerika an der Universität Passau (Diplom) sowie Kultur- und Medienmanagement an der Freien Universität Berlin (Master); 2008-2010 externe Referentin in der Kulturabteilung des Auswärtigen Amts; 2010-2012 Projektleitung internationale Beziehungen in der Generaldirektion der Staatlichen Kunstsammlungen Dresden. Freie Autorin.

Constanze Peres, seit 1994 Professorin für Philosophie/Ästhetik an der HfBK Dresden.

Studium der Philosophie sowie der Theater- und Musikwissenschaft, Kunstgeschichte und Literaturwissenschaft in München und Zürich; 1982 Promotion in Philosophie an der Ludwig-Maximilians-Universität München; ab 1983 Lehrtätigkeit in Philosophie an der Ludwig-Maximilians-Universität und an der Hochschule für Philosophie S.J. München; 1987-1990 Forschungsstipendium der DFG; 1991-1994 Lehrtätigkeit an der Technischen Universität Dresden; 1995-2001 Gastprofessorin an der Hochschule für Philosophie S.J. München; 2014-2016 Mitglied des wissenschaftlichen Beirats »Leibniz: Vision als Aufgabe« der Berlin-Brandenburgischen Akademie der Wissenschaften.

Angela Rapp, seit 1993 Rechtsanwältin (Fachanwältin für Verwaltungsrecht), Berlin; ad-hoc-judge EGMR Straßburg; Dr. jur.

Studium der Kulturwissenschaften an der FernUniversität in Hagen; 2011 Bachelor of Arts; 2007-2010 Vorstandsmitglied EuroArt (Europäische Vereinigung der Künstlerkolonien); 2007 und 2008 (Mit-)Kuratorin der Ausstellungen »Tante Büchsel ist zurück« und »Hiddenseer Impressionistinnen. Wege zu ihren Bildern«, Heimatmuseum Hiddensee; 2012 Buchveröffentlichung: »Hiddensoer Künstlerinnenbund«; 2014 zusammen mit Dorina Kasten Katalog: »hundertmal Büchsel. Leben und Werk der Malerin Elisabeth Büchsel« zur gleichnamigen Ausstellung des Kulturhistorischen Museums der Hansestadt Stralsund; seit 2012 Masterstudium »Philosophie – Philosophie im europäischen Kontext« an der FernUniversität in Hagen.

Reinold Schmücker, seit 2009 Professor für Philosophie an der Westfälischen Wilhelms-Universität Münster.

Studium der Philosophie, Germanistik und Evangelischen Theologie in Tübingen und Hamburg; 1991-1995 Wissenschaftlicher Mitarbeiter am Philosophischen Seminar der Universität Hamburg; 1997 Promotion im Fach Philosophie an der Universität Hamburg bei Ulrich Steinvorth und Wolfgang Bartuschat; 1997-2004 Wissenschaftlicher Assistent am Philosophischen Seminar der Universität Hamburg; 2004-2009 Wissenschaftlicher Geschäftsführer des Alfried Krupp Wissenschaftskollegs Greifswald.

Andreas Urs Sommer, seit 2016 W3-Professor für Philosophie mit Schwerpunkt Kulturphilosophie (Akademieprofessor) an der Albert-Ludwigs-Universität Freiburg und seit 2014 Leiter der Forschungsstelle »Nietzsche-Kommentar« der Heidelberger Akademie der Wissenschaften sowie Direktor der Friedrich-Nietzsche-Stiftung (Naumburg).

Studium der Philosophie, Kirchen- und Dogmengeschichte und Deutschen Literaturwissenschaft in Basel, Göttingen und Freiburg i.Br.; 1998 Promotion an der Universität Basel; 1998-1999 Visiting Research Fellow an der Princeton University; 2000-2006 Wissenschaftlicher Assistent am Philosophischen Institut der Universität Greifswald; 2004 Habilitation an der Universität Greifswald; 2007 Lehrstuhlvertretung an der Universität Mannheim; 2008-2014, Wissenschaftlicher Kommentator der Werke Nietzsches an der Heidelberger Akademie der Wissenschaften; 2011-2015 außerplanmäßiger Professor für Philosophie an der Albert-Ludwigs-Universität Freiburg; 2013-2014 Gastprofessur an der Staatlichen Hochschule für Gestaltung Karlsruhe.

Wolfgang Ullrich, seit 2015 freiberuflich tätig als Autor, Kulturwissenschaftler und Berater.

Studium der Philosophie, Kunstgeschichte, Logik/Wissenschaftstheorie und Germanistik in München; 1994 Dissertation über das Spätwerk Martin Heideggers, danach freiberuflich tätig als Autor, Dozent, Berater; 1997-2003 Assistent am Lehrstuhl für Kunstgeschichte der Akademie der Bildenden Künste München, danach Gastprofessuren an der Hochschule für Bildende Künste Hamburg und an der Staatlichen Hochschule für Gestaltung Karlsruhe; 2006-2015 Professor für Kunstwissenschaft und Medientheorie an der Staatlichen Hochschule für Gestaltung Karlsruhe.

Wolfgang Ullrich hat mehrere Ausstellungen kuratiert.

Julia Voss, seit 2015 Honorarprofessorin an der Leuphana Universität in Lüneburg; 2017/18 Fellow am Lichtenberg-Kolleg/The Göttingen Institute of Advanced Studies.

Studium der Germanistik, Kunstgeschichte und Philosophie in Freiburg, London und Berlin; 2005 Promotion in Kunstgeschichte; die Dissertation ist 2007 im Fischer Verlag unter dem Titel »Darwins Bilder. Ansichten der Evolutionstheorie 1837-1874« erschienen; 2015 »Hinter weißen Wänden: Behind the White Cube« (mit Zeichnungen von Philipp Deines bei Merve); von 2007 bis 2017 Leitung des Kunstressorts der Frankfurter Allgemeinen Zeitung; von 2014 bis 2017 Stellvertretende Leiterin des Feuilletons der Frankfurter Allgemeinen Zeitung; 2016/2017 Fellow am Wissenschaftskolleg zu Berlin; Arbeitsvorhaben: »Hilma af Klint und die Evolution der Kunst«.

Museum

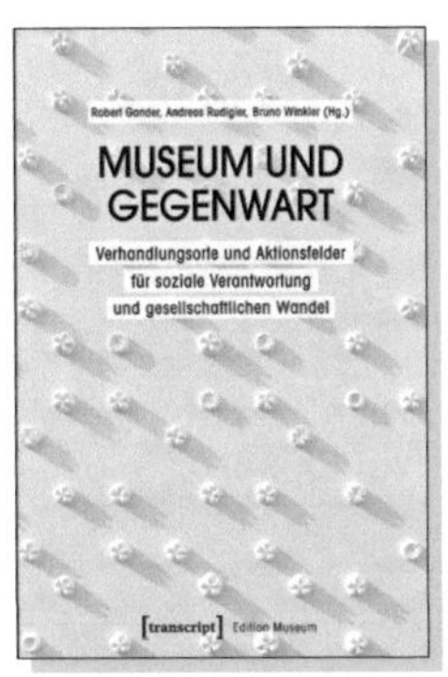

Robert Gander, Andreas Rudigier, Bruno Winkler (Hg.)
Museum und Gegenwart
Verhandlungsorte und Aktionsfelder für soziale Verantwortung und gesellschaftlichen Wandel

2015, 176 S., kart., zahlr. z.T. farb. Abb.
29,99 € (DE), 978-3-8376-3335-1
E-Book
PDF: 26,99 € (DE), ISBN 978-3-8394-3335-5

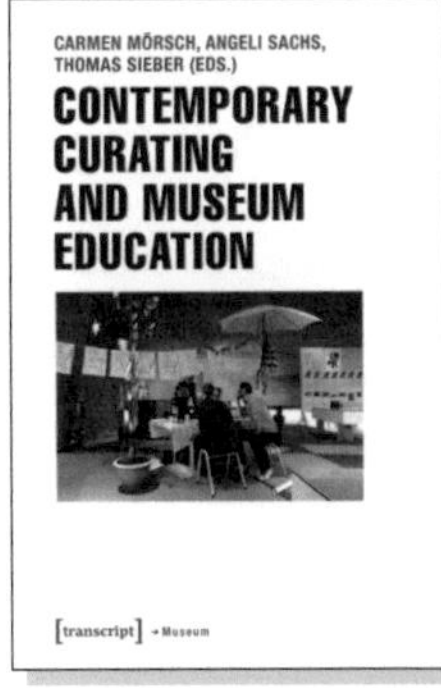

Carmen Mörsch, Angeli Sachs, Thomas Sieber (eds.)
Contemporary Curating and Museum Education

2016, 316 p., pb., numerous ill.
39,99 € (DE), 978-3-8376-3080-0
E-Book
PDF: 39,99 € (DE), ISBN 978-3-8394-3080-4

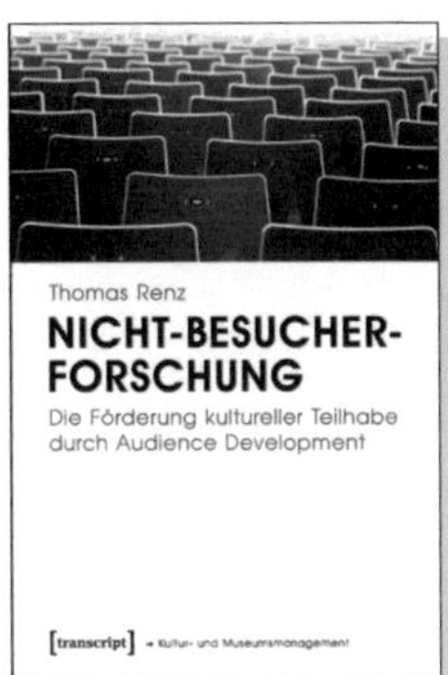

Thomas Renz
Nicht-Besucherforschung
Die Förderung kultureller Teilhabe durch Audience Development

2015, 324 S., kart.
34,99 € (DE), 978-3-8376-3356-6
E-Book
PDF: 34,99 € (DE), ISBN 978-3-8394-3356-0

Leseproben, weitere Informationen und Bestellmöglichkeiten finden Sie unter www.transcript-verlag.de